Jahrbuch Hochtaunuskreis

2016
24. Jahrgang

**Schwerpunktthema
Umbruch und Neubeginn**

(Diese Beiträge sind farbig hinterlegt)

Titelbilder:
- Schwalbenschwanz auf Buddleiablüte
- Laurentiusmarkt in Usingen (1950)
- Jupitersäule an der Saalburg
- zerstörtes Kurhaus Bad Homburg (1945)
- Bauarbeiten zur Schulbauinitiative des Hochtaunuskreises (Philipp-Reis-Schule)

© Herausgeber: Hochtaunuskreis – Der Kreisausschuss –
Ludwig-Erhard-Anlage 1–5, 61352 Bad Homburg v. d. Höhe
Verantwortlich: Landrat Ulrich Krebs
Redaktion Fachbereich Kultur: Cornelia Kalinowski M.A.
kultur@hochtaunuskreis.de

Für den Inhalt der Beiträge liegt die Verantwortung bei den Autorinnen und Autoren.

Verlag: Frankfurter Societäts-Medien GmbH
Frankfurter Societäts-Druckerei GmbH
Anzeigen: Rhein Main Media
Satz: Julia Desch, Societäts-Verlag
Druck: Westermann Druck Zwickau GmbH
ISBN 978-3-95542-159-5
Printed in Germany 2015

Zu beziehen über den Buchhandel, den Bürger-Informations-Service (BIS) im Landratsamt, Ludwig-Erhard-Anlage 1–5, 61352 Bad Homburg, Haus 3, Erdgeschoss, sowie in allen Geschäftsstellen der Taunus Zeitung.

Jahrbuch Hochtaunuskreis 2016

Landrat Ulrich Krebs
Vorwort 7

Bodo Hechelhammer
Die Wurzeln des BND im Taunus
Von „Dustbin" zum „Capitol": Schloss Kransberg und die „Organisation Gehlen" 8

Gerta Walsh
Schwere Jahre für Bad Homburg
Zwischen Kriegsende und Währungsreform 25

Ulrich Hummel
Sehnsucht nach einem baldigen Kriegsende
Alltagsereignisse in Bad Homburg in der Zeit vom Januar bis zum 8. Mai 1945 38

Ingrid Berg
Sogar im Sitzungssaal des Rathauses
Unterbringung von Vertriebenen nach 1945 in Oberems 50

Helmut Hujer
Ausgelöscht und neu erblüht
Die Motorenfabrik Oberursel nach dem Zweiten Weltkrieg 57

Waldemar Müller
„Bewusst mit der Vergangenheit leben ..."
70 Jahre nach Kriegsende: Gedenken an die Opfer der Vernichtungslager 63

Gerd-Helmut Schäfer
Vom Memelland über Sibirien nach Friedrichsdorf
Eine kleine Nachkriegs-Lebensgeschichte 67

Marc-Pawel Halatsch
Das größte Ausstellungsstück
Letzter Kapellenwagen für die „Stiftung Flucht, Vertreibung, Versöhnung" 72

Wolfgang Breese
„... da sah ich, daß Panzer auf der Seelenberger Straße rollten."
Das Kriegsende 1945 in Schmitten 74

Johanna Koppenhöfer
Kriegsende und Neubeginn in Wehrheim
Wöchentlicher Rapport des Bürgermeisters für die amerikanische Besatzung   84

Barbara Dölemeyer
Zeiten und Wenden
Hauptdaten der Landgrafschaft Hessen-Homburg 1622 bis 1866   87

Gregor Maier
1215 – ein Jahr des Neubeginns?
Die Erstnennungen von Taunus-Orten im Rotulus des St.-Stephan-Stifts   95

Cornelia Geratsch
Aus Bauerndörfern wurden Pendlerdörfer
Land und Landwirtschaft im Wandel   100

Eugen Ernst
Nomen est omen
Was ist „neu" an Neu-Anspach?   105

Dagmar Scherf
Buchstabendemo beim Laternenfest
Geschichte der Friedensbewegung im Hochtaunuskreis   109

Verleihung des Saalburgpreises 2015   115

Stefan Ohmeis
Naturschutzgebiet Kirdorfer Feld
– ein sich veränderndes und bedrohtes Kleinod am Rande der Kurstadt   117

Thomas Becker
Zehn Jahre Welterbe Limes (2005–2015)
Entwicklung der Welterbestätte im Hochtaunuskreis   126

Carsten Amrhein
100 Jahre Geschichte und 10 Jahre Weltkulturerbe
Das Römerkastell Saalburg feiert   144

Peter Maresch
Das Gedächtnis des Kreises formen
Das Kreisarchiv des Hochtaunuskreises wird 25 Jahre alt   153

Cornelia Kalinowski
Architektur, die Schule macht
Schulbauprogramm erhält die BDA-Auszeichnung für Baukultur in Hessen 2014/2015   161

Cornelia Kalinowski
Stadt_Haus_Mensch
Neues Förderprojekt Architektur des Hochtaunuskreises   164

Kulturfonds Frankfurt RheinMain
„kunstvoll"
Das Jugendprogramm des Kulturfonds Frankfurt RheinMain   168

Volker André Bouffier und Martin Westenberger
10 Jahre IG Edelkastanie
Exkursion durch die Kestenhaine im Vordertaunus   175

Kurt Baumann
Von den „Fußstapfen der Bleichgesichter" im Taunus
Einheimische Wegerich-Arten im Hochtaunuskreis   180

Zoe Branke und Uwe Hartmann
Änderungen, Aktionen, neue Pläne
Letzte Neuigkeiten aus dem Naturpark Taunus   188

Wolfgang Bühnemann
Die Dornholzhäuser Kerb
Tanzverbot und Kirmeshammel   190

Hermann Hofmann
Borstenvieh im Börner Wald
Noch bis 1930 wurden Schweineherden gehütet   198

Beate Großmann-Hofmann
Kaltwasserkuren und Holzhacken in Königstein
Zum 200. Geburtstag des treuen Kurgastes Friedrich Stoltze   203

Klaus Schurian
Schmetterlingsbiotop zu Füßen der Burg
Der Verein Apollo und sein Gelände in Königstein   210

Gerhard Raiss
Bomben auf Kronberg in der Nacht vom 18./19. November 1943
60 bis 70 Brände in einer Nacht – und doch keine große Katastrophe   216

Walter A. Ried
120 Jahre Schloss Friedrichshof in Kronberg
„… nichts was ‚vulgar common' oder ‚bad taste' ist"   **222**

Manfred Kopp
Auf den zweiten Blick
Zur Geschichte der Urseler Druckerei 1557–1623   **231**

Joachim Ziegler
Handel, Handwerk und Gaststätten
Ober-Erlenbach zur Mitte des 20. Jahrhunderts   **242**

Neuerscheinungen zu Geschichte und Heimatkunde des Hochtaunuskreises   *247*

Autorinnen und Autoren dieses Buches   *249*

Vorwort

Liebe Leserinnen und Leser,

Umbruch und Neubeginn, so lautet das Fokusthema des Jahrbuchs Hochtaunuskreis 2016. Viele Beiträge gelten dem Ende des Zweiten Weltkriegs und besonders den Zeiten danach. Oft ist darüber schon geschrieben worden, aber in gründlicher Recherche ist es den Autorinnen und Autoren des Jahrbuchs gelungen, auch längst Vergessenes und bislang kaum Bekanntes zu schildern. Wer weiß schon, dass es in Bad Homburg ein erstes Amerika-Haus gab? Oder dass Billy Wilder, der bekannte Hollywood-Regisseur, hier für kurze Zeit lebte und arbeitete?

Flüchtlinge und Vertriebene mussten integriert werden; es galt, ein Land neu aufzubauen: wirtschaftlich wie in der Motorenfabrik Oberursel, kirchlich-seelsorgerlich, wie in den Königsteiner Anstalten, und auch staatlich-institutionell, wie mit dem Bundesnachrichtendienst, der erste Wurzeln in Oberursel und im Schloss Kransberg hat.

Andere Beiträge widmen sich der Geschichte und Kultur unserer Heimat, bedeutenden Jubiläen oder auch der Flora und Fauna. Aus der Fülle der Beiträge möchte ich drei Themen herausgreifen, die mir aus der Sicht des Kreises besonders am Herzen liegen: das zehnjährige Jubiläum des Welterbe-Titels für den Limes, das 25-jährige Bestehen unseres Kreisarchivs und ein neuer Impuls, mit dem wir die Beschäftigung mit Architektur an unseren Schulen fördern wollen. Diese und zahlreiche andere Themen bilden den Taunus wieder in seiner ganzen Vielfalt ab und laden zu mancher Entdeckung ein.

Ich will allen Autorinnen und Autoren herzlich danken, denn sie haben wieder für ebenso lehrreichen wie unterhaltsamen Lesestoff gesorgt. Mein Dank gilt auch der Frankfurter Societäts-Medien GmbH, die in bewährter Zusammenarbeit diesen Band erstellt hat.

Liebe Leserinnen und Leser, ich wünsche Ihnen viel Vergnügen bei der Lektüre!

Ihr

Ulrich Krebs, Landrat

Bodo Hechelhammer

Die Wurzeln des BND im Taunus

Von „Dustbin" zum „Capitol": Schloss Kransberg und die „Organisation Gehlen"

Der Bundesnachrichtendienst (BND), der am 1. April 1956 gegründete deutsche Auslandsnachrichtendienst, hat seine Zentrale bekanntermaßen im bayrischen Pullach im Isartal, wenige Kilometer südlich von München entfernt. Weniger bekannt dürfte sein, dass die organisatorischen Wurzeln seiner unmittelbaren Vorgängerorganisation, der nach Kriegsende aufgebauten „Organisation Gehlen", im hessischen Taunus lagen.

In Hessen wurden nach Ende des Zweiten Weltkrieges die personellen und organisatorischen Voraussetzungen der „Organisation Gehlen" geschaffen. Ehemalige Angehörige von Fremde Heere Ost (FHO), der Dienststelle zur Bewertung der Feindlage im Osten unter der Leitung des ehemaligen FHO-Leiters Reinhard Gehlen (1902–1979), und der Abteilung Ausland/Abwehr im Oberkommando der Wehrmacht (OKW) unter Oberstleutnant

Reinhard Gehlen (1902–1979), Abteilungsleiter Fremde Heere Ost 1942–1945, Leiter der „Organisation Gehlen" und erster BND-Präsident bis 1968

Hermann Baun (1897–1951), Leiter Frontaufklärungsstelle I Ost „Walli" und Leiter der „Information Group". (Foto: BND-Archiv)

Hermann Baun (1897–1951), ehemaliger Chef der Frontaufklärungsstelle I Ost „Walli", setzten ihre nachrichtendienstliche Tätigkeit und Spionageabwehr gegen die Sowjetunion nach Kriegsende fort. Deren Arbeit fand unter der Ägide amerikanischer Geheimdienste, zunächst der U.S. Army und ab 1949 der Central Intelligence Agency (CIA), im Geheimen statt. Auftrag und Personal, letztendlich Existenz und Verortung der Organisation, sollten über Jahre hinweg nicht öffentlich bekannt werden und geheim bleiben. Während Reinhard Gehlen zunächst mit sieben ehemaligen FHO-Mitarbeitern bis Sommer 1946 unter der Codebezeichnung „Bolero Group" Studien über die Sowjetunion in den USA anfertigte, begannen Hermann Baun und Gerhard Wessel (1913–2002), Stellvertreter und Nachfolger Reinhard Gehlens bei FHO, ab September 1945 unter dem späteren Codenamen „Organisation X" von Oberursel aus für den amerikanischen Geheimdienst gegen die Sowjetunion zu arbeiten. In Oberursel, in direkter Nachbarschaft des amerikanischen Internierungslagers „Camp Sibert", ab September 1946 „Camp King" genannt, wurden vier Häuser entlang der Hohemarkstraße für die deutschen Geheimdienstmitarbeiter beschlagnahmt und als „Safe Houses" nach außen abgeschirmt. Das als „Basket" bezeichnete Lager wurde die erste „Zentrale" der Organisation. Im Sommer 1946 kehrte Gehlen mit seinen Mitarbeitern aus den USA nach Oberursel zurück, wo am 15. Juli 1946 unter amerikanischer Leitung die „Operation Rusty" mit zwei Abteilungen nachrichtendienstlich zu arbeiten begann: die Informationsbeschaffung „Information Group" unter der Leitung von Hermann Baun und die Informationsauswertung „Intelligence Group" unter Reinhard Gehlen.

Durch den Einzug der Gehlen-Gruppe und das kontinuierliche Anwerben weiteren Personals wurde es bald im „Basket" räumlich zu eng. Zudem legte Hermann Baun für seine Beschaffung großen Wert auf Abschot-

Schloss Kransberg als Postkartenmotiv, um 1900. (Foto: Stadtarchiv Bad Homburg)

tung. Er fürchtete die Enttarnung seiner Arbeit durch die Sowjetunion. So beschlagnahmten die Amerikaner Mitte August 1946 im Weihersgrund im Taunus den abgelegenen Komplex des Jagdhauses, die ehemalige Waldvilla der Opel-Familie, die Friedrich Adam Opel (1899–1971) hatte bauen lassen. Von hier aus arbeitete nun in absoluter Abgeschiedenheit der Beschaffungsbereich. Schrittweise wurden weitere Russland-Experten angeworben, weshalb das Fassungsvermögen des Opel-Jagdhauses bald überschritten war. Im nahe gelegenen Ort Schmitten wurde auch das Hotel „Wenzel" als Unterkunft und Arbeitsstätte akquiriert.

Neben dem „Basket" in Oberursel, der Opel-Jagdvilla und dem Schmittener Hotel wurde noch ein weiteres Objekt von amerikanischer Seite den deutschen Geheimdienstmitarbeitern für ihre Arbeit zur Verfügung gestellt: das Schloss Kransberg bei Usingen im Hochtaunus.

Die alte Burg der Kraniche

Die ersten Erwähnungen des Wehrbaus von Kransberg gehen auf das 12./13. Jahrhundert, mit Bezug auf das dortige Ministerialengeschlecht „Cranach" bzw. „Craniche von Cransberg", zurück. Kransberg war ein Teil der staufischen Herrschaftssicherung und ihres Burgensystems in der Wetterau. Aus dieser Periode stammen der heute noch erhaltene Bergfried und Teile der Ringmauer der Schlossanlage. Mehrfach wechselten nach dem Aussterben des Kransberger Geschlechts die Besitzer der Höhenburg im Laufe der Jahrhunderte: So waren Eigentümer die Herren von Falkenstein (1310–1433), von Eppstein (1433–1590), von Königstein (1522–1533), dann die Grafen von Stolberg (1533–1590) sowie der Erzbischof von Mainz (1590–1654) und die Grafen von Waldbott-Bassenheim (1654–1854). Kontinuierlich erfolgte durch die verschiedenen Eigentümer der Um- und Ausbau der Anlage. 1854 kaufte sie das Herzogtum Nassau, bis die Anlage 1874 von dem gebürtigen Darmstädter und hessischen Diplomaten Franz Arnold Freiherr von Biegeleben (1822–1892) erworben wurde. Dieser ließ sie ein Jahr später grundlegend renovieren und den spätgotischen Palas mit sechseckigem Treppenturm zum Schloss im neugotischen Stil nach den Plänen des Architekten Maximilian Meckel (1847–1910) ausbauen.

„Dustbin": Ein Schloss wird zum „Mülleimer"

Nachdem Schloss Kransberg 1920 durch die Homburger Familie von Scheidlein käuflich erworben worden war, enteigneten die Nationalsozialisten mit Wirkung zum 1. Oktober 1939 den Besitz und nutzten das Anwesen militärisch. Es diente u.a. als Heeres-Genesungsheim und wurde zusammen mit dem Ziegenberger Schloss Bestandteil des Führerhauptquartiers „Adlerhorst". Nach Planungen von Albert Speer (1905–1981) und unter Leitung der Organisation Todt wurde es weiter ausgebaut. Im Norden der Anlage wurden ein repräsentativer Festsaal, der „Rittersaal", an-

Blick auf den mittelalterlichen Turm mit überhöhtem Halbkreis aus dem 13. Jahrhundert und das zweigeschossige Fachwerkhaus mit Laubengang aus der Zeit der Bassenheimer. Baumaßnahmen im unteren Hof von Schloss Kransberg, um 1940. (Foto: Deutsche Burgengesellschaft)

gebaut, ein Wohntrakt mit Garagen für eine Fahrbereitschaft und eine große Bunkeranlage errichtet.

Neben Reichsmarschall Hermann Göring (1893–1946) soll ab 1944 zeitweise auch der Reichsführer-SS Heinrich Himmler (1900–1945) in Kransberg geweilt haben. Aus dieser Zeit stammt der Deckname „Tannenwald", eine Bezeichnung ebenfalls für das Außenlager des Konzentrationslagers Buchenwald am Schloss, welches von Dezember 1944 bis Ende März 1945 bestand. Gegen Kriegsende versteckte sich im Schloss kurzzeitig auch die hessische NSDAP-Gauleitung, die am 25. März von Frankfurt am Main vor der anrückenden U.S. Army geflüchtet war. In der Nacht vom 30. auf den 31. März 1945 wurde Kransberg von alliierten Truppen erobert, dann beschlagnahmt. Ende Mai 1945 wurde hierher nun das britisch-amerikanische Verhörzentrum „Dustbin", zu Deutsch „Mülleimer", vom Château du Chesnay in Versailles verlegt und weiter betrieben, wo vor allem prominente Vertreter von Wissenschaft, Technik und Rüstung der NS-Zeit verhört wurden und auf ihren Prozess warteten: wie beispielsweise Albert Speer. Dieser, der 1939 Kransberg als Hauptquartier für Göring hatte ausbauen lassen, war nun für einige Wochen in dem damals neu für die „Entourage" Görings errichteten zweistöckigen Flügel selbst als Kriegsgefangener untergebracht. Im Februar 1947 wurde das alliierte Vernehmungslager aufgelöst.

„That's your castle"

Die Inbesitznahme der Liegenschaft Kransberg für den deutschen Geheimdienst ist unmittelbar mit der Person Heinz Danko Herre (1909–1988) verbunden. Herre, der während des Krieges schon Mitarbeiter unter Gehlen bei FHO und einer seiner Begleiter in den USA 1945/46 gewesen war, übte innerhalb der „Operation Rusty" verschiedene leitende Funktionen aus. Von Seiten des amerikanischen Militärgeheimdienstes war für die Operation mit deutschem Personal Lieutenant Colonel John R. Deane (1909–2013) verantwortlich, dessen rechte Hand und zuständiger Verbindungsoffizier der gebürtige Wiener Eric Waldman (1914–2007) war. Im Laufe der Monate wurden immer weiter neue Mitarbeiter angeworben, mit Hilfe von Waldman aus den amerikanischen Internierungslagern heraus- und zunächst ins Vernehmungslager nach Oberursel geholt: Im „Basket" herrschte bald Raumnot, und es wurden dringend neue Arbeitsräume und Unterkünfte gesucht.

Zu diesem Zeitpunkt, im Frühjahr 1947, erschien John R. Deane bei Heinz Danko Herre im „Basket" in Oberursel. Dieser berichtet über die Ereignisse von Anfang April 1947

Offiziere der Wehrmacht posieren vor Schloss Kransberg, 40er Jahre. (Foto: Deutsche Burgengesellschaft)

wie folgt: „Eines frühen Tages erschien Lt. Col. Dean an meinem Bett, rüttelte mich wach und sagte: ‚Get up. You will have a castle.' Nichtahnend, worum es sich handle, stand ich schnell auf und ging vors Haus, wo Dean mit seinem Rennwagen schon auf mich wartete. Er schrie mir zu: ‚Follow me.' Das war gar nicht so einfach, ihm in dem mir zur Verfügung stehenden alten Opel auf seiner schnellen Fahrt über die Saalburg-Usingen Richtung Nauheim zu folgen. Plötzlich bog Dean vor mir stark nach rechts ab. Hinauf ging es zu einem höher gelegenen Platz. Wir standen vor einem riesengroßen schmiedeeisernen Tor, hinter dem ein schloßähnliches Gebäude zu erkennen war. ‚Here we are' sagte Dean. ‚That's your castle.' Ein amerikanischer Sergeant öffnete das große Tor. Wir folgten ihm in die Wachstube. Hier griff Dean nach einem Bündel Papier, mit dem in der Hand er mich noch einmal aufforderte: ‚Follow me.' Er raste mit mir durch die unzähligen Räume des Schlosses und sagte mir schließlich auch dessen Namen: Schloß Kransberg".[1] Weiter hob der amerikanische Offizier die Bedeutung des Schlosses als deutsches Hauptquartier am Ende des Zweiten Weltkrieges hervor und ergänzte: „Göring was here".[2] Schließlich unterzeichnete Herre das Inventar-Verzeichnis des Schlosses, Dean und der wachhabende Unteroffizier verließen das Gelände. Die „Organisation Gehlen" verfügte nun über das Schloss in Usingen.

Wie schon wenige Monate später, als die ehemalige „Martin-Bormann-Siedlung" in Pullach als neue Zentrale der deutschen Organisation auserkoren und Anfang Dezember 1947 bezogen wurde, spielten die vorherigen nationalsozialistischen Besitzer und deren Nutzung der Anlage keine Rolle bei der

---

1 Vgl. BND-Archiv, N2/5, Nachlass Herre, Heinz Danko, S. 5.
2 Vgl. ebd.

Schloss Kransberg als „Dustbin" zur Zeit der „Organisation Gehlen" ab 1947. (Foto: BND-Archiv)

pragmatischen Standortsuche der Amerikaner für ihre deutschen Nachrichtendienstmitarbeiter. Nachdem es in der ersten Nacht nach Rückzug der amerikanischen Wachposten gleich zu einzelnen Plünderungen im Schloss gekommen war, erhielt Herre am folgenden Tag personelle Verstärkung aus Oberursel. Es kamen zuerst der Soziologe Dr. Helmut Klocke (1904–1987), Deckname (DN) Kuhnert, und der Ökonom Dr. Karl Georg Günzel (1900–1977), DN Gressel, zuständig für Wirtschaftsauswertung. Mit ihnen zusammen arbeiteten Dr. Eberhardt Holt (1912–1997), DN Holtz, ein Dolmetscher und Übersetzer, und Johannes Hoheisel (1903–2003), ein Pfarrer und Dolmetscher bei FHO, der auch als Seelsorger der Organisation fungieren sollte. Zunächst wurden Wachen eingeteilt, die im Schloss mit Karabiner ausgestattet durchgehend patrouillierten. Sukzessive wurde weiteres Personal von Oberursel auf das Schloss überführt, wie z. B. der Schwager Reinhard Gehlens, Joachim von Seydlitz-Kurzbach (1911–2005), der ehemalige FHO-Offizier Karl-Otto von Czernicki (1914–1991) oder Fritz Fischer (1898–1985), alle zusammen mit ihren Ehefrauen bzw. Familien. Fritz Fischer, der ehemalige Intendant des Münchner Gärtnerplatztheaters, wurde von Eric Waldman speziell für den Bereich „Kulturbolschewismus" angeworben. Später wurden gezielt Mitarbeiter der mittleren Laufbahn aus alliierten Lagern angeworben, kurzfristig im Hotel Sandplacken unterhalb des Feldbergs und dann in Kransberg kurzzeitig im Rittersaal untergebracht. Diese Personengruppe wurde daher bald umgangssprachlich als „Ritter" bezeichnet, war sie nicht zuletzt doch auch für die Bewachung und Sicherung des Schlosses verantwortlich.

Heinz Danko Herre fungierte zunächst als Leiter des neuen Bereiches. Als seine „rechte Hand" wurde Joachim von Seydlitz-Kurzbach eingesetzt. So zogen am Dienstag, den 1. April 1947, Teile der „Organisation Gehlen"

in das Schloss Kransberg um, welches den amerikanischen Tarnnamen „Dustbin" weiter beibehielt.

Wie Tuberkulose die Organisation fast enttarnt hätte

Das Prinzip der Objekt-Geheimhaltung ist systemimmanent, wenn in Liegenschaften geheim nachrichtendienstlich gearbeitet wird. Die erste Enttarnung einer nachrichtendienstlichen Präsenz mit deutschem Personal auf Schloss Kransberg drohte schon früh im Sommer 1947 und sollte im Kontext von Tuberkulose stehen. Aufgrund der teilweise schlechten Gesundheitssituation der deutschen Bevölkerung in der Nachkriegszeit schob sich bis 1947 das Tuberkulose-Thema, die bakterielle Lungen-Infektionskrankheit, in die gesundheitliche Wahrnehmung der amerikanischen Militärverwaltung und deutscher Stellen. Stärker bemühten sich nun die amerikanischen Behörden, die deutsche Tuberkulosekontrolle zu steigern und die Tuberkuloseheilung und -bekämpfung zu modernisieren. Am 19. Juni 1947 fand dazu eine Inspektionsreise des Gesundheitsbereichs des hessischen Ministeriums des Inneren durch Hessen statt. Ziel dieser Reise war es, geeignete Unterbringungsmöglichkeiten für ein Tuberkulose-Krankenhaus ausfindig zu machen. Dabei sollte auch das Schloss Kransberg inspiziert werden. Dieses befinde sich in bestem käuflichem Zustand, liege abseits der großen Straße, etwas erhöht im Wald, weshalb es sich „[...] vorzüglich für ein TB-Krankenhaus [eigenen würde]".[3] Der Kommission wurde aber der Zutritt zum Schloss verweigert, da das gesamte Anwesen vom amerikanischen Militär beschlagnahmt war. Das hessische Innenministerium spekulierte zunächst, dass

---

3 Vgl. Schreiben des großhessischen Staatsministeriums der Minister des Inneren (Dr. Key) an die Militärverwaltung in Hessen, Gesundheitsbereich, in Wiesbaden vom 8. Juli 1947, HStAD, RG 260 OMGH, Bl. 65.

hier wohl deutsche Wissenschaftler untergebracht wären. Daher wurde empfohlen, bei der amerikanischen Militärregierung schnellstmöglich die Freigabe des Anwesens zur Unterbringung eines Krankenhauses zu beantragen.

Ein amerikanischer Truck, Dodge WC-51, und ein VW Käfer der Organisation verlassen den Burghof in Richtung Schlossstraße. Im Hintergrund stehen einzelne Mitarbeiter der „Organisation Gehlen" und deren Familienangehörige. (Foto: Privat)

Innerhalb der amerikanischen Militärverwaltung Groß-Hessens war seit Oktober 1945 die „Property Control Division" des neu gebildeten „Office of Military Government for Greater Hesse" für die Vermögenskontrolle zuständig und wachte somit auch über die Verfügungsberechtigungen von entzogenen Eigentumsverhältnissen: auch über das seit Ende März 1945 in amerikanischem Besitz befindliche Schloss Kransberg. Diese griff den Vorgang nun auf und kam zu einem interessanten Ergebnis. Am 9. August 1947 notierte sie, dass überhaupt kein amerikanisches Personal auf dem Schloss Kransberg anzutreffen sei. Stattdessen würden sich dort einige Deutsche in amerikanische Uniformen gekleidet aufhalten, die allerdings über ihren Status keine Auskunft geben wollten. Die „Property Control Division" fragte nun innerhalb der Militärverwaltung nach. Eine übermittelte Telefonnummer des „United States European Command" (EUCOM), des amerikanischen Oberkommandos in Frankfurt am Main, führte ebenfalls ins Leere. Auch ein Anruf bei dem zuständigen Bürgermeister in Frankfurt brachte keine weiterführenden Informationen, der immerhin mitteilen konnte, dass die „7704 MISCC" das Schloss beschlagnahmt hätte. Schließlich konnte ermittelt werden, dass die „7704 MISCC" auch als „7707 European Command Intelligence Center (ECIC)" bezeichnet wurde und in Oberursel saß. Es war der amerikanische Militärgeheimdienst. Als Ergebnis der Ermittlungen wurde festgehalten: Das Schloss Kransberg werde für eine unbestimmte Zeit nachrichtendienstlich genutzt werden, worüber aber nichts bekannt werden durfte, da diese Informationen geheim waren.

Der Fuhrpark der „Organisation Gehlen": VW Käfer und Opel vor den Garagen und dem Rittersaal im oberen Burghof. (Foto: Privat)

„Ein neues Leben fängt an"

Für die Mitarbeiter der „Organisation Gehlen" markierte der Umzug auf das Schloss Kransberg einen vollkommen neuen Lebensabschnitt. Wie später in Pullach arbeiteten und wohnten die Mitarbeiter zunächst mit ihren Familien in der Liegenschaft zusammen. Beispielsweise kam knapp drei Wochen, nachdem Heinz Danko Herre, DN Fricke, das

Schloss für die Organisation in Besitz genommen hatte, seine Ehefrau mit den vier Kindern nach. Sie bezogen die repräsentativen Räumlichkeiten in der zweiten Etage des Haupthauses, die zuvor Hermann Göring zur Verfügung gestanden hatten. So nächtigten nun Herres in dem großen Doppelbett Hermann Görings. Ihre vier Kinder schliefen im Nebenzimmer auf amerikanischen Feldbetten, mit toller Aussicht über das Dorf Kransberg. Wie in Pullach, wo das Schlafzimmer Martin Bormanns (1900–1945) in der Stabsleitervilla zunächst durch die amerikanischen Lagerkommandanten und dann durch die BND-Präsidenten als Büro umfunktioniert wurde, sollte auch Görings Schlafzimmer später durch die amerikanischen Standortkommandanten in den 80er Jahren als Arbeitsraum genutzt werden. So verwundert es kaum, dass Heinz Danko Herre in seinem privaten Fotoalbum für den Zeitpunkt der Familienzusammenführung auf dem Schloss vermerkte: „Ein neues Leben fängt an 17.4.1947 Dustbin".[4]

Von Vorteil für die deutschen Mitarbeiter war, wie schon in Oberursel und später in Pullach, dass sie privilegiert auf amerikanische Verpflegung und Waren zurückgreifen konnten. Während in weiten Teilen Deutschlands die Nahrungsmittel sehr knapp und die Not groß war, gehörte es auf Schloss Kransberg zum täglichen Standard, dass es Frühstück, Mittag- und Abendessen gab, welches von dem deutschen Küchenpersonal mit amerikanischen Zutaten zubereitet wurde. Eingenommen wurden die Mahlzeiten in dem großen Speiseraum in der ersten Etage, im Süden des Haupthauses, mit Zugang zur großen Terrasse bzw. zum oberen Burghof. Auch gab es bald eine „Kantine", welche dieselbe Funktion wie der „Laden" in der Pullacher Zentrale einnahm, wo die Mitarbeiter Lebensmittel und Gegenstände des täglichen Bedarfs kaufen konnten. Ein Mitarbeiter hob speziell diese Verpflegungsvorteile, für einen amerikanischen Geheimdienst zu arbeiten, in seinen Erinnerungen hervor: „[…] es blieb so viel ‚Amerikanisches' übrig, daß ich an den Wochenenden reich beladen nach Hause fahren konnte. Bisweilen konnte ich auch Zucker und Kaffee mitnehmen, den es in reichlichen Mengen gab".[5] Außerdem existierte noch eine eigene Wäscherei, wo Uniformen und Kleidung der Mitarbeiter gereinigt werden konnten.

Bewohner auf Schloss Kransberg: Familie Herre vor ihrem Opel Kapitän 39 Cabriolet. (Foto: Privat)

Leben und arbeiten im Verborgenen

In der Abgeschiedenheit des Hochtaunus wurde nun geheimdienstlich gearbeitet. Wie später in Pullach gehörten für die Mitarbeiter und deren Familien die weitgehende Abschottung von der Öffentlichkeit und ein Leben in der Anonymität von nun an zum Alltag. Zwar halfen im Einzelfall Bewohner aus dem Dorf in der Küche, bei der Wäsche oder bei der Hausmeisterei, doch wurden diese zum Stillschweigen verpflichtet. Kein Außenstehender durfte aus Sicherheitsgründen offiziell wissen, wer in der Schlossanlage lebte und arbeitete. Anfangs war es den Mitarbeitern sogar strikt

---

4 Vgl. Zeitzeugeninterview mit Barbara Herre am 3. März 2014.

5 Vgl. BND-Archiv, N70, Nachlass Heine, Albert, S. 18.

verboten, das Schloss zu verlassen, die wenigen Schritte ins Dorf hinunterzugehen und dort einzukaufen. Ähnlich wie in Pullach galt auch Usingen anfangs als „verbotene Stadt" bzw. Dorf. Doch hielten sich einige Organisationsangehörige nicht immer an diese Vorschriften, schlichen sich etwa abends in die Gaststätten des Dorfes oder gingen zum Tanzen in die Nachbardörfer.

Zur Aufrechterhaltung der amerikanischen Legende trugen die Mitarbeiter bis in die erste Hälfte der fünfziger Jahre zum Arbeiten Uniformen aus amerikanischen Beständen. Ende der vierziger Jahre erhielt z. B. jeder zwei amerikanische Arbeitsuniformen und Uniformhosen, einen dicken Pullover, Hemden, Unterwäsche, drei Paar Socken und ein Paar Schnürstiefel. Allerdings durften die Mitarbeiter nicht in amerikanischer Uniform das Schloss verlassen.

Diese geheime Existenzform brachte jedoch besondere Herausforderungen mit sich, nicht nur für die Mitarbeiter, sondern auch für deren Familien und Kinder. Wie konnten etwa Kinder zur Schule gehen, wenn ihre Eltern offiziell nicht vor Ort lebten und dort polizeilich gemeldet waren? So wurde in Kransberg, wie später bis 1953 in der Zentrale in Pullach, ein eigener Schulunterricht eingerichtet. Auch wenn es sich in Kransberg nur um sieben bis acht schulpflichtige Kinder gehandelt hat. Joachim von Seydlitz-Kurzbach erinnerte sich an diese besonderen Lebensumstände auf dem Schloss, die für die Mitarbeiter eines Geheimdienstes und deren Familie galten: „Das Leben in Kransberg spielte sich im großen recht harmonisch ab. Da die anwesenden Kinder aus ‚Tarnungsgründen' nicht in die Dorfschule gehen durften, wurde ein regelmäßiger Unterricht abgehalten, der vor allem von den Angehörigen der Wirtschaftsauswertung bestritten wurde".[6] Verantwortlich für das Unterrichtssystem war die Kinderpsychologin Dr. Marianne Günzel(-Haubold), die sogar 1953 ein Fachbuch über Kinderpsychologie anhand des Spielverhaltens der Kinder auf dem Schloss schrieb. Der Unterricht wurde vor allem von Angehörigen der Wirtschaftsauswertung bestritten, wie zum Beispiel von Dr. Klocke und Dr. Günzel. Latein wurde mitunter von Gehlens Schwager abgefragt, ab 1950 Englisch und Latein von Frau Kretschmer unterrichtet. Anfangs wurde noch ein eigenes Klassenzimmer im Schloss genutzt, da die einzelnen Schüler aber zu unterschiedliche Alters- und Leistungsstufen hatten, wurde später in den Wohnungen der einzelnen Lehrer Privatunterricht gegeben. Auch Kinder aus Oberursel, zwei der Kinder Reinhard Gehlens, Katharina und Christoph, gingen hier kurz zur Schule, wobei Joachim von Seydlitz-Kurzbach und seine Frau als ihre „Heimeltern" fungierten. Oder auch Ruth, die Tochter von Adolf Heusinger (1897–1982), der von 1948 bis 1950 Leiter der Auswertung in der Organisation war, und Ursula, die Tochter von Horst von Mellenthin (1898–1977), besuchten hier auf dem Schloss die provisorische Schule und lebten internatsmäßig unter der Woche in Kransberg.

Deutsch-amerikanische Kaffeerunde an einem Sonntag auf der Schlossterrasse mit Blick auf den Taunus, i. d. M. Joachim von Seydlitz-Kurzbach und Gemahlin, links daneben Eric Waldman im Gespräch mit seiner Ehefrau Jo-Ann. (Foto: Privat)

---

6 Vgl. BND-Archiv, N71/1, Nachlass Seydlitz-Kurzbach, Joachim von, S. 3 f.

Gerade für die Kinder der Organisation war die Möglichkeit des „Spielens im Schloss" ein großer Spaß. Da man aber nicht einfach ins Dorf gehen konnte, wurden die Kinder auf amerikanische Lastkraftwagen gesetzt und ins Umland zum Spaziergang oder zur Sommerzeit ins Freibad Usingen oder an nahe Badeseen zum Schwimmen gefahren. Die Erwachsenen nutzten vor allem den großen Platz hinter der Schlossterrasse als Sportplatz und spielten, wann immer es das Wetter erlaubte, entweder Faustball, Fußball oder auch Tischtennis.

Wenn Geheimdienstmitarbeiter sich „tarnen": Faschingsfeier 1951 der „Organisation Gehlen" im Rittersaal. (Foto: Privat)

Fasching auf „Dustbin" 1952. Kinder der Mitarbeiter der „Organisation Gehlen" in Verkleidungen, aufgenommen zwischen der Sportwiese und der Terrasse vor dem Speisesaal. (Foto: Privat)

Der Leiter der Dienststelle bezog das große Büro mit Kamin in der ersten Etage (Raum 103) im Norden des Hauptgebäudes. Die einzelnen Zimmer im zweiten und dritten Stock unter dem Dach, die mitunter zugleich als Wohn- und auch als Arbeitsbereich dienten, waren bei Bezug oft nur spartanisch eingerichtet, meist war nur ein einfaches amerikanisches Feldbett vorhanden.

Der in den 30er Jahren des 19. Jahrhunderts errichtete Rittersaal übernahm aufgrund seiner Größe sehr bald die Funktion eines zentralen Ortes für gemeinsame Veranstaltungen. Als etwa der amerikanische Verbindungsoffizier Eric Waldman am 21. September 1947 Geburtstag hatte, inszenierte der frühere Intendant des Münchner Gärtnerplatztheaters Fritz Fischer eigens für ihn einen großen Festabend. Dabei brachte er alle im Schloss befindlichen Teppiche und repräsentativen Möbelstücke in dem Rittersaal zusammen und organisierte eine große Party. Auch zur Faschingszeit 1951 wurde der Rittersaal für die Motto-Party „Maritime Welt" mit Seejungfrauen, Ungeheuern und Schiffsausstattungen dekoriert. Die Mitarbeiter verkleideten sich dementsprechend als Matrosen oder wie Karibikbewohnerinnen. Auch wurde der große Christbaum zur Weihnachtszeit hier aufgebaut, Weihnachtsfeiern und Bescherungen wurden abgehalten. Ebenso diente der Rittersaal als Ruheort für Gottesdienste, wie später in Pullach vom eigenen Organisations-Pfarrer Hoheisel abgehalten. Mitunter fanden sogar Lesungen hier statt. Beispielsweise ist einer Zeitzeugin die von der Frau des Dienststellenleiters vorgetragene Ballade Conrad Ferdinand Meyers „Die Füße im Feuer" vor dem lodernden Kaminfeuer des Rittersaals lebenslang in Erinnerung geblieben. Wie in Pullach lebten bald zahlreiche Mitarbeiterfamilien im nahen Umland und es erwuchsen im Laufe der Zeit verwandtschaftliche Beziehung nach Usingen, Pfaffenwiesbach und Friedberg. 1953 sollen 21 Familien im Umkreis von 30

Kilometern um das Schloss gewohnt haben. So wurde letztendlich eingestanden, dass sich externe Kontakte und Bindungen auf Dauer nicht vermeiden ließen.

Ein auffallendes Fotomotiv: der Schlossturm in Kransberg mit seiner Richt- und Faltdipolantenne. (Foto: BND-Archiv)

Ein Ausflugsziel als Sicherheitsproblem

Seit Anfang April 1947 befand sich Personal der „Organisation Gehlen" auf Schloss Kransberg. Von Beginn an wurde die exponierte Lage und historische Bedeutung des Anwesens aus sicherheitlichen Aspekten kritisch gesehen. Denn das Schloss war als Ausflugsziel sehr beliebt und das anschließende Dorf recht überschaubar.

Anfang der 50er Jahre eröffnete die frühere Schlossbesitzerin das Schlosscafé gegenüber der Burg. Sie bewarb ihr Ausflugslokal zugleich mit Schloss Kransberg in den Prospekten, wodurch nun immer mehr Besucher anreisten, um die pittoreske Anlage zu besichtigen. Doch diese war für die Öffentlichkeit nicht zugänglich. Verschiedene amerikanische Verbots- und Warnschilder versuchten allzu neugierige Besucher von einer Annäherung an die Burg abzuhalten. Besucher wurden mit dem Hinweis abgewiesen, dass hier eine amerikanische Dienststelle und der Zutritt verboten sei. Kransberg war unter einer amerikanischen „Coverfirma" für die Öffentlichkeit verborgen: „European Command, 7920 Meteorological Survey Unit, APO 407, US Army". Als allgemeine Legende gegenüber deutschen Behörden waren die Mitarbeiter dieser speziellen Diensteinheit nach außen über den fiktiven Münchner Arbeitgeber „Starke & Co. GmbH" abgedeckt.

Im Umfeld der Überführung der „Organisation Gehlen" als Bundesnachrichtendienst in die Verantwortung der Bundesregierung am 1. April 1956 wurde schließlich in allen Zeitungen darüber berichtet. So war es in der regionalen Umgebung des Schlosses inzwischen ein offenes Geheimnis, dass der BND der eigentliche Bewohner Kransbergs war. Auch für östliche Geheimdienste war das Schloss von großem Interesse und dazu noch leicht zu beobachten. Beispielsweise fielen dem BND im September 1956 Besucher des nahe gelegenen Schlosscafés auf, die auffallend viele Fotos von Kransberg machten, besonders vom Schlossturm mit seiner Antennenanlage. Am 12. Juli 1957 registrierte man einen sowjetischen PKW mit uniformierten Personen vor Ort. Wenige Wochen darauf, am 28. Juli, konnte in den Abendstunden ein verdächtiger VW mit polnischem Kennzeichen beobachtet werden, dessen Insassen das Schloss von allen Seiten fotografierten.

Ausgewählte Auswertung

Nachdem Kransberg als Liegenschaft bezogen worden war, begannen zwei Bereiche vor Ort nachrichtendienstlich zu arbeiten. Auf dem

Arbeits- und Wohnzimmer im Stil der fünfziger Jahre im Haupthaus in der ersten Etage. (Foto: BND-Archiv)

Schloss saßen die Presse- und Wirtschaftsauswertung, und die Fernmeldeaufklärung (FmA) wurde auf- bzw. ausgebaut. Im Hinblick auf die Verlegung der einzelnen Organisationseinheiten aus Hessen ins bayrische Pullach wurden Ende 1947 Umzugsplanungen vorgenommen, die Rückschlüsse auf die damalige Personalstärke und die räumliche Nutzung des Schlosses zulassen. Nach einem Organisationsschreiben von Mitte November 1947 wurden insgesamt 78 Räume in „Dustbin" genutzt: davon 20 als Arbeitsräume und 28 als Wohnräume durch die Auswertegruppen, 30 Räume für FmA-Mitarbeiter. Der Rittersaal, der Speisesaal, die Küche und Kellerräume wurden dabei nicht beachtet.

Die Wirtschaftsauswertung, die „Economic Evaluation" (Ec. Ev.), und die Presse-Auswertung, die „Press Evaluation" (Pr. Ev.), gehörten organisatorisch zur „Evaluation Group" unter der Leitung von Reinhard Gehlen. Beide Auswertebereiche verblieben auch nach dem Ende 1947 erfolgten Umzug der Organisation von Hessen nach Bayern zunächst weiterhin auf dem Schloss. Entsprechend der ab Anfang 1948 geltenden Dienststellenbezeichnung „45" für die Auswertung firmierten die Presse-Auswertung unter „45.3" und die Wirtschaftsauswertung unter „45.6". Die Leitung von „45.3" oblag im März 1949 Horst von Mellenthin, DN Merker, früher Chef der Attaché-Abteilung im Generalstab des Heeres, Ritterkreuzträger und Ende des Krieges als Generalleutnant Kommandierender General des XI. Armee-Korps. Bedingt durch die Erweiterungen der Funkaufklärung mussten die Auswertebereiche verlegt werden. Mitte 1949 zog zunächst die gesamte Presse-Auswertung vom hessischen Schloss Kransberg in das Dienstobjekt mit Tarnnamen „Seeheim", in das bayrische Schloss Ising am Chiemsee. Die Leitung der Wirtschaftsauswertung „45.7" oblag zunächst Dr. Helmut Klocke, ab Anfang Januar 1950 Alfred Franz Kretschmer (1894–1967), DN Körnig. Der ehemalige Generalleutnant und Militärattaché in Tokyo von 1940 bis 1945 erhielt nach seiner Ankunft in Kransberg eines Tages seine gesamte bewegliche Habe aus Japan angeliefert, welche in der Bunkeranlage deponiert wurde. Zum 1. August 1952 wurde „45.7" in „45/W" umbenannt und Ende 1953 schließlich von Kransberg weg in die Zentrale der „Organisation Gehlen" nach Pullach verlegt.

Beginn der Fernmeldeaufklärung

Im Gegensatz zu den beiden Auswertungsbereichen war die „Signal Section", die funk- und fernmeldetechnischen Aufklärungskomponenten, zunächst nicht Reinhard Gehlen unterstellt, sondern zählte zur „Information Group", zur Beschaffung unter Hermann Baun. Unter Fernmeldeaufklärung wurde die Erfassung fremder Fernmeldenetze und Verbindungen mit technischen Mitteln verstanden. Die ersten bescheidenen Anfänge fanden in „Basket" mit einem einfachen Funk-Horch-Empfänger und Kofferfunkgerät statt. Erst mit dem Umzug nach Kransberg wurde diese aus Bauns Zuständigkeit herausgelöst und ab Mitte April 1947 Gehlen direkt unterstellt. Bereits Herbst 1946 war von „Basket" in Oberursel aus mit dem Aufbau eines Agentenfunks (AFu) und Empfangsversuchen im Hochfrequenzbereich begonnen worden, um

Empfangsplatz mit einem EK-07 der Marke Rhode und Schwarz und einem Kurzwellenempfänger. (Foto: BND-Archiv)

den Funkverkehr der sowjetischen Truppen in der besetzten Zone (SBZ) mit Hilfe amerikanischen Geräts abzuhören. Mitte Januar 1947 wurde diese Gruppe zunächst nach Schmitten in das Hotel Wenzel verlegt, bevor es im Mai weiter zum Schloss Kransberg ging. Hier war ausreichend Platz für Personal und Material vorhanden. Knapp zwei Jahre später war der Auftrag auf die aus der Sowjetunion stammenden Funksprüche ausgeweitet worden, wozu ein Funkpeilnetz aufgebaut wurde. Anfang 1948 erhielt dieser Bereich die neue Bezeichnung Dienststelle „56".

Die Organisation rekrutierte nun eine Hand voll Fernmeldespezialisten für den Aufbau. Leiter des Bereichs war der gebürtige Frankfurter Ferdinand Alfons Bödigheimer (1895–1986), der seit Frühjahr 1946 für die Organisation arbeitete und hierbei den Decknamen DN Banner führte. Bödigheimer war ein Mitarbeiter der ersten Stunde, der über Hermann Baun den Weg in die Organisation gefunden hatte. Seine Bedeutung bestand für die Aufbauarbeit der Fernmeldeaufklärung darin, dass er ein ausgewiesener Spezialist auf dem Funksektor war und zum Thema zahlreiche Publikationen vorlegte. In dieser Eigenschaft gehörte er schon vor dem Krieg dem Amt Ausland/Abwehr an und im Zweiten Weltkrieg als „Agentenfunkleiter Ost" dem Stab von „Walli" unter der Leitung von Hermann Baun.

Empfangsplätze in der dritten Etage des Haupthauses unter dem Dach. (Foto: BND-Archiv)

Über die Anfänge der FmA der „Organisation Gehlen" berichtete Albert Heine (1920–2004), der über Ferdinand Bödigheimer für den Dienst angeworben wurde. Er fing im Frühjahr 1947 im Taunus unter seinem Decknamen Hoehne unter einfachsten Bedingungen an zu arbeiten. Heine schilderte seine ersten Stunden auf Kransberg: „Mir wurde ein winziges Zimmerchen im Seitenflügel des Schlosses als Arbeits-, Wohn- und Schlafzimmer zugewiesen. Einen Tisch und einen Stuhl mußte ich mir irgendwo in dem großen Bereich des Schlosses selbst ‚besorgen'. Auf den Tisch paßten gerade der Wehrmachtsempfänger E-52, den ich selbst mitgebracht hatte, ein großer Notizblock und eine kleine Handkartei. Als Antenne warf ich ein Stück Telefonkabel über die Zufahrtsstraße in einem Baum auf der anderen Seite. Damit war meine Funkbeobachtungsstelle betriebsbereit".[7]

Horch- und Peilstellen

Am 1. April 1948 erfolgten im Bereich „56" organisatorische Änderungen. Der bislang in einer Gruppe zusammengefasste Agentenfunk, die Funkaufklärung und -abwehr wurden nun aufgeteilt. Die Dienststelle „56" unter Bödigheimer erhielt die Aufgaben Agentenfunk, Führungsfunk und Funküberwachung. Und unter der neuen Dienststelle „57", geleitet von Friedrich Bötzel (1897–1969), DN Bernard, dem späteren Brigadegeneral der Bundeswehr und Leiter der Nachrichtenstelle der Streitkräfte, lief als Horchstelle (H-Stelle) die Funkaufklärung/Funkabwehr. Beide Dienststellen unterstanden ab 1949 als „34 N" Leo Hepp (1907–1987), DN Höbel. Dieser war vor dem Krieg u. a. Stabschef des Chefs Heeresnachrichtenwesen und blieb bis zu seinem Wechsel zur Bundeswehr 1956 Chef der „Signals Intelligence" (SIGINT), der elektronischen Aufklärung. Seine Nachfolger waren bis 1959 Albert Praun (1894–1975), DN Schwarz, ein früherer General der Nachrichtentruppe und Hepps früherer Vorgesetzter, und bis 1964 August Winter (1897–1979), DN Wollmann, der Ende des Zweiten Weltkriegs zum General der Gebirgstruppen befördert worden war.

Die FmA griff sowohl auf H-Stellen zum Auffassen der Funkverkehre zurück als auch auf Peilstellen zur Lokalisierung von Sendern und Empfängern. Die Masse der erfassten Funkverkehre lag im Bereich der Kurzwellen-Kommunikation des militärischen Sektors. Ab den 50er Jahren nahm zudem der Funkverkehr im Bereich der Ultrakurzwelle zu. Im Herbst 1948 konnten etwa durch die Auswertung der Telefonie-Überwachung wichtige Erkenntnisse über die Zusammensetzung sowjetischer Luftwaffenverbände in der SBZ gewonnen werden. Konkret wurden bislang unbekannte Bomber- und Kampfflieger-Verbände in der SBZ erfasst. Zur selben Zeit wurde „56" von Kransberg nach Butzbach in das Objekt „Papermill" verlegt. Ein Jahr später, am 1. Oktober 1949, erhält die weiterhin von „Dustbin" aus arbeitende „57" die neue Organisationsbezeichnung „236". „Dustbin" war nun eine Horchstelle mit Entzifferung und Auswertung. 1952 umfasste das Auftragsgebiet vornehmlich die Beobachtung des Funkverkehrs der 24. Sowjetischen Luftarmee in der DDR, aber auch Aufkommen in den sowjetischen Satellitenstaaten.

In der Funkabwehr sollten nun Funkagenten lokalisiert werden, die von Deutschland aus mit der Sowjetunion und anderen Ostblockstaaten Kontakt hielten. Seit Herbst 1948 verfügte die Kransberger Dienststelle über einen Kommando-Peilsender „Papermill" und drei weitere Peilstationen: Amerikanische Sichtpeilstationen wurden bei Butzbach im September 1948, am Chiemsee und auf dem Truppenübungsplatz „Garlstedter Heide" bei Bremen ausgebaut. Bis 1955 unterstanden alle H-Stellen und Peilstationen der „Organisation Gehlen" der H-Stelle „Ca-

Leo Hepp (1907–1987). Die Aufnahme zeigt den Leiter der Fernmeldeaufklärung und späteren Generalleutnant der Bundeswehr als Zeuge bei den Nürnberger Prozessen. (Foto: Wikipedia)

---

7 Vgl. BND-Archiv, N70, Nachlass Heine, Albert, S. 18.

pitol", bis 1956 diese Stellen dem Peileinsatzleiter in der Zentrale in Pullach unmittelbar unterstellt wurden. Einem CIA-Bericht von 1953 zufolge erhielt die Dienststelle „57" in Kransberg monatlich 15.000,00 DM, und das vorhandene Einsatzgerät soll einen Gesamtwert von 126.810,00 USD gehabt haben.

Ab Sommer 1949/50 wurde auf dem Schloss mit der Entwicklung von Chiffriergeräten, mit der Geheimhaltung und Sicherung der eigenen Fernmeldeverbindungen begonnen. Die dafür zuständige Abteilung, die ab Sommer 1950 als „Zentralstelle für Chiffrierwesen" (ZfCh) bezeichnete Diensteinheit „36.4" unter der Leitung von Erich Hüttenhain (1905–1990), dem führenden Kryptoanalytiker des Dritten Reiches, zog mit ihren Mitarbeitern jedoch nach wenigen Monaten am 15. März 1951 in das Objekt „Forsthaus" nach Oberpleis um.

Von „Dustbin" zum „Capitol"

Im März 1951 ändert sich auch die Tarnbezeichnung für das Schloss Kransberg. Der alte, nicht gerade schmeichelhafte Tarnname „Dustbin" wurde nun durch „Capitol" ersetzt. Vermutlich erhoffte man sich, dass die Fernmeldeaufklärung in Kransberg ähnlich frühzeitig vor feindlichen Angriffen warnen werde, wie im dritten vorchristlichen Jahrhundert die heiligen Gänse des römischen „Kapitols" die Stadt vor der drohenden gallischen Erstürmung. 1952 begannen die Gespräche der „Organisation Gehlen" mit der Bundesregierung über die Übernahme als Bundesbehörde. Anfang April 1952 machte man sich innerhalb der „Organisation Gehlen" dabei auch Gedanken um die zukünftige Nutzung von Schloss Kransberg. In den Gesprächen Reinhard Gehlens mit dem Chef des Bundeskanzleramtes Dr. Hans Globke (1898–1973) kam der Wunsch der Organisation zum Ausdruck, das noch von den Amerikanern beschlagnahmte Schloss, nach Rückgabe an

Das Tor zum Schloss Kransberg ist verschlossen. Auf dem eisernen Eingangsbereich prangt das alte Kransberger Wappen mit den beiden Kranichen. (Foto: BND-Archiv)

den hessischen Staat, von Hessen oder über den Bund zu mieten und weiter zu nutzen. Dr. Globke sollte sich entsprechend dafür einsetzen. Noch im Sommer 1953 wurde Globke durch Gehlen zusätzlich darauf hingewiesen, dass zudem die „Military Post" in Gießen versucht habe, Kransberg räumen zu lassen, was jedoch seitens der CIA verhindert werden konnte. Aus Sicht der Organisation sollte daher Kransberg zu gegebener Zeit von amtlichen deutschen Stellen übernommen werden. Eine vollständige Verlegung von „236" wurde zu diesem Zeitpunkt noch nicht erwogen.

Nach Überführung der Organisation in den BND ging das Schloss in bundesrepublikanische Verwaltung über, in die Zuständigkeit der Oberfinanzdirektion Frankfurt am

Main. Offiziell firmierte nun auf dem Schloss die „Bundesstelle für Fernmeldestatistik" (BFSt). Sogleich nach Gründung des BND wurden im Juni 1956 erste Empfangsversuche im Raum Kassel unternommen, mit dem perspektivischen Ziel, „Capitol" als BND-Liegenschaft aufzugeben und die dortigen Dienststellen nach Nordhessen zu verlegen. Der Standort wurde inzwischen aus technischer Sicht wegen ungünstiger Empfangsverhältnisse als nicht vorteilhaft bewertet, zudem erwies sich das Schloss als verbaut und für ein Objekt einer Bundesbehörde als zu teuer in den Unterhaltungskosten. Im August 1961 endete schließlich nach rund 14 Jahren die Präsenz deutscher Nachrichtendienstmitarbeiter auf Schloss Kransberg. Im Sommer wurden Material und Personal der H-Stelle „Capitol", zu diesem Zeitpunkt mit einer Personalstärke von 116 Mitarbeitern, in das Objekt „Kurfürst" nach Kassel verlegt.

Schloss Kransberg, ein hessischer „Erinnerungsort" des Kalten Krieges

1961 begann der BND aus Schloss Kransberg auszuziehen, und das Objekt fiel in die Zuständigkeit der Oberfinanzdirektion Frankfurt am Main. Nun bezogen unterschiedliche Bundeswehreinheiten hier Quartier: zunächst das Flak-Raketen-Bataillon 23, 1964 die Sanitäts-Ausbildungs-Kompanie 5/907 und ein Luftwaffen-Reserve-Lazarett. 1968 zogen die Fluglotsen des Flugsicherungssektors Süd der Bundeswehr ein und blieben bis 1976. Danach kamen erneut amerikanische Soldaten aufs Schloss. Ab 1977 nutzte es das V. Corps der U.S. Army als Ausbildungszentrum für die Unteroffiziersschule „NCO-Academy" bis Mitte der 80er Jahre. Nach einer kurzen Zeit des Leerstandes zogen 1988 wiederum rund 80 US-Soldaten ein. Nach der Wiedervereinigung verließen die amerikanischen Streitkräfte die Liegenschaft endgültig. Kransberg fiel 1992 zunächst an die Bundesvermögensverwaltung (BVV), die es schließlich im November 1994 in private Hand verkaufte.

Orte und Erinnerung sind immer eng miteinander verknüpft, und durch Orte kann Vergangenheit in die Gegenwart zurückgeholt werden. Angesichts der über 700-jährigen Geschichte von Schloss Kransberg erscheint aus historischer Sicht die rund vierzehnjährige Präsenz des deutschen Auslandsnachrichtendienstes vor Ort als eine vergleichbar kurze Episode. Gleichwohl hat Kransberg als eine der frühesten Liegenschaften des BND für den deutschen Auslandsnachrichtendienst eine spezielle Bedeutung. Seine Mauern fungieren als ein steinernes Gedächtnis, als ein Memento der jüngeren Zeit und authentischer Schauplatz des Kalten Krieges. Schloss Kransberg erscheint daher nicht zuletzt durch seine unterschiedlichen Nutzungen im 20. Jahrhundert als ein hessischer Erinnerungs-

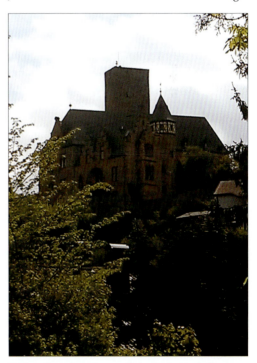

Schloss Kransberg heute. (Foto: Bodo Hechelhammer 2014)

ort" von besonderer historischer Bedeutung. So bleibt die erinnerungspolitische Aufgabe, Schloss Kransberg in eine verantwortungsvolle und zukunftsweisende Nutzung zu überführen.

Benutzte Quellen und Fachliteratur in Auswahl

Archiv des Bundesnachrichtendienstes (BND-Archiv)
N 1/2 Nachlass Wessel, Werner
N 2/5 Nachlass Herre, Heinz Danko
N 4/15 Nachlass Graber, Siegfried
N 70 Nachlass Heine, Albert
N 71/1 Nachlass von Seydlitz-Kurzbach, Joachim
8.817 Zusammenstellung über die Entwicklung der Abteilung Fernmeldewesen
100.956 Dienstunterkünfte [u. a. Capitol]

Bibliothek der Deutschen Burgenvereinigung e. V. Schloss Kransberg

Bundesarchiv (BArch)
R 4606/769 Bauvorhaben „Mühle", Schloss Kransberg und Ziegenberg

Stadtarchiv Bad Homburg v. d. Höhe
Schloss Kransberg

Hessisches Staatsarchiv Darmstadt (HStAD)
RG 260 OMGH, Bl. 65

Zeitzeugeninterviews
· Gespräch mit Christoph Gehlen am 24. April 2013
· Gespräch mit DN Ruth Goldberg am 17. Juni 2014
· Gespräch mit Barbara Herre am 3. März 2014
· Gespräch mit Sibylle Texler, geborene Herre, am 7. August 2015

· *Critchfield, James H.:* Auftrag Pullach. Die Organisation Gehlen 1948–1956, Hamburg, Berlin, Bonn 2005.
· *Emig, Dieter/Frei, Alfred G.:* Office of Military Government for Hesse, in: Weisz, Christoph (Hrsg.): OMGUS-Handbuch. Die Amerikanische Militärverwaltung in Deutschland 1945–1949, München 1994, S. 317–454.
· *Hechelhammer, Bodo/Meinl, Susanne:* Geheimobjekt Pullach. Von der NS-Mustersiedlung zur Zentrale des BND, Berlin 2014, S. 140–154.
· *Kopp, Manfred:* Lesen wie in einem offenen Buch. US Military Intelligence Group, 1946–1948, in: Jahrbuch Hochtaunuskreis 19 (2011), S. 81–92.
· *Pahl, Magnus:* Fremde Heere Ost. Hitlers militärische Aufklärung, Berlin 2012.
· *Rowedder, Eva:* Kulturdenkmäler in Hessen. Hochtaunuskreis. Friedrichsdorf, Glashütten, Grävenwiesbach, Königstein, Kronberg, Neu-Anspach, Oberursel, Schmitten, Steinbach, Usingen, Wehrheim, Weilrod. Hrsg. vom Landesamt für Denkmalpflege Hessen, Darmstadt 2013.
· *Ruffner, Kevin C. (Hrsg.):* Forging an Intelligence Partnership, 1945–1949, Band 1 und 2, Washington, D.C. 1999.
· *Ruffner, Kevin C. (Hrsg.):* Forging an Intelligence Partnership, 1949–1956, Band 1 und 2, Washington, D.C. 2006.
· *Schmidt-Eenboom, Erich:* The Bundesnachrichtendienst, the Bundeswehr and SIGINT in the Cold War and After, in: Intelligence and National Security, 16/1 (2001), S. 129–176.
· *Sünkel, Werner/Rhode, Pierre:* Adlerhorst. Autopsie eines Führerhauptquartiers, Leinburg 1998.

Gerta Walsh

Schwere Jahre für Bad Homburg

Zwischen Kriegsende und Währungsreform

Der Kriegsverlauf mit den von Ost und West vordringenden Kampftruppen brachte es mit sich, dass man in Deutschland das eigentliche Kriegsende zu verschiedenen Zeiten erlebte. Für Bad Homburg war dies der 30. März 1945, der Einzug der Amerikaner. Wenn auch heute nach 70 Jahren die Besetzung des Landes als Befreiung bezeichnet wird, so entsprach dies damals nicht dem Empfinden aller Deutschen. Dies lag nicht zuletzt an der „Proklamation Nr. 1", die General Dwight D. Eisenhower in seiner Eigenschaft als oberster Befehlshaber der alliierten Streitkräfte „An das deutsche Volk" gerichtet hatte. Hier hieß es: „Wir kommen als ein siegreiches Heer, jedoch nicht als Unterdrücker... Alle Personen in den besetzten Gebieten haben unverzüglich und widerspruchslos alle Befehle und Veröffentlichungen der Militärregierung zu befolgen."

Die sofort beginnende Beschlagnahme von Wohnraum für die Truppe betraf in der Mehrzahl Hotels und Pensionen, daneben aber auch private Häuser. Diese formlos durchgeführten Requisitionen durch das im Kampf befindliche Militär sind nicht dokumentiert, abgesehen von zwei schriftlich überlieferten Ereignissen. Bereits am Mittag des 30. März hatte sich ein US-Offizier Zugang zum „Hotel Minerva" in der Kaiser-Friedrich-Promenade 47 mit einem Schuss durch das Türschloss verschafft und angeordnet, dass alle Bewohner binnen 45 Minuten das Haus zu verlassen hatten. Weniger dramatisch verlief die Besetzung des Werksgeländes der „P.I.V. Antrieb Werner Reimers KG" in der Industriestraße 3. Dort zogen 30 Mann der Ordnance Company ein, reparierten hier ihre Fahrzeuge und schliefen im Verkaufsbüro und in der Registratur. Am 29. April zogen sie wieder ab. Die übrigen Einheiten waren bereits vorher von den Besatzungstruppen abgelöst worden. Die Verwaltung der Militärregierung befand sich in der Kaiser-Friedrich-Promenade 76 und war nicht nur für die Stadt Bad Homburg, sondern für den gesamten Obertaunuskreis zuständig.

Das Leben in den besetzten Gebieten musste weitergehen, wenn auch die Entbehrungen und Härten für heutige Begriffe schwer vorstellbar sind. Oft fielen Gas- und Stromlieferungen aus, öffentliche Verkehrsmittel hatten am 24. März ihren Betrieb eingestellt, Postdienste gab es nicht mehr. Am 20. April beauftragte die Militärregierung einen neuen Landrat für den Obertaunuskreis, nachdem der bisherige Amtsinhaber, Wolfgang Prinz von Hessen, nach seinem Militäreinsatz an der Front von 1940 bis Oktober 1943, sich wieder in Bad Homburg aufhielt. Beim Einmarsch der Amerikaner war er am 30. März nach Kronberg gezogen und dort am 12. April verhaftet worden. Landrat war jetzt Dr. Hermann Usinger, der damit ein schweres Amt übernahm. Neben der Behebung von überall auftretenden Mängeln verlor er durch die nötige politische Bereinigung zahlreiche Mitarbeiter: 39 Beamte der Kreisverwaltung und 180 Beamte, Angestellte und Arbeiter der Gemeinde-Verwaltungen.

Außerdem beschlagnahmten die Amerikaner das Landratsamt in der Louisenstraße, worauf die Kreisverwaltung im ehemaligen Hotel „Europäischer Hof" (heute steht hier das Möbelhaus Meiss) ein Notquartier fand. Dr. Usingers Nachfolger August Lüdge hielt seine Stelle bis Juni 1948, um von Dr. Georg Eberlein abgelöst zu werden. Auch Eberleins vorhergehende Berufung zum Bürgermeister von Bad Homburg fiel mit dem Datum des 18. April 1945 noch in die Zeit vor dem offiziellen Kriegsende. Ein Beispiel für die nicht mögliche Beschaffung von notwendigem Material konnte Dr. Eberlein nennen: Für seine Schreibtischlampe hatte er nur eine schwache Birne, die er streng hütete. Jeden Abend nach Dienstschluss schraubte er sie aus und verschloss sie im Schrank. „Man soll niemand in Versuchung führen", meinte er.

Mit banger Sorge verfolgten wohl alle Menschen in Deutschland den Verlauf der Kriegshandlungen. Auch wer im bereits besetzten Teil des Landes lebte, hatte familiäre Beziehungen zu anderen Gebieten, zu Angehörigen in der damaligen Wehrmacht oder zu Verwandten auf der Flucht. Als der deutsche Rundfunk am 1. Mai 1945 den am Vortage erfolgten Tod von Adolf Hitler meldete, wusste man, dass der Krieg nur noch wenige Tage dauern konnte. Die am 8. Mai unterzeichnete bedingungslose Kapitulation Deutschlands verkündete die „Frankfurter Presse" vom 10. Mai in ihrer Nummer 4. Herausgeber dieser Zeitung war „Die Amerikanische 12. Heeres-

Die „Frankfurter Presse" brachte am 10. Mai 1945 diese Meldung. (Foto: Sammlung Walsh)

gruppe für die deutsche Zivilbevölkerung". Mit dem Befehl „Feuer einstellen!" war ein Krieg beendet, der fünf Jahre und acht Monate gedauert hatte.

Die Bad Homburger erfuhren diese Nachricht durch die „Frankfurter Presse", denn eine eigene Zeitung hatten sie nicht mehr, seit der „Taunusbote" am 31. Mai 1941 sein Erscheinen wegen Papiermangels eingestellt hatte. Erst am 30. Juli 1949 konnte dieses Lokalblatt wieder gedruckt werden. Mit Genehmigung der Militärregierung gab es ab 28. Januar 1946 ein „Amtliches Blatt für den Obertaunuskreis", herausgegeben von Landrat Dr. Usinger, das anfangs aus Papiermangel nur sporadisch erschien und danach sich lange Zeit auf amtliche Bekanntmachungen beschränkte.

Die „Stunde null"

Bad Homburg zählte zu Beginn des Jahres 1945 laut Einwohnermeldeamt 22.600 Einwohner, am Jahresende 26.274. Allein der „Wanderungsgewinn", bestehend aus Evakuierten und Heimatvertriebenen, betrug 3.781. Am meisten litten die Menschen damals unter der schlechten Lebensmittelversorgung, unter beengten Wohnverhältnissen und im Winter 1945/46 unter Kohlenmangel. Einen Lichtblick gab es in jener trüben Zeit: die berechtigte Hoffnung, man könne in Homburg Arbeit finden. Der größte Arbeitgeber der Nachkriegszeit, die P.I.V., die bei ihrer Schließung am 26. März 970 Mitarbeiter gezählt hatte, erhielt bereits am 3. Mai 1945 eine vorläufige Produktionsgenehmigung mit dem handschriftlichen Vermerk des zuständigen amerikanischen Offiziers: „Antrag genehmigt, es dürfen aber keine Produkte militärischer Art hergestellt werden." 30 Leute konnten hier mit Aufräumungsarbeiten beschäftigt werden, während im August 100 Personen bei der Herstellung von Obstpressen und Stoßplättchen aus Metall für die längere Haltbarkeit von Schuhsohlen Arbeit fanden.

Die Druckerei Zeuner in der Haingasse erhielt ihren ersten Auftrag bereits am 31. März von den am Vortage eingerückten US-Truppen und konnte bald 17 Leute einstellen. Eine Produktionsgenehmigung brauchte jede Firma, bevor sie ihren Betrieb aufnehmen konnte, und der wurde nur erteilt, wenn Waren des täglichen Bedarfs hergestellt werden sollten und wenn die nötigen Rohstoffe vorhanden waren. Positiv beschieden wurden Zwieback- und Teigwarenhersteller wie die Gebrüder Pauly in der Frölingstraße oder Fischer und Wasmus am heutigen Europakreisel. Auch die stark zerstörte Lederfabrik Heinrich Kofler konnte Ende April in einer Baracke hinter der unteren Louisenstraße 30 Arbeiter einstellen, die vor allem Artikel für die amerikanischen Geschäfte herstellten. Die Maschinenfabrik Busch in der Frölingstraße und Kranz, Ecke Thomas- und Dorotheenstraße, begannen bereits 1945 wieder. Horex durfte zwar nur Motoren für landwirtschaftliche Geräte fertigen und Sattel-Denfeld in Kirdorf neben Handwagen auch Fußmatten aus alten Gummireifen – aber es wurde produziert! Schlecht erging es der Kirdorfer Schokoladenfabrik Holex: Wegen fehlender Rohstoffe erhielt sie keine Arbeitslizenz, was den Eigentümer Wilhelm Born dazu brachte, sich bis 1950 als Konzertpianist zu betätigen.

Die schlechte Ernährungslage

Waren Lebensmittel schon im Kriege knapp gewesen, so wurde die Versorgung nach dem Zusammenbruch katastrophal. Die vorher von den deutschen Truppen besetzten Gebiete, aus denen man das Letzte herausgepresst hatte, waren nun verloren und durch Bomben und Beschuss viele Lebensmittellager zerstört. Die 74. Zuteilungsperiode vom 8. bis 29. April 1945 fiel in Bad Homburg bereits in die Zeit der Besatzung, war aber noch von deutschen Stellen vorbereitet worden. Im Hinblick auf die schwierige Versorgungs- und

Transportlage war nicht zu überblicken, ob die Bevölkerung die auf die Lebensmittelkarten aufgedruckten Werte auch würde erhalten können. Daher hatten die Karten nur die einzelnen Markenfelder ohne Aufdruck. Von Fall zu Fall, regional verschieden aufgrund der vorhandenen Vorräte, wurden Lebensmittel auf diese Abschnitte aufgerufen. Der von der UNRRA (United Nations Refugee and Relief Agency) 1946 für die ganze Welt festgesetzte Ernährungs-Mindestsatz betrug täglich 1.500 Kalorien. Vor dem Kriege standen einem Deutschen 2.800 Kalorien zur Verfügung, jetzt befanden sich die Bewohner der amerikanischen Zone mit 1.250 Kalorien unter der „Hungerlinie" knapp vor Polen, Indien und Japan. Die gute Ernte von 1946 und Lebensmittel-Lieferungen aus Übersee ließen die Kalorienmenge ansteigen, doch der extrem harte Winter von 1946/47 und die dadurch bedingten Engpässe im Transportwesen drückten im April 1947 die Zahl sogar auf 1.050.

Nach den Grundnahrungsmitteln Brot und Kartoffeln richteten sich viele Sparrezepte, die bis zur Währungsreform von 1948 Richtschnur der Hausfrau waren. „Falsches Beefsteak" bestand aus Brot, Kartoffeln und Zwiebeln; „falsches Schweineschmalz" aus Zwiebeln, Wasser, Grieß und Majoran. Oft kam die „falsche Leberwurst" auf den Tisch, zu deren Herstellung man Zwiebeln, Hefe und geriebenes Brot mischte und mit Majoran und Pfefferersatz würzte. Wer als Ausgebombter oder Flüchtling nach Bad Homburg gekommen war, hatte besonders zu leiden, denn ihm standen, im Gegensatz zu den Einheimischen, keine Reserven wie Marmelade, eingemachtes Obst oder Winterkartoffeln zur Verfügung. In dieser Zeit entwickelten sich überall der Schwarzmarkt und daneben der legale Tauschmarkt. Beliebtes Tauschobjekt waren jahrelang Tabakwaren; Raucherkarten erhielten alle Verbraucher im Alter von mindestens 18 Jahren. Man konnte auch selbst

Kartoffelkarte von 1944/45. Die Menge lag nicht fest, sondern wurde je nach Lage der Vorräte bestimmt. (Foto: Sammlung Walsh)

im Garten oder auf dem Balkon Tabak anpflanzen und später fermentieren. Das Samenhaus Körber in der Louisenstraße bot am 19. Mai 1946 „Tabakpflanzen, echt badische Geudertsheimer Hochzucht" an. Im Sommer 1946 war der Anbau von maximal 15 Tabakstauden steuerfrei; wer mehr anbaute, musste seine Ernte beim nächsten Zollamt melden und zahlte bei 15 bis 20 Tabakstauden 12 Reichsmark. Passionierte Raucher, die sich nichts Besseres leisten konnten, rauchten im

Notfall auch Wegerich, Hopfen oder Blätter von Buchen, Ahorn und Kirsche.

Hier in „Haus Hohenbuchen" wohnten General Eisenhower und seine Nachfolger. (Foto: Stadtarchiv Bad Homburg)

Off Limits – Nicht für Deutsche

Ende Mai 1945 nahm General Eisenhower seine Arbeit im Frankfurter IG-Hochhaus auf. Der Oberbefehlshaber der amerikanischen Streitkräfte und gleichzeitige Militärgouverneur der US-Besatzung hatte zu seinem Wohnort Bad Homburg und hier das am 8. Mai beschlagnahmte „Haus Hohenbuchen" gewählt. Eigentümer dieser Villa inmitten eines parkähnlichen Gartens am Rande des Sülzertals war der Fabrikant Werner Reimers, Chef der P.I.V., der sein bis 1953 beschlagnahmtes Haus nie mehr betrat. In „Hohenbuchen" lebte Eisenhower, bis er im November 1945 Deutschland verließ. Auch seine Nachfolger, die Generäle Clay, McNarney und Huebner wohnten hier, sooft ihre Anwesenheit im Frankfurter Hauptquartier nötig war. (Die Villa erhielt später die postalische Anschrift Herderstraße 9.)

Bad Homburg war nicht nur wegen der obersten Besatzungs-Vertreter das Wohngebiet für die Amerikaner. Der fast intakte Kurort bot viele Vorzüge gegenüber dem zerbombten Frankfurt. Durch die Haager Landkriegsordnung von 1907 blieb die Requirierung von Wohnraum das Recht des Siegers, bedeutete aber für die Betroffenen, die ihr Heim für eine unbestimmte Zeit verlassen mussten, einen herben Einschnitt in ihr ohnehin unsicheres und karges Leben. Meist erfolgte der Räumungsbefehl kurzfristig und ließ den Betroffenen nur wenige Stunden, das Notwendigste zu packen und eine andere Unterkunft in der überfüllten Stadt zu suchen. Beginnend am 3. April 1945 fielen etwa 100 Häuser mit 200 Wohnungen unter die Beschlagnahme, hinzu kamen 34 im privaten Besitz befindliche Objekte wie Hotels, Büros, Tankstellen und Geschäfte, darunter die Helipa-Lichtspiele in der Louisenstraße 26, das Sanatorium Dr. Baumstark, Peters Pneu Renova, Saalburgstraße 155, und das Hirnverletztenheim im Gustavsgarten, das noch die Anschrift Adolf-Hitler-Allee 10 trug. Ferner waren 21 Einrichtungen requiriert, die Vereinen, Körperschaften oder der öffentlichen Hand gehörten. Unter ihnen: die Englische Kirche, die Turnhalle der HTG in der Dorotheenstraße, Ritter's Park-Hotel, die Saalburg, das Seedammbad, die Schule Dreikaiserhof und eine Station des Kreiskrankenhauses. Sie blieben der deutschen Bevölkerung teilweise ein Jahr, aber auch länger, verschlossen. Die Reichsbahn-Zentralschu-

Im früheren „Taunus-Sanatorium Dr. Goldschmidt" waren jahrelang wichtige amerikanische und deutsche Dienststellen untergebracht. (Foto: Stadtarchiv Bad Homburg)

le, das ehemalige „Sanatorium Dr. Goldschmidt" in der Terrassenstraße 1, war bis 1953 beschlagnahmt, die Turnhalle der HTG bis Mai 1955. Die Amerikaner wohnten in zwei durch Stacheldraht gesicherten und von Posten bewachten Sperrgebieten, den „Compounds", die für Deutsche verboten waren. Eines reichte entlang des Hölderlinwegs und der Höllsteinstraße bis zum Döllesweg; das andere Areal erstreckte sich von der heutigen Herderstraße bis zum Wingertsbergweg mit der südlichen Begrenzung durch den Paul-Ehrlich-Weg.

Billy Wilder in der Stadt

Bei seiner Geburt 1906 hieß er Samuel Wilder; er starb 2002 in Kalifornien als einer der Großen Hollywoods: Billy Wilder. Auch wer seinen Namen nicht kennt, hat doch einen seiner berühmten Filme gesehen, bei denen er für Drehbuch und Regie verantwortlich zeichnete, zum Beispiel „Manche mögen's heiß" mit Marylin Monroe, „Das Mädchen Irma la Douce" oder „Eins, zwei, drei" mit Horst Buchholz. Seit 1934 lebte er in Nordamerika, wo er bald zu den bekanntesten Regisseuren zählte. 1942 ließ er sich registrieren, um nach dem Kriege in Deutschland am Wiederaufbau der Filmkunst mitzuwirken.

Wilder flog im Range eines Oberst am 9. Mai 1945 nach London, wo er das gesamte Filmmaterial sichtete, das alliierte Kameraleute bei der Befreiung der KZs von Bergen-Belsen und Buchenwald gedreht hatten. In Bad Homburg wurde das ehemalige „Sanatorium Dr. Goldschmidt" seine Arbeitsstelle, die jetzt Teil der Psychologischen Kriegsführung war und zur Nachrichtenkontrolle der Militärregierung gehörte. Eine ihrer Aufgaben war es, darüber zu entscheiden, welche deutschen Filmschaffenden einschließlich der Schauspieler eine Arbeitserlaubnis erhalten sollten. Hier in Bad Homburg entwarf Wilder das Drehbuch zu den Befreiungen der Konzentrationslager; später wurden die Filme „Todesmühlen" in der Terrassenstraße vorgeführt und begutachtet. Von Bad Homburg aus fuhr er nach Wien, um dort Spuren seiner Mutter und seiner Großmutter zu suchen. Wie er erfuhr, waren beide im KZ umgekommen. In einem späteren Interview sagte er: „Ich habe während meiner Zeit in Berlin und in Bad Homburg keinen einzigen Nazi unter den Deutschen getroffen. Alle waren sie Opfer, alle waren sie Widerstandskämpfer gewesen." Bad Homburg hinterließ aber auch angenehme Erinnerungen in ihm. Er liebte gutes Essen, doch nicht immer das, was auf der Speisekarte des Offiziers-Clubs stand. Deshalb tauschte er öfters bei Bauern der Umgegend Zigaretten gegen dort selbst gebackenes Brot, Butter und Eier. Im August 1945 zog Billy Wilder nach Berlin und einen Monat später wieder nach Hollywood, wo sein nächster Film „Kaiserwalzer" mit Bing Crosby auf ihn wartete.

Die Botschaft General Eisenhowers

Am 6. August 1945 wandte sich Eisenhower in einer Botschaft an die deutsche Bevölkerung seiner Zone, legte die schwierige Lage dar und rief zur Eigeninitiative bei der Lösung der anstehenden Probleme auf. Er schrieb: „Die kommenden Monate werden für Euch eine schwere Prüfung sein. Es ist unvermeidbar, daß sie hart sein werden. Alle Anzeichen deuten auf Knappheit an Lebensmitteln, Heizstoffen, Wohnraum und Transportmitteln. Dies sind die Folgen des Angriffskrieges. Es steht jedoch in Eurer Macht, durch beharrliche Arbeit und gegenseitige Hilfe diese Not zu lindern. Müßiggang darf es nicht geben. Die Ernteaussichten sind gut. Jedoch ist es zur vollen Einbringung der Ernte notwendig, daß die Stadtbevölkerung auf das Land geht und dort arbeitet. Für die Beheizung von Wohnhäusern wird in diesem Winter keine Kohle zur Verfügung stehen. Zur Deckung des nötigen Bedarfs müßt Ihr in den nächsten Monaten in den Wäldern genügend Holz fällen und einsammeln. Eure dritte Hauptsorge ist die Beschaffung von Wohnraum. Solange die Witterung es gestattet, müßen beschädigte Häuser ausgebessert werden, um während dieses Winters so viel Schutz wie möglich zu bieten. Zu diesem Zweck müsst Ihr in größtmöglichem Umfange Altmaterial und in den Wäldern gefälltes Holz verwenden. Dies alles sind Eure Probleme. Deren Lösung hängt allein von Eurer Arbeit ab."

Wieder Schulunterricht

Mit Genehmigung der Militärregierung konnte der Schulunterricht am 19. September 1945 wieder beginnen, nachdem alle Homburger Kinder seit dem Fliegerangriff vom 8. März Ferien hatten. Im Vorfeld hatten die Amerikaner am 24. Juli veranlasst, jegliches Unterrichtsmaterial nach nationalsozialistischen Tendenzen zu überprüfen und wenn nötig zu entfernen. Nur Religionsbücher unterlagen dieser strengen Zensur nicht. Da der Druck neuer Schulbücher erst im folgenden Jahr begann, mussten sich Lehrer wie Schüler durch stetes Abschreiben behelfen, was beim überall herrschenden Papiermangel nicht einfach war. Kein Kind konnte jetzt eingeschult werden, denn die Klassenräume reichten dafür nicht aus. Die intakt gebliebene und nicht anderweitig genutzte Landgraf-Ludwig-Schule in der Rathausstraße war für einige Monate vom Keller bis unter das Dach belegt, denn zu den eigenen 778 Schülern kamen 550 der Hölderlinschule, einige Klassen des Kaiserin-Friedrich-Gymnasiums, Teile der Städtischen Berufsschule und die Kreisbildstelle. Schichtunterricht von morgens bis abends war nicht zu umgehen. Der schlechte Gesundheitszustand der Kinder führte seit dem Frühjahr 1947 zur Schulspeisung aus amerikanischen Lebensmittelbeständen. Bis zum Herbst 1952 lief diese Aktion. Die Einrichtung von Elternbeiräten war im Dezember 1946 Neuland für alle Beteiligten und gehörte zum Programm der politischen Erziehung, wie sie von der Militärregierung auf verschiedenen Ebenen des täglichen Lebens durchgeführt wurde.

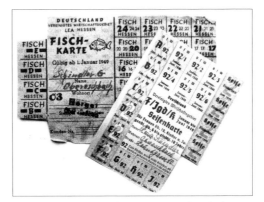

Noch 1949 gab es Lebensmittel- und Seifenkarten. Die Seifenmarken galten für Frauen über 18 Jahre und für Kinder und Jugendliche von 6 bis 18. (Foto: Sammlung Walsh)

Es wird gesammelt

In den Kriegs- und Nachkriegsjahren gab es wenige Gegenstände oder Essbares, das im Müll landete, denn überall herrschte Knappheit, und man konnte vieles mehrfach verwenden. Nur gegen Altpapier gab es (Papier-)Schnur, Hefte und Hygienepapier, und aus Knochen wurde Seife gemacht. 1946 zum Beispiel erhielt man für fünf Kilogramm Knochen eine Seifenmarke, die zu einem Stück Kernseife berechtigte. Altstoffhändler wie Alex Boß in der Wallstraße, I. Boß in der Grabengasse 34 und Heinrich Meyer, Burggasse 8, nahmen die Knochen entgegen. Kinder konnten Heilkräuter und Wildbeeren sammeln und dabei noch Geld verdienen. Aus Kastanien gewann die chemische Industrie Schaumstoffe für die Seifenherstellung, Bucheckern lieferten Speiseöl; Hagebutten, Schlehen, Holunder und Ebereschen wurden zu Marmelade. Zwei Firmen im Obertaunuskreis verarbeiteten diese Beeren für den Handel: Rainer & Wirth in Oberursel und die Neulandsüßmosterei Symnak in Dornholzhausen. Wer sehr fleißig war, erhielt für ein Kilogramm getrocknete Kelche von Schlüsselblumen 16,80 Reichsmark.

Die ersten Wahlen

Mit der Zulassung von politischen Parteien und der Vorbereitung der Wahlen begann in der amerikanischen Zone der erste Schritt in Richtung Demokratie. Da in Bad Homburg am 8. März 1945 bei der Zerstörung des Rathauses Einwohnerlisten sowie Hunderte von An- und Abmeldungen vernichtet worden waren, gestalteten sich diese Vorbereitungen schwierig. Es gab auch keine neuen Personalausweise, dafür aber eine „zeitweise Registrierungskarte" der Militärregierung. Dieses DIN-A5-Blatt trug als Identifikationsbeweis des Inhabers nicht das sonst übliche Foto, das in diesen Zeiten bei der Beschaffung reiner Luxus gewesen wäre, sondern den Abdruck des rechten Zeigefingers. Am 28. April 1946 wählten die Homburger ihre Gemeinde-Vertretung und erreichten mit einer Wahlbeteiligung von 67,9 % den hessischen Durchschnitt von 78 % nicht. Siegerin wurde in Bad Homburg die CDU mit elf Sitzen, gefolgt von der SPD mit sieben und der LDP (Liberal-Demokratische Partei) mit sechs Sitzen. Die Kommunistische Partei hatte zwar 8,9 % der Stimmen erreicht, doch erst mit 15 % war man im Parlament vertreten. Bei der zwei Jahre danach durchgeführten Wahl ergab die Sitzverteilung je zwölf für CDU und LDP, zehn für die SPD und zwei für die KPD, denn die Sperrklausel war inzwischen auf 5 % herabgesetzt worden. Die Tätigkeit dieser Stadtverordneten und des zum neuen Oberbürgermeister gewählten Karl Horn begann am 1. Juli 1948 und fiel damit in die Zeit nach der Währungsreform und Einführung der D-Mark.

Das „Symphonie-Orchester Bad Homburg"

Es klingt überheblich, dass sich eine Stadt von 25.000 Einwohnern in solch schlechten Zeiten ein eigenes Orchester leisten konnte, doch es entsprach den Tatsachen. Von 1946 bis 1953 gelang dies Bad Homburg. Der Initiator, Prof. Paul Brehm, veröffentlichte am 28. Januar 1946 im „Amtlichen Kreisblatt für den Obertaunuskreis" das Auftreten der „Rhein-Mainischen Philharmonie". Die 45 Musiker hatten früher im Museumsorchester der Frankfurter Oper, im Rundfunk-Symphonie-Orchester oder in Militärkapellen gespielt. Das erste Konzert am 20. Februar wurde in der Schlosskirche mit Beethovens Leonoren-Ouvertüre und Dvořáks „Aus der Neuen Welt" zum besonderen Erlebnis. Nicht näher bekannte Gründe bewirkten die baldige Umbenennung des Orchesters in „Symphonie-Orchester Bad Homburg" (auch Sinfonie geschrieben), das unter seinem neuen Dirigenten Otto Schubert, einem ehemaligen Chorleiter aus der Filmbranche, Konzerte in vielen hessischen Städten gab. Man fuhr in Lastkraftwagen, die wegen Benzinmangels mittels Holzvergaser betrieben wurden, man fror mit den Zuhörern in ungeheizten Räumen, aber man spielte und lauschte dankbar der Musik. Bad Homburgs OB Dr. Eberlein unterstützte das Unternehmen nach Kräften, wie sein Aufruf an die Bevölkerung vom 5. Oktober 1946 beweist. Hier schrieb er: „Ein neuer Winter steht vor der Tür – gewiss auch für uns Homburger kein leichter. Mancher wird fragen: brauchen wir Musik, wo wir kaum Brot haben? Ich antworte: Ja – erst recht!" Sein Aufruf endete mit den Sätzen: „Wer unsere Stadt liebt und mehr für sein Leben verlangt, als ihm Lebensmittelmarken bieten, wird mit Freuden das große vaterländische Werk durch seine Teilnahme an den Konzerten des Homburger Symphonie-Orchesters unterstützen. Wir sind aus Vielem vertrieben, was die Erde Herrliches bietet. Aus dem Herrlichsten lassen wir uns nicht vertreiben – aus der deutschen Musik!" Solche Worte der Wertbestimmung und des Aufbruchs gab es auch auf anderen Gebieten, sonst wäre es nicht möglich gewesen, dass sich das anfangs so trostlose Leben nach verhältnismäßig kurzer Zeit anhaltend verbessern konnte.

Otto Schubert stellte 1949 in „Ritter's Park-Hotel" mit seinen Musikern seine Komposition einer neuen mexikanischen Nationalhymne vor und begeisterte damit auch Homburgs neuen OB Karl Horn so sehr, dass dieser den Dirigenten zum Generalmusikdirektor ernannte. Den baldigen Einwurf von kundiger Seite, diesen Titel könne ein Oberbürgermeister nicht verleihen, konterte Horn mit dem Hinweis, die Stadt bezahle ja das Orchester und den Dirigenten, dann könne er wohl auch Titel verleihen! Er achtete aber darauf, dass damit keine Gehaltserhöhung verbunden war. Ende 1953 ging das „Symphonie-Orchester Bad Homburg" im „Hessischen Symphonie-Orchester" auf, das aber nicht mehr lange bestand.

Der Engpass „Schuhe"

Den größten Engpass auf dem Gebiet der Kleidung gab es bei Schuhen, die man nur auf einen der seltenen Bezugsscheine kaufen konnte. In einer offiziellen Verlautbarung hieß es: „Es vergehen 30 Monate bis im Durchschnitt jeder Verbraucher mit irgend einer Schuhart einmal an die Reihe kommen kann. Bei dem festen Arbeits- und Straßenschuhwerk sind die Zeiten noch weit ausgedehnter." Bei diesen schlechten Aussichten war Selbsthilfe dringend geboten. Ein Weg waren Tauschanzeigen. „1 Paar gut erhalt. Arbeitsschuhe Gr. 41, gegen eine kurze Lederhose zu tauschen gesucht." Oder: „Vertausche einen echt silbernen Schöpflöffel (Wert 40 RM) gegen kurze Schaftstiefel Gr. 46." Oder: „Biete 1 Schreibtisch m. Schublade u. Aufsatz mit 2 Schränkchen, 2 Fensterladen, Uhrwerk einer Wanduhr. Suche 1 Paar Herrenschuhe Gr. 42 oder Damenschuhe Gr. 37, 38 oder 40." Oder: „Verloren ging ein kleiner Kinderschuh Gr. 19. Dem Überbringer hohe Belohnung, da dieselben geliehen." Notfalls musste man aber Schuhe selbst herstellen. „Der praktische Straßenschuh" steht unter dem Schnittmuster, das im Original 26 cm lang und 13 cm breit ist. Die Anleitung schlägt als Material Stoff oder leichtes Leder vor, die Brandsohle ist ein Stück mit Stoff überzogene Pappe, als Laufsohle konnte man eine Strohsohle oder mehrfache Stofflagen aus alten Stoffresten nehmen; im besten Falle Gummi, Linoleum oder Lederreste.

Almar Pfeifer (links) und sein Sohn in ihrer Werkstatt. (Foto: Sammlung Walsh)

Schuhmacher hatten vollauf mit Reparaturen zu tun, obwohl auch diese für den Verbraucher durch die Schuhreparatur-Karte eingeschränkt waren. 1946 erteilte der Landrat für den Obertaunuskreis dem aus dem Sudetenland gekommenen Schuhmacher Almar Pfeifer die Zuweisung für seine Werkstatt in der Wallstraße 9 (im Hof), wo er anfangs nur Flüchtlinge versorgte. Bald arbeitete auch sein Sohn Erich hier, und der Kundenkreis wurde auf Einheimische ausgedehnt. Almar Pfeifer konnte später in eine größere Werkstatt ziehen und dort 13 Mitarbeiter beschäftigen.

Neue Firmen entstehen

Das fast intakt gebliebene Homburg zog Unternehmen mit neuen Ideen an. Wenn sie auch bescheiden beginnen mussten, so wurden aus ihnen bald wichtige Arbeitgeber. Heinrich Peiker stellte 1946 mit seinem Schwiegervater Kristallmikrophone her und züchtete dafür in der Badewanne Seignettesalz. Im gleichen Jahr begann Wolfgang Assmann mit der Herstellung von Verstärkeranlagen für Rundfunksender, während Albrecht Maurer bereits 1945 die Ringspann KG gegründet hatte. In den Räumen des Optischen Instituts Dr. Steeg und Reuter in der Kirdorfer Straße arbeiteten Amerikaner und Deutsche unter einem Dach an technischen Geräten für die Neuordnung der Rundfunksender in der britischen und US-Besatzungszone. Ab 1947 konzentrierte man sich auf die Abteilungen Optik, Elektro-Akustik und Quarzfertigung. Schlecht sah es für die P.I.V. aus, die bereits am 3. Mai mit der Arbeit begonnen hatte, doch dieses Unternehmen stand von Anfang 1946 bis Oktober 1947 auf der Demontageliste der für Sowjetrussland bestimmten Fabriken, was natürlich die Entwicklung hemmte.

Der Blick in die Zukunft

In einer Zeit, da unzählige Soldaten vermisst und in den Kriegswirren verlorene Kinder gesucht wurden, waren Suchdienste überlaufen. Wo offizielle Stellen nicht helfen konnten, kam der Wunsch auf, mit Hilfe einer Wahrsagerin Licht in die dunkle Zukunft zu bringen. Die „Frankfurter Neue Presse" vom 25. August 1947 berichtete über zwei Homburgerinnen, denen man übersinnliche Kräfte nachsagte. Ihre Anschriften waren weit über Bad Homburg hinaus bekannt und brachten sogar Ratsuchende aus Darmstadt und Hanau. Die Schaffner der Straßenbahnlinie 25 waren bestens informiert und gaben bereitwillig Auskunft, wo Interessenten aussteigen mussten. Die Hellseherin Therese G. wohnte im Hessenring 81 und gab an, von der Militärregierung überprüft und von der Kirche und von Gerichten zugelassen zu sein. Sie war so bekannt, dass Ratsuchende bis auf die Straße hinab warteten, bis sie ihre Ansuchen vortragen konnten. In der Landgrafenstraße, und dort in einem Dachstübchen, versuchte eine Hellseherin, durch das Betrachten von Handlinien die Fragen ihrer Kundinnen zu beantworten.

Der Fragebogen

Die im Potsdamer Abkommen 1945 von den Siegermächten vereinbarte Entnazifizierung der Deutschen wurde in der amerikanischen Zone besonders streng durchgeführt. Es begann mit dem 48 cm langen und zweiseitig bedruckten Fragebogen, dessen 131 Fragen genau beantwortet werden mussten. In individuellen Verfahren wurde dann jeder Fall bearbeitet. Die Spruchkammer Obertaunus begann am 15. Juni 1946 unter dem Vorsitzenden Dr. Hans Deichmann, einem Mitglied der SPD. Die zuerst im Schloss Homburg und dann im Landratsamt durchgeführten Verhandlungen waren öffentlich und vorher im „Kreisblatt" angekündigt. Neben dem vollen Namen und den eigenen Angaben des Betrof-

In der damaligen „Villa Debus" befand sich von 1945 bis 1951 die Bücherei des Amerika-Hauses. (Foto: Stadtarchiv Bad Homburg)

fenen über seine frühere Parteizugehörigkeit fehlte nie der Hinweis, jeder Leser könne schriftlich belastende oder entlastende Angaben einreichen. Nach der Verhandlung wurde das Urteil, also die Einstufung des Vorgeladenen in eine der fünf Kategorien von „Hauptschuldig" bis „Entlastet" veröffentlicht. Die Spruchkammer Obertaunus beendete ihre Arbeit am 30. Juli 1948.

Kulturelle Impulse

Zum „Re-Education Program", das bald nach der Besetzung mit der Umerziehung der Bevölkerung begann, gehörten auch die Amerika-Häuser, kulturelle Kontaktstellen zwischen Amerikanern und Deutschen. Die erste in diesem Rahmen eingerichtete reichhaltige Bücherei des gesamten Rhein-Main-Gebietes eröffnete am 4. Juli 1945 in Bad Homburg in der damaligen „Villa Debus", Kaiser-Friedrich-Promenade 57, und verblieb hier sechs Jahre lang. Am 31. August 1951 gingen die Bücher in das Eigentum des inzwischen gegründeten Volksbildungskreises über, der noch zwei Jahre dieses Haus benutzen durfte. Den Bewohnern Bad Homburgs stand auch der weltanschaulich bereinigte Bestand der Stadtbibliothek seit dem 22. August 1946 zur Verfügung. Mit der Gestaltung eines Rundfunkprogramms wurde eine Bad Homburger Bürgerin betraut: Dr. Gabriele Strecker. Für die Sendestation „Radio Frankfurt", die 1948 den Namen „Hessischer Rundfunk" annahm, trat sie die Leitung des Frauenfunks am 12. April 1946 an. Als erste deutsche Frau flog sie am 10. Oktober 1946 nach New York, um dort an einem Frauenkongress teilzunehmen. Dies war der Beginn einer langen politischen Erfolgsserie, die Dr. Strecker in den folgenden Jahren erfahren konnte, darunter 16 Jahre lang beim Hessischen Rundfunk.

Wohnraum wird gebraucht

Der Zustrom von Flüchtlingen hielt an und führte Ende 1946 zur Einwohnerzahl von 24.715, im Jahr 1948 zu 27.342. Der überall herrschende Materialmangel verhinderte den Bau von dringend benötigtem Wohnraum. Doch erst ab 1948 wurden nach der Währungsreform städtische Baumaßnahmen beschlossen. Die Häuser der Hardtwaldsiedlung entstanden laut Magistratsbeschluss vom 23. September, „um die Ansiedlung von Industrie, Industrieverwaltungen und zentralen Behörden zu fördern."

Wer sind die Bi-Zonalen?

Die Bi-Zone war die am 1. September 1947 in Kraft getretene Vereinigung der britischen und amerikanischen Wirtschaftsgebiete. Da wegen Bombenschäden nur wenige Städte zur Aufnahme einer so großen Behörde vorhanden waren, mussten fünf Zentralstellen für die gemeinsame Verwaltung geschaffen werden. Die Finanzverwaltung mit 300 Angestellten hatte ihren Sitz in der Bad Homburger Terrassenstraße 1, dem ehemaligen „Sanatorium Dr. Goldschmidt". Die Wahl war auf Bad Homburg gefallen, da hier bereits seit Herbst 1946 der „Deutsche Finanzrat für die britische und amerikanische Zone" tätig war. Hier entstanden in den folgenden Jahren wichtige Gesetze. Dazu gehörte im Juli 1948 die Planung für

In diesen Baracken am Hessenring lebten Flüchtlinge.
(Foto: Sammlung Walsh)

eine Schuldenverwaltung, aus der dann die Bundesschuldenverwaltung entstand, die von 1953 bis 2010 (am Schluss Wertpapierverwaltung) im eigenen Gebäude beim Bahnhof bestand. Zu nennen sind noch: das Bundesausgleichsamt, das den Lastenausgleich regelte, Gesetze zur Bereinigung des Wertpapierwesens, Notopfer Berlin, Schaffung der Kreditanstalt für Wiederaufbau und der Zollgrenzdienst. Die „Bizo-Finanzer", wie sie sich nannten, wurden 1949 in die eben gewählte Bundeshauptstadt Bonn versetzt, pendelten aber noch einige Zeit zwischen ihrer neuen Arbeitsstätte und Bad Homburg.

Die D-Mark ist da!

Als die Finanzverwaltung in der Terrassenstraße den Auftrag erhielt, Pläne für eine Währungsreform zu entwickeln, kam es zur Gründung der „Sonderstelle Geld und Kredit" unter dem Vorsitz von Prof. Ludwig Erhard. Von Oktober 1947 bis Juni 1948 tagte diese in der Kisseleffstraße 21 in der „Villa Hansa". Unter höchster Geheimhaltung arbeiteten 49 Spezialisten am „Homburger Plan", der zwar nicht übernommen wurde, aber Impulse gab und in Rothwesten im Kreis Kassel von einer anderen Gruppe in die endgültige Fassung gebracht wurde. Damals hielt sich der spätere Bundeskanzler Ludwig Erhard öfters in Bad Homburg auf, wo er dann auf einem Feldbett in der überfüllten „Villa Hansa" übernachtete. Hier in der Kisseleffstraße 21 traf er auch Edward A. Tenenbaum, der als ständiger Vertreter der Amerikaner hier anwesend war.

Sonntag, der 20. Juni 1948, war der lange erwartete Tag X. Gegen die Abgabe von 40 Reichsmark erhielt jeder Bürger 40 Deutsche Mark, zu denen später noch weitere 20 DM kamen. In den 23 Umtauschstellen Bad Homburgs waren 150 Beamte und Angestellte der Stadtverwaltung, des Finanzamtes und lokaler Banken ehrenamtlich im Einsatz. 1,2 Millionen des neuen Geldes wurden dabei an die Bevölkerung abgegeben. Man sollte meinen, dass die „Villa Hansa" bald ein markanter Punkt in der Lokalgeschichte geworden wäre, doch weit gefehlt! Die Rotarier Bad Homburg Schloss nahmen sich endlich der Sache an und ließen 2003 auf ihre Kosten eine Gedenktafel anbringen. Das „Wirtschaftswunder" als Folge der Einführung von Erhards sozialer Marktwirtschaft trat natürlich nicht sofort ein, aber der allgemeine Aufschwung zeigte sich im täglichen Leben in kleinen Schritten. Mit der Abschaffung der Lebensmittelmarken im Jahr 1952 war dann die Zeit der Entbehrungen beendet.

Quellen:
· General Eisenhowers Proklamation Nr. 1: Stadtarchiv Bad Homburg, D 27-2
· Botschaft Eisenhowers: Stadtarchiv Frankfurt am Main
· Aufzeichnungen von Ernst Féaux de la Croix von 1987
· Archiv der Landgraf-Ludwig-Schule
· Mitteilungen von Alfred Kany über Symphonie-Orchester, 1985
· Mitteilung von Almar Pfeifer an G. Walsh, 1985

Literatur:
· Kreisblatt für den Obertaunuskreis, Ausgaben 1946 – 1948
· Frankfurter Presse vom 10. Mai 1945
· Friedrich Hofmann: Lebendiges Bad Homburg vor der Höhe, Bad Homburg 1960
· Cornelia Klenke und Silke Lorch; Volksbildungskreis Bad Homburg. e.V., 1979
· Wolfgang Prinz von Hessen: Aufzeichnungen. Kronberg 1986
· Gerta Walsh: Schornsteine in der Kurstadt. Bad Homburg 1993
· Gerta Walsh: Billy Wilder in Homburg, in „Taunuszeitung" vom 1.3.2011

Ulrich Hummel

Sehnsucht nach einem baldigen Kriegsende

Alltagsereignisse in Bad Homburg in der Zeit vom Januar bis zum 8. Mai 1945
(dargestellt anhand von Feldpostbriefen, Tagebuchaufzeichnungen, Erzählungen und persönlichen Erinnerungen)

Kriegsalltag in Bad Homburg in meiner Familie vom Januar bis 5. März 1945 (anhand von Feldpostbriefen)

Im Sommer 1998 hatte ein Arztehepaar aus dem fränkischen Ansbach im thüringischen Schwarzburg ein Haus gekauft und fand in einer Dachkammer hinter einer Sperrholzwand in einem alten Kinderwagen Feldpostbriefe meiner Mutter, die sie aus Bad Homburg meinem Vater vom 27. Januar bis zum 5. März 1945 geschrieben hatte. Er war Lazarettarzt in Weimar und Ende März nach Schwarzburg versetzt worden. Kurz bevor er in amerikanische Kriegsgefangenschaft geriet, versteckte er die sieben Briefe in der Dachkammer. Freundlicherweise stellte mir das Arztehepaar die gefundenen Schriftstücke zu. Die Briefe geben ein anschauliches Bild von der damaligen Lage in unserer Region, Stadt und meiner Familie wieder.

Bevor ich einige Sätze daraus zitiere, gebe ich einen kurzen Überblick über die Bewohner unseres Hauses in der Brendelstraße: Da waren zunächst meine Mutter mit uns Kindern Manfred (9 Jahre), Ulrich (5 ½ Jahre) und Gerwin (3 Jahre), meine Großmutter väterlicherseits mit ihrer Tochter, meiner Tante Edith (beide waren ausgebombt aus Kleve), Liesel (die Hausangestellte bis Mitte des Jahres) und drei alleinstehende Herren (L. Arens, der Student Schmitz und der französische Fremdarbeiter Gatschimunkoff).

27. Januar: *„...Schmitz hilft mir jetzt beim Sägen der Baumstämme, die noch im Garten*

Familienfoto vom 1. April 1945. Vordere Reihe v. l. n. r.: Manfred, Großmutter Maria Hummel mit Gerwin, Ulrich (Uli) Hummel. Hintere Reihe v. l. n. r.: Dr. Edith Hummel, Studienrätin; Grete Hummel (Mutter)

liegen. Allein ist es zu schwierig. Gas haben wir nur noch ganz selten. Wir sind auf das Herdchen ganz angewiesen, und alles (d.h. alle Hausbewohner) kocht darauf..."

30. Januar: *„...Mein ständiger Gedanke bist Du, Deine Niedergeschlagenheit bedrückt auch mich. Gleich um 10 Uhr spricht der Führer. Es wird wohl nichts Neues sein. Ich werde zuhören, weil auch Du um diese Zeit am Radio sitzen wirst. Ich werde dann sehr an Dich denken und den lieben Gott bitten, daß er Dich und mich und unsere Kinder beschützen möge..."*

Hitler hielt ja immer am Tag der Machtergreifung eine Rede, die in allen Betrieben,

Kasernen, Lazaretten und Schulen gehört werden musste. Hitler hatte wohl etwas von einer Gegenoffensive an der Ostfront gesagt; im nächsten Brief ist nämlich davon die Rede.

5. Februar: *„...Hoffen wir, daß die Gegenoffensive im Osten wirklich in der zweiten Februarwoche anfängt und uns rettet. Wenn doch endlich die Luftangriffe aufhörten! Bad Soden, Königstein und Oberstedten sollen sehr getroffen sein. Die Leute hier sind nun alle sehr nervös, und die Stimmung ist schlecht..."*

Unterarzt Dr. Rudolf Hummel am 23. Juli 1944

In der Nacht vom 2. zum 3. Februar 1945 kam es tatsächlich in den genannten Vortaunusgemeinden zu einem schweren Luftangriff. In Bad Soden fiel eine 120-Zentner-Bombe auf die Frankfurter Straße und zerstörte die Kirche und das Pfarrhaus schwer. Auch in Königstein, Falkenstein und Mammolshain wurden mehrere Gebäude zerstört. In Königstein kamen 13 und in Mammolshain zehn Menschen ums Leben. Über Oberstedten wurden sehr viele Brandbomben und ein Lufttorpedo abgeworfen, wobei drei Menschen getötet wurden. Dieser Feldpostbrief gibt für Oberstedten erstmals das klare Datum an; bisher glaubte man, dass der Angriff wahrscheinlich Anfang März stattgefunden habe. (1)

8. Februar: *„...Meine Hände sind heute sehr müde, da ich 3 Stunden gesägt und Holz gespalten habe. Manfred hat den Anfang gemacht heute Morgen mit ein paar Freunden. Es war so herrliches Frühlingswetter draußen. Nun haben wir wieder einen schönen Haufen Holz im Keller liegen. Alle Kinder, besonders Manfred, sind mit Begeisterung dabei....Er hat fast alles mit mir gesägt, dann habe ich noch die Klötze gespalten, daß sie mir nur so um den Kopf flogen...Jeden Tag gibt es neue Einschränkungen. Jetzt müssen alle Leute, die Kartoffeln eingekellert haben, einen Teil derselben wieder abgeben, da die Rationen kleiner geworden sind..."*

22. Februar: *„...Nun ist auch dieser Tag vorüber. Er brachte mir viel Freude. Ich habe alles allein geschafft, die ganze Hochzeit von Frl. Arens (sie war die Tochter des Hausbewohners) mit allem Drum und Dran. Alarm und viele Tieffliegerangriffe hatten wir auch, aber das gehört zur Tagesordnung. Jedenfalls war das Brautpaar glücklich, jemanden zu haben, der für eine ganz kleine Feier sorgte. Uli (damit bin ich gemeint) hat den Schleier getragen, und Manfred und Uli sind mit der Kutsche mit den zwei weißen Schimmeln gefahren. Das war ein Tag, der uns allen ein klein wenig den Ernst und die Schwere dieser Zeit vergessen ließ, aber nur bis zum Mittag, dann setzten die Tieffliegerangriffe ein: Gestern haben sie in Seulberg und Weißkirchen Lokomotiven abgeschossen, und es gab wieder viele Tote. Wenn ich jetzt in Zukunft zu den Bauern fahre, um das Nötigste zu holen, werde ich nur noch mit dem Rad fahren. Anders ist es zu gefährlich..."*

An diese Hochzeit und vor allem an die Hochzeitskutsche erinnere ich mich natürlich noch gut. Das muss man sich nur einmal vorstellen: Trotz der Kriegssituation fährt eine Hochzeitskutsche durch die Stadt, und das 14 Tage vor dem verheerenden Bombenangriff. – Bei den erwähnten Luftangriffen auf die Eisenbahnen kamen damals in Weißkirchen zehn Menschen ums Leben.

4. März: *„…heute hatten wir ziemliche Alarmruhe, wenigstens unsere Gegend, das tat mal sehr gut für den Sonntag. Mit Gerwin habe ich einen Spaziergang durch den Park gemacht, während Manfred und Uli heute Nachmittag in der Messe waren…(wegen der vielen Alarme wurde die Spätmesse auf nachmittags 16 Uhr verlegt, sodass die Messen über den Sonntag verteilt waren)…Die Front rückt täglich näher im Westen. Ob wir eines Tages noch hier fort müssen? Es wäre schrecklich…"*

Montag, 5. März: *„…Wir haben hier täglich furchtbare Überflüge…Wenn nur die schrecklichen Angriffe aufhören würden und Du wieder bei uns wärest!…"*

Das schrieb meine Mutter drei Tage vor dem Bombenabwurf auf Bad Homburg. Wie aus dem Brief hervorgeht, hatten die Alarme erheblich zugenommen. Meine Mutter hatte sogar schon im Keller Betten aufgeschlagen, um nicht bei Nacht uns Kinder wecken, anziehen und in den Keller schicken zu müssen. Nur war es dort bitter kalt. Sie versuchte sich mit einem schlecht funktionierenden Elektro-Öfchen zu behelfen. Meistens flogen die Flugzeuge über Bad Homburg hinweg; es hieß, es sei eine Lazarettstadt, deswegen würde die Stadt verschont. Es gab zwar Hun-

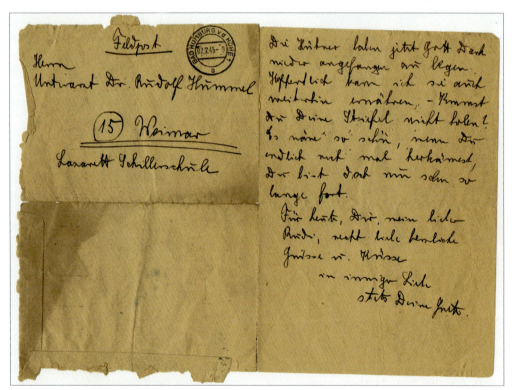

Feldpostbrief vom 5. Februar 1945 (Poststempel vom 7. Februar)

derte von Luftalarmen, zu Bombenabwürfen kam es jedoch vor dem 8. März 1945 „nur" dreimal: im Mai und August 1941 und am 25. August 1942. Anscheinend gingen schon deshalb meine Großmutter und meine Tante, obwohl sie selbst Ausgebombte aus Kleve waren, bei Alarmen nicht mehr in den Keller.

Bomben- und Tieffliegerangriffe auf Bad Homburg im März 1945

Doch am Donnerstag, dem 8. März, ertönten nach 14 Uhr die Sirenen, und kurz darauf fielen schon die Bomben. Ohrenbetäubendes Krachen war zu hören. In unserem Haus in der Unteren Brendelstraße rannten alle Hausbewohner eiligst die Treppen hinab zum Luftschutzkeller, wobei sich meine Großmutter an einem defekten schmiedeeisernen Gitterwerk vor der steilen Kellertreppe am Unterarm verletzte und fürchterlich blutete. Schnell wurde sie im Keller verbunden. Wir alle zitterten vor Angst bei dem Höllenlärm der Sprengbomben, die in der Innenstadt fielen. Man hatte den Eindruck, sie seien in unmittelbarer Nähe oder sogar selbst auf das Haus gefallen.

Wir hatten Glück gehabt: Als wir nach oben gingen, sahen wir im Garten einen silbermetallicfarbenen Gegenstand (Blindgänger?), auf der Brendelstraße stand ein großer Mann mit einem Helm auf dem Kopf. Es war unser Nachbar, der Kunstmaler Carl Stolz, der der Luftschutzwart in dieser Gegend war. Er kickte eine Brandbombe in den Rinnstein, in dem der flüssige Phosphor floss. Weitere graubraune Brandbomben fand man auf der Straße. Einige Häuser weiter holte ein Mann eine Brandbombe vom Dach herab. Das Mädchengymnasium (heute das untere Gebäude des Rind'schen Bürgerstifts) war von einer Brandbombe getroffen worden, obwohl es mittlerweile zu einem Lazarett umgestaltet worden war und auf dem Dach ein Rot-Kreuz-Zeichen trug. Unsinnigerweise hatte man das Schulmobiliar, die Lehrbücher und die Sammlungsgegenstände im Dachgeschoss untergebracht. Die Feuerwehr versuchte den Brand zu löschen, wurde aber vorzeitig zum Kurhaus abgerufen. Nun begann das Gebäude lichterloh zu brennen, ein Bild, das ich nie vergessen werde.

Blindgänger beim Bombenabwurf am 22. Juli 1941 hinter der Marktdrogerie Volz

Im Nordwesten der Stadt, also im Bereich der Brendel-, Ottilien- und Gymnasiumstraße, hatte die Abwurfschneise ihren Anfang genommen. Sie zog dann in südlicher Richtung über die obere Promenade, untere Elisabethenstraße zur mittleren und teilweise unteren Louisenstraße, dann über die untere Dorotheenstraße, den unteren Mühlberg und die obere Schöne Aussicht bis hin zum Hasensprung und zur Frölingstraße.

Zerstört wurden das Mädchengymnasium, die Kaserne (heute Finanzamt), das Kurhaus, das schräg gegenüberliegende Rathaus und alle weiteren unterhalb liegenden Häuser bis zur Thomasstraße außer der alten Post, das „Thalia-Kino" oberhalb des heutigen Karstadt-Kaufhauses, z.T. das Amtsgericht (heute Stadtbibliothek), zahlreiche Betriebe und vor allen Dingen Wohnhäuser. Die meisten Totalschäden gab es in der mittleren Louisenstraße, in der Dorotheenstraße und am Mühlberg. 188 Wohnungen waren verloren gegangen, viele Menschen waren obdachlos geworden.

Zerstörtes Kurhaus am 8. März 1945

Zerstörte Häuser unterhalb der alten Post (z. B. Haus Halbach)

33 Tote waren zu beklagen. Besonders tragisch war der Tod der drei Referendarinnen Edel, Kloster und Rau. Sie hatten zunächst den Luftschutzkeller der Dorotheenstraße 38 aufgesucht, wo auch die Kinder eines Kindergartens und zahlreiche andere Bürger Zuflucht gefunden hatten. Die drei jungen Frauen begaben sich von dort aus in einen zwölf Meter tiefen ehemaligen Brauereikeller. Entweder wollten sie sich dort in Ruhe auf ihre Lehrproben vorbereiten (so war die Meinung ihrer Kollegin Lotte Hudemann), oder sie wollten besonders sicher sein. Nach einiger Zeit (so wurde von Zeitzeugen erzählt) kamen sie nach oben und erfuhren von der Entwarnung. Sie gingen daraufhin zurück, um ihre Sachen zu holen. Unglücklicherweise hatte zuvor eine Bombe das Erdreich über dem Verbindungsgang getroffen, und jetzt erst stürzten die Erdmassen in den Gang und verschütteten die drei Frauen.

Warum wurde Bad Homburg überhaupt angegriffen, obwohl es doch so viele Lazarette hatte? Es gibt vier Theorien, aber keine festen Beweise: Die einen sagen, dass man eigentlich die Heddernheimer Kupferwerke habe treffen wollen, aber durch einen Navigationsfehler seien die Bomben 10 km zu früh über einer geschlossenen Wolkendecke abgeworfen worden. Dagegen spricht allerdings, dass nach Aussagen der meisten Zeitzeugen der Himmel nur leicht bewölkt war, man habe die Flugzeuge sehen können.

Andere sagen, dass der Gauleiter Jakob Sprenger für den 8. März ein Treffen hoher Parteifunktionäre im Kurhaus angesetzt habe; davon hätten die Amerikaner erfahren und deshalb das Kurhaus als Hauptziel bestimmt. Das Treffen war übrigens kurz vor dem Angriff abgesagt worden. – Wieder andere sagen, im Kurhaus habe es ausgelagerte Industriebetriebe gegeben, z. B. Lurgi, deshalb der Angriff. – Vermutlich gehört der Bombenabwurf in die Reihe jener Terrorangriffe, die in den letzten Kriegswochen noch zahlreiche deutsche Städte verwüsteten ohne irgendwelchen militärstrategischen Nutzen, z. B. Pforzheim oder Würzburg. Das würde auch die Tieffliegeraktionen gegen wehrlose Frauen, Kinder und Männer erklären, auf die wir gleich zu sprechen kommen. Interessant ist die Äußerung der Zeitzeugin E.S.: Sie erzählte mir, dass ihr Vater nach dem Krieg Kontakte mit höhergestellten Amerikanern gehabt habe. Einer sei der Frage des Bombenabwurfs nachgegangen und habe dabei erfahren, dass die Flugzeuge auf dem Rückflug von einem Luftangriff ihre restliche Bombenlast noch loswerden wollten und diese befehlswidrig über Bad Homburg abgeworfen hätten. Angeblich sei der Fliegerkommandant sogar später bestraft worden.

Tieffliegerangriffe beschränkten sich anfänglich auf das Eisenbahnnetz, die Bahnhöfe, die Autobahn und die Landstraßen, wie wir oben schon aus den Feldpostbriefen erfahren haben. In der zweiten Märzhälfte machten die Tiefflieger auch die Städte unsicher. Am 25. März wurde auf der Saalburgchaussee eine Familie auf einem Pferdefuhrwerk erschossen. (2) Am 27. März wurde Agnes Toussaint in ihrem Haus in der Friedberger Straße durch das Fenster erschossen, als sie sich schützend über ihre Tochter Rita warf. (3) Gleichfalls hatte ein Tiefflieger versucht, einen jungen Studenten zu erschießen, der in der Ottilienstraße hinter einem großen Fenster am Schreibtisch saß. Er konnte sich gerade noch retten, indem er sich unter dem Tisch verbarg. (4) Eine Straße weiter, in der Brendelstraße, entdeckte ein Flugzeug eine Gruppe von 9- bis 11-jährigen Buben, die beim Indianerspiel den 10-jährigen Reinhard W. an einen Laternenpfahl gebunden hatten. Beim Auftauchen des Tiefffliegers verschwanden alle Kinder sofort in ihren Häusern und überließen den armen Reinhard seinem Schicksal. Ich selbst konnte vom Fenster aus sehen, wie er verzweifelt versuchte, die Fesseln zu lösen. Da kam ein 14-jähriges Mädchen trotz Lebensgefahr herbeigeeilt und befreite ihn. Das Mädchen, das nicht mit dem Jungen verwandt war, hatte echten Heldenmut bewiesen. – Von einem weiteren Tiefffliegerangriff auf Personen am 28. März werden wir im nächsten Kapitel hören.

Bad Homburg wird besetzt

Anhand eines Tagebuchs von Dr. Barbara Alberts über die Zeit vom 28. März bis 7. Mai 1945

Am 26. März überquerten amerikanische Truppen den Main in Frankfurt, die Eroberung der Mainmetropole und seiner nordöstlichen Vororte durch Artillerie, Panzer und Infanterie begann und zog sich bis zum 29. März hin. Mit einer baldigen Eroberung Bad Homburgs war somit zu rechnen. Da begann Dr. Barbara Alberts ihr Tagebuch, um ihrem Mann bei seiner eventuellen Rückkehr aus dem Krieg zu dokumentieren, was alles hier in dieser ungewissen Zeit geschah. – Studienrat Dr. Hermann Alberts, der seit 1939 am Bad Homburger Mädchengymnasium unterrichtete und mit seiner Frau und den drei Kindern im Wingertsbergweg am Rande des Hardtwalds wohnte, wurde im Januar 1945 zum Kriegsdienst eingezogen und geriet an der Ostfront in russische Gefangenschaft. (5)

Familie Dr. Alberts im Jahr 1941: v. l. n. r. vorne: Peter (*1936), Irene (*1933) und Martin (*1932); hinten: Dr. Hermann Alberts, Dr. Barbara Alberts

Der Landrat ordnet die Evakuierung des Obertaunuskreises an

Mittwoch, 28. März 1945: *„Eine schlimme Nacht: unaufhörlich grollte der Donner der Geschütze, und die Einschläge waren bald näher, bald weiter. Wohl mehr als acht Mal stand ich auf, um die Kinder nach unten zu* *bringen – wir lagen alle angekleidet im Bett... Mehrmals mußte ich sie beruhigen, bis plötzlich um 6.15 Uhr Einschläge der Granaten ganz in der Nähe krachten..."* Sie sollen in der Nähe des Bahnhofs gewesen sein. Das beschreibt auch Fritz Storch zum gleichen Datum. Der Bahnhof blieb „ohne großen Schaden", aber vier Homburger seien ums Leben gekommen. (6)

„Wir sind alle auf ein plötzlich einsetzendes Artilleriefeuer gefaßt... Das (deutsche) Militär ist meist abgerückt; aber einige Munition und zwei Autos waren noch am Kaiser-Wilhelms-Bad... Gestern griffen Tiefflieger die marschierenden Truppen an... Weißkirchen soll sehr von Artillerie beschossen worden sein. Ob auch Homburg mit all seinen Lazaretten zum Kampfgebiet wird?... Es fährt auch kein Zug, und die Amerikaner haben uns bereits eingekreist..." Dann trafen Bekannte bei der Familie Alberts ein und berichteten von einem angeblichen Räumungsbefehl für den ganzen Obertaunuskreis. Sie waren mit Gepäck unterwegs zum Treffpunkt am Café Waldlust (obere heutige Herderstraße). Frau Alberts begleitete sie dorthin, unterwegs mussten sie wegen dauernder Tiefflieger mehrmals in Deckung gehen. Am Treffpunkt, der dann zum Sanatorium Dr. Baumstark verlegt wurde, begegneten sie dem NS-Ortsgruppenleiter und tatsächlich auch dem Landrat; ansonsten waren nur wenige Leute dorthin gekommen (ähnlich hatten sich die Frankfurter bei einem Räumungsbefehl des Gauleiters Jakob Sprenger vom 24. März verhalten. (7) Schließlich kam die Meldung, dass Bad Homburg eingekreist sei, Gießen, Fulda und Kassel seien bereits besetzt; der Landrat schickte die Leute daraufhin nach Hause.

US-Truppen besetzen Bad Homburg

Gründonnerstag, 29. März: *„Über die Autobahn sollen amerikanische Panzer gerollt sein; aber hierher kamen sie nicht... Jedenfalls ist Homburg zur Lazarettstadt erklärt worden.*

An den Grenzen zu Gonzenheim und Kirdorf stehen Schranken; es dürfen nur noch Sanitäter und Leute vom Lazarett herein und heraus. Die beiden Homburger Lazarettärzte Prof. Dr. Thomsen und Dr. Blume hatten durch Verhandlungen erreicht, dass die Stadt nicht durch deutsche Truppen verteidigt wurde. (8) *Doch es läuft noch allerhand versprengtes Militär umher... Es heißt, der Ortsgruppenleiter wäre noch gestern mit dem Auto entflohen und den Amerikanern direkt in die Arme gefahren..."*

Karfreitag, 30. März: (Eine ruhige Nacht; etwa ab 9 Uhr rollen viele Fahrzeuge auf der Autobahn). *„Nun ist es Wahrheit geworden, und auch Homburg ist besetzt. Um 9.15 Uhr gingen wir zur (Erlöser-)Kirche und kamen ungehindert an. Von Amerikanern sahen wir keine Spur, hörten nur, die Leute hätten sich recht unwürdig benommen und angerauchte Zigaretten, die sie ihnen zuwarfen, weitergeraucht... Ein Teil der Autos fuhr zum Schloß, wo sie sich einquartierten."* Stadtchronist Heinz Grosche zitierte mehrere z.T. unterschiedliche Augenzeugenberichte. Tatsache ist, dass die Amerikaner kampflos in Bad Homburg einmarschierten und, hauptsächlich von Oberursel her kommend, sich am Schlosspark in Richtung Schloss, Innenstadt, Kirdorf und in Richtung Gonzenheim aufteilten. (9) Am Abend kam der Aufruf, dass sich alle deutschen Soldaten melden sollten und dass alle Waffen abzugeben seien. Am folgenden Tag erfolgte dann für alle Bewohner ein Ausgehverbot von 9 – 15 Uhr und von 18 – 7 Uhr. Ausgerechnet in dieser Umbruchszeit war eine im Haus wohnende Tante von Barbara Alberts gestorben, und zwar am Gründonnerstag früh, also am Tag vor dem Einmarsch der Amerikaner. Da kein Telefon mehr ging, musste Barbara Alberts in den folgenden Tagen alle Formalitäten alleine zu Fuß oder mit dem Fahrrad erledigen: den Arzt holen für den Totenschein, mehrere Beerdigungsinstitute wegen eines Sargs aufsuchen, den Pfarrer der Erlöserkirche und den von Dornholzhausen aufsuchen, gleichfalls bei mehreren Gärtnereien anfragen und die Totengräber für den Waldfriedhof bestellen. Bei den meisten gab es irgendwelche Probleme, rechtliche bei den Pfarrern, zeitliche bei dem Arzt und materielle bei anderen. Aber auf diese Weise bekam sie von Ober-Eschbach bis nach Dornholzhausen und zum Waldfriedhof hin persönlich einen Überblick über die Lage. So berichtete sie in ihrem Tagebuch:

31. März, Karsamstag: *„...In Kirdorf hörte man lautes heftiges Schießen, und bald sah ich auch den Pulverdampf. Auf der Ecke Gluckensteinweg und Saalburg-Chaussee stand ein Geschütz, das in den Taunus hineinfeuerte, daß einem Angst und Bange werden konnte. Es sollen noch Widerstandsnester sein, die sich verteidigen. Dadurch würden alle Taunusdörfer wie Schmitten, Arnoldshain, Reifenberg usw., die doch auch voller Flüchtlinge sind, aufs Höchste gefährdet..."*

1. April, Ostersonntag: (Barbara Alberts berichtet von der Osterfreude ihrer Kinder und schreibt dann weiter:) *„Wir selbst* (d.h. sie und ihre im Haus wohnenden Verwandten) *haben wenig Osterstimmung; immer noch schießt es im Taunus, und die Flieger sind direkt über uns; offenbar benutzen sie einen Flugplatz bei Oberhöchstadt. – Auf dem Weg zur Kirche ein furchtbarer Anblick: Im Kurpark an der Kisseleffstraße steht alles voller Panzer, und an der Straße mit dem Gesicht zu den Häusern standen wohl 40 deutsche Soldaten, die Hände auf dem Rücken. Es hieß, sie hätten sich im Wald versteckt und Widerstand geleistet und sollten erschossen werden. Aber wir wollen für sie bitten, daß sie nur in Gefangenschaft kommen. Im Ritters Park-Hotel, aus dem die SS geflohen ist* (hier befand sich ein SS-Erholungsheim), *sind bereits 200 Amerikaner untergebracht."*

Nun berichtet die Autorin von der Angst, ihr Haus räumen zu müssen; das Wingertsberger Schlösschen in ihrer unmittelbaren Nachbarschaft sei bereits geräumt worden. Im Ellerhöhgebiet habe man schon Häuser beschlagnahmt; man habe nach dem Räumungsbefehl nur ein bis zwei Stunden Zeit zum Packen gehabt.

2. April, Ostermontag: *„...Von der Ludwig- bis zur Ferdinandstraße stand alles voller Panzer und Autos mit vielen amerikanischen Soldaten...Wieder standen zwei* (deutsche) *Soldaten mit dem Gesicht zur Wand und den Armen auf dem Rücken....Um Mitternacht hörte Tante T. 6 Schüsse; ob einige erschossen wurden?...Als wir nachmittags hingingen, sahen wir, daß alle Häuser ab* (Ritters) *Park-Hotel bis* (zum) *Kurpark geräumt worden waren...Eine ganze Autokolonne* (fuhr zur) *Eisenbahnschule* (Terrassenstraße)*....Es scheint, als wollten sie hier einen Stab hereinsetzen; der Commander ist aber immer noch nicht da."*

4. April, Mittwoch: *„*(Auf dem Weg zum Waldfriedhof) *begegneten mir 14 Lastkraftwagen mit lauter deutschen Kriegsgefangenen, in jedem wohl 50 zusammengepfercht, ein erschütternder Anblick, daß mir die Tränen kamen...es war ein ständiges Brummen von vielen Flugzeugen über uns;...nachts soll es so schlimm gewesen sein, daß Tante T. aufstand und dachte, unsere neue Waffe wäre irgendwie eingesetzt.* (Goebbels sprach ja ständig von den neuen Wunderwaffen. Wahrscheinlich handelt es sich um deutsche Düsenjäger, die besonders in den letzten Kriegstagen den Amerikanern durch ihre Überschallgeschwindigkeit sehr großen Schrecken einjagten)*."*

Alltag im besetzten Bad Homburg, während in Norddeutschland der Krieg noch weiterging

Zusammenfassung der Tagebuchnotizen vom 5. bis 27. April 1945

Gerade jetzt, da man von den Kämpfen im Norden und Osten Deutschlands hörte (von der Oderfront, den Kämpfen um Bremen,

Hamburg, Stettin und Berlin usw.), erwähnte Barbara Alberts besonders häufig ihren Mann, den sie liebevoll „unser Päp" nannte. Sie wusste ja nicht, wo er sich befand. Hoffen und Bangen kennzeichneten ihre Gedanken.

„Heute flogen wieder Tag und Nacht die Flugzeuge zu Hunderten über uns hinweg. Wieviel Zerstörung richten sie noch an und wozu dieses unnötige Elend?" (8. April) Mit Furcht und Zittern hören wir den Wehrmachtsbericht: neuer Ansturm der Russen vor Berlin. Ob unser herzliebster Päp mit in diese Kämpfe kommt...?" (18. April)

Barbara Alberts berichtet am 9. April von einem verhängnisvollen Unglück: „In der Kisseleffstraße hinter dem Haus von Grauers sind vier Kinder durch unvorsichtiges Spielen mit Munition verunglückt: Eines war gleich tot; der kleine Hermann Schönfelder kam schwer verletzt nach Frankfurt ins Krankenhaus; und zwei weitere Jungen wurden auch verletzt, ebenso wie Frau Grauer, die sich gerade Briketts aus ihrem Keller holen wollte. Die Kinder hatten mit einer Handgranate auf Munition geworfen, obwohl sie mehrfach gewarnt wurden."

War der Krieg in und um Bad Homburg tatsächlich beendet? Im Tagebuch steht unter dem 21. April: „Gestern Abend hörten wir mehrmals Maschinengewehr und auch Schüsse; ob wirklich noch ‚Werwölfe' im Wald versteckt sind, oder ob sie auf Wild geschossen haben?" Letzteres war wohl des Rätsels Lösung. Es wurde damals tatsächlich viel Wild geschossen und auch andere „Zielscheiben" benutzt, wie z.B. die große Bronzestatue vor der Saalburg.

Immer wieder erscheint im Tagebuch die Angst vor einer Räumung des Hauses. Rucksäcke hatte Frau Alberts schon bereitgelegt. Sie berichtete von den Räumungen im Schwedenpfad und im Hölderlinweg (21. April), auch „Direktor Reimers (von der PIV) mußte sein prachtvolles Haus räumen (das Haus Hohenbuchen im Hardtwald)." (14. April) Am 13. April schrieb sie: „Wie dankbar müssen wir jeden Tag sein, daß wir noch in unserem Haus sind. Auch heute waren wieder zwei Amerikaner in unserem Garten, kamen vom (Wingertsberger) Schlößchen her, einer mit einer Pistole in der Hand. Gretel sprach sie an, aber sie scheinen sehr abweisend gewesen zu sein. Was wollen sie nur hier?" Und am 21. April: „Wir sind eben Durchgangsgebiet (der Amerikaner); wer weiß, wann unser Haus drankommt?"

Ein weiteres Problem ist ständig im Tagebuch zu finden: die Ernährungslage. Am 8. April schrieb Barbara Alberts: „Die neuen Lebensmittelrationen sind bekannt gegeben; es ist eine Hungerration: keine Butter, ¼ Pfund Margarine für 3 Wochen; 150 g Fleisch die Woche und 100 g Nährmittel für 3 Wochen. Milch gibt es nur noch für Kinder bis 3 Jahren, Krankenzulagen sind gestrichen. Für Martin (der zu dieser Zeit sehr krank war) eine bittere Vorstellung." Und am 19. April: „Brot ist knapp, Kartoffeln sind knapp. Butter gab ich fast nur unserem Martin; es ist ein Kunststück, bei diesen Rationen zu wirtschaften." Und am 27. April: „Nun soll es in dieser Woche überhaupt kein Fleisch geben und keine Wurst. Wir beginnen überhaupt, den Hunger kennen zu lernen..."

Vielfach musste man vor und im Lebensmittel- oder Milchgeschäft Schlange stehen, um nur weniges zu erhalten. Man behalf sich durch „Hamstern" bei Bauern in Ober-Eschbach und durch den Eigenanbau von Gemüse- und Beerenpflanzen im Garten. Saatkartoffeln sollten auch auf einem Acker eingepflanzt werden, doch das Feld konnte wegen der beschlagnahmten Pferde nicht von einem Landwirt gepflügt werden. Etwas Glück hatten die Hausbewohner mit eigenen Hühnern, die neben dem knapper werdenden täglichen Futter noch auf dem Abfallhaufen der Amerikaner genug zu fressen fanden und fleißig Eier legten. Überhaupt brachten die Abfälle der Amerikaner vom Schlösschen noch weitere Vorteile. Die Besatzer schienen die eingekellerten Kartoffeln verschmäht zu haben. Sie warfen diese deshalb weg, desgleichen Holzregale, die sich gut als Brennholz eigneten.

Offen blieben auch finanzielle Fragen: Barbara Alberts hatte rechtzeitig noch vorsorglich 1.200 RM abgehoben. Doch: *„Ich weiß nicht, was wir weiterhin kriegen; die Banken sind noch geschlossen."* Sie erwähnt einige Personen, die jetzt viel weniger Geld erhalten sollen und dass ein Teil der Postbeamten und Straßenbahnschaffner entlassen worden seien. (21. April) Über den Beginn einer neuen Kommunalverwaltung schreibt sie am gleichen Tag: *„An der Zeitung (d. h. am Haus des Taunusboten) stand ein Anschlag: Auf vielfachen Wunsch und Vorschlag der Bevölkerung sei der alte Bürgermeister Eberlein wieder zum Bürgermeister ernannt worden."* Dr. Georg Eberlein war 1924 zum Bürgermeister von Bad Homburg für 12 Jahre gewählt worden, 1933 hatten ihn jedoch die Nazis aus seinem Amt entfernt.

„Hitler ist tot" – Aus dem Tagebuch über die letzten Kriegstage

Barbara Alberts hatte eine Engländerin als Mutter, und sie selbst hatte in den 1920er Jahren neben Theologie Englisch studiert. Sie konnte also englischsprachige Radiosendungen verstehen. Da Bad Homburg ja zu diesem Zeitpunkt zum amerikanischen Besatzungsgebiet gehörte, konnte sie nun ohne Angst und Gefahr diese Sender hören. Sie war somit über die militärische und politische Lage in dieser Endkriegszeit gut informiert. Das erklären auch folgende Tagebucheinträge:

27. April: *„... Heute haben sich russische und amerikanische Truppen auf deutschem Boden vereinigt. ... Was wird aus Hitler in Berlin. Täglich warten wir auf seinen Tod, der vielleicht das Kriegsende bedeutet oder muß erst auch noch Himmler erledigt sein? Er hat wohl das größte Unglück über Deutschland gebracht. Wenn nur die Hälfte von dem wahr ist, was sie über die Konzentrationslager sagen, so wäre das ja ein kaum zu fassendes Gräuel. Wie konnten wir nur so viele Jahre hindurch in solcher Unwissenheit darüber gelassen werden? Nie hätte ich gedacht, daß mehr als einige 100 Menschen, allerhöchstens 1000 in solchen KZs sind, und nun sollen in manchen 20.000, ja bis 80.000 gewesen sein. Und so viele Lager; wir hörten nur von Dachau. Wie befreit werden wir sein, wenn wir diesen Terror los sind! Aber kommen wir nicht gleich in einen neuen hinein? Wird man wirklich wieder frei reden können, und eine Presse lesen, die ohne allzu große Zensur ist?"*

28. April: *„Eine gespannte Stimmung liegt über Deutschland, ja wohl über der ganzen Welt. Wird der Krieg bald zu Ende gehen oder nicht? ... Es ist ja ein Wahnsinn, unter solchen Bedingungen noch zu kämpfen, Blut zu vergießen und ganz Deutschland zu verwüsten. Wenn nur erst der Hauptverbrecher Hitler tot wäre, vorher gibt es keinen Frieden! Darauf warten wir alle."*

1. Mai: *„Soeben, als wir alle noch den englischen Sender hören, kommt Lore im Nachthemd herangestürzt mit der sensationellen Meldung: ‚Hitler ist tot'. ... Admiral Dönitz ist sein Nachfolger und hält gerade auf dem deutschen Sender eine Ansprache. ... Er werde den Kampf weiterführen und verlange Gefolgschaft. Wird er die finden? ... Jedenfalls ist es ein historischer Augenblick, endlich ein Hoffnungsschimmer auf ein Aufhören dieses sinnlosen Kampfes. Da Hitler keinen Ausweg sah, hat er sich zu Berlin erschießen lassen (‚er ist gefallen!!'). Sein Volk läßt er jämmerlich im Stich, über das er all die Not und dies Elend heraufbeschworen hat. (Hier stützt sich Frau Alberts auf die offizielle Rundfunkmeldung; in Wirklichkeit hatte sich Hitler selbst erschossen)."*

7. Mai, Montag: *"... Über all dem Trubel kam uns kaum zum Bewußtsein, daß endlich der langersehnte Tag da war, der das Ende des Krieges bedeutete. Zwar ist es uns ein trauriges Ende. Bedingungslose Kapitulation, aber damit hatten wir uns ja schon lange abgefunden. Nun endlich war das Aufhören aller Feindseligkeiten gekommen. Jetzt erst kann ein Neues beginnen. Sicher bedeutet es für uns: harte Entbehrungen, Hunger und viel Elend; aber wir haben eine vage Hoffnung, daß unsere Männer in absehbarer Zeit wiederkommen. ‚Gott mag es schenken, Gott mag es lenken, er hat die Gnad!'"*

Nachwort zu den Personen, die die Feldpostbriefe und das Tagebuch verfassten bzw. denen sie zugedacht waren

Dr. Rudolf Hummel kam im April 1945 in das amerikanische Gefangenenlager in Heilbronn. Dort waren die Kriegsgefangenen auf einem Hügel monatelang unter freiem Himmel untergebracht. Sie bekamen sehr wenig zu essen und pro Tag nur einen Liter Wasser, das zum Trinken und zum Waschen reichen musste. Am 2. August wurde Hummel entlassen. Im Frühjahr 1946 nahm er seine Tätigkeit als praktischer Arzt in Bad Homburg wieder auf und übte sie bis zum Jahr 1967 aus. Er starb am 5. September 1976 im Alter von 74 Jahren.

Familie Dr. Hummel im Jahr 1947. (v.l.n.r.): Grete Hummel, Dr. Rudolf Hummel, Gerwin, Ulrich, Manfred

Dr. Hermann Alberts. Posthumes Porträtbild, 1949 von dem Homburger Kunstmaler Carl Stolz erstellt

Grete Hummel wirkte neben ihrer Tätigkeit als Mutter von 1946 bis 1967 als Arzthelferin in der Praxis ihres Mannes. Sie starb am 8. September 1979 im Alter von 69 Jahren.

Dr. Hermann Alberts, der ja in russische Gefangenschaft geraten war, starb an Weihnachten 1945 auf einem Eisenbahntransport zum Gefangenenlager zwischen Kiew und Baku entweder an Entkräftung durch Verhungern oder an Typhus im Alter von 43 Jahren. Nach den übereinstimmenden Aussagen von drei Kameraden wurde seine Leiche irgendwo unterwegs aus dem Zug geworfen. Seine Familie erfuhr dies erst im Jahr 1946. (10)

Dr. Barbara Alberts arbeitete nach 1945 zunächst als Sekretärin und Dolmetscherin bei der amerikanischen Militärregierung. Seit 1947 war sie als Hilfskraft an der Kaiserin-Friedrich-Schule in Bad Homburg tätig, nahm dann das Studium für das Lehramt an Höheren Schulen auf und legte die notwendigen Prüfungen für die Lehrfächer Englisch, Religion und Philosophie ab. Als Studienrätin unterrichtete sie schließlich bis zu ihrer Pensionierung im Jahr 1965.

Dr. Barbara Alberts

Neben Familie und Beruf war sie von Anfang an kommunalpolitisch tätig. Als „Parlamentarierin der ersten Stunde" wirkte sie von 1946 an über 25 Jahre als Stadtverordnete der CDU. Nur eine Wahlperiode pausierte sie. 1971 erhielt sie den Titel „Stadtälteste", 1975 den Ehrenbrief des Landes Hessen und 1977 das Bundesverdienstkreuz. Ihr gelang es durch erste Kontakte mit dem British Council in Frankfurt und London, eine ständige Verbindung mit der englischen Stadt Exeter aufzubauen. 1965 kam es dann zur offiziellen Partnerschaft Exeters mit Bad Homburg.

Barbara Alberts wirkte auch ehrenamtlich im Vorstand des deutschen Frauenrings, übernahm Aufgaben in der Volkshochschule und im Kirchenvorstand der evangelischen Kirche in Gonzenheim. Dr. Barbara Alberts starb am 30. Juli 1987 kurz vor ihrem 85. Geburtstag. (11)

Quellen:
1) Taunuszeitung (TZ) vom 13. April 2005; betr. Königstein: TZ vom 20. April 2005, S. 21
2) Wolfgang Zimmermann, Ich erinnere mich: Am 8. März gegen 14.45 Uhr bebte die Erde, Jahrbuch des Hochtaunuskreises, 2006, S. 71
3) Waldemar Wehrheim, Feuerroter Himmel, TZ vom 27. März 2015, S. 10
4) E. S. im Gespräch mit dem Autor im Jahr 1966
5) Freundliche Überlassung des Tagebuchs zur Auswertung von Herrn Dr. Peter Alberts (Sohn von Hermann und Barbara Alberts)
6) Heinz Grosche, Geschichte der Stadt Bad Homburg vor der Höhe, Bd. IV: Drei schwere Jahrzehnte 1918–1948, S. 549
7) Ebenda
8) Ebenda
9) Ders., S. 550
10) Information von Herrn Dr. Peter Alberts am 28. April 2015
11) Taunuskurier vom 31. Juli 1987

Nachweis Bildmaterial:
Bilder 1, 2, 3, 4 und 8: Familie Hummel;
Bilder 7, 9 und 10: Familie Dr. Peter Alberts;
Bilder 5 und 6: Stadtarchiv Bad Homburg.
Mein herzlicher Dank gilt Beate Datzkow für die Digitalisierung aller Bilder.

Ingrid Berg

Sogar im Sitzungssaal des Rathauses

Unterbringung von Vertriebenen nach 1945 in Oberems

Der Oberemser Bürgermeister Ludwig Sachs sah sich im Jahr 1945 vor kaum zu lösende Aufgaben gestellt. Nach der Kapitulation der deutschen Wehrmacht am 8. Mai 1945 begannen die gewaltsamen Vertreibungen und Ausweisungen aus den ehemaligen deutschen Ostgebieten, von denen rund 18 Millionen Menschen betroffen waren. Sie alle mussten in den verbliebenen Westgebieten Deutschlands untergebracht werden, so auch in der Taunusregion. Doch bereits 1944 waren zahlreiche Evakuierte aus dem durch Bomben zerstörten Frankfurt auf die nähere Umgebung verteilt worden. Schon durch diese Maßnahme gab es z. B. in dem Dorf Oberems nahezu keinen freien Wohnraum mehr, zumal die Häuser durchweg sehr klein waren. Am 1.9.1939 hatte die Einwohnerzahl 309 Personen betragen, am 1.12.1945 bereits 366 bei konstant gebliebenem Gebäudebestand, und am 17.9.1946 lebten 419 Menschen in dem kleinen Ort, der damals zum Main-Taunus-Kreis gehörte. Diese Unterbringungsmaßnahmen und die damit verbundene Versorgung der vielen Flüchtlinge und Heimatvertriebenen mussten von den kleinen Verwaltungen der Ortschaften geleistet werden, und man konnte froh sein, wenn dafür Personen und möglichst eine Schreibmaschine zur Verfügung standen.

Bürgermeister Ludwig Sachs, geboren am 7.9.1890 in Treisberg, Kreis Usingen, hatte am 15.2.1914 Auguste Feldmann geheiratet und war seit dieser Zeit als Landwirt in Oberems ansässig. Von 1943 bis 1944 war

Ludwig Sachs, Bürgermeister 1943 – 1944 und 1945 – 1948 (Foto: Gemeindearchiv Glashütten)

er Bürgermeister in Oberems, gab dieses Amt bis 1945 an Bürgermeister Adolf Maurer ab und wurde im Frühjahr 1945 von den Amerikanern wieder als Bürgermeister in Oberems eingesetzt. Sein Nachfolger ab Mitte des Jahres 1948 war Bürgermeister Alfred Fischer, der am 29.6.1953 verstarb.

In einer zeitlich kaum vorstellbar kurzen Aktion erfolgte vom 6.10. bis zum 14.10.1945 unter Bürgermeister Sachs die Erfassung von Wohnraum in Oberems. Auf zum Glück vorgedruckten Fragebögen musste jeder Hausbesitzer ausfüllen, was an Zimmern, Küche, Mansarden vorhanden war, ferner sollte die Zahl der Betten, auch Sofas und Couches, angegeben werden. Es wurde die Frage gestellt, wie viele „Schlafplätze" frei seien.

Der Landwirt Scherf füllt auf dem Fragebogen aus: vier Erwachsene, zwei Kinder, seit 1944 zwei Untermieter (wahrscheinlich waren es Evakuierte). In seinem Haus sind vorhanden: drei Zimmer, eine Küche, vier Betten. Wo haben die bereits wohnhaften acht Personen geschlafen, und wo sollten hier noch Flüchtlinge unterkommen? Kilian Humm meldet acht Personen in vier Zimmern mit einer Küche bei vorhandenen sechs Betten. Nur im Ausnahmefall wird auf den Fragebögen, die an 70 Haushalte gegangen sind, überhaupt ein Bett als frei angegeben. In einem Fall allerdings liest man, dass der Ehemann nur am Wochenende zu Hause ist und die übrigen Tage in Frankfurt übernachtet, so dass dann ein Bett unbelegt ist.

Nach dem durchschnittlich für das Kreisgebiet errechneten Aufnahmesoll von 33 % der einheimischen Bevölkerung hätte Oberems mehr als die dann tatsächlich zugewiesenen Personen aufnehmen müssen, aber das war einfach nicht machbar. Schon in sehr vielen Fällen mussten Zwangseinweisungen vorgenommen werden, was zu erheblichen internen Problemen im Ort führte. Per 31.12.1946 befanden sich in Oberems 19 Personen, die aus der ČSR ausgewiesen waren, 39 Flüchtlinge von östlich der Oder-Neiße-Linie, fünf Deutsche „aus anderen Ländern" und zwölf Evakuierte aus der englischen Zone. Als Herkunftsorte wurden z. B. genannt: Apolda, Aussig, Beuthen, Breslau, Kunitz (Schlesien), Potsdam, Stettin, Stralsund, Troppau. Ab Mitte 1946 kamen noch aus der Wehrmacht Entlassene zu ihren Familien nach Oberems zurück, auch ehemalige Gefangene aus Stalingrad. Kann man sich heute noch vorstellen, wie in diesem kleinen Ort, und woanders auch, Integration oder gar Assimilation bewerkstelligt wurden? Es musste einfach nur irgendwie gehen...

Fünf Schuhmacher sind zu viel

Ab dem 21.11.1946 gab es allerdings auch immer wieder Umsiedlungen, meist weil in anderen Orten Mangel an bestimmten Berufen herrschte. Mangelberufe waren insbesondere in der Land- und Forstwirtschaft zu verzeichnen, weniger bei Handwerkern aller Art, da wegen fehlender Kohle die entsprechenden Betriebe noch stillstanden. Allerdings konnten im November 1946 drei Schuhmacherfamilien, die zufälligerweise nach Oberems eingewiesen worden waren, nach Hofheim umgesiedelt werden, denn das Dorf hatte zwei eigene, seit Generationen ansässige Schuhmacher. Für die Betroffenen war dies sicher eine sinnvolle Maßnahme, aber nach Flucht oder Vertreibung, endlosen Trecks und Bahntransporten, nach Auffanglagerzeiten in Massenquartieren dann Einweisung in Privathäuser und wieder Umsiedlung – die Umbruchprozesse hörten nicht auf, und eigentlich hofften die meisten Betroffenen noch sehr lange auf eine Rückkehr in ihre angestammte Heimat.

Im Flüchtlingsgesetz vom 18.9.1947 wurde die Einrichtung von Flüchtlingsvertrauensleuten festgeschrieben. Im Dezember 1947 fand die erste Wahl statt. Die Wahlbeteiligung im Main-Taunus-Kreis war unterschiedlich groß. In Oberems liegt die Zahl der Wahlberechtigten erst für das Jahr 1949 vor; von den 53 Wahlberechtigten beteiligten sich 25 an der Wahl. Mit 47 % war das eine vergleichsweise hohe Wahlbeteiligung.[1]

---

1 Aus: Flucht und Vertreibung, Aufnahme und Eingliederung der Vertriebenen in den Main-Taunus-Kreis, Hofheim 1990, S. 126

Wie ging man im Dorf mit den angekommenen Flüchtlingen um?

Sie mussten zunächst entlaust und ärztlich untersucht werden, da viele an Tuberkulose litten. Veranlasst und durchgeführt wurde dies über die einzelnen Gemeindeverwaltungen. Die entstandenen Kosten konnten allerdings abgerechnet werden, was einen enormen und lang dauernden bürokratischen Aufwand zur Folge hatte. Nach erfolgter Einweisung dieser vergleichsweise großen Zahl von „Neubürgern" musste sich das Dorf zunächst selber helfen. Die Schüler in Oberems wurden beauftragt, für die Ostflüchtlinge „Einmachgläser und Gefäße" zu sammeln. Die erste Sammlung erbrachte fünf Töpfe und 19 Gläser. Eine Oberemser Familie stellte eine Arbeitsschürze, ein Bettlaken und ein Herrenhemd zur Verfügung, eine andere zwei Löffel, eine Gabel, sechs Teelöffel. Auf kleinen, mit der Hand geschriebenen Zetteln kann man dies in den Gemeindeakten nachlesen. Es werden Gebrauchsgegenstände auch leihweise überlassen. Man kann allerdings sicher sein, dass den Flüchtlingen, wie sie allgemein genannt wurden (man unterschied im Ort nicht zwischen Evakuierten, Flüchtlingen und Vertriebenen), nötige Gebrauchsgegenstände und Möbel privat zur Verfügung gestellt wurden, ohne dass dieses aktenkundig wurde.

Hilfe von außen

Bereits Ende 1945 kümmerte sich eine organisierte überörtliche Flüchtlingsfürsorge um die Menschen. Ab Juni 1946 flossen Lebensmittelspenden aus den USA, sogenannte „amerikanische Liebesgabensendungen"; dafür hatte der Diözesanverband Limburg am 7.11.1946 in Oberems die Zahl der Evakuierten mit 61 und die Zahl der Flüchtlinge mit 57 angegeben. 1947 bekam das Dorf 20 amerikanische Feldbetten für Flüchtlinge zugewiesen. Immer noch scheint es am Nötigsten zu fehlen. Ab 1949 begannen die Überbrückungshilfen als „Vorschußleistung aus der Unterhaltshilfe des Lastenausgleichs-Sofortprogramms", eine weitere große Herausforderung für die Rathäuser. Neben den positiven Auswirkungen dieser Maßnahme schwand dadurch aber auch die Hoffnung auf eine Rückkehr in die Heimat.

Ein schwieriger Fall

Am 2.1.1946 wird Frau Sophie Parusel, geboren am 13.5.1907, Ehemann vermisst, mit ihren acht Kindern zwischen knapp drei bis 13 Jahren, die beiden Jüngsten sind Zwillinge, nach Oberems eingewiesen. Schon kurz darauf wird Frau Parusel als Witwe bezeichnet,

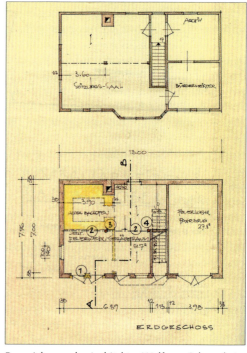

Bauzeichnung des Architekten Wolfgang Schwenk. Im Sitzungssaal im Obergeschoss des Rathauses wohnte die Familie Parusel fünf Jahre lang. (Aus: Gemeindearchiv Glashütten)

der Vater der Kinder sei „im Krieg geblieben". 1946 besteht die Familie Parusel aus zehn Personen, denn es kommt noch ein Zwölfjähriger mit demselben Nachnamen dazu, eventuell ein Neffe, so dass immer von neun Kindern die Rede ist. Die Familie stammt aus Beuthen in Schlesien und ist über einen Aufenthalt in Böhmisch Wiesenthal im Erzgebirge schließlich nach Oberems gekommen. Es gab im Dorf einfach keine andere Unterbringungsmöglichkeit für diese Großfamilie als den Sitzungssaal des Rathauses, in dem die Familie dann bis 1950 wohnen wird.

Frau Parusel wendet sich während dieser Zeit mehrfach an verschiedene Stellen, um anderswo unterzukommen. Über den Oberemser Flüchtlingsvertrauensmann Josef Blaschke nimmt sie, allerdings ohne Erfolg, Kontakt zum zuständigen Flüchtlingskommissar auf und bittet um Übersiedlung nach Königstein in ein Behelfsheim. Dort könnten die Kinder Schulspeisung und Kindergartenverpflegung bekommen. Sie weist auf die untragbaren Zustände im Rathaussaal hin, da mehrere Familienmitglieder Tbc-verdächtig sind. Auch könne sie die katholische Unterrichtung der Kinder im evangelischen Oberems nicht gewährleisten. Obwohl sich der Bürgermeister ebenfalls für die Umsiedlung ausspricht, zumal er keinen Raum mehr hat für Bauernversammlungen und sonstige Zusammenkünfte, findet sich keine andere Unterbringung für die Großfamilie. Zu den unzumutbaren Wohnverhältnissen kommen die finanziellen Schwierigkeiten. 1950 beantragt Frau Parusel Weihnachtsbeihilfe und nennt ihre monatlichen Bezüge. Sie bestehen aus 97,20 DM K-B-Rente, 12,50 DM Unterhaltshilfe, die 17-jährige Tochter erhält 100.- DM, der 16-jährige Sohn 120.- DM Lohn. Einen kleinen Zuverdienst hat die Mutter mit ihren acht (oder neun) Kindern durch die Putzstelle in der Schule, und 1950 bekommt sie auch zusammen mit 15 anderen Flüchtlingsfamilien ein Stück Gartenland zugewiesen. An den jetzt zuständigen Bürgermeister Alfred Fischer ergeht die Bitte um Gartengeräte und Gießkannen sowie um Kunstdünger und Setzkartoffeln. Allerdings ergibt sich zu Beginn des Jahres 1950 für die Großfamilie die Möglichkeit, in das Forsthaus Stempel umzuziehen, so dass das Rathaus endlich wieder frei wird. Am 30.4.1953 verlässt die Familie Parusel Oberems, da sie eine Wohnung in Mörfelden, Mainstraße 106 erhalten hat.

Die Schulchronik berichtet

Lehrer Oskar Rode, der am 13. Juni 1946 die Schulstelle in Oberems antritt, beschwert sich mehrfach bei Bürgermeister Sachs, dass die Schule nahezu überhaupt nicht gereinigt wird. Es sei nicht einmal ein Besen vorhanden.

Lehrer Rode greift zur Selbsthilfe und appelliert an die Oberemser Pferdebesitzer, Pferdeschwanzhaare für die Herstellung eines Schulbesens zu spenden. „Die nötigen Haare kamen zusammen, und ein Flüchtling stellte uns einen Besen her", so schreibt er in der Schulchronik. Zunächst mussten die ältesten Schülerinnen die Räume kehren, denn die eigentliche Reinigungskraft war wegen unbefriedigender Leistungen entlassen worden. Lehrer Rode war einziger Lehrer für 65 Schulkinder und gab ab 1. November 1946 mindestens 42 Stunden Unterricht in der Woche in nur einem einzigen Schulraum. Der Sommer 1947 war so heiß und trocken, dass die gesamte Hackfrucht ausfiel, was für die Überbevölkerung im Ort katastrophal war. Dazu kam eine furchtbare Raupenplage; man sah auf den Rübenfeldern statt Blättern nur Blattrippen. Im Herbst 1947 konnte in der Flüchtlingsfrau Sophie Parusel eine „tüchtige und gewissenhafte Person" gefunden werden, die es mit der Reinigung des Schulraums ernst nahm. Ende September 1947 läuft die Schulspeisung an, die durch die amerikanische

Militärregierung eingeführt worden war. „25 Flüchtlings- und Evakuiertenkinder haben diese zusätzliche Kost angesichts der schwierigen Ernährungslage bitter nötig".

„Der Winter war für sämtliche Flüchtlinge, Ausgebombte, Evakuierte, überhaupt für sämtliche Normalverbraucher (gemeint sind wohl die Einwohner ohne eigene Landwirtschaft) eine harte Nuß, was die Ernährungsfragen betraf." Durch die Dürre des Sommers war die Kartoffelernte fast ausgefallen. Der sogenannte Normalverbraucher bekam einen Zentner Kartoffeln für den gesamten Winter zugewiesen, ein Zukauf im Dorf war nicht möglich. Anderes Gemüse gab es genauso wenig. Die Fleischzuteilungen wurden immer geringer, da ein großer Teil des Viehbestands infolge Fehlens von Futtermitteln vorzeitig geschlachtet werden musste. Lehrer Rode weist darauf hin, dass die hiesigen Bauern verhältnismäßig gut lebten, da sie ihr Vieh schlachten und „reichlich essen" konnten. 1949 verzeichnet er 52 Schüler, davon 26 Flüchtlingskinder, 39 Kinder evangelisch, 13 katholisch. In seinen Aufzeichnungen spiegeln sich auch etliche Konfliktpotenziale zwischen der einheimischen Bevölkerung und den Flüchtlingsfamilien wider; kein Wunder bei einem so engen Aufeinanderwohnen in den meist kleinen Häusern.

Lehrer Rode stammte aus Ostpreußen, geboren am 10.2.1892, und war im November 1944 vor den Russen nach Zwönitz im Erzgebirge geflohen, wo er bis Mitte April 1945 im Schuldienst arbeitete, aber noch kurz vor der Kapitulation zum Volkssturm nach Ostpreußen einberufen wurde. Nach Auflösung desselben floh er zunächst über das Frische Haff und dann durch ganz Norddeutschland bis Hannover, kehrte aber wieder nach Zwönitz zurück, wo er sich bis November 1945 aufhielt. Danach ging er auf Arbeitssuche endgültig in den Westen. Vom 13. Juni 1946 bis zum April 1957 war er alleiniger Lehrer in Oberems und ging mit 65 Jahren in den Ruhestand. Am 2.5.1957 wurde sein Nachfolger Johann Bohnet in das Amt eingeführt.

Das Leben normalisiert sich langsam

Ab 1947 werden Heiraten zwischen Flüchtlingen und Einheimischen erfasst. Mit Datum 6.11.1947 meldet Oberems „keine", ebenso wie Glashütten. In Schloßborn hatte die erste Eheschließung stattgefunden, im Vergleich dazu meldet Reifenberg immerhin bereits neun „gemischte Eheschließungen". Obwohl sehr viele Vertriebene und Flüchtlinge noch jahrelang auf eine Rückkehr in die alte Heimat hofften, wurde langsam Integration sichtbar. Die Währungsreform und der wirtschaftliche Aufschwung machten sich positiv bemerkbar. Vor allem aber trugen die Vereine, in Oberems besonders die beiden Gesangvereine, die Freiwillige Feuerwehr, die Evange-

Oskar Rode, 1946–1957 Lehrer in Oberems (Foto: Gemeindearchiv Glashütten)

lische Frauenhilfe, aber auch die politischen Parteien zu einem aktiven Miteinander bei.

„Sogar den Bundeskanzler empfangen...!"

Das Oberemser Rathaus ist 1926 unter Emil Mohr (1888–1943), Bürgermeister von 1924 bis 1943, erbaut worden. Im Entwurf und in den Bauzeichnungen von Riemenschneider ist im ersten Stock ein Gefängnisraum, auch als „Gefängniszelle" bezeichnet, vorgesehen, und zwar an der Stelle, die später dem Gemeindearchiv diente. Der Raum wurde nachweislich mindestens einmal seinem Zweck entsprechend genutzt. Der Backofen im Backhaus des Gebäudes ist auch heute noch nahezu vollkommen erhalten und wird bei besonderen Gelegenheiten angeheizt. Zeitweilig war auch die Milchsammelstelle im Rathaus untergebracht.

Ab 1931 nutzt vor allem die in dem Jahr gegründete Freiwillige Feuerwehr Oberems das Gebäude, das dann auch „Spritzenhaus" genannt wurde. 1953 wird ein Schlauchturm nach dem Entwurf des Hofheimer Architekten Emil Richter gartenseitig an das Spritzenhaus-Depot angebaut, der später wieder abgerissen wird. Am 20.11.1962 beschließt die Gemeindevertretung, dass das alte Backhaus für ein zusätzliches Feuerwehrgerätehaus umgebaut und der alte Backofen entfernt werden soll. Der Niederemser Architekt Wolfgang Schwenk war mit diesem Bauvorhaben betraut und hatte am 22.10.1962 einen Umbauplan eingereicht. Diese Maßnahme wurde allerdings nicht ausgeführt. Bis zur Eingemeindung von Oberems in die neue Gemeinde Glashütten Ende 1971 und damit 1972 auch in den Hochtaunuskreis hatte der am 14.11.1960 gewählte Oberemser Bürgermeister Willi Mohr (26.11.1922–19.10.1991) im ersten Stock sein Dienstzimmer, daneben war das Archiv untergebracht, dessen wertvoller Bestand sich heute im Keller der Glashütter Gemeindeverwaltung befindet. Einen endgültigen Umbau und eine erhebliche Vergrößerung erfuhr das alte Rathaus erst 1986. Die Planung (Architekt: Axel Sowaidnig, Glashütten) erfolgte im Rahmen des Dorferneuerungsprogramms noch unter Theo Kögler (Bürgermeister 1979–1985), die feierliche Einweihung am 7.9.1986 dann unter Helmut Diehl (Bürgermeister 1986–1998). Durch den Anbau eines Treppenhauses konnten zusätzliche Räume geschaffen werden; allerdings verlor das Gebäude dadurch seine ursprünglich symmetrische Anordnung von Fenstern und den unter dem Erker liegenden Türen. Die Feuerwehr hatte bereits 1979 ihr eigenes Domizil bekom-

An der Stelle der ehemaligen Feuerwehreinfahrt ist heute der Haupteingang in das alte Rathaus. Von links nach rechts: Walter Blaschke, Peter Haxel, Günter Mohr, Leopold Jurenda, Werner Kilian, Gerhard Bücher, Kurt Maurer, Gernot Blaschke (Foto ca. 1961, privat)

So sieht das alte Rathaus heute, unverändert seit dem Umbau von 1986, aus. (Foto: Uwe Berg)

men, so dass kein Geräteraum mehr eingeplant zu werden brauchte.

Durch den Umzug der Familie Parusel im Jahre 1950 in das Oberemser Forsthaus Stempel war der große Sitzungssaal des Rathauses frei geworden und konnte wieder seinem eigentlichen Zweck als Versammlungsraum dienen. Das Gebäude wurde im Innenbereich renoviert, indem „man einigen Räumen ein neues und schönes Gewand gab", wie Lehrer Rode 1950 in der Schulchronik berichtet. „Besonders der Sitzungssaal der Gemeindeväter ist so geschmackvoll eingerichtet, daß man darin – wie viele Oberemser mit etwas Stolz sagen – sogar den Bundeskanzler empfangen könnte!"

Quellen
Gemeindearchiv Glashütten, Abt. Oberems; Schulchronik Oberems

Mein besonderer Dank gilt Günter Mohr, Enkel von Bürgermeister Emil Mohr und Sohn des letzten Bürgermeisters von Oberems, Willi Mohr. Er hat mir wertvolle Hinweise gegeben und konnte viele Fragen beantworten.

Helmut Hujer

Ausgelöscht und neu erblüht

Die Motorenfabrik Oberursel nach dem Zweiten Weltkrieg

Nein, total ausgelöscht war sie nicht, die Motorenfabrik Oberursel, aber mit der Besetzung durch die U.S. Army und mit der Reparationsdemontage 1947 ist der Organismus dieser Fabrik weitgehend zerstört worden. Nur ihre äußere Hülle der Gebäude, die war noch da, doch selbst ihre Kraft war ihr nach der Demontage der meisten ihrer Transformatoren und der Stromerzeugungsanlage weitgehend genommen worden.

Am Karfreitag 1945 ist für die Stadt Oberursel der Zweite Weltkrieg zu Ende gegangen, auch wenn das immer sinnloser gewordene Kämpfen noch sechs schlimme Wochen weitergehen soll und weitere Hunderttausende ihr Leben und ihre Gesundheit verlieren werden. Die Stadt selbst hat diesen von Deutschland ausgegangenen verheerenden Krieg ziemlich schadlos überstanden, sie ist verschont geblieben vom Bombenkrieg und von den Leiden des aus dem Osten zurückgeschwappten Vernichtungskrieges, mit der Flucht und der Vertreibung von Millionen Menschen. Im Inneren hat aber auch Oberursel gelitten, die jüdische Gemeinde hat man vernichtet, und in vielen Familien müssen Gefallene oder zerstörte Lebenswege beklagt werden.

Die Motorenfabrik Oberursel, damals ein Werk der Klöckner-Humboldt-Deutz AG, kurz KHD, hat den Krieg ebenfalls unbeschadet überstanden. Während des Krieges war sie sogar noch zu neuer Größe und Qualität gewachsen, nachdem die KHD AG sie ab Anfang 1941 zu ihrem Entwicklungszentrum für Flugmotoren ausgebaut hatte.

Die Motorenfabrik war schon 1892 gegründet worden, in der zehn Jahre zuvor von Wilhelm Seck aufgebauten Fabrik für Müllereimaschinen, dem überhaupt ersten industriellen Maschinenbaubetrieb in Oberursel. Ihr technisches und wirtschaftliches Fundament hatte sich die Motorenfabrik mit dem von Willy Seck, dem Sohn des Firmengründers, entwickelten Stationärmotor GNOM gelegt. Bald waren auch von solchen Motoren angetriebene Arbeitsmaschinen in Fertigung genommen worden, wie Lokomobile und Sägemaschinen, später auch Motorlokomotiven, und ab 1913 erstmals Flugmotoren. In der kriegsbedingten Hochkonjunkturphase sind das heute zum Kulturdenkmal gewordene repräsentative Verwaltungsgebäude sowie die angrenzenden, großzügigen Fertigungshallen entstanden.

In der folgenden schwierigen Nachkriegszeit muss sich die Firma allerdings der mäch-

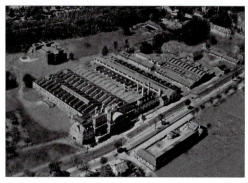

Das KHD-Werk Oberursel in seinem Zustand um 1945 (Repro)

tigeren Gasmotorenfabrik Deutz anschließen 1930 ist die Motorenfabrik Oberursel AG dann vollends in der Humboldt-Deutzmotoren AG aufgegangen, die 1938 zur Klöckner-Humboldt-Deutz AG erweitert worden ist.

Entwicklungszentrum für Flugmotoren

Ab Anfang des Jahres 1941 hat sich einiges getan im KHD-Werk in Oberursel, in dem seit 1922 Dieselmotoren Deutzer Bauart hergestellt worden sind. Das seitdem weitgehend ungenutzte Verwaltungsgebäude wird gründlich renoviert, alle Sanitär- und Heizungsinstallationen werden erneuert, neue Telefon- und Stromeinrichtungen werden installiert. Eine zweite Starkstromleitung wird ins Werk gelegt, und es wird eine neue Umspannstation gebaut. Für den Fall eines Stromausfalls wird eine kräftige Notstromanlage eingerichtet, mit der etwa 40 % der installierten Fremdanschlussleistung erzeugt werden können. In das Gebäude 05 oberhalb des Hauptkomplexes werden Prüfstände zur Erprobung von Komponenten- und Teilmotoren eingebaut, ausgestattet mit ausgefeilten Lüftungsanlagen und einem umfassenden Kühlsystem, für das ein Pumpenhaus zur Entnahme von Urselbachwasser gebaut wird. Rechts des Urselbachs entsteht ein großes Prüfstandgebäude mit vier charakteristischen Ecktürmen, der „Turmbau", in dem die Testläufe mit den großen Vollmotoren erfolgen sollen. Für die Montage der Flugmotoren und für die Produktion der Bauteile in der großen Werkshalle 02 werden neue Werkzeugmaschinen und Einrichtungen beschafft, und im Untergeschoss wird ein hochmodernes Werkstofflabor eingerichtet. Dies sind nur die wesentlichen Investitionen, mit denen bis 1943 ein technisch bestens ausgestattetes Entwicklungswerk geschaffen wird, für das spätere Erweiterungen auf dem Papier bereits konzipiert sind. Die Entwicklungsarbeiten konzentrieren sich schließlich auf einen 16-Zylinder-Boxermotor mit der Bezeichnung Dz 710, der je nach Ausführung um die 2.700 PS Startleistung liefern soll. Zwei solcher Vollmotoren werden gebaut, wohl im Oktober 1943 findet der erfolgreiche Erstlauf statt. Wegen der sich verschiebenden Rüstungsprioritäten ist mittlerweile zwar das Interesse an einem solchen Motor geschwunden, aber die Entwicklungsarbeiten werden dennoch fortgeführt, wenn auch auf kleinerer Flamme. Am 20. März 1945 erreicht der mit Dieselkraftstoff betriebene Versuchsmotor V 1 mit 2.360 PS seine höchste Leistung, und zehn Tage darauf wird Oberursel von der U.S. Army eingenommen.

Die Besetzung durch die U.S. Army

Mit der Einnahme von Oberursel am 30. März 1945 wird auch die Motorenfabrik von Einheiten der U.S. Army besetzt und konfisziert. Damit geht der KHD AG ihr einziges unbeschädigt gebliebenes Werk verloren. Die gut eintausend Beschäftigten können nach den Osterfeiertagen ihre Fabrik nicht mehr betreten, sie müssen in die Arbeitslosigkeit entlassen werden. Den ersten Kampftruppen folgt bald eine Instandsetzungseinheit, die hier eine auf Dauer vorgesehene Depot-Instandsetzung für Fahrzeuge einrichten soll. Damit sind sowohl die Hoffnungen der Kölner Zentrale auf einen baldigen Wiederanlauf einer Produktion zerstört wie auch die Hoffnungen der ehemaligen Mitarbeiter auf eine neue Beschäftigung, aber auch die Hoffnungen der Stadt Oberursel auf die Unterbringung eines Teils ihrer Arbeitslosen und auf ersehnte Steuereinnahmen.

In der Motorenfabrik haben schon die ersten Besatzungseinheiten rücksichtslos Platz für ihre eigenen Zwecke geschaffen. Sie haben den Großteil der Verwaltungs- und Entwicklungsakten ins Freie geräumt und verbrannt oder verrotten lassen und damit viel Wissen über die Geschichte der Motorenfabrik in Rauch und Asche aufgehen lassen. Auch das in den Werkstätten befindliche Fertigungsmaterial wird mitsamt den Vorrichtungen und Werkzeugen ausgeräumt und an verschiedenen Stellen im Freien zusammengeworfen. Später haben die Amerikaner solche Motorenbauteile als Unterbau für die Schotterung des ehemaligen Sportplatzes zwischen dem Turmprüfstand und dem Schwimmbecken genutzt. Als vermutetes Objekt deutscher Hochtechnologie ist auch der voll funktionsfähige Dz 710-Motor V 1 schon Mitte Mai in die USA geschafft worden. Es soll aber noch schlimmer kommen.

Die Fabrik wird ausgeräumt

1945 bis 1956 – die U.S. Army im Werk

Dann folgt ein weiterer Tiefschlag, die Motorenfabrik wird im Oktober 1945 zum Reparationsbetrieb erklärt. Alle Produktionseinrichtungen sollen demontiert und abtransportiert werden!

Zu dieser Zeit waren die technisch interessanten Motorenprüfstände und das hochmoderne Werkstofflabor schon den ersten Requirierungen der Amerikaner zum Opfer gefallen. Als örtliche Besatzungsmacht hatten sie ihr Recht auf ersten Zugriff genutzt. Die sachgerechte Demontage dieser Einrichtungen, die seefeste Verpackung und der Abtransport in elf vollgepackten Güterwaggons zieht sich bis Mitte 1946 hin. Bei dieser Aktion finden einige der früheren Werksangehörigen eine zeitweilige Beschäftigung bei der U.S. Army, wenig später sollen weitere Arbeiter folgen, die von den Amerikanern bei der Instandsetzung von Fahrzeugen und Motoren sowie bei der Anfertigung von Werkzeugen und Ersatzteilen beschäftigt werden.

Die Organisation der Reparationsdemontagen haben die Besatzer in die Hände der deutschen Zivilverwaltung gelegt. Noch im Oktober 1945 setzt der Oberurseler Bürgermeister eine „Technische Kommission" ein, bestehend aus ehemaligen Firmenangehörigen und mit einem „Reparationsbeauftragten" an der Spitze. Im Laufe des Jahres 1946 wird im Werk geräumt und sortiert, die Demontageobjekte werden erfasst und so zusammengetragen und gestapelt, dass die von der US-Besatzung beanspruchten Räume frei werden. Nach den elf Eisenbahnwaggons mit den „Advanced Deliveries" in die USA wird das Gros des Reparationsguts bis September 1947 in 206 weiteren Waggonladungen abtransportiert. Die Hauptempfängerländer mit zusammen 98 % des Guts sind Belgien, Frankreich und Indien. Daneben gehen Kleinmengen nach Albanien, Großbritannien, Jugoslawien, Luxemburg und in die Tschechoslowakei. Von November 1945 bis zum September 1947 waren im Schnitt 106 Arbeiter und 10 Angestellte mit diesen Demontagearbeiten beschäftigt.

Der Kampf gegen den Untergang

Obwohl vor die Tür gesetzt, hat es das Unternehmen in Köln für geboten gehalten, seine wirtschaftlichen und rechtlichen Interessen an dem Oberurseler Werk kompetent und vor Ort zu vertreten. So wird sehr bald Dr. Helmut Rausch von der Kölner Zentralverwaltung nach Oberursel entsandt und mit der Direktion des Werks Oberursel betraut. Da dieses Werk aber besetzt war, hat man sich zunächst in der Oberurseler Turnhalle in der Gartenstraße 4 eingemietet. Als diese aber schon kurz darauf von der Stadt zur Unterbringung von Vertriebenen aus dem Osten benötigt wird, muss die Verwaltungsstelle in das Anwesen der damaligen Schreinerei Rompel in der Gartenstraße 12 a umziehen (heute Korfstraße 12 a).

Zur vorrangigen Aufgabe der Verwaltung wird die Sicherung der im Werk und seinen Außenstellen liegenden Bauteile als Ersatzteile und für eine künftige Motorenproduktion. Allein die Menge dieser wertvollen und dringend benötigten Ersatzteile wird auf 665 Raummeter geschätzt. Bei dieser schon im Juli 1945 anlaufenden Sicherungsaktion finden wieder erste der ehemaligen Arbeiter und einige Angestellte Arbeit bei KHD. Bis Mitte 1946 werden etwa 700 Tonnen an Material eingesammelt, aufgearbeitet, eingelagert und inventarisiert. Dieses Material wird anfangs in verschiedenen angemieteten Räumen im Stadtgebiet gelagert, ab Anfang 1946 zentral in einer ehemaligen Reithalle an der Hohemark. Bis Anfang 1953 werden von dort aus die vom Stammhaus oder von den Verkaufsstellen der KHD abgerufenen Bauteile versandt, dann wird dieses Lager aufgelöst.

Mit diesen Aktionen sind zwar für das Unternehmen wertvolle und für das ohnehin schwierige Überleben in Deutschland wichtige Bauteile gerettet worden, aber ein Einstieg in das besetzte Werk ist damit noch nicht gelungen. Um das zu schaffen, bewirbt sich die Werksverwaltung im Mai 1946 bei einer Ausschreibung der U.S. Army zur Herstellung von Ersatzteilen und gleichzeitig um eine entsprechende Produktionserlaubnis. Die Besatzungsbehörden gewähren zwar ein solches Permit, verweigern aber die Freigabe von Produktionsmaschinen aus dem Reparationsarrest. Damit läuft diese erste Produktionserlaubnis ins Leere, sie kann nicht zur Wirkung kommen. Angesichts der fortschreitenden Reparationsdemontagen setzt sich damit der Weg in die dunkle Hoffnungslosigkeit fort. Dass der als Mittel der Kriegsproduktion geltende Turmprüfstand gesprengt und beseitigt werden soll, erweckt zunächst keine Sorge.

Erst mit dem Abschluss der Reparationsdemontage und in Anbetracht der damit frei gewordenen Fabrikflächen macht das weitere Bemühen, einen Fuß in das Werk zu bekommen, neuen Sinn. Als ein erster Schritt Anfang des Jahres 1948 gelingt, scheint die Talsohle für das Werk Oberursel durchschritten zu sein, zumal die Oberurseler Verwaltung eine weitere wichtige Aufgabe übernommen hat. Im April 1948 wird Dr. Rausch vom Vorstand der KHD AG beauftragt, die Interessen des Unternehmens bei den sich in Frankfurt ansiedelnden gesamtdeutschen Wirtschafts- und Verwaltungsorganen wahrzunehmen. Frankfurt stand damals als vorläufiger Sitz einer neuen deutschen Regierung und der Bundesorgane zur Debatte. Über gut eineinhalb Jahre nimmt Dr. Rausch diese Aufgaben dann von Oberursel aus wahr, während es in der gleichen Zeit gelingt, sich mit einer zunächst kleinen Produktion wieder in dem von den Amerikanern besetzten Werk einzunisten.

Die Produktion keimt wieder auf

Nach dem ersten gescheiterten Versuch von 1946 hat sich KHD also unmittelbar nach dem Abschluss der Reparationsdemontage erneut um eine Produktionserlaubnis bemüht, um Ersatzteile für die Amerikaner und Bauteile für den eigenen Bedarf herzustellen. Diesmal sind die Bemühungen von Erfolg gekrönt, denn die amerikanischen Besatzer stellen der KHD AG dafür einen begrenzten Bereich in der Werkshalle 02 zur Verfügung. Mit 28 veralteten und überwiegend geliehenen Werkzeugmaschinen geht KHD Anfang 1948 an den Start, mit anfänglich 20 Arbeitern. Mit den aus Köln kommenden Aufträgen kann die Belegschaft bis zum Jahresende 1948 auf schon wieder rund einhundert Leute erweitert werden. Diese Ausbreitung in ihrem

Hoheitsgebiet scheint den Amerikanern nicht geheuer gewesen zu sein. So überlassen sie der Firma auf deren Drängen im Herbst den zunächst zur Sprengung bestimmten Turmprüfstand und fordern bald ultimativ die Räumung der gerade aufgebauten Werkstätten.

1949 bis 1958 – Fertigung im „Turmbau"

Mit Hochdruck lässt KHD deshalb den für eine Bauteilefertigung vollkommen ungeeigneten Turmbau umbauen. Dazu muss vom Steinmühlenweg her eine eigene Zufahrt geschaffen werden, im Keller des Turmbaus wird eine behelfsmäßige Kantine eingerichtet, eine Stromversorgung und Heizung werden installiert, ebenso einfache Sanitär- und Sozialeinrichtungen. Bereits im März 1949 kann die Fertigung hierher umziehen und die Herstellung von Bauteilen für die Motorenproduktion der KHD AG in Köln fortsetzen.

Innerhalb von zwei Jahren kann die Belegschaft weiter auf knapp 250 Beschäftigte aufgebaut werden, und bei der Rückgabe des Werkes am 3. August 1956 arbeiten hier fast 300 Mitarbeiter auf engstem Raum zusammen. Als besonderes Zeichen der gelungenen Wiederbelebung des Werks kann man die Aufnahme der Berufsausbildung mit zwölf Lehrlingen im April 1951 sehen. Schon davor war mit dem Neubau eines Bürogebäudes auf dem benachbarten Anwesen Hohemarkstraße 75 ein besonderes Zeichen gesetzt worden. Im Mai 1950 waren die zuvor behelfsmäßig in einer Baracke untergebrachten Verwaltungsbüros und die Werkskantine dorthin in das „Weiße Haus" umgezogen.

Im August 1956 haben die Amerikaner, etwas unverhofft, das gesamte Werk Oberursel freigegeben. In die erste Freude mischen sich bald nämlich Wermutstropfen, als man feststellen muss, dass die Gebäude und sämtliche Installationsanlagen ziemlich abgewirtschaftet und heruntergekommen sind. Zwei lange Jahre dauern dann die umfangreichen Instandsetzungsarbeiten, bis Mitte des Jahres 1958 endlich die bislang im Turmbau zusammengepferchte Produktion umziehen kann. Auch die in der Hohemarkstraße 75 untergebrachten Verwaltungsstellen und die Werkskantine können nun wieder in die angestammten Räumlichkeiten des großen Verwaltungsgebäudes auf dem Hauptgelände zurückkehren.

Stetig aufwärts zum heutigen Kompetenzzentrum

Zu der laufenden Produktion von Motorenbauteilen für Köln wird von dort bald die Entwicklung und Fertigung von Abgasturboladern und einer kleinen Industriegasturbine, der T 16, nach Oberursel verlegt. Die für das Oberurseler Werk aber wesentliche Weichenstellung erfolgt im Jahr 1959, als KHD den Zuschlag für die Lizenzfertigung des Triebwerks Orpheus 803 D-11 der britischen Triebwerksfirma Bristol Siddeley Engines Limited (BSEL) erhält. Damit kann sich die Motorenfabrik Oberursel wieder zum Flugmotorenhersteller mausern, und das wird zum Grundstein für viele weitere Programme zur Entwicklung, Herstellung und Betreuung von Luftfahrttriebwerken und Luftfahrtgeräten.

So kann das nach dem Krieg schon verloren und ausgelöscht erscheinende Werk zu neuer Blüte aufwachsen. Im Rahmen des CFM-Programms (siehe Jahrbuch Hochtaunuskreis 2015) kann die mittlerweile zur KHD-Luftfahrttechnik GmbH aufgewertete

Das heutige Werk von Rolls-Royce Deutschland

Motorenfabrik schließlich die Zulassung der Zivilluftfahrtbehörden erlangen. Das wiederum wird die Eintrittskarte für die Übernahme des Werks durch die BMW AG 1990 werden und damit für die Gründung der Firma BMW Rolls-Royce Aeroengines. Mit dem Rückzug von BMW aus dem operativen Triebwerksgeschäft ist Anfang 2000 die Firma Rolls-Royce Deutschland entstanden, mit Rolls-Royce als alleinigem Eigentümer. Heute spielt der Produktionsstandort Oberursel eine angesehene Rolle im Produktionssystem von Rolls-Royce, als Kompetenzzentrum für die Herstellung von rotierenden Triebwerkskomponenten insbesondere in Blisk-Bauweise.

Den Spuren dieser Erfolgsgeschichte nach dem Ende des Zweiten Weltkriegs kann man im Werksmuseum Motorenfabrik Oberursel folgen. Beginnend mit der kleinen Industriegasturbine T 16 und dem Strahltriebwerk Orpheus sind hier alle wesentlichen der hier entwickelten, gebauten oder betreuten Triebwerke und Geräte ausgestellt, bis hin zu einem BMW Rolls-Royce Turbofantriebwerk BR 710. Neben einem UH-1D-Hubschrauber kann hier sogar eines der einst von unserem Orpheus-Triebwerk angetriebenen Aufklärungs- und Nahunterstützungsflugzeuge G-91 der Bundeswehr bewundert werden.

Waldemar Müller

„Bewusst mit der Vergangenheit leben..."

70 Jahre nach Kriegsende: Gedenken an die Opfer der Vernichtungslager

Knapp 19 Jahre nach der Befreiung des Vernichtungslagers Auschwitz wurde am 20. Dezember 1963 im Frankfurter Römer ein Gerichtsverfahren gegen 22 Angeklagte eröffnet, das zunächst unter dem Namen „Strafsache gegen Mulka und andere" das Aufsehen der Öffentlichkeit erregte.

Später als Frankfurter Auschwitz-Prozess bezeichnet, ging er als größter Strafprozess der deutschen Nachkriegszeit in die Geschichte ein, auch weil es das erste Mal war, dass die Menschheitsverbrechen von Auschwitz vor einem deutschen Gericht thematisiert wurden.

Dass es überhaupt dazu kam, ist maßgeblich auf das Engagement des hessischen Generalstaatsanwaltes Fritz Bauer zurückzuführen, dem der Journalist Thomas Gnielka Erschießungslisten aus dem Lager zugespielt hatte. Der Prozess gab der Auseinandersetzung mit den NS-Verbrechen in Deutschland erstmals eine öffentliche Dimension. Insgesamt sagten 211 Überlebende des Lagers gegen die Angeklagten aus. Noch niemals zuvor war den Leiden der Opfer im Land der Täter eine ähnliche Aufmerksamkeit zuteilgeworden wie in den 183 Tagen des Frankfurter Prozesses.

Am Frankfurter Gericht

Zu jener Zeit habe ich am Gericht in Frankfurt gearbeitet. Ich war als Protokollführer einem Richter zugeteilt, der die Aufgabe hatte, sowohl Hauptverhandlungen in Strafsachen als auch richterliche Vernehmungen von Beschuldigten, Zeugen und Sachverständigen aus der Nazizeit durchzuführen. Die Konfrontation mit den furchtbaren und menschenverachtenden brutalen Geschehnissen in den Vernichtungslagern hat mich tief betroffen gemacht und erschüttert. Vieles davon kommt mir auch heute immer wieder ins Gedächtnis.

Mein Entsetzen über die abscheulichen Verbrechen wurde durch meine Besuche in den Vernichtungslagern Auschwitz, Theresienstadt und Buchenwald noch verstärkt. Und immer ist die Frage geblieben: Wie können wir als Gesellschaft diesen Völkermord aufarbeiten? Als ich die vielen Reisebusse gesehen habe mit jungen Besuchern, habe ich mich aber auch gefragt: Kann man diese schrecklichen Geschehnisse Kindern und Jugendlichen vermitteln?

Den Lehrkräften kommt die Aufgabe zu, die Schülerinnen und Schüler auf den Besuch vorzubereiten. Und zum Glück gibt es noch Zeitzeugen, die über ihr Leben im Ghetto berichten. Ein Zeitzeuge, den ich bei einer Veranstaltung in Neu-Anspach persönlich kennengelernt habe, ist der ehemalige Journalist Kurt Julius Goldstein. Er musste aus Deutschland fliehen, weil er Jude und Kommunist war. Er nahm am Spanischen Bürgerkrieg teil, fiel den Nazis in die Hände und wurde nach Auschwitz deportiert.

Zeitzeuge Kurt Goldstein

Als Häftling Nummer 58866 kam Kurt Goldstein in ein Außenlager von Auschwitz, wo er

Kurt Goldstein

in einer Kohlengrube arbeiten musste. Dass er sich geistesgegenwärtig als Bergmann ausgab, rettete ihm das Leben. Im Januar 1945 schickte die SS die Gefangenen auf den Todesmarsch in das KZ Buchenwald. Er überlebte, ging als überzeugter Sozialist in die DDR und machte Karriere als Journalist und Intendant beim Deutschlandsender. Goldstein war Ehrenpräsident des Internationalen Auschwitz Komitees und der Vereinigung der Verfolgten des Naziregimes – Bund der Antifaschistinnen und Antifaschisten (VVN/BdA). Als Zeitzeuge und aktiver Kämpfer gegen heutige Formen faschistischer Ideologie machte er sich den Schwur von Buchenwald zur Lebensaufgabe. Der Träger des Bundesverdienstkreuzes lebte viele Jahre, bis zu seinem Tod 2007, in Berlin-Biesdorf, einem Ortsteil von Marzahn-Hellersdorf.

Zwei Jahre zuvor hatte Goldstein im Deutschen Theater Berlin geredet und damals gesagt: „In Gedanken sind wir in diesen Tagen bei den Frauen, Männern und Kindern, die für ewig in Auschwitz geblieben sind. Auschwitz mit seinen mehr als eineinhalb Millionen Toten ist der größte Friedhof in der ganzen Welt. Dort liegen Juden, Sinti und Roma, Polen, Russen, Frauen und Männer des Widerstands aus allen Ländern Europas. Keiner hat einen Stein des Gedenkens. Die Nazis wollten, dass sie vergessen werden. Wir haben die Pflicht, ihrer zu gedenken.

1995, anlässlich des 50. Jahrestages der Befreiung, haben wir uns von hier in Berlin aus mit dem ‚Ruf von Auschwitz' an die künftigen Generationen gewandt. Mögen sie im Gedächtnis bewahren, dass Auschwitz durch die schier unvorstellbare Grausamkeit der dort begangenen Verbrechen gegen die Menschlichkeit zu einem in aller bisherigen Menschheitsgeschichte einmaligen Verbrechen geworden ist. Mögen sie sich daran erinnern, dass die Nazis mit Auschwitz versucht haben, ihren schändlichen Plan ‚Endlösung der Judenfrage' und Vernichtung von Sinti und Roma zum Abschluss zu bringen, alle Oppositionellen, die Angehörigen der europäischen Widerstandsbewegungen, die Kämpfer für die Freiheit, in den von Hitlerdeutschland unterjochten Ländern zu vernichten".

Kurt Julius Goldstein konnte das diesjährige Gedenken an die Befreiung von Auschwitz nicht mehr erleben. Aber er hat in zahllosen Zeitzeugengesprächen an Schulen und bei Veranstaltungen von seinem Leben berichtet. Bis zu seinem Lebensende engagierte er sich gegen Rassismus und Antisemitismus, unter anderem im Internationalen Auschwitz Komitee.

In einem Brief habe ich vor zehn Jahren Bezug genommen auf unsere kurze persönliche Begegnung in Neu-Anspach, aber auch auf die Berliner Ansprache Goldsteins. „Das, was ich als junger Mann damals in den vielen Strafverfahren mitbekommen habe, darf nicht vergessen werden und muss dazu führen, im Dialog mit vielen Menschen zu bleiben, an Auschwitz zu erinnern und für Versöhnung zu arbeiten".

Das Unsagbare ausdrücken

Wie kann der Erinnerungs-Dialog aussehen? Vielleicht können Ausstellungen und Bilder

Eine Aufnahme von Martin Blume aus der Ausstellung

helfen. Der Fotograf Martin Blume arbeitet seit vier Jahren an der Stätte des KZ Auschwitz-Birkenau und ist während seiner Arbeit dort immer wieder in Kontakt mit Überlebenden gekommen. Er versucht seine Bilder als Auslöser für Erinnerungen zu nutzen. Blume: „Das Unsägliche, das Unsagbare muss ausgedrückt werden. Bewahren und Verändern gehen darin Hand in Hand. Durch meine photographische, abstrahierende Umsetzung ist jeder frei, seine innere Sprache zu finden – und dadurch zu empfinden. Unschärfe bietet die Möglichkeit eigener Projektion, Abwendung und Verdrängung werden vermieden."

Im Rahmen einer kleinen Ausstellung im Dorfgemeinschaftshaus von Schmitten-Hunoldstal habe ich Dokumente aus den Vernichtungslagern gezeigt und dazu auch eine musikalische Andacht mit meditativen Elementen angeboten. Immer unter der Fragestellung: „Warum haben sich so wenige geschämt damals?"

Diese Frage ist aber nicht die einzige. Ich frage mich auch: Wie sehr haben sich die Opfer gesehnt nach einem Funken Hoffnung, nach einer Nachricht ihrer Familie? Was haben diese Menschen ausgehalten? Es sind Fragen, die immer wieder neu gestellt werden müssen. Auch in den aktuellen Konflikten in Syrien, im Nahen Osten und im Irak. Familien mit kleinen Kindern flüchten aus diesen Kriegsgebieten zu uns und hoffen, dass wir sie mit offenen Armen empfangen. Das sollten wir tun – auch aus christlicher Nächstenliebe.

Ich schäme mich noch heute dafür, was damals in unserem Land geschah in deutschem Namen und ohne großen Widerstand. Ich kann heute nur eines tun: nicht vergessen, sondern mich erinnern!

Vieles, was uns heute über Auschwitz bekannt ist, wurde öffentlich bei den Frankfurter Auschwitzprozessen Anfang der 60er Jahre. Anwälte haben damals fünf Jahre lang akribisch recherchiert. Der Spielfilm „Im Labyrinth des Schweigens" (erschienen im November 2014) würdigt diese schwierigen Ermittlungen – und hat mich wieder an die Zeit meiner Arbeit am Frankfurter Gericht erinnert. Denn der Spielfilm über Fritz Bauer und seine Ermittlungen wurde an den Originalschauplätzen gedreht.

Auschwitz-Birkenau

Erst dem hessischen Generalstaatsanwalt Fritz Bauer gelang in Frankfurt gegen alle Widerstände die Aufnahme eines umfassenden Verfahrens. Vor Gericht sollten alle, die in Auschwitz am Massenmord beteiligt waren. Es sollte der erste Prozess gegen die Verbrechen der Nationalsozialisten werden, der von der westdeutschen Justiz geführt wurde. Aber es ist auch klar: Damals sind nur wenige SS-Männer verurteilt worden.

Bundesjustizminister Heiko Maas brachte es im April 2015 ohne Umschweife auf den Punkt: „Die deutsche Justiz hat total versagt." Was würde heute Fritz Bauer sagen zu einem der letzten Auschwitz-Prozesse, den die Staatsanwaltschaft Hannover im Frühjahr 2015 vorbereitet hatte?

In allen NS-Verfahren hoffte man auf ein menschliches Wort der Angeklagten. „Die Welt würde aufatmen", sagte vor fünfzig Jahren Fritz Bauer, der Ankläger in den Auschwitz-Prozessen. Doch der Generalstaatsanwalt wartete damals vergeblich auf ein Geständnis. Es gab kein Geständnis, keine Reue, keine Bitte um Verzeihung. Und es war und blieb so: Die NS-Schergen von einst machten vor Gericht entweder keine Aussage, sie erklärten sich für unschuldig oder sie beriefen sich auf einen Befehlsnotstand.

Oskar Gröning, der 93-jährige Angeklagte im Lüneburger Prozess wegen Beihilfe zum Mord in dreihunderttausend Fällen, hält es anders. Die Welt erlebt einen Angeklagten, der immerhin seine moralische Mitschuld am Massenmorden in Auschwitz „mit Demut und Reue" bekennt. Das sei ein neuer Akzent in der unguten Geschichte der juristischen Aufarbeitung der NS-Verbrechen, so Heribert Prantl in der Süddeutschen Zeitung: „Diese Geschichte der NS-Prozesse ist eine furchtbare, eine elendige und traurige Geschichte, geprägt von einer widerwilligen Justiz, von ‚Streichelstrafen für Mörder-Nazis' (so Ernst Bloch) und von der Faustformel ‚ein Toter gleich zehn Minuten Gefängnis' (so einst die darüber verzweifelnde Staatsanwältin Barbara Just-Dahlmann)".

Gerd-Helmut Schäfer

Vom Memelland über Sibirien nach Friedrichsdorf

Eine kleine Nachkriegs-Lebensgeschichte

Ich bin geboren am 21.4.1948 in Skrodeln, Kreis Tilsit im Memelland. Das Dorf Skrodeln liegt auf der rechten Seite des Flusses Memel. Auf der gegenüberliegenden Seite des Flusses ist Tilsit. Tilsit gehörte vor dem Zweiten Weltkrieg mit rund 60.000 Einwohnern zu den größeren Städten in Ostpreußen. Hauptstadt von Ostpreußen war Königsberg mit rund 370.000 Einwohnern.

Mein Vater, Otto Schäfer, war Landwirt. Die Landwirtschaft mit einer Größe von ca. 100 Morgen hatte er von seinem Vater, Ferdinand Schäfer, übernommen. Auch meine Mutter, Ida Schäfer geb. Kröhnert, stammte aus einer Bauernfamilie.

In den Kriegswirren 1944/1945 gehörten meine Eltern zu den wenigen Deutschen im Memelland, denen die Flucht vor der einfal-

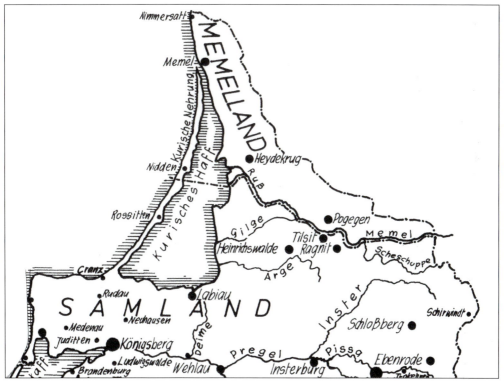

Ostpreußen-Karte (1939)

Irkutsk im asiatischen Teil Russlands, südwestlich des Baikalsees in Sibirien (aus Dumont Kompaktatlas 1998)

lenden russischen Roten Armee nicht mehr gelang. Das Memelland wurde ab 1945 unter russische Verwaltung gestellt. Die Landwirtschaft musste irgendwie weiterbetrieben werden, insbesondere zur Versorgung der russischen Besatzer. Ab 1947 begannen die Russen mit der Deportation der restlichen deutschen Bevölkerung aus dem Memelgebiet nach Sibirien. Auch im Umland lebende Litauer (Litauen war damals Grenzland zu Deutschland) waren teilweise von den Verschleppungen betroffen. Die Russen machten hier keine großen Unterschiede, wohl auch deshalb, weil hier und da „Verknüpfungen" zwischen Deutschen und Litauern vermutet wurden.

Am 25.3.1949 traf das Schicksal auch meine Eltern und mich (elf Monate alt). Der Deportations-Aufruf erfolgte in der Nacht. Die Menschen hatten zwei Stunden Zeit, die notwendigsten Sachen mitzunehmen. Das Ziel wurde nicht genannt, schnell stellte sich aber heraus: Auch diese Deportation sollte in Richtung Sibirien gehen. Sammelzugstation war die Stadt Memel (Züge kamen aus Heydekrug und Pogegen). Der Transport der Menschen erfolgte in Viehwaggons mit jeweils rund 40 Personen. Über Wilna und Moskau ging die Fahrt, dann war in Irkutsk/Sibirien nach ca. zehn Tagen Endstation. Auf dem Transport gab es einmal am Tag etwas zu essen (in der Regel Kartoffelsuppe). Keine Waschgelegenheit, keine Toiletten. Bei den Haltestellen konnten die Menschen sich unter Aufsicht ein wenig die Beine vertreten. Meine Mutter erzählte mir später, dass der liebe Gott mit uns war: Dass ich als elf Monate altes Kleinkind überlebt hatte, grenzte an ein Wunder.

In Irkutsk erfolgte die Aufteilung der deportierten Deutschen. Meine Familie wurde zur Zwangsarbeit in eine Kolchose ca. 70 km nordwestlich von Irkutsk gebracht. Ein kleines Dorf mit dem Namen Aira/Gemeinde Poroga war unser neuer Aufenthaltsort. Vater und Mutter arbeiteten fortan in einer Kolchose (landwirtschaftlicher staatlicher Produktionsbetrieb). Nach einer Übergangszeit wurde den Verschleppten erlaubt, eigene Unterkünfte (Holzhäuser) zu errichten.

Passbilder der russischen Ausweise

Leben in Sibirien

Gerd-Helmut Schäfer 1951 mit seinen Eltern in Sibirien

Das kontinentale Klima bedingt lange kalte Winter (teilweise bis zu –30 Grad Celsius) und kurze, aber sehr warme Sommer. Eine in der Region vorherrschende Redewendung zum Wetter lautete: In Sibirien hat man zwölf Monate Winter und der Rest ist Sommer. Woran ich mich gut erinnern kann: Im Winter war der nahe liegende Fluss Uda komplett zugefroren. Wir Kinder sind unter die Eisdecke gestiegen und haben auf dem ebenso zugefrorenen Flussgrund gespielt. Wir mussten jedoch darauf achten, zwei oder drei offene Eislöcher wiederzufinden, um dann aussteigen zu können. Außerdem hatte mir mein Vater ein Eisbrett aus Holz mit Festhaltestab (wie ein Roller) gebaut. Über Nacht wurde das

Eines der russischen Schulbücher

Eingangsklasse 1955 im sibirischen Poroga, Gerd-Helmut Schäfer ist der 3. von rechts in der hinteren Reihe

Eisbrett auf den Kopf gestellt und mehrfach mit Wasser übergossen. Am nächsten Morgen war eine dicke Eisschicht auf dem Brett, und man konnte wunderbar damit abfahren. Im Dorf fand dieses Sportgerät Marke Eigenbau sogleich Nachahmer.

In meinem 7. Lebensjahr (im Jahr 1955) erfolgte die Einschulung in die russische Volksschule in dem größeren Nachbarort Poroga (Entfernung ca. 5 Kilometer). Wir waren vier Kinder (drei russische Kinder und ich), die diesen Schulweg täglich liefen. In der Winterzeit erschien uns der Weg doppelt so lang. Auf der anderen Seite hatte der Weg auch ein bisschen Abenteuer-Charakter, was uns Kindern durchaus gefiel. In unserem Dorf Aira gab es noch drei andere deutsche Familien. Eine Familie hatte zwei Kinder, welche jedoch fünf oder sechs Jahre älter waren als ich. In der Schule lernte ich die russische Sprache, und mein russischer Sprachschatz war bald deutlich besser als der meiner Eltern.

Zu Hause sprachen meine Eltern mit mir deutsch. Somit bin ich zweisprachig aufgewachsen. Auch wenn mein Vater und meine Mutter in der Kolchose arbeiteten, so war

Holzhaus der Familie Schäfer in Sibirien (1955)

doch auch der Anbau von eigenen Erzeugnissen im Lauf der Zeit erlaubt. Meinem Vater wurde erlaubt, ein eigenes Holzhaus zu bauen.

Nach dem Tod des Diktators Josef Stalin im Jahr 1953 gab es viele Veränderungen im russischen Reich. Die verschleppte deutsche Bevölkerung in Sibirien erhielt mehr Bewegungsfreiheit. Die monatlichen Anwesenheitsmeldungen bei der Kommandantur entfielen, wie mein Vater erzählte. Kontaktaufnahmen zu der alten Heimat (sofern auf irgendwelchen Wegen Adressen bekannt waren) wurden erlaubt. So durfte zum Beispiel mein Vater im Jahr 1956 innerhalb Sibiriens seinen Bruder Fritz Schäfer in Irkutsk besuchen. Mein Onkel Fritz Schäfer war nach der Deportation in Irkutsk gelandet und arbeitete in einem staatlichen Holzbetrieb. In dieser Zeit (1956) verhandelte die deutsche Regierung unter Bundeskanzler Konrad Adenauer mit der russischen Seite über die Heimkehr der deutschen Kriegsgefangenen und über die Heimkehr der verschleppten deutschen Zivilbevölkerung. Mein Vater stellte über die Behörden in Irkutsk und die deutsche Botschaft in Moskau einen Ausreise-Antrag. Dem wurde stattgegeben. Und im Dezember 1958 erfolgte der Rücktransport mit der transsibirischen Eisenbahn (ca. 4.000 km bis Moskau). In Moskau gab es einen größeren Aufenthalt. Die Personalien wurden nochmals überprüft, und dann ging es weiter Richtung Westen.

Am 22.12.1958 kamen wir im Grenzdurchgangslager Friedland bei Göttingen an. Nach neun Jahren, acht Monaten und 27 Tagen hatten wir wieder deutschen Boden unter den Füßen. Ich selbst war nun zehneinhalb Jahre alt. Über Hamburg, wo sich inzwischen mein Onkel Fritz niedergelassen hatte, und Dortmund landeten meine Eltern schlussendlich in Hattingen/Ruhr. Ab Anfang 1959 suchte mein Vater nach seinen zwei Kindern aus erster Ehe (seine erste Frau war Anfang 1945 mit 28 Jahren verstorben). Ein weiteres Wunder: Die Kinder Friedel (geb. 1940) und Herbert (geb. 1943) wurden über das Deutsche Rote Kreuz gefunden. Friedel und Herbert waren in den Kriegswirren 1945 von Nachbarn meines Vaters in Sicherheit gebracht worden, und der Kontakt war abgerissen. Beide wurden in polnische Kinderheime gebracht. Mein Vater nahm die Verbindung zu den verschollenen Kindern auf, und beide kamen nach Deutschland. Weihnachten 1965 war die Familie vereint. Das war sehr bewegend!

Familie Schäfer 1965 wieder vereint in Hattingen

Mein persönlicher Lebensweg führte mich über Frankfurt/Main nach Friedrichsdorf, wo ich seit 1984 lebe. Friedrichsdorf und der Taunus sind damit seit 31 Jahren meine neue Heimat. Die Nähe zu Natur und Landwirtschaft und die gute Anbindung an Bad Homburg und die Großstadt Frankfurt, wo übrigens meine Kinder wohnen, haben mir von Anfang an gefallen. Dennoch habe ich das Memelland (Ostpreußen) nicht aus den Augen verloren. Reisemöglichkeiten habe ich genutzt und den litauischen Teil, den polnischen Teil und den russischen Teil von Ostpreußen besucht. So konnte ich ein wenig auf den Spuren der Vergangenheit gehen. Und was Sibirien angeht: Eine Reise dorthin ist fest geplant, dieses Mal als Tourist!

Marc-Pawel Halatsch

Das größte Ausstellungsstück

Letzter Kapellenwagen für die „Stiftung Flucht, Vertreibung, Versöhnung"

Der Präsident des Bundes der Vertriebenen, Dr. Bernd Fabritius MdB, mit der Kuratorin Andrea Moll von der „Stiftung Flucht, Vertreibung, Versöhnung" und der Vorsitzenden des Zentrums gegen Vertreibungen, Erika Steinbach MdB, bei der Übergabe der vermutlich letzten erhaltenen „mobilen Kapelle", im Hintergrund zu sehen (v.l.n.r.). Die Kapellenwagen starteten einst zu ihren Missionen von Königstein im Taunus, wo sie im Haus der Begegnung große Garagen hatten. (Foto: Vicky Griesbach, BdV)

Am 26. Februar 2015 hat die Vorsitzende der Stiftung Zentrum gegen Vertreibungen (ZgV), Erika Steinbach MdB, mit dem wohl letzten existierenden „Kapellenwagen" des „Speckpaters" Werenfried van Straaten ein einzigartiges zeithistorisches Objekt an die Bundesstiftung „Flucht, Vertreibung, Versöhnung" (SFVV) übergeben. Der 14 Meter lange, zwei Meter breite, drei Meter hohe und ca. fünf Tonnen schwere Kapellenwagen soll ein wesentliches und gleichzeitig das größte Ausstellungsstück der einzurichtenden Dauerausstellung im Berliner Deutschlandhaus werden. Andrea Moll, zuständige Ausstellungs-Kuratorin, nahm stellvertretend Wagen, Kennzeichen, Schlüssel und Fahrzeugpapiere in Empfang. Ebenfalls anwesend war BdV-Präsident Dr. Bernd Fabritius MdB, den Erika Steinbach wegen der engen Zusammenarbeit der Organisationen zur Übergabe hinzugebeten hatte.

Bei dem Fahrzeug handelt es sich um eine der „mobilen Kapellen" aus dem Bestand der früheren „Ostpriesterhilfe", die Pater Werenfried 1947 gründete, um das materielle und seelische Elend der deutschen Heimatvertriebenen lindern zu helfen. Dafür sammelte er bei den Bauern Flanderns Speck und andere Nahrungsmittel, weshalb er landauf, landab „Speckpater" genannt wurde. Danach ließ er zwischen 1950 und 1970 durch sein Hilfswerk „Kirche in Not" 35 Kapellenwagen bauen, die – zumeist von belgischen Diözesen gestiftet und unterhalten – zunächst geistlichen Trost und Lebensmittel zu den hungernden Vertriebenen brachten – ein „Schauspiel christlicher Nächstenliebe", wie der Kölner Kardinal Frings damals sagte. Später dehnte Pater Werenfried seine Hilfsmission auf die verfolgte Kirche im kommunistischen Osteuropa bzw. auf Gläubige in Lateinamerika, Asien und Afrika aus. Von der „Kirche in Not" hatte das „Zentrum gegen Vertreibungen" den Kapellenwagen 2007 zur geeigneten Verwendung überlassen bekommen.

Erika Steinbach erklärte zur Übergabe: „Es ist gut, dass dieser Kapellenwagen, mit dem Seelsorge, aber auch Hilfsgüter zu so vielen Menschen gebracht wurden, bald derart im Zentrum der öffentlichen Aufmerksamkeit stehen wird." Bernd Fabritius freute sich über die Zukunft des Kapellenwagens als „ein Stück Geschichte zum Sehen und Anfassen". Beide wünschten der Bundesstiftung, dass diese von den deutschen Heimatvertriebenen und Flüchtlingen weitere Originalexponate zur Dokumentation der Geschichte von Flucht und Vertreibung, aber auch der Heimatgebiete erhalten werde.

(Der Autor des Beitrags, Marc-Pawel Halatsch, ist Leiter der Presse- und Öffentlichkeitsarbeit des Bundes der Vertriebenen.)

Wolfgang Breese

„...da sah ich, daß Panzer auf der Seelenberger Straße rollten."

Das Kriegsende 1945 in Schmitten

Als die Fronten im Januar 1945 die deutsche Reichsgrenze erreichten und der Vormarsch der alliierten Streitkräfte unaufhaltsam weiterging, war den meisten Menschen klar, dass der verheerende Zweite Weltkrieg (1939–1945) bald zu Ende sein würde. Was aber würde passieren, so fragte man sich auch im Hochtaunus, wenn die Kämpfe auf das eigene Heimatgebiet übergriffen? Und gerade in Schmitten war es kein reibungsloser Übergang, gerade hier fanden harte Kämpfe zwischen amerikanischen Verbänden und versprengten deutschen Rest-Truppen statt.[1][2]

Bedrohung aus der Luft

Bevor es dazu kam, hielt der zunehmende Luftkrieg auch die Menschen in Schmitten in Atem. Lehrer Heinrich Albert Jäger beschreibt dies in der Schmittener Schulchronik: „Während bis zum Frühjahr 1944 in unserer Gegend von eigentlichen Kriegshandlungen kaum etwas zu bemerken war, wurde von da ab das Erstarken der gegnerischen Luftwaffe immer deutlicher sichtbar...und nun flogen fast täglich ganz große Verbände ungestört über unsern Ort..." Die großen Städte der näheren Umgebung, Frankfurt, Mainz, Offenbach, waren schweren Bombardierungen ausgesetzt. Als Folge hiervon vermerkte der katholische Pfarrer Ludger Hartmann 1944 in der Kirchenchronik: „In Schmitten werden etwa 300 Ausgebombte aus Frankfurt/M. untergebracht".

Prof. Dr. Herbert Alsheimer, damals Schüler des nach Oberreifenberg ausgelagerten Frankfurter Goethe-Gymnasiums (im Posterholungsheim „Jakob-Sprenger-Haus", heute Naturparkhotel Weilquelle, Limesstraße 16) erinnert sich: „Den Gefahrenherd bildeten die alliierten Tiefflieger. Sie schossen auf alles, was sich auf dem damals unbewaldeten Wiesengelände zwischen Feldbergkastell und Arnoldshain bewegte."[3]

Am 22. Februar 1945 erfolgte ein Luftangriff auf Niederreifenberg. Vier Tote und die Zerstörung etlicher Gebäude waren die Folge.[4] Dann, am 2. März, wurde der 16-stöckige Fernmeldeturm auf dem Großen Feldberg von englischen Kampfflugzeugen angegriffen und bis auf die unteren Stockwerke zerstört.[5]

---

[1] Als besonders wertvoll erwiesen sich die Tagebuchaufzeichnungen von Dr. Carl Gottron (1896–1975), Schmitten/Mainz, und die 2003 verfasste Schilderung von Rudolf Simon (1932–2010), Krefeld, der sich seinerzeit mit seiner Mutter bei Verwandten in Schmitten aufhielt. Hinzu kamen Chronikeinträge und der Augenzeugenbericht von Willi Falkenhagen aus Gutweiler.
[2] Alle folgenden Angaben, die nicht durch Quellenangaben im Text oder Fußnoten belegt sind, beruhen auf übereinstimmenden und ergänzenden Mitteilungen von folgenden Zeitzeugen aus Schmitten: Karl Buhlmann, Edgar Löw, Adolf Müller, Norbert Müller, Elisabeth Prokasky, Alfons Scheib, Anna Waldschmitt, Erich Wenzel und Irmgard Breese (Mutter des Verfassers). Ein großer Dank gilt Marianne Wagner und Bardo Gottron, den Kindern von Dr. Gottron, für die Überlassung der Aufzeichnungen, dem inzwischen verstorbenen Rudolf Simon und allen genannten Zeitzeugen.

[3] Alsheimer, Herbert: Zuflucht Oberreifenberg, in: Jahrbuch Hochtaunuskreis 2005, Frankfurt a. M., S. 218
[4] Berbott, Stefan: Tag der Tränen, in: Taunus Zeitung vom 31.12.1995
[5] Fey, Achim: Die ungebrochene Faszination des Großen-Feldberg-Gipfels, in: Frankfurter Rundschau vom 30.1.1980

Motorisierte Wehrmachtskolonne um 1940 in Schmitten, Seelenberger Straße/Ecke Schillerstraße.

Die Front rückt näher – wann kommt „der Amerikaner"?

Der in Schmitten wohnende Zahnarzt Dr. Carl Gottron beobachtete in den Märzwochen 1945: „Lange Kolonnen von Ostarbeitern zogen mit Sack und Pack durch unseren Ort. Kleinere und größere Trupps deutscher Soldaten kamen meist schon ohne Waffen erschöpft durch Schmitten und zogen weiter in Richtung Usingen. Es war ein Bild des Jammers."

Zwischen dem 23. und 26. März überschritten die Amerikaner den Mittelrhein. Am 26. März begann der Kampf um Frankfurt, während sich der bisherige Oberbürgermeister der Stadt, Dr. Friedrich Krebs, in seinem Landhaus in Schmitten befand, wo er bei den Kämpfen noch eine gewisse Rolle spielen sollte. Währenddessen stießen amerikanische Truppen in den Bereich zwischen Rheingau und Lahn vor. Am 28. März drang die 80. US-Division von Süden her auf der Autobahn Frankfur–Köln bis nach (Bad) Camberg vor, von Norden näherten sich die 9. US-Panzerdivision und von Westen die 76. US-Division, die sich in gerader Richtung nach Osten, also zum Usinger Land bewegte.[6]

Von den genauen Vorgängen wusste die Bevölkerung in Schmitten jedoch nichts. Deutsche Einheiten bereiteten sich in Schmitten auf den Abwehrkampf vor. Hierbei handelte es sich zum einen um Reste der 6. SS-Gebirgsjägerdivision „Nord", genauer gesagt um Teile des hierzu gehörenden SS-Gebirgsjägerregiments 11, das sich in der Nacht zum 28. März über die Autobahn nach Osten zurückziehen musste, um der Einschließung zu entgehen. Im Raum Niederbrechen/Niederselters kam es zur Vereinigung mit weiteren deutschen Resttruppen. Am Nachmittag des 28. März meldete sich der stellvertretende Kommandeur der Offiziersschule Weilburg mit 50 Offizieren und 600 meist sehr jungen Offiziersanwärtern, den sogenannten Fahnenjunkern, beim Gefechtsstand und unterstellte sich der SS-Kampftruppe. Zu der Einheit stießen noch die Versprengten des Reserveoffiziersbewerber-(ROB-)Lehrgangs aus dem Wehrkreis XII in Wiesbaden, aus dem Krieg entlassen mit Marschbefehl in Richtung Heimat. Im Taunus aber liefen sie dem SS-Jägerregiment in die Arme und wurden vor die Wahl gestellt, entweder erschossen zu werden oder den Kampf fortzusetzen. Die jungen Soldaten entschlossen sich für Letzteres.[7]

Nachdem noch am 28. März Idstein fiel und die Amerikaner zu den Ems-Dörfern vorstießen, mussten sich die zusammengewürfelten deutschen Verbände nach schweren Kämpfen bei Ober- und Niederselters umgehend zurückziehen und gingen in Schmitten am Abend des 28. März und am Morgen des 29. März, dem Gründonnerstag, in Stellung[8], ebenso in Finsternthal.[9]

Der damals in Schmitten und Dorfweil unterrichtende Lehrer Heinrich Albert Jäger berichtete in der Schmittener Schulchronik über das dramatische Geschehen:

---

6 Leiwig, Heinz: Finale 1945 Rhein-Main, Düsseldorf 1985, S. 8 ff.

7 Leiwig, a.a.O., S. 80 ff., S. 108 ff.
8 Vgl. Schulchronik Schmitten und Kirchenchronik St. Karl Borromäus Schmitten
9 Leiwig, a.a.O., S. 110

„Niemand dachte mehr an eine Gefahr für unseren Ort. Man hielt die ruhige Besitznahme von Schmitten durch die Amerikaner für das Wahrscheinlichste... Da erschien am Gründonnerstag eine Handvoll fanatischer SS-Leute und mieteten sich zum Entsetzen der Bevölkerung in Schmitten ein, um den Amerikanern den Weg zu sperren. Alle Hoffnung scheiterte an der Hartnäckigkeit eines jugendlichen Oberleutnants, der die Abteilung führte, von Heroismus strotzte und die Sinnlosigkeit eines isolierten Kampfes nicht einsehen wollte."

Schmittens Bürgermeister Georg Wagner versuchte vergeblich, den Kampfkommandanten von einer Verteidigung des Ortes abzubringen.[10] Frau Wenzel, die Senior-Chefin der beiden Hotelgebäude Wenzel in der Schillerstraße 18 und Parkstraße 2, hatte am Haus als Zeichen der friedlichen Übergabe ein weißes Tuch angebracht. Sie wurde deshalb von den SS-Soldaten mit dem Tode bedroht und entging nur um Haaresbreite der Erschießung.[11]

Blick auf Schmitten vom Kohlberg, 1930er Jahre: Im Vordergrund das Forsthaus an der Seelenberger Straße; von dort rückten die Amerikaner vor. In der Bildmitte links das Sägewerk Ochs („die Holzwoll" genannt), Seelenberger Straße 1.

Der erste Kampftag

Seelenberg erlebte am Gründonnerstag, 29. März 1945, den friedlichen Einzug der amerikanischen Panzer.[12] Zur gleichen Zeit frühstückte einer der deutschen Fahnenjunker im Elternhaus von Adolf Müller im Schmittener Mittelweg. Eine halbe Stunde später, um 10 Uhr vormittags, sollte der Krieg nach Schmitten kommen.[13] Die US-Soldaten des 417. Infanterieregiments und des 735. Panzerbataillons[14] rückten aus Richtung Seelenberg vor, erwartet von den etwa 200–250 zum Kampf entschlossenen Fahnenjunkern und SS-Leuten.[15]

Den Beginn der Kämpfe am Gründonnerstag schilderte Dr. Gottron aus dem Blickwinkel seines Wohnhauses Seelenberger Straße 12: „Ich sah amerikanische Panzer die Seelenberger Straße herunterrollen. Da hörte man vom Dorf her die ersten Schüsse, denen 2–3 heftige Detonationen folgten. Die ersten deutschen Soldaten sah ich mit erhobenen Händen entlang der Straße nach Seelenberg hinauf in die amerikanische Gefangenschaft gehen. Unten im Dorf hatten die Deutschen die ersten Panzer abgeschossen. Nun setzte eine heftige Schießerei ein. Die Häuser von Heid und Bingsohn[16] bekamen aus Panzergeschützen die ersten Treffer. Dann wurde das Holzhaus von Grebner[17] beschossen. Das Turnerhäuschen auf der Hugoruhe[18], die Werkstatt von Schreiner Löw[19], der Aussichtsstempel auf dem Wiegerfelsen und alle hervorragenden Punkte bekamen ihre Treffer. Neben dem Geschützfeuer war ständiges

---

10 Walsh, Gerta: Die Amerikaner marschieren ein, in: Das Jahrhundert im Taunus, Frankfurt a. M. 1999
11 Mitteilung von Irmgard Breese und Edgar Löw, Schmitten

12 Schulchronik Seelenberg, 2. Teil, S. 217 ff.
13 Nach Dr. Gottron und etlichen Augenzeugen
14 Taunus Zeitung vom 26.03.1985
15 Nach Tagebuch Dr. Gottron ca. 150 Mann und weitere Soldaten, die vom Sandplacken kamen, diese wiederum waren nach Leiwig evtl. die Wiesbadener ROB-Fahnenjunker
16 Freseniusstraße 5 und 3
17 Schellenbergstraße
18 Hugoruhe: Aussichtspunkt am Leyhäuschen (Schutzhütte), hoch über Hermannsweg und Goethestraße
19 Schillerstraße 3

MG- und Gewehrfeuer. Die Jeeps sausten hin und her und brachten die ersten Verwundeten zurück. Da merkte ich, daß sich die amerikanische Panzerkolonne langsam zurückzog. Schon liefen deutsche Soldaten wieder an unserem Gartenzaun vorbei. Noch immer knatterten Maschinengewehre.

Wie mir meine Frau später berichtete, saß sie im Keller der Fahrradhandlung Müller[20]. Hinter dem Haus waren deutsche und vor dem Haus amerikanische Soldaten. Eine tolle Situation. Sie sprach sogar mit einem amerikanischen Offizier. Es war bereits 13 Uhr geworden. Zwischendurch kam Herr Müller gelaufen und rief fast atemlos: ‚Weiße Tücher weg!' Die deutschen Soldaten hätten gedroht, sie wollten auf jedes Haus, das die weiße Fahne zeigt, die Panzerfäuste abschießen. So rissen wir eiligst die weißen Tücher vom Balkongeländer und beratschlagten, was zu tun sei. Die Lage war äußerst gespannt. So beschlossen wir dann, das Haus zu verlassen."

Rudolf Simon erlebte den Tag von wechselnden Standorten aus: „Ich bin über den ‚Weiherdamm'[21] die Reifenberger Chaussee hinaufgegangen. Noch vor dem Neuen Weiher[22] sahen wir plötzlich eine Kolonne von uns unbekannten Militärfahrzeugen die Seelenberger Chaussee herunterkommen. Der an der Spitze fahrende Panzer hatte eine Hakenkreuzfahne auf der Frontplatte befestigt, daher meinte einer der Soldaten, es müsse sich um Beutefahrzeuge handeln. Diese Meinung wurde gründlich widerlegt, als der Panzer anfing in das Dorf zu feuern. Ich lief also zurück in Richtung Dorf. Als ich auf dem ‚Weiherdamm' ankam, war der Panzer schon an der Holzwollefabrik[23] vorbei und bewegte sich, immer noch feuernd, auf die Schillerstraße zu. An der Straßenbiegung bei Ochs[24] sah ich noch, wie ein deutscher Unteroffizier mit einer Panzerfaust auf einen Panzer feuerte und ihn auf der Frontplatte traf."

Willi Falkenhagen, ein damals 17-jähriger Fahnenjunker, erinnert sich, dass der erste Panzer wohl von einem älteren Soldaten mit Fronterfahrung abgeschossen wurde; die Besatzung sei dabei ums Leben gekommen. Bei diesem ersten Gefecht für die Teenager-Soldaten starb sein Freund Heiner Mroskow. Auch der 19-jährige Soldat, der noch eine halbe Stunde zuvor bei Familie Müller gefrühstückt hatte, wurde von einer amerikanischen MG-Salve erschossen, und zwar auf dem Platz vor Familie Müllers Anwesen, Mittelweg 1. Er lag mit dem Gesicht zur Erde, und sein Blut vermischte sich mit dem einsetzenden Regen.

Durch den überraschenden Beginn der Gefechte blieb der Bevölkerung nichts anderes übrig, als die nächst erreichbare Deckung aufzusuchen. Die meisten Bewohner flüchteten in die Keller ihrer Häuser, wo sie mit Schrecken die weitere Entwicklung abwarten mussten. Nach dem Rückzug der Amerikaner am ersten Tag war allen klar, dass der Kampf weitergehen würde: „Wir müssen hier raus, das gibt jetzt hier ein Schlachtfeld", war die einhellige Meinung, wie sich Irmgard Breese erinnert. Die Bewohner der gefährdetsten Straßenzüge, d. h. das „Hinnereck" (Ortsausgang nach Seelenberg und Niederreifenberg zu), das „Feld" (die damals noch wenigen Häuser an der Freseniusstraße) und Teile der Ortsmitte, flohen in die Wälder und in die benachbarten Dörfer, während die anderen Schmittener in ihren Kellern ausharrten.

Folgen wir weiter dem Bericht von Rudolf Simon: „Auf dem Platz vor der heutigen Apo-

---

20 Wenzelstraße 1, zwischen altem und neuem Hotel Wenzel gelegen
21 Einmündungszone Seelenberger Straße/Schillerstraße, dort war bis Anfang der 1930er Jahre das vordere Ende des Mühlweihers, hieß damals offiziell „Adolf-Hitler-Platz"
22 Der „Neue Weiher" liegt ca. 500 m außerhalb des Ortskerns, unterhalb der Straße nach Niederreifenberg

23 Sägewerk und Holzwollefabrik Ochs, Seelenberger Straße 1, heute Getränkemarkt und Parkplatz
24 Wohn-, E-Werk- und Mühlenanwesen Ochs („Ochse Müller"), Ecke Schillerstraße/Zum Feldberg

theke[25] stand ein verlassener amerikanischer Spähwagen, der offensichtlich mit Handgranaten ‚erledigt' worden war. Sodann lief ich mit ein paar anderen Jungen die Seelenberger Chaussee hoch. Überall lagen graue paraffinierte Päckchen verstreut umher. Als wir zu Hause die Pakete öffneten, entdeckten wir ungeahnte Schätze, die wir vorher noch nie gesehen hatten. Beispielsweise ein kleines Tütchen mit der Bezeichnung ‚Nescafe'. Als wir das geöffnet hatten, sagte meine Tante: ‚Losst die Finger devo, däi wolle us vergifte'. Wir überbrühten jedoch das braune Pulver mit heißem Wasser nach Anweisung und als dann der Duft in die Nasen stieg hieß es: ‚Das ist ja Bohnenkaffee!'

Der weitere Tag verlief ohne größere Zwischenfälle. Auf dem Wiegerfelsen oberhalb unseres Hauses[26] hatten die deutschen Soldaten eine MG-Stellung eingegraben und sich verschanzt. Dann kamen nach und nach kleine Trupps junger Soldaten in unser Haus, denen Mutter und die Tante Riesenportionen Bratkartoffeln zubereiteten. ‚Däi Bouwe misse was ze esse hu, däi soin jo ganz verhungert!' Wer weiß, für wie viele von ihnen dies die letzte Mahlzeit war.

Nachmittags erhob sich heftiger Gefechtslärm. Da die Amerikaner sich offensichtlich auf die oben erwähnte MG-Stellung einschossen, kamen die Einschläge immer näher und ein vorbeihastender Soldat rief uns zu, wir sollten uns sobald wie möglich fortmachen. Rechts ratterte das Maschinengewehr und rings um uns her schlugen die amerikanischen Panzergranaten ein. Getroffene Baumstämme zersplitterten und Erdbrocken spritzten hoch. Erst als wir über den Bergrücken hinaus waren und den Weihersgrund erreicht hatten, konnten wir uns sicher fühlen."

Blick vom Leyhäuschen (Hugoruhe) auf Schmitten, 1930er Jahre, mit den 1945 besonders umkämpften Bereichen: Unten links hinter der Hangkante sind die Häuser an der Seelenberger Straße erkennbar, rechts das alte Hotel Wenzel (Schillerstr. 18, Haus mit spitzem Türmchen), dahinter das neue Parkhotel Wenzel (Parkstr. 2). Mitte links die Häuser „im Feld": links das Haus Bingsohn (Freseniusstr. 3), das schwere Treffer erhielt, rechts davon das Haus von Clemens Heid (Freseniusstr. 5), das im Oberstock brannte. Oben am Waldrand liegt das Gelände mit Landhaus von Dr. Fresenius.

Der zweite Kampftag

Karfreitag, der 30. März 1945 war angebrochen. Wechseln wir nun wieder zur Schilderung von Dr. Carl Gottron, jetzt vom Landhaus des Dr. Fresenius[27] aus, weit oberhalb Schmittens gelegen und mit gutem Überblick über den Ort, wohin sich die Familie Gottron geflüchtet hatte: „...gegen sieben Uhr (morgens) setzte plötzlich Artillerie-Feuer aus Richtung Seelenberg auf Schmitten, Schellenberg und Pfaffenrod ein. Den ganzen Tag war unten im Dorf Gewehr- und Maschinengewehrfeuer. Anscheinend hatten sich amerikanische Infanteristen im Lauf des Tages an

---

25 Schillerstraße 6, inzwischen (2015) nicht mehr Apotheke
26 Letztes, erhöht stehendes Haus an der Dorfweiler Straße, die sogenannte. „Bursch" (Burg)

27 Dr. Fresenius war Eigentümer der Hirschapotheke in Frankfurt und Gründer des gleichnamigen, heute in Bad Homburg ansässigen Pharmazie-Konzerns. Das große Jagdhaus, heute ruinös, liegt in einem weitläufigen, ehemals parkartigen Gelände, wenige Hundert Meter von der Wegegabelung am „Weißen Stein" entfernt, am Waldrand und oberen Ende des Schmittener Feldes

den Dorfrand von Schmitten herangearbeitet. Um unser Haus herum muß schwer gekämpft worden sein, denn Tote lagen später ringsum im Straßengraben und auf den Feldern.

Zwischendurch feuerten Minenwerfer in Abständen Salven aus Richtung Seelenberg nach Schmitten und auf das Pfaffenrod. Da hörten wir gegen 16 Uhr einen Minenwerfer feuern, und zwar aus Schmitten. Die Einschläge lagen mitten im Dorf, bei dem Elektrizitätswerk[28], beim Hotel Wenzel[29] und um unser Haus herum. Meine Vermutung hatte sich bestätigt, daß ein Teil von Schmitten, und zwar um unser Haus, um Sägewerk Ochs und um Hotel Wenzel herum im Laufe des Tages von Amerikanern besetzt worden war, während der Rest von Schmitten noch von deutschen Truppen gehalten wurde. Der Minenwerfer schoß ununterbrochen bis zum Einbruch der Dunkelheit. Auch während der Nacht war Maschinen- und Gewehrfeuer in Schmitten und ringsum in den Wäldern zu hören."

Schmitten vom südlichen Rand der Feldgemarkung aus gesehen, 1930er Jahre: unten in Bildmitte das Haus von Dr. Gottron.

Willi Falkenhagen berichtete, dass er am Morgen des 30. März mit drei Kameraden an der Böschung am Ortsausgang nach Reifenberg postiert wurde, anrückende Infanterie passieren lassen und dann die heranfahrenden Panzer mit Panzerfäusten abschießen sollte. Es kam aber nur amerikanische Infanterie. Nach einem Schusswechsel starb sein Kamerad Kurt Kunz. Er selbst sowie die beiden anderen Kameraden wurden gefangen genommen.

An diesem 30. März tobten schwere Straßenkämpfe; um jedes Haus wurde erbittert gerungen. Im alten Hotel Wenzel (Schillerstraße 18) war anfänglich das Kampfquartier der Deutschen, das dann auch schwere Panzertreffer erhielt, so wie etliche andere Häuser auch. Die Panzergranaten rissen große, kreisrunde Löcher in die Hauswände und verwüsteten das Hausinnere, u.a. bei Bingsohn (Freseniusstraße 1), Kopp (Mittelweg 3), Hahn (Goethestraße) und Busch (Seelenberger Straße 4) sowie bei etlichen anderen Häusern. Im neuen Hotel Wenzel (Parkstraße 2, heute Rathaus) verschanzten sich am zweiten Kampftag die Amerikaner. Beide Hotelgebäude, das alte und das neue, waren umkämpft, fünfmal wechselten sie den Besatzer. Es wird von geballten Handgranatenladungen berichtet, die in einen Raum mit Amerikanern geschleudert wurden, von dem fanatischen deutschen Kampfkommandanten, dessen Leiche im offenen Wagen abtransportiert wurde, und davon, dass die Amerikaner am zweiten Kampftag auch über den „Weißen Stein", weit oberhalb Schmittens zwischen Judenkopf und Feldkopf gelegen, vorrückten, um die deutsche Widerstandsgruppe zu umgehen und einzuschließen.

Die Amerikaner waren nach übereinstimmender Mitteilung einer Reihe von Zeitzeugen entschlossen, das Widerstandsnest durch eine Bombardierung aus der Luft sturmreif zu machen. Durch die Fürsprache von Dr. Friedrich Krebs und seiner Englisch sprechenden Frau, so die vielfach geäußerte Überzeugung, konnte dieses Unheil abgewendet werden. Dr. Krebs, in Frankfurt ein Nazi der ersten Stunde, besaß ein Landhaus am Kohlberg, au-

---

28 siehe Anmerkung 25
29 Schillerstraße 18, Gasthaus und „altes" Hotel Wenzel

ßerhalb des Ortes. Nach den Kämpfen wurde er aufgrund seiner Nazi-Vergangenheit verhaftet.

Über die Nacht von Karfreitag, 30. März, zu Karsamstag lassen wir nun Rudolf Simon aus der Perspektive der Dorfweiler Straße berichten: „Als es gegen Abend ruhiger wurde, wagten wir wieder, zum Haus zurückzukehren. Wir lagen noch lange wach, konnten nicht schlafen und hörten von Zeit zu Zeit Schießereien. Es muß gegen Mitternacht gewesen sein, als Soldaten an das Haus kamen und unserer Mutter sagten, daß wir hier nicht bleiben könnten, da sie gegen Morgen einen amerikanischen Angriff erwarteten und unser Haus wegen der oberhalb gelegenen MG-Stellung in der Schußlinie liege. Daher wurde beschlossen, in das Dorf hinunterzugehen und im Elternhaus unserer Tante (Dorfweiler Straße) im Keller Schutz zu suchen. Wir hörten von den Soldaten, daß die Amerikaner bereits in das Dorf eingesickert seien und sich in größerer Zahl im Hotel Wenzel (dem heutigen Rathaus) verschanzt hätten. Somit schlichen wir an den Häusern entlang in das Dorf. Wir hatten damals alle genagelte Schuhe an, und so hallte es, daß man es im halben Dorf hören konnte. Sofort eröffneten die Amerikaner das Feuer, Erde und Geschoßteile spritzten um uns herum. Zum Glück waren wir nicht weit von unserem Ziel entfernt und konnten uns bald im Keller verkriechen.

Es muß einige Zeit nach Mitternacht gewesen sein, als Stille eintrat. Einer der Männer spähte auf die Straße und berichtete, die Deutschen zögen sich aus dem Dorf zurück. Als wir einige Zeit später von draußen Geräusche hörten, begaben wir uns vor die Kellertür und sahen die fremden Uniformen. US-Infanterie tastete sich vorsichtig die Straße entlang und untersuchte Haus für Haus nach eventuell zurückgebliebenen deutschen Soldaten. Zu Hause erwartete uns eine böse Überraschung: In dem Schlafzimmer, wo wir noch einige Stunden vorher in den Betten gelegen hatten, war eine Panzergranate eingeschlagen. Unsere Betten waren von den Granatsplittern zerfetzt und uns wäre sicherlich das gleiche Schicksal beschieden gewesen."

Der Krieg zieht weiter

Dr. Gottron notierte zum Karsamstag, 31. März 1945: „Um sechs Uhr in der Frühe wurden wir wieder durch einen heftigen Feuerüberfall aufgejagt. Artillerie schoß ununterbrochen nach Dorfweil, auf die Straße nach Dorfweil und auf den Schellenberg. Da sah ich, daß Panzer auf der Seelenberger Straße nach Schmitten rollten. Später konnte ich Panzer auf der Fahrt nach Arnoldshain beobachten. Viele Spähwagen fuhren sogar nach Dorfweil. Die deutschen Soldaten hatten also Schmitten in der Nacht vollkommen geräumt. Schon kam eine amerikanische Batterie[30] und ging hinter dem neuen Kurhaus Wenzel in Stellung. Sie eröffnete sofort das Feuer und schoß den ganzen Tag über in Richtung Anspach.

Zwischen 16 und 18 Uhr kamen die ersten amerikanischen Soldaten zum Haus von Dr. Fresenius. Sie holten zuerst Jagdgewehre und Munition ab. Auch Ferngläser nahmen sie mit. Die Soldaten bekamen dann Wein zu trinken und unterhielten sich ganz friedlich. Sie waren sehr anständig, oft direkt zuvorkommend, zumal auch mehrere Leute von uns Englisch sprachen. Ein Soldat brachte sogar Schokolade mit."

In der Nacht zum 31. März zogen sich also die deutschen Resttruppen in Richtung Dorfweil zurück. Dr. Gottron erwähnt dabei die Mitnahme eines Omnibusses, um die verwundeten deutschen Soldaten transportieren zu können. In Dorfweil gab es weitere Rückzugsgefechte. An der „Weiler Müll", der Mühle am Ortsausgang nach Brombach, wurden

---

30 Gemeint ist eine Geschützbatterie, d.h. eine Gruppe von Artilleriegeschützen

drei Panzer von den Deutschen abgeschossen. Einer der Panzer, der noch fahrtüchtig war, wurde vor den inzwischen beschädigten Bus gespannt. Trotz des Einkesselungsversuchs zogen sich die versprengten Deutschen über Brombach und die Jammerhecke nach Rod am Berg zurück. Bei Hausen-Arnsbach gab es eine neue Auffangstellung, wo noch einmal harte Kämpfe ausgefochten wurden. Die meisten noch verbliebenen 17- bis 19-jährigen Burschen seien in diesem Bereich erschossen worden, wird berichtet. Willi Falkenhagen konnte ergänzend mitteilen, dass mehrere Fahnenjunker in Dorfweil und einer bei Anspach in Gefangenschaft gerieten. Die überlebenden Weilburger Fahnenjunker hätten sich später jedes Jahr zum Volkstrauertag in Idstein getroffen, um einen Kranz für die gefallenen Kameraden niederzulegen.

sche Strom war natürlich auch ausgefallen. Das Türmchen vom Dach des E-Werkes Ochs (Zum Feldberg/Ecke Schillerstraße) lag mitsamt den Elektro-Freileitungen, die sich von dort über das Dorf verteilten, zerschossen auf der Straße. Bemerkenswert ist, dass Mitglieder der Freiwilligen Feuerwehr Schmitten ausrückten, um den Dachstuhl des Hauses von Clemens Heid, Freseniusstraße 5, zu löschen, obwohl noch geschossen wurde.

Norbert Müller, der seinerzeit mit seinen Eltern ebenfalls zum Landhaus des Dr. Fresenius geflohen war, beschreibt seine Eindrücke bei der Rückkehr: „An der Straße lagen viele tote Soldaten aufgereiht zum Abtransport. An anderer Stelle waren große Mengen von Geschossen aufgeschichtet, Panzerwracks standen ausgebrannt am Straßenrand, viele Häuser waren von Einschüssen übersät und überall lagen entsicherte Handgranaten herum."

Der „Weiherdamm" in Richtung Ortsmitte gesehen, um 1930 (Einmündungszone Seelenbergerstr./Schillerstr.). Ganz rechts das Haus Hermannsweg 1, links davon Mittelweg 1, links vor der Kirche das Dach mit Dachreiter des Wohnhauses und E-Werkes Ochs (Schillerstr. 1/Zum Feldberg).

Blick vom Leyhäuschen (Hugoruhe) nach Norden, 1930er Jahre. Oberhalb der Ortsmitte ist die Dorfweiler Straße mit dem Wiegerfelsen zu sehen, darunter als letztes Wohnhaus die „Bursch" (= Burg), wo 1945 u. a. Rudolf Simon wohnte.

Am 31. März war der Krieg in Schmitten zu Ende. Dem Betrachter bot sich ein Bild der Verwüstung. Viele Häuser waren durch Granattreffer schwer beschädigt worden. Bei einem Haus in der Dorfweiler Straße wurden ca. 300 Einschusslöcher gezählt. Der elektri-

Die Zahl der militärischen Opfer in Schmitten wird mit 89 Amerikanern (nach der Schulchronik 94) und 18 Deutschen angegeben[31], wobei die Zahl der getöteten Deutschen, die in Schmitten zum Einsatz kamen, um ein Viel-

---

31 Siehe Anmerkung 10

Schmitten 1938 – die Dorfweiler Straße (damals Weilburger Str.) vom Wiegerfelsen aus gesehen.

faches höher liegen dürfte, wenn man das Ende der Fahnenjunker im weiteren Usinger Land bedenkt. Wie viele Verwundete es gab, ist nicht bekannt. Es grenzt an ein Wunder, dass in Schmitten keine Zivilisten umkamen, obwohl mehrere Hundert Menschen in den Kellern ausharrten oder im Geschoss- und Splitterhagel die Flucht ergriffen. In Dorfweil kam es durch den Artilleriebeschuss am 30. März dann doch noch zu zwei tragischen Todesfällen und mehreren Schwerverletzten: Zwei Töchter von Lehrer Jäger, Marianne (28) und Magda (22), verließen ihre Deckung, gingen über einen Hof und wurden dabei durch Granateinschläge tödlich getroffen.[32]

Für die Schmittener war der Krieg nun zu Ende. Mit Erleichterung notierte Dr. Gottron zum Ostersonntag, dem 1. April 1945: „Ein herrlicher Ostermorgen brach an. Die Sonne schien in voller Pracht und ringsum sangen die Vögel, gerade, als ob in der Welt der tiefste Friede herrsche. Es war ein befreiendes Gefühl..."

Anmerkung zu den Abbildungen:
Die Fotos von Schmitten, alle um 1930–1940 entstanden, wurden aufgenommen von Georg Marx, Großonkel des Verfassers.

---

32 Siehe auch Schulchronik Schmitten

Deponiepark Brandholz
Wertstoffhof

Die Öffnungszeiten des Wertstoffhofes sind:
Montag–Freitag   07.30–16.00 Uhr
Samstag   08.00–13.00 Uhr

www.deponiepark.de

Johanna Koppenhöfer

Kriegsende und Neubeginn in Wehrheim

Wöchentlicher Rapport des Bürgermeisters für die amerikanische Besatzung

Am 1. April 1945, Ostersonntag, war nach dem Einzug der Amerikaner für Wehrheim der Krieg zu Ende. Viele Häuser mussten von den Bewohnern geräumt werden, um Platz zu schaffen für die amerikanische Besatzung. Von Ostermontag bis Mittwoch wurden elf deutsche Soldaten beerdigt, die gefallenen Amerikaner wurden auf dem Bad Homburger Friedhof beigesetzt. Es gab eine strenge Ausgangssperre von je einer Stunde morgens und abends.

Die ausländischen Zwangsarbeiter waren in großen Lagern untergebracht worden, doch einige hielten sich in den Wäldern auf und versorgten sich selbst durch Raubzüge. Die Pfarrmühle wurde überfallen und ausgeraubt, der Landwirt Ferdinand Harth wurde auf seiner Viehweide im Offenthal am 28. Mai 1945 erschossen. Es hatten sich aber auch Freundschaften zwischen Zwangsarbeitern und ihren Wehrheimer Familien gebildet, die lange Jahre gepflegt wurden; zwei Polen hatten Wehrheimer Bauerntöchter geheiratet und lebten hier als geachtete Mitbürger.

Wehrheim hatte nur wenige Kriegsschäden erlitten, Haus und Wirtschaftsgebäude des Lebensmittelgroßhändlers Wagner in der Bahnhofstraße waren verbrannt, in der Usinger Straße hatte es das Anwesen von Ludwig Bender getroffen, Kloster Thron hatte einige Bombenschäden erlitten, ebenso die Pfarr- und die Brückenmühle. Aber 67 Männer waren gefallen, und 18 waren noch vermisst!

Kaum jemand musste hungern im Dorf, die landwirtschaftliche Nutzfläche betrug damals 1.063 ha, es gab über 4.000 Obstbäume und große Gartengebiete. Jeder Wehrheimer hatte seinen Garten und sein Schwein im Stall. 1949 gab es noch 812 Rinder, 728 Schweine, 120 Ziegen, 3.120 Hühner und 338 Schafe bei einem Einwohnerstand um 1.600 Personen.

In den Jahren 1945/46 kamen über 300 Flüchtlinge aus den Oder-Neiße-Gebieten und aus dem Sudetenland, und viele ausgebombte Frankfurter waren schon während

Zuweisung eines Ostflüchtlings

der Kriegsjahre in Wehrheim eingewiesen worden. Mit der Unterbringung gab es Probleme, oft musste sich der Bürgermeister persönlich über die Wohnverhältnisse informieren, weil viele Hausbesitzer keine Flüchtlinge aufnehmen wollten. Viele von ihnen wurden zunächst in Baracken und Behelfsheimen untergebracht. Einige der Wohnbaracken der ehemaligen Bronzefabrik in der Köpperner Straße, in denen ehemals russische Zwangsarbeiter gewohnt hatten, wurden in Wohnungen umgewandelt.

Wohnbaracke in der ehemaligen Bronzefabrik

Im Mai 1945 hatten die Amerikaner zunächst den evangelischen Pfarrer Menk als Bürgermeister eingesetzt, ihm folgten zwei Ortsfremde, zunächst ein Herr Zimbrich, der ein Frankfurter „Zuckerreisender" gewesen sein soll, sowie ein Herr Schieler, ein KPD-Anhänger.

Im Februar 1946 wurde Ludwig Bender zum Bürgermeister ernannt. Er übte das Amt bis 1959 aus und führte Wehrheim durch die schweren Nachkriegsjahre.

Im August 1946 wurde ein Wohnungsbeirat gegründet, der aus dem Bürgermeister, den beiden Beigeordneten und je einem Vertreter der örtlichen Parteien bestand.

Schon im Februar 1946 hatte die Gemeinde mit der Planung zur Bebauung des Distrikts Mark I, heute ein elegantes Wohnviertel, zur Unterbringung der Ostflüchtlinge begon-

Ludwig Bender, Bürgermeister von 1946 bis 1959

nen. Große Flächen in der Niederwies und am Scheideweg wurden an Flüchtlingsfamilien als Gartenparzellen verpachtet. Später wurden auch diese Gebiete bebaut. Auch das Gebiet zwischen Bahnhofsstraße und Obernhainer Weg wurde damals zur Bebauung vorgesehen.

Im Sommer 1946 wurde die amerikanische Besatzung abgezogen. Bürgermeister Bender musste jedoch jede Woche im Landratsamt Usingen einen Bericht über die Lage im Dorf abgeben, der an die amerikanische Militärregierung weitergereicht wurde.

Langsam etablierte sich auch wieder das politische Leben. Jedes ehemalige NSDAP-Mitglied musste sich vor der Spruchkammer verantworten und wurde „entnazifiziert". Die Strafen reichten – abhängig vom Grad der Zugehörigkeit – von einer Geldstrafe bis zur Amtsenthebung. Diese Spruchkammerbescheide wurden öffentlich bekannt gemacht und im Pass eingetragen. Sehr gefragt waren damals sogenannte „Persilscheine", z. B. Entlastungsschreiben von Pfarrern oder politisch unbelasteten Personen.

In Wehrheim beteiligte sich der katholische Pfarrer Becker aktiv an der Gründung der CDU, die im Dezember 1945 von der Militärregierung zugelassen wurde und mit 458 Stimmen sofort die stärkste Partei im Dorf wurde.

Pfarrer Becker kümmerte sich auch tatkräftig um die ankommenden Flüchtlinge. Im Dorf gründete sich ein Ortswohlfahrtsausschuss mit dem evangelischen Pfarrer Menk, dem Bürgermeister, Rektor Wasser und der Arbeiterwohlfahrt unter Leitung von Pfarrer Becker, und es gelang dem Ausschuss, drei Pferdefuhrwerke voller Kleider und Geschirr auf dem Speicher des katholischen Pfarrhauses zu lagern und dann an die Flüchtlinge zu verteilen.

Die materielle Not besonders in den Städten war groß nach dem Zusammenbruch, und daher wurde wieder eine „Zwangsbewirtschaftung" eingeführt. Ein Drittel des Geflügelbestands musste an den Milch-, Fett- und Eierbewirtschaftungsverband Hessen-Nassau in Frankfurt abgeliefert werden. Leider waren die Wehrheimer nicht sehr hilfsbereit, der Erfasserbetrieb klagte am 15.1.1946, dass das Dorf kein einziges Stück Geflügel abgeliefert habe. Ähnlich verlief der Holzeinschlag zugunsten der frierenden Städter. Die Wehrheimer erschienen meist gar nicht zu dieser Aktion, zeigten keine Solidarität mit den Frankfurtern. Der Entzug von Lebensmittelkarten nutzte nichts, da die meisten von ihnen Selbstversorger waren.

Aber langsam wuchs die Dorfbevölkerung mit den Neuankömmlingen zusammen. Vor dreißig Jahren sagten die Alteingesessenen oft noch „... das ist ein Flüchtling!" Heute zählen die ehemaligen Flüchtlinge längst zu den „alten Wehrheimern". Bei dem gewaltigen Zustrom von Neubürgern in den letzten Jahren hat sich die Mentalität der Dorfbewohner geändert. Nur wenige Alteingesessene trauern den vergangenen Zeiten nach, die meisten sind stolz auf ein modernes, weltoffenes Dorf, und zu dieser Entwicklung haben auch die ehemaligen Flüchtlinge beigetragen.

Quellen
Akten im Archiv des Geschichts- und Heimatvereins und Erinnerungen von Zeitzeugen.

Barbara Dölemeyer

Zeiten und Wenden

Hauptdaten der Landgrafschaft Hessen-Homburg 1622 bis 1866

Johann Isaac von Gerning, juristischer Berater der Landgrafen am Beginn des 19. Jahrhunderts, Diplomat und Schriftsteller, schrieb 1821 die bezeichnenden Worte: „Dunkel und verworren ist die Geschichte dieses Homburg, [...], ein Chaos von halbem und ganzem Besitz und Verkauf, Lehen und Tausch, Theilung und Wiederbesitz, ein Beyspiel von Wandelbarkeit menschlicher Dinge."[1]

Halten wir uns die Hauptdaten der Landgrafschaft Hessen-Homburg und ihrer Herren vor Augen, so können wir Gerning in vielem zustimmen: von der Entstehung der Landgrafschaft 1622 und ihren rechtlichen Beziehungen zur Hauptlinie Hessen-Darmstadt, über die Neuordnung 1768 bis zur Gründung des Rheinbunds und dem Ende des Alten Reichs 1806, welche die Einverleibung Hessen-Homburgs durch das nunmehrige Großherzogtum Hessen brachten. Die „Wandelbarkeit menschlicher Dinge" erweist sich besonders 1815/16 in der Erlangung der Souveränität durch den Homburger Landgrafen und die ihm gewährte Gebietserweiterung in der Folge des Wiener Kongresses. Genau 50 Jahre währte diese Souveränität: 1866 endete die Landgrafschaft (Landgraftum) Hessen-Homburg nach Aussterben des Landgrafenhauses und Heimfall an Hessen-Darmstadt und die kurz darauf erfolgte Annexion durch Preußen. An diesen Daten des Umbruchs und Neubeginns: 1622–1768–1806–1816–1866 soll im Folgenden der rechtliche Rahmen der Geschichte des kleinen Fürstentums bezeichnet werden.

1622, zur Zeit der Gründung der Landgrafschaft Hessen-Homburg, bestand das Amt Homburg aus Schloss und Stadt Homburg vor der Höhe und den umliegenden Dörfern Gonzenheim, Seulberg, Köppern, Oberstedten. Dieses Gebiet gehörte – nach zahlreichen Herrschaftswechseln – seit 1504 zum Haus Hessen, seit 1583 zur Darmstädter Linie dieses Hauses, die durch Landgraf Georg I., den jüngsten Sohn Philipps des Großmütigen, begründet worden war. Die Söhne Georgs I. verabredeten 1602 ein Erbstatut zur Einführung der Primogenitur: Der jeweils Älteste sollte allein regierender Herr über Land und Leute sein; dafür musste er die jüngeren Brüder mit Geldzahlungen (Apanagen) abfinden: „... daß under Uns und Unsern Nachkommen, Unserer Linien Fürsten zu Hessen, nicht mehr alß ein regierender Herr sein, die Andern aber sich, nach Gelegenheit der Land und Leuthe, mit Gelt, oder in andere Wege ablegen laßen sollen."[2] Ludwig V. von Hessen-Darmstadt, der älteste Sohn Georgs, wurde demnach alleiniger Herr, seine Brüder Philipp und Friedrich erhielten 24.000 bzw. 20.000 Gulden jährliche Apanage zugesagt.

---

[1] In seinem Werk „Die Main- und Lahngegenden von Embs bis Frankfurt", Wiesbaden 1821, in dem er auch über Hessen-Homburg berichtet, hier S. 138 f.

[2] Erb-Statutum oder Pactum Primogeniturae zwischen denen Landgrafen Ludwig dem Jüngeren, Philip und Friderich zu Hessen-Darmstadt 26.4.1602, erneuert 13.8.1606; zitiert nach: Hermann J. F. Schulze-Gaevernitz, Die Hausgesetze der regierenden deutschen Fürstenhäuser II, Jena 1878, S. 86 ff.

1622: Gründung der Landgrafschaft Hessen-Homburg

Ludwig vereinbarte 1622 in einem Vertrag, der die Primogenitur bekräftigte, mit seinem Bruder Friedrich, diesem das Amt Homburg zu überlassen, wobei er sich die landesfürstliche Oberhoheit und bestimmte Rechte („Reservatrechte") vorbehielt. Friedrich erhielt gegen Kürzung seines jährlichen Geld-Deputats „Schloß, Stadt und Amt Homburg vor der Höhe mit Bürgerschaft, Stadt-Mauren,[...] auch Dörfern, Höfen, Gütern [...] übergeben und abgetretten [...]".³ Ludwig überließ also seinem Bruder Homburg als Teilherrschaft (unter darmstädtischer Oberhoheit) gegen Verminderung der Zahlung um 5.000 Gulden – das waren die erwarteten Einkünfte aus dem Amt, das ca 60 km² und 2.500 Einwohner umfasste.

Friedrich I. (1585–1638) ∞ Margarethe Elisabeth Gräfin von Leiningen-Westerburg-Schaumburg (1604–1667), Schloss Homburg, VSG

Friedrich I. (der Ältere genannt)⁴ wurde damit zum Begründer der „apanagierten" Nebenlinie Hessen-Homburg. Vor allem war es Geldknappheit, die Darmstadt dazu bewog, und dies blieb ein konstantes Moment in diesen brüderlichen, später „freundvetterlich" genannten, aber keineswegs immer freundlichen Beziehungen. Die Apanagezahlungen mussten immer wieder angemahnt werden, erfolgten häufig nicht termingerecht, in minderer Währung oder nicht im geforderten Umfang. Friedrich heiratete 1622 Margarethe Elisabeth Gräfin von Leiningen-Westerburg-Schaumburg, mit der er fünf Söhne und eine Tochter hatte. Wilhelm Christoph, Georg Christian und Friedrich wurden nacheinander Nachfolger des Vaters in der Landgrafschaft.

1648–1681: Landgrafschaft Hessen-Bingenheim – ein Zwischenspiel

Georg II. von Hessen-Darmstadt übertrug 1648 das Amt Bingenheim an seinen zukünftigen Schwiegersohn Wilhelm Christoph, den ältesten Sohn Friedrichs I.,⁵ dessen Verlobung mit Georgs Tochter, Sophia Eleonora von Hessen-Darmstadt am 21. April 1648 stattfand; die Eheschließung folgte 1650. Auch in diesem Fall waren es die immer wiederkehrenden Geldnöte der Darmstädter, besonders kurz nach Beendigung des Dreißigjährigen Kriegs, die zur Gründung einer eigenen Territorialherrschaft führten. Zu den Schwierigkeiten mit den Apanagezahlungen kam, dass Landgraf Georg seine Tochter Sophia Eleonora anlässlich der Heirat mit Wilhelm Christoph nicht angemessen ausstatten konnte.

---

3 Recess 6.3.1622, abgedruckt: Johann Georg Estor, Elementa iuris publici hassiaci, S. 194–206; Instrumentum notarii über die solenne Übergabe und Huldigung des Ambts Homberg vor der Höhe, 13./23.7.1622, Original: Hessisches Hauptstaatsarchiv Wiesbaden [HHStAW] Abt. 310, OA Homburg Nr. 8; vgl. Friedrich Lotz, Geschichte der Stadt Bad Homburg II, Frankfurt am Main 1977, S. 32.

4 Barbara Dölemeyer, Landgrafen und Landgräfinnen von Hessen-Homburg. In: Eckhart G. Franz (Hg.): Haus Hessen. Biografisches Lexikon (Arbeiten der Hessischen Historischen Kommission Neue Folge Band 34), Darmstadt 2012, S. 391–430, HH01.

5 Abschrift: HHStAW, Abt., 3002, Nr. XVIII Copia Haubt Recessus zwischen Herrn Landgraf Georgen zu Hessen Darmbstadt und Frau Margaretha Elisabetha Landgräfin zu Hessen Homburg die Cession des Ambtes Bingenheim betreffend, Datum 18. May 1648.

Da aber Wilhelm Christoph, der in seiner Ehe mit Sophia Eleonora 13 Kinder hatte, 1681 ohne männlichen Erben starb, fiel Bingenheim an Hessen-Darmstadt zurück.

Bingenheim, Hoher Bau (Foto: B. Dölemeyer)

Wilhelm Christoph, der sich vorwiegend in Bingenheim aufhielt und deshalb der „Bingenheimer" genannt wurde, handelte mit seinem jüngeren Bruder Georg Christian[6] 1669 einen Vertrag aus, in dem der Ältere dem Jüngeren Stadt und Amt Homburg verkaufte. Georg Christian, der übrigens 1660 zum Katholizismus übergetreten war, musste die Landgrafschaft bereits 1671 an Johann Christian von Boyneburg und den Frankfurter Kaufmann Johann Ochs d. Ä. verpfänden, bei denen er stark verschuldet war. Die häufigen Wechsel von Verpfändung und Auslösung, Kauf und Verkauf waren mit den Streitigkeiten, die besonders in der zweiten Hälfte des 17. Jahrhunderts zwischen Homburg und Darmstadt um die Primogenitur und Souveränität geführt wurden, eng verknüpft. Je nach Schwäche und Stärke der Fürsten versuchten die Homburger, auch die darmstädtische Primogenitur anzufechten und dann, als das nicht gelang, sich durch Geld ausgleichen zu lassen sowie ihre Rechte als eigene Linie zu verfestigen. Juristische und diplomatische Händel wurden ausgefochten; Kaiser und Reichstag, Reichskammergericht und Reichshofrat wurden damit befasst.

Nach mehreren Verpfändungen, Auslösungen unter den Brüdern und der Darmstädter Linie wurde schließlich nach dem Tod Wilhelm Christophs 1681 der jüngste Sohn Friedrich alleiniger Herr, der zuvor als „Militärunternehmer" in verschiedenen Diensten, zuletzt des Kurfürsten von Brandenburg aktiv war und sich auf seinen Gütern im Magdeburgischen und Brandenburgischen wirtschaftlich betätigt hatte. Er nahm von Hessen-Homburg Besitz und zog nach Homburg vor der Höhe, das er zu seiner Residenz ausbaute.

1681: Landgraf Friedrich II. von Hessen-Homburg

Durch Friedrich II.[7] kam nunmehr eine gewisse Stetigkeit in die staatsrechtlichen Verhältnisse der Landgrafschaft. In Hessen-Homburg setzte er die Aktivitäten fort, die er mit dem Erwerb der Güter im Brandenburgischen begonnen hatte: Wirtschaftsförderung im merkantilistischen Sinn, Peuplierung (hier vor allem durch Hugenottenaufnahme, in diesem Zusammenhang Anlegung der Homburger Neustadt, Neugründungen Friedrichsdorf, Dornholzhausen), aber auch durch Anwerbung von Handwerkern etc. (Manufaktur-

---

6 Zu ihm Margarete Hintereicher, Georg Christian von Hessen-Homburg (1626–1677). Offizier, Diplomat und Regent in den Jahrzehnten nach dem Dreißigjährigen Krieg, Darmstadt und Marburg 1985; Dölemeyer, HH03, in: Haus Hessen (Anm. 4).

7 Vgl. Dölemeyer, HH05, in: Haus Hessen (Anm. 4) m.w.N.

haus, Glashütte, Saline). Dazu kam der Ausbau des Schlosses und der Residenz.

Friedrich II. (1622–1708) (Schloss Homburg, VSG)

1768: Familienvertrag bringt weitgehende innere Selbständigkeit für Hessen-Homburg

Auch unter den Nachfolgern Friedrichs II. gingen die Auseinandersetzungen mit den Darmstädter Vettern um die Abgrenzung der Rechte der jeweiligen Linien, z. B. um die Ausübung der Vormundschaft über minderjährige Prinzen[8] sowie um die Apanagezahlungen weiter. Es kam sogar zur Gefangennahme homburgischer Beamter wie auch zu darmstädtischen Truppeneinmärschen in Homburg.[9]

Erst 1768 wurde durch einen Familienvertrag im Zusammenhang der Heirat des homburgischen Erbprinzen Friedrichs (V.) Ludwig[10] mit der darmstädtischen Prinzessin Caroline[11] Hessen-Homburg weitgehende innere Selbständigkeit zugestanden.

Friedrich V. Ludwig (1748–1820) ∞ Caroline von Hessen-Darmstadt (1746–1821) (Schloss Homburg, VSG)

Hessen-Darmstadt behielt sich nur die Beziehung zu Kaiser und Reich vor, es vertrat Homburg auf Reichs- und Kreistagen und erhob die Reichs- und Kreissteuern auch für Homburg.[12] Die Landgrafschaft war demnach niemals reichsunmittelbar, zwischen Hessen-Homburg und dem Reich standen immer die Darmstädter. Von „Mediatisierung" i. e. S. kann also im Fall Homburgs nicht gesprochen werden, auch nicht für den im Folgenden zu besprechenden Vorgang, der einen weiteren wichtigen Einschnitt in der Hessen-Homburger Geschichte bedeutete:

---

8 Pauline Puppel, Recht gegen Gewalt. Die Auseinandersetzungen um die vormundschaftliche Regentschaft in Hessen-Homburg 1751–1766, in: In eigener Sache. Frauen vor den höchsten Gerichten des Alten Reiches, hg. Siegrid Westphal, Köln u. a. 2005, S. 219–244.
9 Schleussner, Über eine Blockade Homburgs durch Darmstädter Truppen im Jahr 1699, in: Mitteilungen des Vereins für Geschichte und Altertumskunde Homburg v.d. Höhe [MittGVHG] 7 (1903), S. 12–19; Karl Jäger, Die darmstädtische Invasion in Stadt und Amt Homburg 1747, 2. Aufl. Bad Homburg 1938.

10 Dölemeyer, HH 21, in: Haus Hessen (Anm. 4).
11 Caroline Landgräfin von Hessen-Darmstadt (* Buchsweiler 2.3.1746, + Homburg v.d. Höhe 18.9.1821), vgl. Eckhart G. Franz, HD 49, in: Haus Hessen (Anm. 4); Eltern: Ludwig IX. Lgf. von H.-Darmstadt (1719–1790) ∞ Henriette Karoline Pfalzgräfin von Zweibrücken (1721–1774), Haus Hessen, HD 45/46.
12 Hauptvergleich 7.9.1768 zwischen Landgraf Ludwig zu Hessen-Darmstadt und Landgraf Friedrich Ludwig zu Hessen-Homburg; Hessisches Staatsarchiv Darmstadt E 1 K Nr. 67/1-4: Copie des Haupt- und Nebenrecesses zwischen den beiden hochfürstlichen Häusern Hessen-Darmstadt und Hessen-Homburg vom 7. Sept. 1768 (z.T. abgedruckt bei Karl Jäger, Darmstädtische Invasion, S. 49 ff.).

1806: Einverleibung in das nunmehrige Großherzogtum Hessen-Darmstadt

Der 12. Juli 1806 brachte eine einschneidende Zäsur, denn infolge der Gründung des Rheinbundes unter Napoleons Protektorat erhielt der zum Großherzog erhobene Landgraf von Hessen-Darmstadt Ludwig X. (Ludewig I.)[13] „tous les droits de souveraineté sur le bailliage de Hesse-Hombourg".[14] In den Artikeln 26 ff. der Rheinbundakte sind diese Souveränität und die Homburg verbleibenden Rechte definiert: Hessen-Darmstadt hat Gesetzgebungshoheit, Obere Gerichtsbarkeit, Polizeigewalt, militärische Aushebungsbefugnis, Steuer- und Auflagenrecht; Homburg verbleiben der Besitz der Landgrafen sowie die Domänen, der privilegierte Gerichtsstand, gutsherrliche und Lehnsrechte, die nicht mit der Souveränität verknüpft sind. Besonders nachteilig für den Homburger Landgrafen war der Verlust des Steuerrechts. Der Landgraf hatte demnach eine Rechtsposition wie die übrigen Standesherren. Man bezeichnete großherzoglicherseits die auf diese Weise erworbenen Gebiete als „Souveränitätslande".[15] Verwaltungsrechtlich wurde Homburg in die Provinz Oberhessen eingegliedert.[16]

Am 11. September 1806 erging das Besitznahmepatent. Die Hoheitszeichen Darmstadts wurden angebracht; die Beamten mussten der neuen Herrschaft den Amtseid leisten etc. In Homburg wurde Johann Jacob Trapp[17] (Vater des Badbegründers Eduard Christian Trapp) als hessen-darmstädtischer Hoheitsbeamter eingesetzt.

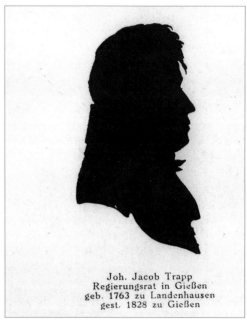

Johann Jacob Trapp (1763–1828), Silhouette (StAHG)

1815/16: Erlangung der Souveränität und die Gebietserweiterung

Während der letzten Jahre des Alten Reichs und in der napoleonischen Zeit bemühten sich Landgraf Friedrich V. Ludwig und seine Diplomaten in Verhandlungen mit allen Großmächten um eine Verbesserung der staatsrechtlichen Situation der Landgrafschaft und um Gebietserweiterung; auch nach der Einverleibung durch Darmstadt rissen diese Bemühungen nicht ab. Doch erst als nach den Befreiungskriegen auf dem Wiener Kongress die deutsche Frage insgesamt verhandelt wurde, kam auch die Angelegenheit der kleinen

---

13 Eckhart G. Franz, HD 52, in: Haus Hessen. (Anm. 4), S. 322–324.
14 Rheinbund-Akte 12.7.1806, Art. 24.
15 Vgl. Karl Christian Eigenbrodt, Handbuch der Großherzoglich Hessischen Verordnungen vom Jahre 1803 an, I-IV, Darmstadt 1816–1818, III, S. 438 ff.; J. G. K. E. Küchler, Die Gesetzgebung des Großherzogthums Hessen, Darmstadt 1848, bes. S. 105 ff.
16 Arthur Benno Schmidt, Die geschichtlichen Grundlagen des bürgerlichen Rechts im Großherzogtum Hessen, Gießen 1893, S. 27 f., Note 87; vgl. Barbara Dölemeyer, Fragmentarische Staatlichkeit. Die Landgrafschaft Hessen-Homburg im Alten Reich und im Deutschen Bund, in: Mitteilungen des Vereins für Geschichte und Landeskunde zu Bad Homburg v. d. Höhe, Heft 44, Bad Homburg v. d. Höhe 1995, S. 1–64.

17 Johann Jacob Trapp (1763–1828), Amtmann in Lauterbach, später Großherzoglich Hessischer Hofrat; Hoheitsbeamter in Homburg bis 1817.

Landgrafschaft wieder zur Sprache. Hessen-Homburg hatte staatsrechtlich gesehen eine einzigartige Stellung: Es gehörte nicht zu den Mediatisierten (da es – wie erwähnt – zuvor nicht reichsunmittelbar, also immediat gewesen war); es gehörte auch nicht zur Gruppe der „Mindermächtigen".[18] Zu betonen ist, dass auch für den Status und die Position des Landgrafen von Hessen-Homburg viele Vorentscheidungen lange vor dem Wiener Kongress getroffen waren: Das Großherzogtum Hessen-Darmstadt war erst im November 1813 aus dem Rheinbund ausgetreten und hatte sich der sogenannten Teplitzer Allianz (Preußen, Russland, Österreich) gegen Napoleon angeschlossen.[19] Der Großherzog musste sich in einem geheimen Separatartikel zum Akzessionsvertrag dazu verpflichten, Hessen-Homburg durch ein „Arrangement de famille" unter der Garantie der Verbündeten in alle seine Rechte und Besitzungen wieder einzusetzen,[20] d.h. den Status von 1806 wiederherzustellen.

Auf dem Kongress verhandelte Friedrich V. Ludwig wieder wegen einer Gebietsvergrößerung als Entschädigung für finanzielle Verluste durch Krieg und Einquartierung; er tat dies vor allem durch seinen Geheimrat Isaac von Sinclair und durch seine fünf Söhne, die zeitweise in Wien anwesend waren. Ein wichtiger Faktor war, dass die Homburger Landgrafen als Linie Hessens zu den ältesten europäischen Fürstengeschlechtern gehörten. Wie alle Fürsten, die sozusagen um ihre Existenz kämpften, brachte der Landgraf seine Verbindungen zu den Großmächten ins Spiel, er intervenierte durch seine Söhne bei Metternich und Wessenberg, durch seine Tochter Marianne bei Hardenberg, Humboldt und Stein. Diese Verhandlungen des Homburger Landgrafen und der anderen Beteiligten wegen Souveränität und Gebietsfragen illustrieren sehr gut die Art und Weise, wie Länderverteilungen rund um den Wiener Kongress vor sich gingen; wer gute Fürsprache hatte, konnte sicherlich mehr durchsetzen.

Die Wiener Schlussakte vom 9. Juni 1815 statuierte in Artikel 48: „Le Landgrave de Hesse-Hombourg est réintégré dans les possessions, revenus, droits et rapports politiques dont il a été privé par suite de la Confédération rhénane" Artikel 49 aber beinhaltete die volle Souveränität Homburgs über das noch zu definierende linksrheinische Gebiet, das spätere Oberamt Meisenheim.[21] Dagegen war das alte Gebiet (Amt Homburg) noch im Status von 1806. Darmstadt musste aber in einem Vertrag vom 10. Juni 1815 dann auch die volle Souveränität für das Amt Homburg zugestehen, das damals 6.366 Einwohner hatte.[22] Der Frankfurter Territorialrezess vom 20. Juli 1819[23] bestätigte dies und enthielt auch

---

18 Michael Hundt, Die mindermächtigen deutschen Staaten auf dem Wiener Kongress, Mainz 1996; Michael Hundt (Hg.), Quellen zur kleinstaatlichen Verfassungspolitik auf dem Wiener Kongreß. Die mindermächtigen deutschen Staaten und die Entstehung des Deutschen Bundes 1813-1815, Hamburg 1996.
19 Siehe dazu die Verträge von 1813 zwischen Österreich (und Preußen) und den ehemaligen Rheinbundstaaten, zu Ried, Fulda, Frankfurt; vgl. Huber, Verfassungsgeschichte I, S. 494 ff. Frankfurter Accessionsvertrag, 23.11.1813 zwischen Österreich und Hessen-Darmstadt, abgedruckt: G. F. de Martens, Nouveau Recueil de Traités d'alliance, de paix, de Trève [...] des Puissances et états de l'Europe, [...] IV, Göttingen 1820, S. 96 f.
20 Separatartikel dazu: Original im Haus-, Hof- und Staatsarchiv Wien, Allgemeine Urkunden 1813, IX. 9. In einer Note vom 22.4.1815 gab Hessen-Darmstadt die Einwohnerzahl der Landgrafschaft mit 8.286 an.

21 Wiener Schlußakte 9.6.1815, Art. 48–49; bestätigt durch den Vertrag zwischen Österreich und Preußen einerseits, Hessen-Darmstadt andererseits, Wien, 10.6.1815 (auch betr. Wiedereinsetzung Hessen-Homburgs), mit geh. Separatartikel (= Separatartikel des Frankfurter Traktats vom 23.11.1813); vgl. Acten des Wiener Congresses in den Jahren 1814 und 1815, hg. Johann Ludwig Klüber, 1–9, 1816–1835, Neudruck Osnabrück 1966, hier 6, S. 546 ff.
22 Klüber, Akten (Anm. 21), 6, S. 559 f.; S. 572 ff.; Separatartikel, S. 578.
23 Frankfurter Territorialrezess, 20.7.1819, abgedruckt: Philipp Anton Guido von Meyer, Corpus Juris Confoederationis Germanicae oder vollständige Sammlung der Quellen des deutschen Bundesrechts, [...] I, Frankfurt am Main 1822, S. 272 ff., Art. 13 Grenzziehung, Art. 26 Bestätigung der Souveränität und Arrangement de famille mit Hessen-Darmstadt.

die Festschreibung der Grenzziehung bei der Verteilung der linksrheinischen Gebiete. Hier wird auch dem Landgrafen der Titel „Souveräner Landgraf von Hessen" bestätigt. Ein Großherzoglich Hessisches Patent vom 10. Juli 1816 verfügte die Entlassung Homburgs aus Dienst- und Untertanenpflichten Darmstadts[24] und Friedrich V. Ludwig verkündete dies seinen Homburgern am 15. Juli 1816.[25]

Souveränitätserklärung 15. Juli 1816

Hessen-Homburg wurde Mitglied des Deutschen Bundes, Details über Sitz und Stimme im Bundestag wurden aber erst später geklärt.[26]

Das Besitznahmepatent für Meisenheim folgte am 26. August 1816. Bekannt ist der Ausspruch des Landgrafen, als er erfuhr, dass die Gebietserweiterung, die ihm zugesprochen war, den Kanton Meisenheim und einige Orte des Kantons Grumbach umfasste, auf der linken Rheinseite und weit entfernt von Homburg gelegen. Er hätte nahe gelegene Ämter wie Oberursel oder Rodheim begehrt, die aber einen vielfachen komplizierten Ländertausch erfordert hätten. Der Landgraf schrieb: „Jedermann wird arrundiert. Warum soll ich es allein nicht erlangen...?" Und dann: „Mit einem district in China, ist mir nicht gedient."[27]

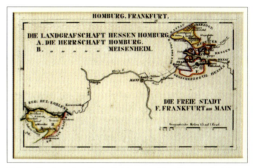

Karte der Landgrafschaft Hessen-Homburg mit Oberamt Meisenheim (StAHG)

1866

Die souveräne Landgrafschaft Hessen-Homburg samt ihrer linksrheinischen Gebietserweiterung bestand ziemlich genau 50 Jahre. Auch in dieser Zeit war Homburg wegen der Kleinheit des Territoriums und der mangelnden finanziellen Möglichkeiten in vielen Bereichen (Münzprägung, Strafvollzug etc.) auf Hessen-Darmstadt angewiesen. Insgesamt blieb die Landgrafschaft während ihres ganzen Bestehens ein im Wesentlichen patriarchalisch gelenktes, in vormodernen Strukturen verharrendes Gemeinwesen.

Zwei einschneidende Veränderungen brachte das Schicksalsjahr 1866: Die Landgrafschaft fiel durch das Aussterben der Linie Hessen-Homburg mit dem Tod des Landgrafen Ferdinand am 24.3.1866 an die Hauptli-

---

24 Großherzoglich Hessische Zeitung 11.7.1817; auch in: Archiv der Großherzoglich Hessischen Gesetze und Verordnungen II, S. 120 f.; vgl. Wilhelm von der Nahmer, Entwickelung der Territorial- und Verfassungsverhältnisse der deutschen Staaten an beiden Ufern des Rheins, [...] Frankfurt am Main 1832, S. 74.
25 Souveränitätserklärung abgedruckt: Knut Thomsen, Die Bemühungen Hessen-Homburgs um Sitz und Stimme im Bundestag. Beitrag zur Geschichte eines deutschen Kleinstaates. MittGVHG 30 (1966), S. 44.
26 Siehe Thomsen (Anm. 25).

27 Frankfurt, 19.9.1815, vgl. Julius Schönemann, Wilhelm von Humboldt als Förderer der Hauspolitik Landgraf Friedrichs V. Ludwig von Hessen-Homburg. Ungedruckte Briefe des Landgrafen, Humboldts und anderer aus dem Preussischen Staatsarchiv in Wiesbaden, in: MittGVHG 17 (1932), S. 113–140, hier S. 132.

Entwurf für einen Taler „zur Erinnerung an den Anheimfall der Landgrafschaft Hessen-Homburg an das Großherzogl. Haus Hessen 1866" (sogenannter „Heimfalltaler"), nicht ausgeführt

nie Hessen-Darmstadt zurück, die, wie es der Sukzessionsvertrag vom 7. Juli 1864 Art. II bestimmte, sich die Landgrafschaft aber nicht einverleibte;[28] Großherzog Ludwig III. nahm nur den Titel eines Landgrafen von Hessen-Homburg an.[29]

Das Großherzogtum Hessen musste jedoch infolge der kriegerischen Ereignisse im preußisch-österreichischen Krieg von 1866, da es auf Seiten Österreichs war, Hessen-Homburg an Preußen abtreten, und dieses gliederte die Neuerwerbung sehr rasch voll in das preußische Staatsgebiet und in die 1867 neu formierte Verwaltungs- und Justizorganisation ein.[30]

Die knapp 250 Jahre dauernde Geschichte der Landgrafschaft Hessen-Homburg war beendet. Es war die Geschichte eines Kleinstfürstentums, die man zusammenfassend in zwei Aspekten charakterisieren könnte: im Alten Reich war es das Bemühen um Ausbildung der Souveränität gegen und durch Loslösung von Hessen-Darmstadt, im 19. Jahrhundert war es eine Periode der theoretischen Souveränität, deren Erwerb auf dem Wiener Kongress doch ein wenig anachronistisch anmutet. Mit der Eingliederung in das Königreich Preußen begann eine wirklich neue Ära: Umbruch und Neubeginn.

---

28 Sukzessions- und Erbvertrag vom 7.7.1864 (HHStAW IV b 7, Nr. 54): „Insbesondere soll eine Änderung der bestehenden Verfassung und namentlich eine Verschmelzung des Landgrafthums mit dem Großherzogthum Hessen zu Einem Staate nicht vor Ablauf von fünf und zwanzig Jahren nach dem Eintritt der Succession [...] geschehen können." Das Original ist Kriegsverlust; eine Abschrift Hessisches Staatsarchiv Darmstadt (HStAD) D 11 Nr. 177/7; eine andere Hessisches Hauptstaatsarchiv Wiesbaden (HHStAW) Abt. 314, Nr. 1609.
29 Landgräflich Hessisches Regierungs-Blatt vom Jahre 1866 (bis 15.7.1866), Nr. 4a vom 24. März 1866: Patent, den Regierungs-Antritt Seiner Königlichen Hoheit des Großherzogs Ludwig III. von Hessen und bei Rhein etc. etc. in dem Landgrafthume Hessen betreffend; vgl. Heinrich Jacobi, in: Der Weiße Turm 11, 1938.

---

30 Regierungsblatt des Großherzogtums Hessen 1866, S. 406: Abtretung Hessen-Homburgs an Preußen durch den Friedensvertrag vom 3.9.1866, Art. 14 Abs. 1; Ausführungs-Patent 27.9.1866, Regierungsblatt 1866, S. 411 f.; Gesetz betr. die Vereinigung bisher bayerischer und Großherzogl. Hessischer Gebietsteile mit der preußischen Monarchie, vom 24.12.1866, Regierungsblatt für den Bezirk des Königl. Preußischen Zivilkommissariats zu Homburg v.d.H., 5.1.1867; Besitzergreifungs-Patent Preußens vom 12.1.1867, Gesetzsammlung für die Königlichen preußischen Staaten 1867, S. 137.

Gregor Maier

1215 – ein Jahr des Neubeginns?

Die Erstnennungen von Taunus-Orten im Rotulus des St.-Stephan-Stifts

Das Datum der ersten urkundlichen Erwähnung eines Ortes mag von vielerlei Zufälligkeiten geprägt sein – vom Entwicklungstempo einer schriftlichen Verwaltung, von konkreten Anlässen einer Beurkundung und schließlich von der Geschichte der Überlieferung oder dem Verlust schriftlicher Quellen. In jedem Fall aber markiert es eine wichtige Zäsur, einen Neubeginn für jede Ortsgeschichte: den Eintritt einer menschlichen Siedlung aus den Unsicherheiten einer Vor- und Frühgeschichte in das Licht der Geschichte, die ja ganz fundamental eine Geschichte von Texten und Schriftzeugnissen ist.

Im Jahr 2015 konnte gleich eine Reihe von Orten im Taunus eine 800-Jahr-Feier begehen: Im Hochtaunuskreis sind das Arnoldshain, Königstein, die Burg Reifenberg, Rod am Berg und Schneidhain; dazu in der Nähe von Niedernhausen im Taunus die Orte Engenhahn, Königshofen, Niederseelbach und Oberseelbach; und schließlich ist diese Liste noch um die nicht mehr existierenden Dörfer Diezels- oder Dittelshain bei Schloßborn sowie Skanweil bei Dorfweil zu ergänzen.[1] Es ist ein einziges Dokument, in dem alle diese Ortschaften erstmalig erwähnt werden; Grund genug, einen etwas näheren Blick auf diese Quelle zu werfen.

Es handelt sich dabei nicht um eine Urkunde im juristischen Sinn, also nicht um ein Schriftstück, mit dem eine Rechtshandlung vollzogen und dokumentiert wird, sondern um ein Verzeichnis, um den *Rotulus iurum et bonorum Ecclesiae Sancti Stephani Moguntiae*, also ein Verzeichnis der Rechte und Güter der Kirche des Heiligen Stephan in Mainz. Gemeint ist das Stift St. Stephan, ein unter Erzbischof Willigis von Mainz (975–1011) Ende des 10. Jahrhunderts gegründetes Chorherrenstift – heutigen Mainz-Besuchern vor

Der Rotulus von 1215/1222 (HstA Darmstadt).

---

1 Vgl. Dietrich Kleipa, Die Ersterwähnungen der Orte des Main-Taunus-Kreises, in: Rad und Sparren 1 (1975), S. 4–13; Gerd S. Bethke, Main-Taunus-Land. Historisches Ortslexikon, Frankfurt 1996.

allem wegen der Glasfenster von Marc Chagall bekannt.² Das St.-Stephans-Stift war in den Jahren seiner Gründung mit reichem Besitz ausgestattet worden, unter anderem auch im Taunus. So übereignete Erzbischof Willigis dem Stift die ebenfalls am Ende des 10. Jahrhunderts erst neu errichteten Pfarrsprengel von Schloßborn und Münsterliederbach (heute Münster bei Kelkheim). Die Schloßborner Pfarrei war ein zwar noch dünn besiedelter, in der Fläche jedoch sehr großer Bezirk.³ Im Jahr 1043 wurden seine Grenzen ausführlich beschrieben: ausgehend von der Weilquelle flussabwärts bis zur Einmündung des Aubachs; diesen Bachlauf aufwärts und weiter bis zum Brunhildis-Felsen auf dem Feldberg, von dort Richtung Südwesten und entlang von Silberbach und Dattenbach bis etwa zum heutigen Ort Eppstein; dann den Daisbach aufwärts bis zu seiner Quelle, entlang der Straße von Wiesbaden Richtung des heutigen Idstein bis zum Limes; und zuletzt den Limes entlang zurück zum Ausgangspunkt an der Weilquelle.

In dem Maße, in dem das hier umrissene Gebiet im Taunus erschlossen und besiedelt wurde, und vor allem in dem Maße, in dem sich hier aufstrebende Adelsherrschaften zu etablieren begannen, geriet das Mainzer Stift zusehends unter Druck und musste Beschneidungen seiner Besitzansprüche hinnehmen. In diesem Zusammenhang entstand das Dokument, um das es hier geht. Es liegt heute im Staatsarchiv Darmstadt; außerdem existiert eine spätere Abschrift in der Nationalbibliothek zu Paris.⁴ Der Text lautet:

Hec sunt ville in terminatione Gosbach quas perdidimus.
Inferius Selbach. ibi est ecclesia parrochialis. cum villa in Kunegishove. et cum villa Honechinhan. et medietas superioris Selbach. Terciam partem illarum villarum habet plebanus in Selbach. duas partes habent milites.
Item Arnoldishagin ibi est ecclesia. et valet decima. XXX. maldra avenae Limpurgensis mensurae. hanc percipit capellanus de Rifinberc et de Hatzechinstein.
Item Diezilnshan hanc decimam quae solvit [Leerstelle] trahunt ad ecclesiam in Sneithan. in qua cantat capellanus de Kunegistein. et est illa ecclesia extra nostros terminos. illam inquam decimam aufert nobis Arnoldus de Kunegistein.
Item sunt in eadem terminatione. Vilna. et Scanwilna. et vadunt homines illarum villarum ad ecclesiam in Rodin. quae pertinet ad parrochiam in Usungin. quam habet praepositus de Dietsse. et est in praepositura sanctae marie ad gradus.

In deutscher Übersetzung: *Dies sind die Besitzungen im Bezirk Gosbach [Josbach], die wir verloren haben:*

---

2 Helmut Hinkel (Hg.), 1.000 Jahre St. Stephan in Mainz, Mainz 1990; Helmut Mathy, Tausend Jahre St. Stephan in Mainz: ein Kapitel deutscher Reichs- und Kirchengeschichte, Mainz 1990; Alois Gerlich, Die Vogteien des Stiftes St. Stephan zu Mainz, in: ders., Territorium, Reich und Kirche. Ausgewählte Beiträge zur mittelrheinischen Landesgeschichte, Wiesbaden 2005, S. 1–21; Martina Rommel/Reinhard Schmid/Elmar Rettinger, Mainz – Stift St. Stephan, in: Klöster und Stifte in Rheinland-Pfalz, http://www.klosterlexikon-rlp.de/rheinhessen/mainz-stift-st-stephan.html (27.05.2015).
3 Adam Bernhard Gottron, Die Pfarrgrenze von Schloßborn nach der Bardo-Urkunde 1043, in: Archiv für Mittelrheinische Kirchengeschichte 1 (1949), S. 268–275; Alois Gerlich, Die Besitzentwicklung des Mainzer St. Stephansstiftes, in: Hessisches Jahrbuch für Landesgeschichte 2 (1952), S. 25–38; ders., Das Stift St. Stephan zu Mainz. Beiträge zur Verfassungs-, Wirtschafts- und Territorialgeschichte des Erzbistums Mainz, Mainz 1954; Hellmuth Gensicke, Hochmittelalterliche Herrschaftsbereiche im hohen Taunus, in: Nassauische Annalen 74 (1963), S. 62–69; Jost Kloft, Territorialgeschichte des Kreises Usingen, Marburg 1971; Heinz-Peter Mielke, Beiträge zur Geschichte der Laurentiuskirche in Schmitten-Arnoldshain, Schmitten 1974, S. 7–11; Heinz Benkert, Die umstrittene Ost- und Südgrenze des Kirchsprengels von Schloßborn aus geographischer Sicht. Ein Beitrag zur 950-Jahr-Feier der urkundlichen Ersterwähnung von Schloßborn in der Bardo-Urkunde von 1043, in: Jahrbuch Hochtaunuskreis 2 (1994), S. 63–72.

4 HStAD E 5 B Nr. 2176/2: Aufzeichnungen über die Rechte und Einkünfte (auch zum Teil verlorene) des St. Stephan-Stifts in der terminatio Gosbach. Für freundliche Unterstützung danke ich herzlich Herrn Dr. Lars Adler (Darmstadt). Vgl. Franz Joseph Bodmann, Rheingauische Alterthümer oder Landes- und Regiments-Verfassung des westlichen oder Niederrheingaues im mittlern Zeitalter, Bd. 1, Mainz 1819, S. 43 Anm. k.

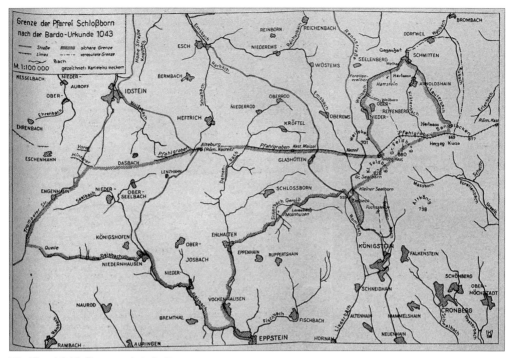

Die Pfarrei Schloßborn nach A. B. Gottron

Das Untere Selbach [Niederseelbach] – dort ist eine Pfarrkirche –, mit der Besitzung in Kunegishove [Königshofen] und mit der Besitzung Honechinhan [Engenhahn], und die Hälfte des Oberen Selbach [Oberselbach]. Ein Drittel dieser Besitzungen hat der Pfarrer in Selbach, zwei Drittel haben Ritter.
Weiterhin Arnoldishagin [Arnoldshain] – dort ist eine Kirche, und es leistet als Zehnten 30 Malter Hafer nach Limburger Maß. Diesen zieht der Kaplan von Rifinberc [Reifenberg] und von Hatzechinstein [Hattstein] ein.
Weiterhin Diezilnshan: Diesen Zehnten, der [Leerstelle] einbringt, haben sie zur Kirche in Sneithan [Schneidhain] gezogen, in der der Kaplan von Kunegistein [Königstein] die Messe liest, und diese Kirche liegt außerhalb unseres Bezirkes. Diesen Zehnten hat uns Arnoldus von Kunegistein entzogen.
Weiterhin sind in diesem Bezirk Vilna [Dorfweil] und Scanwilna, und die Menschen aus diesen Besitzungen gehen zur Kirche in Rodin [Rod am Berg], die zur Pfarrkirche in Usungin [Usingen] gehört, die der Propst von Dietsse [Diez] innehat und die zur Propstei St. Maria zu den Stufen [Mariengredenstift Mainz] gehört.

Es handelt sich bei diesem kurzen Text also um eine Liste, in der die Stiftsherren von St. Stephan dokumentierten, welche ursprünglichen Besitzansprüche im Taunus sie verloren haben: Niederseelbach mit Königshofen und Engenhahn sowie die Hälfte von Oberseelbach hat jetzt zu einem Drittel der Pfarrer von Niederseelbach inne, zu zwei Dritteln Niederadlige. Den Zehnten von Arnoldshain mit seiner Kirche hat der Kaplan von Reifenberg und Hattstein an sich gebracht; den Zehnten von Diezelshain hat Arnold von Königstein zur Schneidhainer Kirche gezogen, die durch den Königsteiner Kaplan betreut wird. Und schließlich besuchen die Einwohner von Dorfweil und Skanweil mittlerweile die Kirche in Rod am Berg, eine Filialkirche der Pfarrei Usingen, die wiederum unter der Botmäßigkeit des Propstes von Diez und dem Mariagredenstift steht.

So kurz diese Liste ist, so voll steckt sie an Informationen: Wir erfahren erstmals von der Existenz der eingangs genannten Orte, von existierenden Kirchen und von der Entwicklung der Besitzverhältnisse im Taunus. Eine wichtige Information allerdings fehlt – nämlich ausgerechnet das Datum. Die Jahreszahl 1215 als Grundlage für die Ortsjubiläen ist das Ergebnis von Analogieschlüssen und einer Hilfskonstruktion. Anhand der Schrift lässt sich das Dokument in die erste Hälfte des 13. Jahrhunderts datieren. Zur Präzision dieser Datierung hilft ein Blick auf eine der in der Liste genannten Personen. Ein Arnold von Königstein ist außerhalb dieser Liste nicht anderweitig urkundlich nachweisbar, wohl aber ein *praepositus de Dietsse*.

Am 2. August 1215 stellte Kaiser Friedrich II. in Neuss eine Urkunde auf, worin er der Zisterzienserabtei Altenberg im Bergischen Land Zollfreiheit für deren Warentransporte auf Main und Rhein garantierte.[5] In der Zeugenliste wird unter anderem – neben Siegfried II., Erzbischof von Mainz, Engelbert, Dompropst zu Köln, und Gerhard, Propst von St. Apostoln in Köln – auch Philipp, Propst von Diez, aufgeführt. Das St.-Marien-Stift in Diez existierte damals noch nicht – es wurde erst 1289 gegründet.[6] Somit kann es sich also nicht um einen Philipp, der Propst in Diez wäre, handeln, sondern um einen Philipp aus dem Haus der Grafen von Diez, der die Würde eines Propstes bekleidet – ohne dass gesagt würde, welchem Stift er angehörte. Auffällig ist, dass in den Kaiserurkunden aus den Wochen zuvor und danach mehrfach Graf Gerhard II. von Diez (1189–1223) als Zeuge fungierte, der offenbar zum Gefolge des Kaisers gehörte – zuletzt am 29. Juli und wohl nochmals am 31. Juli in Aachen, und dann wieder am 6. September bei Hagenau.[7] Lediglich in der Urkunde vom 2. August tritt Propst Philipp in Erscheinung. Offenbar ließ sich hier also das Oberhaupt des Hauses Diez durch einen Familienangehörigen vertreten – vermutlich, der Lebenszeit nach zu schließen, einen Bruder oder illegitimen Halbbruder –,[8] der eine geistliche Laufbahn eingeschlagen hatte.

In einer Urkunde des Mainzer Erzbischofs Siegfried II. von Eppstein, der auch im August in Neuss zu den Zeugen gezählt hatte, begegnet uns im selben Jahr 1215 ebenfalls ein *Philippus praepositus*, ein nicht näher bezeichneter Philipp, der eventuell als Mitglied des Mainzer Domkapitels zu sehen ist.[9] Für 1220 ist ein Philipp von Diez als Propst des Stiftes Kaiserswerth nachgewiesen.[10] 1222 begegnet uns Philipp von Diez als Propst des Bartholomäusstiftes in Frankfurt; am 10. Dezember 1222 ist er gestorben.[11] Mit dem Todesdatum liegt also ein terminus ante quem vor, der Zeitpunkt, vor dem die Urkunde ausgestellt

---

5 Regesta Imperii (RI) V,1,1 Nr. 823.
6 Wolf-Heino Struck, Die Stifte St. Severus in Gemünden, St. Maria in Diez mit ihren Vorläufern, St. Petrus in Kettenbach, St. Adelphus in Salz, Berlin/New York 1988.
7 RI V,1,1 Nr. 814, 822, 877.
8 Christian Daniel Vogel, Beschreibung des Herzogthums Nassau, Wiesbaden 1843 (ND Niederwalluf 1971), S. 207, Anm. 1; Emil Schaus, Ernst von Geisenheim, eine Gestalt aus dem 11. Jahrhundert, in: Nassauische Heimatblätter 27 (1926), S. 81–86, hier S.85 f.; Wolf-Heino Struck, Rez. zu Günter Rauch, Pröpste, Propstei und Stift von Sankt Bartholomäus in Frankfurt, 9. Jahrhundert bis 1802, Frankfurt 1975, in: Nassauische Annalen 88 (1977), S. 336 f.
9 Georg Christian Joannis, Res Moguntiacae, Bd. 2, Frankfurt a. M. 1722, S. 212.
10 Paul Egon Hübinger, Libertas imperii – Libertas ecclesiae im Widerstreit, in: Zeitschrift des Aachener Geschichtsvereins 84/85 (1978), S. 71–129, hier S. 85 f.
11 Paul B. Pixton, Konrad von Reifenberg, eine talentierte Persönlichkeit der deutschen Kirche des 13. Jahrhunderts, in: Archiv für mittelrheinische Kirchengeschichte 34 (1982), S. 43–81, hier S. 64. Vgl. Wolf Erich Kellner, Das Reichsstift St. Bartholomäus zu Frankfurt am Main im Spätmittelalter, Frankfurt 1962.

worden sein muss. Diese urkundlichen Nachweise eines Propstes Philipp von Diez geben die Anhaltspunkte zur Datierung des Schriftstücks, die wissenschaftlich korrekt als „um 1215–1222" angegeben wird. Im nachvollziehbaren Bestreben, ein greifbares Datum als Bezugspunkt für Ortsjubiläen zu haben, hat man kurzerhand die erste Erwähnung des Propstes, also das Jahr 1215, als Referenzdatum herangezogen.

Zusätzlich zu den urkundlichen Namensnachweisen für Philipp von Diez lässt sich für die Datierung außerdem noch die Urkunde vom 15. Januar 1207 heranziehen, mit der die Grafen von Diez in den Besitz von Usingen gesetzt wurden.[12] Es passt ins Bild, dass die beiden Brüder Gerhard II. und Heinrich von Diez ihren neu erworbenen Besitz an der Usinger Pfarrkirche dadurch sicherten, dass sie die Kirche in die Obhut ihres geistlichen Bruders Philipp gaben. Wenn dieser Philipp identisch ist mit dem 1215 genannten *Philippus praepositus* in Mainz, dann könnte das auch die Zugehörigkeit zum (um 1800 zerstörten) Mariengredenstift in Mainz erklären.

Von einer historischen Zäsur kann beim Jahr 1215 also nicht die Rede sein, auch wenn die Vielzahl der damit verbundenen Ortsjubiläen das auf den ersten Blick vermuten lassen könnte. Vielmehr liefert der Rotulus von St. Stephan, der sicher zwischen 1207 und 1222 entstanden ist, eine Momentaufnahme. Er markiert das vorläufige Ergebnis von Entwicklungen des vorhergehenden Jahrhunderts, in dem im Taunusgebiet zahlreiche Siedlungen neu angelegt, Kirchen gebaut und Herrschafts- und Verwaltungsstrukturen entwickelt wurden. Das Mainzer St.-Stephans-Stift gehört zweifellos zu den Verlierern dieser Entwicklung. Andererseits begegnen uns hier Herrschaften und Akteure – Hattstein, Reifenberg, Königstein und die Grafen von Diez –, welche die Geschichte des Taunus in den folgenden Jahrhunderten entscheidend prägen sollten.

---

12 Rudi H. Kaethner/Martha Kaethner, Usingen. Menschen und Ereignisse aus der Geschichte einer kleinen deutschen Stadt, Usingen 1981; Rüdiger Kurth, König Philipp von Schwaben, die Grafen von Diez und Usingen. Ein neuer Blick auf eine alte Quelle, in: Jahrbuch Hochtaunuskreis 19 (2011), S. 309–314.

Cornelia Geratsch

Aus Bauerndörfern wurden Pendlerdörfer

Land und Landwirtschaft im Wandel

Die vergangenen 100 Jahre sind geprägt von rasantem Wandel und tiefgreifendem Umbruch – auch und gerade im Hochtaunuskreis. In der Landwirtschaft beispielsweise war der typische Bauernhof der Jahre um 1900 ein Gemischtbetrieb, der wenig für den Markt produzierte. Was angebaut wurde, verzehrte man zumeist selbst: Getreide, Gemüse und Kartoffeln. Die kleine Feldwirtschaft ermöglichte die Haltung einer Milchkuh oder Ziege, von ein bis zwei Schweinen und etwas Kleinvieh wie Geflügel. Die Dörfer in den Altkreisen Obertaunus und – vor allem – Usingen waren Bauerndörfer, das Handwerk richtete sich nach den Bedürfnissen des Haupterwerbszweiges „vor Ort". Es gab Hufschmiede, Drechsler, Wagner und Sattler.

In den (Kur-)Städten „vor der Höhe" entfernte man sich bereits vor über 100 Jahren von der kleinteiligen Landwirtschaft. Die meisten Kirdorfer beispielsweise lebten schon zu Beginn der 1900er Jahre nicht mehr von den Erträgen der eigenen Scholle, aber fast alle waren noch Nebenerwerbslandwirte, bewirtschafteten eigene Gärten und Baumstücke oder hielten Ziegen und Hühner. Ober-Eschbacher Bauern belieferten die Stadt Homburg täglich mit frischer Milch. Der Königsteiner Stadtteil Mammolshain warb 1907 in „Auf zum Taunus" um eine Ansiedelung von Neubürgern und verwies auf die besonders günstige Lage: „... namentlich spricht für die Ansiedelung dahier auch die außerordentliche Geeignetheit unseres Bodens für den Gartenbau, wie die günstige Lage aller Grundstücke am Südhang, die ganz besonders für die Obstpflanzung vorteilhaft ist. Die sich stetig mehrenden ausgedehnten Erdbeeranlagen in unserer Gegend, die schon ganz früh herrliche Früchte

Bauer bei der Feldarbeit (Sammlung Kreisarchiv, F9)

Gänsehirt bei Bommersheim (Sammlung Kreisarchiv)

hervorbringen, legen, neben der umfangreichen Zucht von Baumobst, namentlich edlen Tafelobstes, hierfür den besten Beweis ab." Auch Kronberg war um 1900 bekannt für seine Obst- und Erdbeerzucht, und der „Aepfelwein" wurde „bis über die Grenzen unseres Vaterlandes hinaus sehr geschätzt, besonders der Speierling" (Auf zum Taunus, 1907). Doch auch schon um 1900 herum standen die Produkte aus der Landwirtschaft in einer europäischen Konkurrenz. Lange Zeit bildeten die Edelkastanien, die um Kronberg und Mammolshain wuchsen, einen wichtigen Handelsartikel. Nach der Eröffnung der Gotthardbahn 1882 erhielten sie durch die italienischen Maronen eine sehr schwer empfundene Konkurrenz und verloren an Bedeutung als Handelsware.

In Oberursel erfreuten sich um 1900 Müller- und Metzgerhandwerk hervorragender Blüte. „Die Müller sind ein altes Geschlecht, das sich die Wasserkräfte des Urselbaches seit vielen Jahrhunderten zu Nutze macht. Die Metzger gewinnen ihrerseits durch die Nähe der Großstadt, deren großartige Viehmarktanlagen ihnen gutes Schlachtvieh liefern und wo sie auch zum Teil lohnenden Absatz finden. So kommt es, daß man in Oberursel in den zwei wichtigsten Lebensbedürfnissen – Brot und Fleisch – vorzüglich versorgt ist." (Auf zum Taunus, 1907)

Nach dem Ersten Weltkrieg, den „Hungerwintern" und der Weltwirtschaftskrise 1929 war die Lage in der Landwirtschaft nicht gerade ideal. Die Krisenstimmung nutzten die Nationalsozialisten für sich. Ab Ende 1934

Pflug, wie er heutzutage im Einsatz ist (Foto: Amt für den Ländlichen Raum)

Merinofleischschafe (Foto: Amt für den Ländlichen Raum)

wurde die Erzeugungsschlacht ausgerufen, ein Propagandafeldzug bis in die entlegensten Dörfer – auch im Taunus:

„Nutze Deinen Boden intensiv. Das raumarme Deutschland kann sich Extensität nicht leisten...Halte Schafe! Auch Du läßt wirtschaftseigenes Futter auf Feldrainen, Wegen und auf der Stoppel für Dich und Deutschland verkommen. Erzeuge mehr aus Deinem Boden, verwerte das Erzeugte sparsam und richtig durch Dein Vieh – dann, deutscher Bauer, dienst Du Deinem Volk und Deiner Zukunft..."

Landwirtschaft in der Nachkriegszeit

Zwölf Jahre Diktatur, Krieg und Zusammenbruch hinterließen in der Landwirtschaft Spuren. Ende der 1940er Jahre waren die Betriebe hoffnungslos veraltet, es mangelte an Arbeitskräften. Der wirtschaftliche Aufschwung zog immer mehr Menschen in die Stadt und in Industrie- und Dienstleistungsberufe. Knechte und Mägde verschwanden allmählich von den Höfen. Chancen boten allein die „großen Drei": Schlepper, Mähdrescher und Melkmaschine.

Für ertragreichere Böden wurden neue Nutzpflanzen gezüchtet, verbessert, und der Schutz dieser Pflanzen rückte immer mehr in den Vordergrund. Auch die Nutztiere wurden nun gezielt gezüchtet. Die kleinen Betriebe vor 100 Jahren hielten robuste Zweinutzungsrinder (Milch und Fleisch), die genügsam waren und auch die landwirtschaftlichen Geräte und Fuhrwerke zogen. Mit dem Wachsen der Betriebe und deren Spezialisierung wurden „neue" Rinder wichtig, entweder mit viel Fleisch oder mit hoher Milchleistung. Die Schaf- und Ziegenhaltung verlor massiv an Bedeutung, ebenso wie die Haltung von (Arbeits-)Pferden. Das Pferd wurde ab den 1970er Jahren wieder als Freizeitpferd interessant. Im Hochtaunuskreis stehen heute rund 1.000 Milchkühe mehr als 1.700 Pferden gegenüber. Auch Schafe und Ziegen erfreuen sich wieder steigender Beliebtheit – nicht „nur" als Fleischlieferanten oder weil ihre Milch zu würzigem Käse wird, sie sind auch „Mitarbeiter" beim Erhalt der Freiflächen im Hochtaunuskreis.

Ab Mitte der 1960er Jahre zeichnete sich Überschussproduktion und in deren Folge die Globalisierung in der Landwirtschaft ab. „Wachsen oder Weichen" war der Untergang vieler kleiner Betriebe. Dem modernen landwirtschaftlichen Unternehmen gehörte die Zukunft. Damit dennoch der kleine Familienbetrieb weiterexistieren konnte, mussten zusätzliche Einkommensquellen („Diversifizierung") gefunden werden: wie zum Beispiel Einkaufen oder Urlaub auf dem Bauernhof. Ab den späten 1980er Jahren kamen Energiewirtschaft und Ökolandbau hinzu.

Moderne Landwirtschaft

Nach 100 Jahren sind die landwirtschaftlichen Betriebe spezialisiert, hochtechnisiert und intensiv wirtschaftend. Arbeitskräfte werden kaum noch benötigt. Der neue „Knecht" in der Landwirtschaft ist der Computer. Er entscheidet über Futter- oder Saatgutmengen, Abläufe in den Betrieben und über Erntezeiten.

Die Art der Fortbewegung hat sich geändert, mobil zu sein ist heute unverzichtbar. In früheren Zeiten war man nicht immer mit einem „stadttauglichen" fahrbaren Untersatz ausgestattet. Auch für viele Landwirte war deshalb der Schienenbus das Fortbewegungsmittel schlechthin. In den frühen 1950er und 1960er Jahren bezeichnete man deshalb die Schienenbusse in und aus dem ländlichen Raum gerne als „Ferkeltaxi".

1950 auf dem Laurentiusmarkt in Usingen
(Stadtarchiv Usingen)

Einhergehend mit den Veränderungen in der Landwirtschaft änderte sich auch der ländliche Raum: Aus Bauern- wurden Pendlerdörfer. Die Handwerksberufe, die mit der Landwirtschaft verbunden waren, verschwanden aus den Dörfern. In den Städten starben die kleinen Schlachthöfe und Molkereien aus – eine Entwicklung, die in der heutigen Zeit mit dem Trend zu regionalen Produkten für viele bedauernswert ist.

Perspektiven

Nach Prognosen des Hessischen Statistischen Landesamtes geht die Bevölkerung im Hochtaunuskreis bis 2030 von aktuell rund 229.000 zurück auf rund 222.000 Einwohner, das entspricht 3 %. Abwanderung in die Zentren und ein Rückgang der Geburtenzahlen sind dafür die wichtigsten Gründe. Dennoch ist im Hochtaunuskreis die prognostizierte Bevölkerungsabnahme im Vergleich eher gering. In den ländlicheren Kreisen Hessens wird ein weitaus stärkerer Rückgang erwartet, wie zum Beispiel im Schwalm-Eder-Kreis, für den man mit minus 13 % rechnet – das entspricht fast 25.000 Einwohnern. Dem demografischen Wandel auf dem Land sollen diverse Förderprogramme entgegenwirken wie das Integrierte kommunale Entwicklungskonzept (IKEK) mit der Weiterentwicklung des Dorfentwicklungsverfahrens oder die Regionalentwicklung mit dem Förderprogramm LEADER. Im Hochtaunuskreis sind aktuell die Orte Usingen-Merzhausen, Grävenwiesbach mit den Ortsteilen Grävenwiesbach, Mönstadt und Naunstadt und die Gesamtkommune Weilrod in der Dorfentwicklung. Die Gemeinde Schmitten strebt die Aufnahme in das Dorfentwicklungsverfahren an. Zum Regionalverband Taunus und der LEADER-Förderung gehören bis 2020 Schmitten, Weilrod und Glashütten.

Aber auch gute Ideen sind gefragt: Vielleicht wird Schmitten-Seelenberg – bevor es eines Tages als Wüstung niedergelegt wird (wie es einigen Orten im Hochtaunuskreis im Laufe der vergangenen Jahrhunderte widerfahren ist oder Dörfern in den jungen Bundesländern in eher naher Zukunft bevorsteht) – ein Feriendorf für Ruhe suchende Bewohner der überbevölkerten Städte der 2030er Jahre, in idyllischer Landschaft mit viel Landromantik in alten Gemäuern? Oder wird es komplett zu einem sicheren und ansprechenden Wohndorf für Demenzkranke umgebaut? So etwas gibt es beispielsweise als hochgelobte moderne Form der Unterbringung bereits in den Niederlanden. Und Demenz gilt als eine der Krankheiten, von der in der Zukunft immer mehr Menschen betroffen sein werden. Oder hat Seelenberg um 2030 über 4.500 Einwohner, weil viele Familien – schneller als gedacht – wieder aufs Land ziehen?

Landwirtschaftliche Betriebe und landwirtschaftlich genutzte Fläche in Hessen und im Hochtaunuskreis
(Angaben: Hessisches Statistisches Landesamt, Zahlen auf- bzw. abgerundet, Fläche in ha)

Jahr	Betriebe Hessen	Betriebe Hochtaunuskreis	Fläche Hessen	Fläche Hochtaunuskreis
1971	87.600	1.220	842.400	Nicht bekannt
1979	64.900	860	796.200	11.020
1999	29.700	410	766.000	11.310
2005	23.600	350	771.800	11.870
2013	17.000	330	771.900	11.840

Rinder und Schweine in der Landwirtschaft im Hochtaunuskreis
(Angaben: Hessisches Statistisches Landesamt, Zahlen auf- bzw. abgerundet)

Jahr	Rinderhaltende Betriebe	Mit .... Tieren	Schweinehaltende Betriebe	Mit ... Tieren
1979	430	8.740	410	5.640
Aktuell	Knapp 100	3.900	Knapp 30	1.800

Eugen Ernst

Nomen est omen

Was ist „neu" an Neu-Anspach?

Der Name

Nomen est omen: Der Name ist Wahrzeichen. Namen sind in der Tat Anzeichen für die Sache, die dahinter steht oder die vorzugsweise gemeint ist. Bei den Flurnamen wird dies ganz offensichtlich. Bei Nachnamen stimmt das sicher bei der Erstbenennung seines Trägers, z. B. ob er Müller, Wagner, Schmied, Schultheis etc. war. Bei Vornamen mag das ursprünglich auch so gewesen sein, indem wunschbestimmte Eigenschaften des Betreffenden zum Ausdruck gebracht werden sollten. Vornamen sind jedoch heute im Regelfalle Modesache.

Ortsnamen erinnern oft an die Entstehungsgeschichte oder an Lagebeziehungen. In bestimmten Siedlungsepochen waren sie mit den Endungen wie ...heim, ...hain, ...burg, ...dorf, ...rod etc. verbunden. Bleiben wir bei dem Beispiel „Anspach". Wahrscheinlich geht diese Ortsbezeichnung auf die mundartliche Redeweise „Am Usbach" zurück. Das „Am" oder „An", das „s" von Us und natürlich das „bach" sind zu erkennen. Als sich der Ort im 14. Jahrhundert zu einer langen, vom heutigen Schwimmbad bis zur Eisenbahnbrücke erstreckenden Höfereihe herausgebildet hatte, hieß er bis um 1500 bezeichnenderweise „Langenansbach".

Beide Schreibweisen mit „b" oder „p" gab es seit dem Mittelalter bis in das 19. Jahrhundert. Die von „Ansbach" in Franken unterscheidende Schreibweise mit „p" setzte sich schließlich im 19. Jahrhundert durch.

Die seit 1970/72 gültige Bezeichnung „Neu-Anspach" ist eine Erfindung aus der Zeit der hessischen Gebietsreform. Als damals vom Land Hessen, statt zuerst eine funktionale Reform durchzuführen, sofort mit der Gebietsreform begonnen wurde, fanden sich unsere vier Ortsteile zu Fusionsgesprächen zusammen. Dazu muss man allerdings wissen, dass die vier Bürgermeister schon 1963/65 erkannt hatten, dass der enorme Siedlungsdruck im Rhein-Main-Gebiet einen Prozess der Zersiedlung unter den Stichworten „Wochenendgebiet", „Zweitwohnsitz", „Bauerwartungsland" etc. ausgelöst hatte, der einen gemeinsamen Flächennutzungsplan erforderte. Schließlich strömten in der Zeit von 1960 bis über die 1970er Jahre hinaus jährlich ca. 30.000 Menschen aus den wirtschaftlichen Schwächezonen der Bundesrepublik (u. a. Ruhrkrise) in das zentrale Hochlohnland des rhein-mainischen Kernraums. Außerdem hielt damals noch die Welle der Stadtflucht in die Mittelgebirgslagen des Taunus, des Spessarts, des Vogelsbergs und des Odenwaldes an.

Als sich die vier Gemeinden zur Bildung einer neuen Großgemeinde entschlossen hatten, waren es Gemeindevertreter von Hausen, die den Ortsnamen „Anspach" für die neue Ortsgemeinschaft verwarfen. Aus Hausener Sicht war eine völlig neue Bezeichnung notwendig, obwohl eigentlich gar keine Not zu wenden war.

Es mag sein, dass sich einige Vertreter von Hausen-Arnsbach der „Eingemeindungsvorgänge" von 1932 erinnerten und immer noch Vorbehalte gegen den Verlust ihrer Selbständigkeit hegten. Damals, 1932, konnte man in der Tat Verständnis haben für die Antihaltung, weil die Sozialstruktur zwischen den beiden

Gemeinden Hausen und Anspach verschieden ausgeprägt war.

Man wollte 1970/72 auch von Seiten der Hausener Vertreter die Umsetzung des gemeinsamen Flächennutzungsplans mit dem Ziel des Zusammenwachsens in einer neuen Mitte, aber partout nicht den blanken Ortsnamen „Anspach". Auch Namensvorschläge wie „Usatal" oder „Ustal" oder „Usagrund" usw. kamen für Hausen nicht in Frage. Und so brachte man von dort die Vorsilbe „Neu" ins Gespräch. Manche mögen damals diesen Kompromiss nur zähneknirschend akzeptiert haben. Neu-Anspach war eine durchaus tragfähige Bezeichnung, weil sie – fast vorhersehbar – eine aussagestarke Qualität bekam und sich inhaltlich schon bald rechtfertigte.

Die Entwicklungsmaßnahme Neu-Anspach

Die Bezeichnung „Neu" vor dem Grundwort „Anspach" bekam zuerst ihre Bedeutung durch die neue Bauentfaltung auf der großen Freifläche (damals landwirtschaftliche Nutzfläche) zwischen den vier Ortsteilen Rod am Berg, Hausen, Westerfeld und Anspach. Bisher basierten die Bauerweiterungen der Ortsteile auf der baurechtlichen Basis des Bundesbaugesetzes. Sie vollzogen sich zum einen in den Verlängerungen vorhandener Ausfall- oder Verbindungsstraßen, wie beispielsweise der Hauptstraße zwischen Hausen und Arnsbach, der „Usinger Straße" in Westerfeld in Richtung Anspacher Bahnhof oder der „Weilstraße", dem „Hunoldstaler Weg", auch der „Feldbergstraße" in Anspach. Zum anderen kam es zu Erweiterungen an den Ortsrändern, wie z.B. in Hausen am Bahnhof und am „Alten Anspacher Weg", in Westerfeld am „Kellerborn" und in Rod am Berg am „Langwiesenweg". In Anspach kam es zu einer flächenfressenden Ausdehnung der Einfamilienhaus-Baugebiete im Bereich des „Belzbecker", „Auf der Ansbach" und zu kleineren Erweiterungen im Bereich der „Taunusstraße" und des „Stabelstein". Dabei wurde für einen wesentlich kleineren Teil der Bevölkerung ein vier- bis fünffacher Flächenverbrauch im Gegensatz zu den alten Ortsteilen in Anspruch genommen.

Das absolut Neue in der Bauentwicklung der Maßnahmen nach Städtebauförderungsgesetz war begründet in der Ausweisung von Siedlungsschwerpunkten im Bereich der Regionalen Planungsgemeinschaft Untermain. Hier kam es in erster Linie darauf an, eine völlig neue Infrastruktur-Entwicklung einzuleiten und das Bauen in wesentlich konzentrierterer Form und gemeinschaftsgerechter durchzuführen. In den Folgejahren blieb es deshalb nicht bei einer nur leicht vergrößerten Anzahl der bisherigen Einwohner der vier Ortsteile von ca. 5.000 – 6.000. Es ging um eine Ausweitung der neuen Großgemeinde ohne einen allzu großzügigen Flächenverbrauch mit dem Ziel, eines Tages ca. 15.000 – 20.000 Einwohner zu erreichen. Heute zählt Neu-Anspach ca. 15.000 Einwohner.

Das Grundprinzip des neuen Bauens bestand darin, dass die neue Mitte, auf die hin sich die Bauflächen zu richten hatten, zentrale Funktionen übernehmen sollte. Sie befindet sich dort, wo die alten Gemarkungsgrenzen der vier Ortsteile aufeinanderstießen. In dieser neuen Mitte kreuzen sich zwei Hauptverkehrsachsen von Hausen nach Anspach und von Westerfeld (mit einem kleinen Versatz) nach Rod am Berg. Diese Kreuzung hat sich als eine hervorragende Verkehrskonzeption entwickelt. Hier entstanden eine Reihe von Parkplätzen und die neuen zentralen Einrichtungen, zum Teil in modernen Formsprachen wie z.B. das Bürgerhaus oder die katholische Kirche. Aber auch die große Einkaufszentrale, das Feldbergcenter, wird ihrem zentralen Anspruch im Verkaufs- und Handelsbereich gerecht. Was leider nicht zustande kam, ist das ehemals hier den vier Ortsteilen versprochene und in der Fläche konzipierte Rathaus.

Schon bald siedelten sich im Umfeld der neuen Mitte eine weitere Kirche, Arztpraxen, eine Apotheke, die Stadtbibliothek, größere Ladengeschäfte, aber auch Kindergärten und ein Gebäude für betreutes Wohnen an. Vor allem bestimmen die neue Mitte die baulich integrierten Wohngebiete, die an verschiedene Baugesellschaften vergeben worden waren. So kam es zu einer recht unterschiedlichen Baugestaltung, weil die einzelnen Baugesellschaften verschiedene Grundauffassungen vom Bauen im ländlichen Bereich und für die verschiedenen Bauansprüche entwickelt hatten. Dadurch entstand eine große Vielfalt vom drei- bis viergeschossigen „Stadthaus" bis zum eineinhalbgeschossigen Reihenhaus, vom Flachbau des Atriumhauses bis zum frei stehenden Einfamilienhaus, vom Mehrgenerationenhaus bis zum Bungalow. Damit hat jedes Baugebiet seine ihm eigene Note, wodurch eine langweilige Seriengestaltung vermieden wurde.

Die einzelnen Quartiere verfügen auch über ihre typischen Orientierungsmerkmale, die allerdings durchaus noch zu ergänzen wären. Bezeichnend sind die eigenwilligen Straßenführungen und Hausanordnungen. Die Berücksichtigung von Grünflächen, die als Feierabenderholungsräume mitten in die Siedlungsgebiete hineinreichen, weist auf neue Überlegungen im Planungsprozess hin.

Neu-Anspach ist geprägt durch eine neue städtische Gebäudekomposition, die sich in der Architektur und Infrastruktur deutlich von den alten Ortsteilen unterscheidet und von daher die Bezeichnung „Neu"-Anspach rechtfertigt.

Neue Infrastruktureinrichtungen

Wo viele neue Leute ihren Dauerwohnsitz nehmen, bedarf es fundamental neuer Versorgungseinrichtungen. In Anspach und Rod am Berg waren schon vor dem Beginn der Entwicklungsmaßnahme allein durch die „üblichen" Zuwächse an Einwohnern Schwierigkeiten bei der Trinkwasserversorgung entstanden. Das Wasser aus dem Anspacher Stollen reichte nicht aus. Die neuen Tiefbohrungen am Fuße des Klingenberg und Langhals hatten nach der Bebauung der neuen Wohngebiete um die neue Mitte den Bedarf nicht mehr decken können. Auch Rod am Berg musste im Bereich des alten Opel'schen Jagdhauses im Weihersgrund neue Schürfungen vornehmen, die das Problem aber auch nicht lösten.

Dies führte zum Anschluss unserer Wasserversorgung an die Oberhessischen Wasserwerke aus dem Vogelsberg und zu dem Leitungsverbund mit den Vortaunuswasserwerken, die ihrerseits mit der Stadt Frankfurt und dem Hessischen Ried vernetzt sind. Dies sind neue Verbundsysteme von regionaler Qualität.

Darüber hinaus gelang es – maßgeblich durch die Aktivität des damaligen Bürgermeisters Rudolf Selzer –, die Gasversorgung aus dem Bad Homburger Gebiet in das Usinger Land auszuweiten. Dies bedeutete eine völlig neue, nicht hoch genug zu bewertende Sicherheit im Bereich der Energieversorgung.

Eine grundlegend neue Situation ergab sich auch in der Verkehrserschließung. Die neuen Baugebiete hätten eine deutliche Verkehrsbelastung des alten Ortsteils von Anspach hervorgerufen. Deshalb wurde zeitgleich mit der Bebauung im Bereich der Entwicklungsmaßnahme ein ganz neuer Straßenzugang in das Neubaugebiet geschaffen: die Heisterbachstraße. Diese Hauptachse in den Frankfurter Raum wurde neuerdings an die Kreisstraße, die aus dem Weiltal über Rod am Berg und Hausen nach Usingen führt, angebunden und entlastet damit die Ortsteile Westerfeld und Hausen.

Vor allem konnte dadurch das neue Gewerbegebiet voll erschlossen werden, was auch eine spürbare Entlastung des alten Ortsteils von Anspach bewirkte. Damit ist eine weitere entscheidende Neuerung angesprochen: die Schaffung neuer und die Ausweitung alter Gewerbebetriebe in Neu-Anspach. Das neue, sehr gut erschlossene Gewerbegebiet zwischen Anspach, Westerfeld und Hausen im Nordosten von Neu-Anspach führte zur erheblichen Zunahme neuer Arbeitsplätze am Ort. Dieses neue Gewerbegebiet in der Nähe der Bahnhaltestellen Anspach und Hausen ist verkehrsrationell angelegt und bietet auch den großen Lebensmittelmärkten optimale Standortbedingungen. Hier fanden Versorgungseinrichtungen Platz, die unter den alten Daseinsbedingungen der vier Dörfer völlig undenkbar gewesen wären, wie z. B. die Großmärkte Aldi, Edeka und Lidl, aber auch die Fachärzte, Freizeit- und Spielcenter, Autowerkstätten fast aller Fabrikate, McDonald's usw. Weitere Ansiedlungen sind im Gespräch.

Gesellschaftliche Neuerungen

Wo neue Mitbewohner in neuen Siedlungsbereichen wie „Mitte Ost" und „Mitte West" leben, haben sie teil am öffentlichen Geschehen. Freilich begnügen sich manche Mitbürger nach der Tagesarbeit mit den abendlichen Fernsehsendungen. Es zeigt sich jedoch, dass damit nicht alle Bedürfnisse der Bürger erfüllt sind und dass das gesellschaftliche Leben neue Impulse erhielt.

Im Bildungsbereich kam es über die Kinder zu Begegnungen zwischen Alt- und Neubürgern. Gemeinsame Interessenbekundungen im Schulbereich ergaben sich sehr schnell. Getragen waren diese Zusammentreffen auch vom Gemeindeparlament, das selbst stark mit neuen Vertretern durchsetzt war. Es vollzog sich konsequent die Entwicklung der Adolf-Reichwein-Schule von einer ehemaligen Mittelpunktschule zur voll gegliederten Gesamtschule mit gymnasialer Oberstufe. Die hier gefundenen neuen Formen des schulischen Miteinanders wären als Bildungsangebot ohne den Zugang von neuen Bewohnern nicht möglich gewesen.

Ähnliches gilt auch von der Entwicklung der Vereine. Gab es in unseren vier Ortsteilen vor 1970 ca. 25 Vereine (Ortsfeuerwehren, Sportvereine, Gesangsvereine, auch einen Schützen- und eine Geflügelzuchtverein, den Wanderverein Taunusklub etc.), so sind es heute ca. 100 Vereine, die in Neu-Anspach agieren. Es handelt sich um Gruppierungen mit meist ganz neuen Zielsetzungen oder einer viel größeren Vielfalt an sportlich neuen Aktivitäten, die bisher nicht bekannt waren. Es gründeten sich neue Musik-, Tanz-, Kultur- und Künstlervereinigungen etc. Auch das Freilichtmuseum Hessenpark zählt zu den Neuerscheinungen, die Bildungs- und Erholungschancen bieten.

Das Bürgerhaus und die beiden Dorfgemeinschaftshäuser in Rod am Berg und Hausen, aber auch größere Räumlichkeiten der Gasthäuser dienen als gute Begegnungsstätten zwischen Alt- und Neubürgern, so dass man heute in Neu-Anspach Unterschiede in dieser Hinsicht kaum noch feststellen kann. Als Ergebnis des erheblichen Bevölkerungszuwachses kam über die verschiedenen gesellschaftlichen Einrichtungen eine schnelle und tiefgreifende Integration der Einwohnerschaft zustande. Neu-Anspach erhielt am 30.10.2007 mit der Verleihung der Stadtrechte eine herausragende landespolitische Anerkennung.

Mit den Flüchtlingen aus Vorderasien und Afrika kommen wiederum ganz neue ungewöhnliche Aufgaben auf Neu-Anspach zu. Sie verlangen ebenfalls neue Einstellungen und neue Verhaltensmuster.

Wenn man alle Neuerungen addiert, so kommt eine Summe zustande, die mit dem Begriff „Neu" absolut treffend beschrieben ist. Neu-Anspach hat eine neue quantitative und qualitative Substanz gefunden. Der Ortsname hat sich selbst gerechtfertigt.

Dagmar Scherf

Buchstabendemo beim Laternenfest

Geschichte der Friedensbewegung im Hochtaunuskreis

Beim Laternenfest 1981 geschah Ungewöhnliches. Mitten im Festzug des Bad Homburger Volksfests gingen nebeneinander 16 meist junge Leute, die sich jeweils einen großen, auf Pappe geschriebenen Buchstaben umgehängt hatten. Zehntausende, die am Straßenrand Musikzüge und Motivwagen bestaunten, entzifferten eine unerwartete Botschaft: „LEBEN STATT RÜSTUNG". Die Friedensbewegung zeigte auch im Hochtaunuskreis Flagge.

Die zunehmende Abkühlung der Beziehungen zwischen den USA und der UdSSR führte zwischen 1980 und 1983 zu einem neuen Höhepunkt des atomaren Wettrüstens der beiden Supermächte. Dagegen wuchs unter den Menschen in Europa und den USA Widerstand.

So auch im Hochtaunuskreis. In Grävenwiesbach, Usingen, Neu-Anspach, Wehrheim und Friedrichsdorf entstanden Anfang der 1980er Jahre lokale Friedensgruppen, die sich – auf Anregung des Grävenwiesbacher Politikwissenschaftlers und Konfliktforschers Andreas Buro – zum „Friedensnetz Hintertaunus" zusammenschlossen. „In Grävenwiesbach und Neu-Anspach hatten wir das Glück, dass fast die ganze lokale Prominenz mitmachte", erinnert sich Buro, „auch der Leiter des Hessenparks, Professor Eugen Ernst, war mit dabei." Anderswo gab es besonders engen Kontakt zur evangelischen Kirche. Der Lehrer Lutz Kunze arbeitete zum Beispiel im „Arbeitskreis Frieden und Abrüstung Friedrichsdorf" mit dem dortigen evangelischen Pfarrer Dieter Frey zusammen. Ein wichtiger

Lebende Buchstaben beim Bad Homburger Laternenfest – eine Aktion der Friedensbewegung 1981. (Foto: H. Diel)

Sprecher der „Oberurseler Friedensinitiative" war der Steinbacher Pfarrer Horst Ackermann.

In Bad Homburg begannen die Aktivitäten bereits ein paar Jahre früher. Initiiert unter anderem von Ingo Roer, dem damaligen Pfarrer der evangelischen Gedächtniskirche, gründete sich am 6. Mai 1977 das „Komitee für Frieden, Abrüstung und Zusammenarbeit Hochtaunus". Der Name orientierte sich an dem 1974 entstandenen deutschlandweiten „Komitee für Frieden, Abrüstung und Zusammenarbeit" (KOFAZ). Zum ersten Mal an die Öffentlichkeit trat das Hochtaunus-Komitee am 16. Mai 1977 mit einer Veranstaltung im Bad Homburger Stadthaus unter der Überschrift „Gemeinsam für Frieden eintreten: Abrüsten!" Es ging um die damaligen Wiener Verhandlungen zwischen den USA und der UdSSR zur Begrenzung von Waffensystemen mit Atomsprengköpfen.

Im Vorfeld dieser Podiumsdiskussion gab es politischen Ärger: Der Vorstand des Oberurseler SPD-Ortsvereins beschloss, die örtliche Arbeitsgemeinschaft der Jungsozialisten aufzulösen. Auch in Bad Homburg kam es zwischen dem Ortsvorstand der SPD und dem dortigen Parteinachwuchs zu Auseinandersetzungen. Die Juniorenorganisationen der SPD hatten in einer Presseerklärung die Gründung des Hochtaunus-Komitees begrüßt und zur Teilnahme an einer vom KOFAZ organisierten Demonstration in Frankfurt aufgerufen. Sowohl bundesweit als auch im Hochtaunuskreis arbeiteten neben Christen und Gewerkschaftern in den Komitees auch Mitglieder der DKP (Deutsche Kommunistische Partei) mit. Und mit Letzteren durften Sozialdemokraten in dieser Zeit des Kalten Krieges laut eines „Unvereinbarkeitsbeschlusses" ihrer Parteispitze keine gemeinsame Sache machen – auch wenn man den Wunsch nach Abrüstung begrüßte.

Im Sommer 1977 sorgte zudem ein neues Rüstungsprojekt des US-amerikanischen Präsidenten Jimmy Carter für Aufregung: die Neutronenbombe. Sie sollte nach ihrer Zündung keine Schäden an Gebäuden anrichten, „nur" Menschen töten – was der damalige SPD-Bundesgeschäftsführer Egon Bahr eine „Perversion des Denkens" nannte. Im Hochtaunuskreis tauchten Gerüchte auf, die Amerikaner wollten diese Bombe im Munitionslager Wehrheim deponieren. Immerhin planten die hiesigen US-Streitkräfte zu jener Zeit gerade, die Zahl der Bunker in dem 1951 beschlagnahmten 353 Hektar großen Waldgelände von 40 auf 340 zu erhöhen. Im Oktober 1977 protestierte das „Komitee für Abrüstung und Zusammenarbeit Hochtaunus" deshalb mit einem Autokorso, der vom Bad Homburger Seedammbad über Wehrheim und Köppern zu diesem Munitionsdepot führte, gegen diese vermuteten Pläne.

Im Jahr darauf ließ Carter das Projekt Neutronenbombe fallen. Das atomare Wettrüsten nahm Ende 1979 jedoch noch weitaus bedrohlichere Züge an. Am 12. Dezember 1979 beschloss die Nato die Stationierung von US-amerikanischen Mittelstreckenraketen mit Atomsprengköpfen (108 „Pershing II" und 464 „Cruise Missiles") in Europa, vor allem in der Bundesrepublik Deutschland. Zugleich bot sie der UdSSR Verhandlungen über die beiderseitige Verbannung solcher Waffen an. Sollten diese scheitern, würden die US-Raketen ab Anfang 1984 stationiert werden.

Da das Pentagon öffentlich von einem auf das „Schlachtfeld" Europa begrenzten möglichen Atomkrieg sprach, wuchsen in diesen Jahren die Angst der Menschen, aber auch der Wille, mit vielfältigen Mitteln gegen die Stationierung anzukämpfen.

Zu den bekanntesten Aktionen zählten die alljährlichen Ostermärsche. Ursprünglich aus England stammend, fanden sie seit Anfang der 1960er Jahre auch in mehreren deutschen Städten statt – zunächst als Protest gegen jegliche Form von Atomwaffen weltweit. 1980–1983 erreichten die Teilnehmerzahlen dieser Märsche ihren Höhepunkt.

Einer der österlichen Protest-Treffpunkte im Hochtaunuskreis war das Munitionsdepot Wehrheim. Immer wieder wanderten Demonstrationsgruppen von verschiedenen Richtungen in einem Sternmarsch dorthin. Immerhin war es denkbar, dass auch in diesen Bunkern die neuen Atomwaffen deponiert würden! Ein landesweiter Sternmarsch hessischer Rüstungsgegner führte die Bad Homburger Gruppe am Ostersamstag 1981 auf die Wasserkuppe in der Rhön. Und im Jahr darauf stieg der harte Kern bei Schneetreiben auf den Feldberg im Taunus.

Ein anderes Ziel, das lokale Friedensgruppen an Ostern anpeilten, war der US-amerikanische Militärstützpunkt Camp King in Oberursel. 1983, als die Friedensaktivisten die für Anfang 1984 geplante Stationierung der atomaren Mittelstreckenraketen noch zu verhindern hofften, marschierten mehrere Hochtaunus-Gruppen am Ostersamstag von Köppern über das Munitionsdepot Wehrheim nach Bad Homburg. Und von dort aus zum Camp King. Während die Demonstranten das US-amerikanische Militärlager zu „umarmen" versuchten, also Hand in Hand eine Kette um die Zäune bildeten, warfen zwei US-Soldaten Flugblätter über den Zaun hinüber, auf denen stand: „Alles Freunds". Die beiden, die sich auf diese Weise mit den Demonstranten solidarisierten, wurden prompt von der Militärpolizei abgeführt. Ob und wie sie bestraft wurden, hat man nie erfahren.

Ein anderer Schwerpunkt der Aktivität insbesondere der Bad Homburger Gruppe waren „Friedenswochen". Das „Komitee für Frieden, Abrüstung und Zusammenarbeit Hochtaunus", das sich seit November 1977 regelmäßig im Jugendzentrum in der Landgrafenstraße traf, beschloss im Frühjahr 1979 den „Arbeitskreis Friedenswoche Hochtaunus" zu gründen. Bald arbeitete der gerade entstandene Ortsverband der Grünen mit, dessen Mitbegründer und späterer Oberbürgermeister Michael Korwisi regelmäßig zu den Treffen der Friedensgruppe kam. Aktiver Unterstützer war auch der örtliche DGB, allen voran der Ortskartell-Vorsitzende Heinz Mais. Auch die Jungsozialisten, zum Beispiel der spätere Rechtsanwalt Roland Gross, konnten nun unter dem neutralen Dach eines Arbeitskreises unbehelligt mitmachen, auch wenn die DKP weiterhin aktiv dabei war. Für Letztere wirkte damals insbesondere der unermüdliche Jörg Ehret, Geschäftsführer der VVN Hessen (Vereinigung der Verfolgten des Naziregimes) mit. Zusammen mit weiteren Gruppen wie den Jungdemokraten, verschiedenen kirchlichen Kreisen oder der Naturfreundejugend entwickelte man vielfältige phantasiereiche Aktionen für die erste Bad Homburger Friedenswoche vom 24. bis 31. August 1979.

Es kamen an die 2.000 Menschen zu den Veranstaltungen. Auffälligstes Merkmal war ein Lindwurm: Jugendliche aus mehreren europäischen Ländern bauten bei einem Workcamp des Christlichen Friedensdienstes ein acht Meter langes Monster aus Pappmaschee, das vorne Schulen und Kindergärten fraß und aus seinem Hinterteil Panzer entließ. Dieser Drache marschierte während der Friedenswoche auf vielen menschlichen Beinen durch die Fußgängerzonen Bad Homburgs und Oberursels.

„Wir leben auf einem Pulverfaß", hieß es in der „Plattform" zur nächsten Friedenswoche Hochtaunus im Jahr 1981, die vor allem auf den „Krefelder Appell" zurückgriff. Darin wurde die Bundesregierung aufgefordert, die Zustimmung zur Stationierung neuer atomarer Mittelstreckenraketen zurückzuziehen und innerhalb der Nato auf eine Beendigung des atomaren Wettrüstens zu drängen. Der Appell wurde zwischen 1980 und 1983 von über vier Millionen Bundesbürgern unterzeichnet. Per Hand – das Internet gab es noch nicht.

Die Veranstaltungen der zwölf Tage dauernden Friedenswoche Hochtaunus 1981 reichten – wie auch schon 1979 – über Bad Homburg hinaus. Dazu gehörten beispielsweise eine von der GEW und der DGB-Frauengruppe organisierte Podiumsdiskussion im Rathaus Oberursel über die Frage „Frauen in die Bundeswehr?" oder ein Konzert „Rock gegen Raketen" in Neu-Anspach. Spektakulärer Höhepunkt war die eingangs erwähnte „Buchstabendemo" beim Bad Homburger Laternenfest. Eine Teilnehmerin berichtete später, wie es den 16 Aktiven erging, die sich mit den umgehängten Buchstaben LEBEN STATT RÜSTUNG in eine Lücke im Festzug eingereiht hatten: „Wir liefen hinter einem strahlend beleuchteten Festwagen. Es gab Beifall, vor allem von älteren Leuten. Aber auch Buhrufe, Beschimpfungen: ‚Geht doch arbeiten!' Oder: ‚Ihr macht das hier ja alles kaputt!' Letzteres tat besonders weh, weil wir doch gerade gegen ‚Kaputtmachendes', also die neuen Raketen demonstrierten. – Nach zweistündigem Marsch fielen wir uns erlöst, glücklich, erschöpft in die Arme. Es war geschafft. Zweitausend Flugblätter waren von den mit uns mitlaufenden Freunden verteilt worden, zehntausende Menschen hatten uns gesehen."

Zur ersten großen bundesweiten Friedensdemonstration am 10. Oktober 1981 im Bonner Hofgarten kamen an die 300.000 Menschen. Die Bad Homburger Friedensgruppe hatte zunächst drei Busse bestellt. Weil immer mehr Menschen sich zur Mitfahrt anmeldeten, rollten schließlich zehn Busse im Konvoi nach Bonn. Zwischen 1981 und 1983 protestierten insgesamt an die drei Millionen Menschen in Berlin, Bonn, Brüssel, Amsterdam und Ulm gegen die drohende Atomraketen-Stationierung, aber auch gegen die atomare Aufrüstung weltweit.

1982 und in den Jahren 1984–1987 koordinierte der Arbeitskreis Friedenswoche Hochtaunus seine jährlichen Friedenswochen mit der „Ökumenischen Friedensdekade der Kirchen". Die aus den Niederlanden stammende Initiative wollte das Friedensthema je-

„Krieg dem Kriege" – ein Plakat lädt zu einem Rezitationsabend in der „Friedenswoche" 1982. (Foto: Archiv Scherf)

Aufruf zum Ostermarsch 1985 – eine Parole auf einer Plakatwand am Hindenburgring in Bad Homburg. (Foto: Archiv Scherf)

weils zu einem Schwerpunkt im Kirchenjahr machen – damals auch in der DDR.

Am Volkstrauertag 1982 hüllten Mitglieder der Friedensgruppe das Bad Homburger Kriegerdenkmal auf dem Waisenhausplatz in weiße Tücher ein, auf denen „Nie wieder Krieg" zu lesen war. Dazu trugen die Demonstranten Kartons mit Sätzen wie „Besser vorher denken als nachher ein Denkmal".

Ein anderes Anliegen der Friedenswoche 1982 war die Forderung, Bad Homburg zur „atomwaffenfreien Zone" zu erklären. Zur Stadtverordnetensitzung am 9. Dezember 1982 stellte die SPD einen entsprechenden Antrag; er wurde jedoch gar nicht erst auf die Tagesordnung gesetzt, weil Außen- und Verteidigungspolitik nicht in die Zuständigkeit der Stadtverordneten falle. Andere Kommunen – etwa Neu-Anspach – hingegen beschlossen die symbolische Geste.

1982 gründete sich auch, unter der Leitung von Valdo Abate, in Friedrichsdorf der Chor „Entrüstet Euch", der bei vielfältigen (friedens)politischen Aktionen mitwirkte und auch eigene Konzertauftritte hatte.

Im Jahr 1983 gab es an vielen Orten Europas noch einmal ein letztes gewaltiges Aufbäumen gegen die Stationierung der Atomraketen. Der Arbeitskreis Friedenswoche Hochtaunus beteiligte sich mit mehreren Veranstaltungen an einer bundesweiten „Widerstandswoche". Am 22. Oktober fuhr eine große Gruppe per Zug zur Bonner Kundgebung. An diesem Tag demonstrierten insgesamt 1,3 Millionen Menschen in Bonn, Berlin, Hamburg sowie in einer Menschenkette zwischen Stuttgart und Ulm gegen die atomare Aufrüstung. Vergebens. Am 22. November des gleichen Jahres stimmte der Deutsche Bundestag mit den Stimmen von CDU, CSU und FDP der Stationierung zu.

Trotzdem: „Die Raketen sind da. Der Kampf geht weiter", hieß es im nächsten Einladungsbrief des „Arbeitskreises Frieden Bad Homburg" (wie sich die Bad Homburger Gruppe mittlerweile nannte). So traf man sich unverdrossen alle vier Wochen im Keller der Volkshochschule und bereitete weiterhin Veranstaltungen wie Friedensfeste, Mahnwachen, Vorträge oder Ostermärsche vor.

Am 8. Dezember 1987 einigten sich der sowjetische Generalsekretär Gorbatschow und der US-Präsident Reagan nach jahrelangen Verhandlungen darauf, dass alle atomar bestückten Flugkörper mittlerer und kürzerer Reichweite vernichtet und keine neuen mehr produziert werden.

Sicherlich war das nicht der ausschließliche Erfolg der Friedensbewegung. Aber „sie hatte mit ihren Forderungen und Aktionsformen weitreichende Wirkungen auf die politische Kultur", schrieb der Vorsitzende der Humanistischen Union, Werner Koep-Kerstin, 2014 im „Friedensforum", der Zeitschrift der Friedensbewegung.

Der letzte Rundbrief des Arbeitskreises Frieden Bad Homburg stammt vom 12. April 1989. Der beginnende Zerfall der Sowjetunion beendete die Blockkonfrontation.

Vorläufig. Dass das Netzwerk der Friedensaktivisten im Hochtaunuskreis bei neuen Bedrohungen handlungsfähig ist, bewies sich 1991, als sich zu Beginn des ersten Golfkriegs in Bad Homburg spontan eine „Bad Homburger Initiative für Frieden am Golf" gründete, die jeden Montag Mahnwachen am Waisenhausplatz abhielt. Und während der Irak-Invasion durch die USA und Großbritannien 2003 trafen sich vom März bis Mai jeden Montag besorgte Menschen auf dem Landgrafenplatz in Friedrichsdorf.

Im Jahr 2014, 100 Jahre nach dem Beginn des Ersten Weltkriegs, veranstaltete der Usinger Ausländerbeirat eine Friedenswoche, „um mit kreativen Mitteln Wege zur Konfliktbewältigung aufzuzeigen", so die Vorsitzende Kate Wagner.

Die Ökumenische Friedensdekade der Kirchen findet weiterhin jedes Jahr auch im Hochtaunuskreis vor Buß- und Bettag statt. Andreas Buro hat das Friedensnetz Hintertaunus neu belebt. Und der Chor „Entrüstet Euch" singt – mittlerweile unter der Leitung von Harald Hoffmann – noch immer von der Sehnsucht nach Frieden und Gerechtigkeit.

Quellen:
· Privatarchiv Jörg Ehret
· Privatarchiv Almut Gwiasda
· Lokalausgaben der Frankfurter Rundschau und der Taunus Zeitung
· Andreas Buro: Gewaltlos gegen Krieg: Erinnerungen eines streitbaren Pazifisten. Frankfurt/Main 2011
· Dagmar Scherf: Veilchenbluten. Was der Krieg mit mir machte und ich aus ihm. Eine literarische Autobiografie. Bad Homburg 2013

Verleihung des Saalburgpreises 2015

Landrat Ulrich Krebs (rechts) und Jürgen Banzer, Kreistagsvorsitzender (2. v. l.), mit Preisträgern des Saalburgpreises 2015. In Vertretung für ihren Vater nahmen Stefanie und Franziska Ohmeis den Preis entgegen. Die Projektgruppe „Friedrichsdorf im Ersten Weltkrieg", die den Förderpreis erhielt, ist vertreten durch Dr. Erika Dittrich (sitzend) und Marianne Peilstöcker (links).

Verleihung des Saalburgpreises an Stefan Ohmeis

Stefan Ohmeis, geboren 1956 in Bad Homburg, leitet seit 1985 die Arbeitsgemeinschaft „Unser Kirdorf". Die AG „Unser Kirdorf" pflegt das Ortsarchiv, dokumentiert und präsentiert die Kirdorfer Geschichte, veranstaltet Vorträge, erarbeitet Publikationen und führt eine laufende Loseblattsammlung mit Informationen zur Ortsgeschichte. Herr Ohmeis ist außerdem seit der Gründung des Vereins Kirdorfer Heimatmuseum e. V. 2004 dessen stellvertretender Vorsitzender, er hat bereits seit 1985 an der Vorbereitung, der Errichtung und schließlich dem Betrieb des Heimatmuseums entscheidend mitgearbeitet. Seit 1999 ist er Mitglied im Denkmalbeirat der Stadt Bad Homburg v. d. Höhe als sachkundiger Bürger für Kirdorf.

Mit diesem jahrzehntelangen, kontinuierlichen Einsatz für die Geschichts- und Heimatpflege erbringt Herr Ohmeis zugleich den praktischen Beweis dafür, dass berufliche Tätigkeit und intensives ehrenamtliches Engagement sich miteinander verbinden lassen.

Neben der Organisationsarbeit in der Arbeitsgemeinschaft und dem Museumsverein ist Herr Ohmeis auch ein profilierter Heimathistoriker, dessen Forschungsarbeiten nicht nur für die Kirdorfer Ortsgeschichte von Interesse sind, sondern Modellcharakter für das gesamte Taunusgebiet haben. Hierbei ist vor allem an seine Arbeit über die Auswanderung vom 18. bis 20. Jahrhundert mit der Zusammenstellung sämtlicher Biographien von Kirdorfer Auswanderern zu denken – eine Arbeit, die als exemplarische migrationsgeschichtliche Fallstudie Geltung weit über die behandelte Ortschaft hinaus beanspruchen kann.

Veröffentlichungen (in Auswahl):

- Der Taunusdom Kirdorf – Menschen und Geschichte, Kirdorf 1987 (Koordination, Mitredaktion und eigene Beiträge).
- Einst klapperten die Mühlen am Kirdorfer Bach. Ein erster Versuch, das Mühlenwesen am Kirdorfer Bach zu erforschen, in: Jahrbuch Hochtaunuskreis 15 (2007), S. 193–212.
- Good bye Kirdorf – Auf in die neue Welt! Auswanderer aus Kirdorf von den Anfängen bis zum Beginn des II. Weltkriegs, Bad Homburg v. d. Höhe 2008.
- Arbeitsgemeinschaft „Unser Kirdorf" 1960–2010. Festschrift zum 50-jährigen Jubiläum, Bad Homburg v. d. Höhe 2010.

Der Hochtaunuskreis würdigt mit der Verleihung des Saalburgpreises an Stefan Ohmeis eine im Umfang und in der inhaltlichen Qualität eindrucksvolle heimatgeschichtliche Leistung von Vorbildcharakter.

Verleihung des Förderpreises zum Saalburgpreis 2015 an die Projektgruppe „Friedrichsdorf im Ersten Weltkrieg"

Der hundertste Jahrestag des Kriegsausbruchs 1914 bot vielfachen Anlass zu orts- und regionalhistorischen Forschungen und Projekten. Besonders herausragende Arbeit wurde dabei in Friedrichsdorf geleistet. Die dort während eines zweijährigen Projektes erarbeiteten Ergebnisse flossen zum einen in zwei Ausstellungen ein, die 2014 in Friedrichsdorf gezeigt wurden, zum anderen in eine beachtenswerte Publikation: Deutschtum oder Franzosenliebe? Friedrichsdorf im Ersten Weltkrieg 1914–1918, Friedrichsdorf 2014 (= Friedrichsdorfer Schriften, Sonderband 7). Ein Team von zwölf Autorinnen und Autoren unter der Gesamtleitung von Dr. Erika Dittrich hat mit diesem Band eine exemplarische Studie zu den Auswirkungen des Ersten Weltkriegs auf das Alltagsleben einer Kleinstadt vorgelegt, die weit über Friedrichsdorf hinaus Modellcharakter beanspruchen kann. Systematisch werden alle wichtigen Lebensbereiche, in denen der Krieg präsent war, behandelt: Mobilmachung, Schule und Erziehung, Heimatfront, Soldaten, Kriegsende und Nachkriegszeit. Das Projekt wurde bereits mit dem durch das Historische Museum Frankfurt vergebenen, allerdings wenig beachteten „Preis der Regionalgeschichte 2015" ausgezeichnet.

Der Hochtaunuskreis würdigt mit der Verleihung des Förderpreises zum Saalburgpreis eine exemplarische Teamleistung von eindrucksvoller inhaltlicher Tiefe.

Stefan Ohmeis

Naturschutzgebiet Kirdorfer Feld

– ein sich veränderndes und bedrohtes Kleinod am Rande der Kurstadt

Das Kirdorfer Feld ist heute weit über die Grenzen von Bad Homburg vor der Höhe hinaus bekannt und beliebt als naturnahes und geschütztes Freizeit- und Erholungsgebiet. Was heute gemeinhin als Kirdorfer Feld bezeichnet wird und sich zu einer regelrechten Marke entwickelt hat, ist räumlich betrachtet nur ein kümmerliches Überbleibsel einer wesentlich größeren Feldgemarkung. Und überhaupt ist der Name sogar noch irreführend, denn strukturell besteht es überwiegend aus Wiesen, die häufig als Streuobstwiesen genutzt werden. Der Namensgeber, das ursprüngliche Kirdorfer Feld, existiert heute nicht mehr. Somit gibt es gleich mehrere Gründe, diese Kulturlandschaft geschichtlich und strukturell näher zu beleuchten, seine Gefährdung zu erkennen und seine heutige Bedeutung zu würdigen.

Frühling im Kirdorfer Feld (Foto: Brigitte Depene, 2009)

Lage

Naturräumlich betrachtet liegt das Kirdorfer Feld im Main-Taunusvorland und in der Homburger Bucht. Die Landschaft wird durch den im Norden liegenden und nach Nordwesten verlaufenden Taunuskamm geprägt und geschützt. Diese Lage macht die Homburger Bucht zu einem der windärmsten Gebiete Deutschlands. Das leicht nach Süden und Südosten geneigte Kirdorfer Feld fällt von 260 auf ca. 180 Meter über NN ab und ist fächerförmig von kleinen Gewässern durchzogen, in deren Mulden sich Feuchtwiesen ausgebildet haben. Sie werden durch flache, schmale und langgestreckte, niedrige Geländerücken getrennt, die der Landschaft einen eigenen, welligen Charakter verleihen.

Kirdorfer Bach

An den Hängen der Taunusberge entspringt eine Vielzahl von Bächen, die sich spätestens im unteren Bereich des Homburger Beckens vereinen. Allein im Gebiet des heutigen Kirdorfer Feldes sind mehr als zwanzig Quellen nachgewiesen. Eines der bedeutendsten fließenden Gewässer ist der Kirdorfer Bach, dessen Quelle im Homburger Stadtwald im Distrikt Köhlerbruch nahe dem Marmorstein am Emesberg und dem Jungfernstollen auf einer Höhe von etwa 480 Metern über NN entspringt und in der Gonzenheimer Gemarkung seinen Namen wechselt. Im unteren Lauf heißt er Eschbach und mündet nach etwa 28 Kilometern und einem Gefälle von 380 Höhenmetern bei Harheim in die Nidda. Der Kirdorfer Bach fließt mitten durch die Kirdorfer Gemarkung, in der mehrere kleine Bäche in ihn münden. Er ist heute nur noch ein kläglicher Rest eines ursprünglich wesentlich wasserreicheren Gewässers, das in der Lage war, sogar Mühlenräder anzutreiben. Trinkwasserbrunnen entziehen ihm seit 1859 einen Großteil seiner ursprünglichen Wasserzuflüsse und lassen ihn gerade im Sommer zu einem armseligen Rinnsal verkommen. Entlang des Kirdorfer Baches wurde 1899 auf Anregung und mit finanzieller Beteiligung des aus Kirdorf stammenden Homburger Kurarztes Dr. Carl Weber ein Erholungs- und Spazierweg für die Kurgäste angelegt, der später den Namen Weberpfad erhielt. Über diesen Weg gelangt man bequem vom Schwedenpfad bis zur Bachstraße und von dort weiter am Kirdorfer Bach entlang den Taunus hinauf bis oberhalb des Golfplatzes.

Feldgemarkung und Nutzung

Wie auf alten Landkarten zu erkennen ist, erstreckte sich das Kirdorfer Feld von der Brunnenallee bis zum Nesselbornfeld und vom Gluckensteinweg bis zur heutigen Heinrich-von-Kleist-Straße bzw. dem Rotlaufweg. Der alte Ortskern lag inmitten einer vollständig landwirtschaftlich genutzten Feld- und Wiesengemarkung. Die trockenen Gebiete wurden als Äcker bewirtschaftet, die Feuchtgebiete entlang der kleinen Bachläufe als Wiesen. Neben der üblichen Dreifelderwirtschaft wurde im Bereich der Dörrewiesen Flachs angebaut. Der weit überwiegende Teil der Kirdorfer Bevölkerung betrieb bis Anfang des 19. Jahrhunderts Landwirtschaft und Leinenweberei. In fast jedem Haushalt stand ein Webstuhl.

Aus heutiger Sicht ist es kaum zu glauben, dass bis Mitte des 18. Jahrhunderts oberhalb der heutigen Höllsteinstraße und in der Gemarkung Wingertsfeld sogar Wein angebaut wurde. Der Überlieferung nach ein schwieriges Unterfangen mit oft mäßigem Erfolg. Ein derart saurer Wein würde heute vermutlich verschmäht werden. Auf dem Gelände der gerodeten Weingärten wurden ab etwa 1760 Apfelbäume gepflanzt, deren Früchte auf vielfältige Weise und über eine lange Lagerdauer verwertet werden konnten – auch als Apfelwein. Somit hat der Apfelanbau im Kirdorfer Feld bereits eine Tradition von rund 250 Jahren. Schätzungen von Fachleuten zufolge wachsen heute im Kirdorfer Feld etwa 60 verschiedene Apfelsorten mit unterschiedlichsten Ansprüchen, Aromen, Lagereigenschaften und Schädlingsresistenzen. Allerdings ist ein erheblicher Teil des Apfelbaumbestands überaltert und bedarf der Verjüngung. Die ältesten bekannten Bäume, die unermüdlich immer noch Früchte tragen, sind bereits über 120 Jahre alt!

Bodenqualität

Geologisch gesehen besteht die Kirdorfer Gemarkung überwiegend aus landwirtschaftlich ertragreichen Lehmböden. Die beste Bodenqualität und somit die ertragreichsten Äcker besaßen die Fluren Auf der Hub und Wendelfeld, also das Gebiet zwischen dem heutigen Gluckensteinweg, der Höhestraße, der Kaiser-Friedrich-Promenade und der Wiesenbornstraße sowie zwischen Bachstraße und Nesselbornfeld. Im Volksmund hießen diese Gemarkungen „Gutes Feld". Ertragreiche Böden besaß auch das Lehmkautsfeld zwischen

Reinhold Gillich pflügt mit den Pferden von Josef Thomas Hett („Dicke Hett") im Nesselbornfeld (Foto: Viktor Schmied, 1953)

Raabstraße, Usinger Weg, Kolpingstraße und Pfarrer-Keutner-Straße. Die Langen Wiesen unterhalb der Höllsteinstraße sowie die Audenwiesen, heute Jubiläumspark und Kurpark, gehörten zu den ertragreichsten Weidegebieten und Wiesenflächen.

Ausdehnung

Bei der Auflösung der Waldgenossenschaft Hohemark und Hardtwald im Jahre 1803 erweiterte sich die Gemarkung um 80 Hektar bis hinauf zum Hammelhans, von dort bis hinüber zum Oberen Rotlaufweg sowie vom Philosophenweg bzw. der Heinrich-von-Kleist-Straße bis zum Waldfriedhof. Dadurch erhielt die Gemarkung auch eine nicht unbedeutende Waldgemarkung hinzu, und die Feldgemarkung konnte um die Neuen Äcker erweitert werden. Auch diesbezüglich weist das Kirdorfer Feld eine Besonderheit auf: Nur hier sind noch an zwei Stellen Teile der früheren Landwehr von der ehemaligen Waldgenossenschaft Hohemark erhalten. Nach dieser Erweiterung hatte die gesamte Kirdorfer Gemarkung 1803 ihre maximale Ausdehnung von mehr als 400 Hektar (mehr als vier Millionen Quadratmeter) erreicht. Sie erstreckte sich von den Röderwiesen bei Dornholzhausen (heute Golfplatz) bis zum Gluckensteinweg und von der Kaiser-Friedrich-Promenade bis zur Kisseleffstraße, umschloss das Sülzerloch, führte entlang des Viktoriawegs und des Philosophenwegs bis zur Seulberger Grenzschneise im Hardtwald, reichte über den Oberen Rotlaufweg hinauf bis oberhalb der Horexkurve und hinüber bis zum Hammelhans, dem auf Dornholzhäuser Gebiet gelegenen Golfplatz.

Von alters her dienten zur Orientierung Flur- und Örtlichkeitsnamen, die sich über Jahrhunderte hinweg nicht verändert haben und somit noch heute auf frühere Charakteristika oder Besonderheiten hinweisen. Wer kennt heute noch die Morrain- und die Markwiesen, den Hammelhans und das Junkerswingertsfeld, die Hämmers- und die Janswiesen, das Lazarius, den Hauswurt und die Hub, um nur einige zu nennen. Heute benötigen viele die GPS-Koordinaten, um sich im Feld zurechtzufinden.

Ab 1858 veränderten sich die Ausmaße und die Größe der Kirdorfer Gemarkung in mehreren Etappen. Zunächst erfolgte ein Gemarkungstausch mit Homburg, das einen Streifen Land entlang der Promenade von der Kirdorfer Straße bis zum Schwedenpfad erhielt, die sogenannten Homburger Gärten.

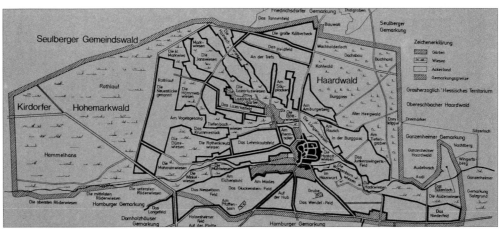

Gemarkungskarte

Im Gegenzug bekam Kirdorf das sogenannte Homburger Nesselbornfeld sowie die Gemarkungen Holzesheimer Feld und Auf der Platte. Im Jahre 1893 erfolgte eine Ausmarkung von Kirdorfer Ländereien an Homburg ohne Gegenleistung, das gesamte Gebiet südlich des Wiesenbornsportplatzes (Hackwiesen und Teile des Wendelfelds) bis zur Kisseleffstraße und von der Kaiser-Friedrich-Promenade bis in den Kirdorfer Hardtwald hinein (inklusive Audenwiesen und Niederfeld). Weitere geplante Grenzbereinigungen wurden durch die 1902 erfolgte Eingemeindung nach Homburg hinfällig.

Waren bis zu diesem Zeitpunkt nur wenige Gebäude außerhalb des alten Ortskerns entstanden, änderte sich dies nach der Eingemeindung grundlegend. Zunächst wurde entlang der Kirdorfer Straße gebaut, der damaligen Chaussee Homburg – Friedberg. Nach dem Zweiten Weltkrieg wurde der Siedlungsdruck so groß, dass sukzessive das gesamte „Gute Feld" zwischen Gluckensteinweg, Wiesenbornstraße, Bachstraße und Stedter Weg bebaut wurde. Ab 1962 wurde auch die Feldgemarkung Eichenstahl und ab 1985 auch das Nesselbornfeld überbaut. Ende der 60er Jahre existierten sogar Pläne, das Kirdorfer Feld mit mehreren Hochhäusern zu bebauen und die Bundesstraße 455 von Friedrichsdorf zur Saalburgchaussee um das Feld herum entlang des Waldrandes zu verlegen. Das Lehmkautsfeld wurde bis 1968 landwirtschaftlich genutzt, bevor es ebenfalls bebaut wurde. Landwirtschaftlich weniger attraktive Flächen entlang des Hardtwalds zwischen Friedberger Straße, Höllsteinstraße und Philosophenweg wurden ebenfalls der landwirtschaftlichen Nutzung entzogen und in einem längeren Zeitraum bebaut. Somit verschwanden innerhalb weniger Jahrzehnte zwei Drittel der Kirdorfer Feld- und Wiesenflure. Von der einst stolzen und für hiesige Verhältnisse recht großen Feldgemarkung blieb nur ein kümmerlicher Rest von 133 Hektar übrig, der überwiegend aus Wiesen und Streuobstwiesen besteht. Diese unter Natur- und Landschaftsschutz stehende Restfläche wird heute als Kirdorfer Feld bezeichnet. Daneben gibt es in der Feldgemarkung verstreut noch weitere etwa 23 „ungeschützte" Hektar Land, die üblicherweise dem Kirdorfer Feld nicht hinzugerechnet werden. Infolge der über Generationen gehandhabten Erbteilung ist das Feld kleinzellig parzelliert mit über 3.500 oft sehr schmalen Grundstücken.

Heuernte war Gemeinschaftsarbeit (v. l. n. r.: Lissi Steiper, Stefan, Erika, Franz und Martin Ohmeis, 1962)

Ort der Ruhe, Entspannung und Inspiration

Das Kirdorfer Feld war von alters her vorwiegend ein Ort der Arbeit. Trotzdem hat es schon immer Künstler animiert, dort ihre Staffelei aufzustellen und die Schönheit im Gemälde festzuhalten. Waren es früher meistens Gemälde mit dem Blick auf die Stadt Homburg, inspiriert heute die Anmutung der Natur zeitgenössische Künstler wie Evelin Schmied, die Landschaft selbst in den Vordergrund ihrer Kunstwerke zu stellen. Die Malerin durchstreift oft das geliebte Kirdorfer Feld und hält die Schönheit und die Verletzlichkeit der Landschaft in stimmungsvollen Ölgemälden fest. Heute ist die schöne Natur für viele eine Oase der Ruhe, Erholung, Entspannung und Erbauung.

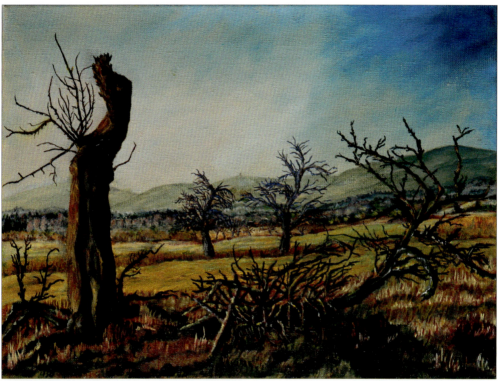

Vergänglichkeit und Verwüstung im Lazariusfeld mit Blick zum Großen Feldberg (Evelin Schmied, Öl auf Leinwand, 40 x 30 cm, 2013)

Wandel und Naturschutz

In den 60er Jahren des letzten Jahrhunderts verlor die Haltung von Nutz- und Kleintieren die vormalige Bedeutung als lebenswichtige Grundlage. Parallel zur Reduzierung der landwirtschaftlichen Flächen verebbte nach dem Zweiten Weltkrieg die Nutzung der Restflächen, und die Bedeutung der Obstwiesen ging zurück. Bereits vor etwa dreißig Jahren hat der letzte Vollerwerbslandwirt seine Tätigkeit aufgegeben. Immer mehr Grundstücke verwilderten, weil sie nicht mehr gepflegt wurden.

Allerdings stufte man schon recht früh die Kulturlandschaft Kirdorfer Feld als erhaltens- und schützenswert ein. Seit 1967 ist es ein Teil des Naturparks Hochtaunus. 1976 wurde es in das Landschaftsschutzgebiet Taunus aufgenommen und drei Jahre später im Rahmen der Hessischen Biotopkartierung als „Schutzwürdiges Biotop Nr. 77" registriert. Im Jahre 1983 stellte die Stadt Bad Homburg mittels des Bebauungsplans Nr. 39 „Landschaftsplan Rotlaufgebiet" das gesamte Kirdorfer Feld unter Landschaftsschutz. Fünf Jahre später wurde ein Antrag auf Ausweisung des gesamten (besser: verbliebenen) Kirdorfer Feldes als Naturschutzgebiet gestellt. Die Obere Naturschutzbehörde beim Regierungspräsidium in Darmstadt hat das Gebiet „Kirdorfer Feld bei Bad Homburg" 1996 als Natur- und Landschaftsschutzgebiet ausgewiesen und somit eine Fläche von 133 Hektar überregional als schutzwürdig eingestuft. Da die vorhandenen Wiesengesellschaften von überregionaler Bedeutung sind, ist es zusätzlich als Flora-Fauna-Habitat-Gebiet durch die Natura 2000-Verordnung des Landes Hessen ausgewiesen worden. Die Stadt Bad Homburg, größter Grundstückseigentümer im Kirdorfer Feld, hat zum Schutz einen Landschaftsplan verabschiedet und im Jahr 2004 mit der Kartierung ihrer Grundstücke und der Dokumentierung des dortigen Baumbestandes begonnen. Seit Herbst 2005 führt die Stadt umfangreiche Pflege- und Pflanzmaßnahmen auf ihren Grundstücken durch. Zwischenzeitlich wurde das Kirdorfer Feld bewusst wieder aus dem Regionalpark Rhein-Main genommen. Zur Schonung des Natur- und Landschaftsschutzgebietes führt der Regionalpark sogar die überregionale Wegeführung um das Kirdorfer Feld herum.

Etwa 46 Prozent des Kirdorfer Feldes wurden als Naturschutzgebiet und 54 Prozent als Landschaftsschutzgebiet ausgewiesen. Diese Ausweisung bevormundete nicht nur die Eigentümer in der Nutzung und Pflege, sondern führte auch zu einem nennenswerten Wertverlust der Grundstücke. Beide Entwicklungen beschleunigten den Niedergang der landwirtschaftlichen Nutzung. Die noch verbliebenen Nebenerwerbslandwirte beendeten sukzessive ihre Aktivitäten. Einzelne Äcker auf der Hardt und Im krummen Stück werden seitdem von auswärtigen Bauern weiter bewirtschaftet, die auch auf dem größten Teil der Wiesenflächen Futterheu machen und somit zur Pflege beitragen.

Der überwiegende Teil der Gemarkung besteht aus Wiesen und Streuobstwiesen, die einen Lebensraum für viele Tier- und Pflanzenarten bieten und weitgehend noch landwirtschaftlich genutzt werden. Einen wichtigen Beitrag zur Landschaftspflege leistet eine Schafherde, die zweimal pro Jahr mehrere Wochen durch die Feldgemarkungen zieht. Trotzdem ist aufgrund fehlender Nutzung an mehreren Fluren eine Überwucherung und Verwilderung feststellbar; bedauerlicherweise mit zunehmender Tendenz. Offensichtlich ist der Erhalt einer schützenswerten Naturlandschaft arbeitsaufwendiger und komplexer als gutgemeinte Vorschriften auf dem Papier. Einige Grundstücksbesitzer werden auch dadurch entmutigt, dass insbesondere die am liebevollsten gepflegten Kirsch- und Apfelbäume die ersten sind, deren Früchte rücksichtslos geraubt werden. Mit Mundraub hat eine systematische Plünderung von kompletten Bäumen oder sogar ganzer Baumstücke nichts zu tun! Zur Verhinderung reichen ein paar Kontrollfahrten des Ordnungsamtes nicht aus. Fehlendes Unrechtsbewusstsein und eine fehlende Aufsicht – etwa in Person eines Feldschützes – werden diese Entwicklung nicht eindämmen. Es bedarf keiner hellseherischen Fähigkeit, um zu befürchten, dass weitere Obstbaumbesitzer resignieren werden.

Breitblättriges Knabenkraut (Foto: Erwin Schneider, 2005)

Die veränderte landwirtschaftliche Nutzung führte auch zu einer veränderten Vegetation, was am auffälligsten an einer Orchideenart zu erkennen ist. Schon immer gab es einen unauffälligen Bestand an Bodenorchideen, insbesondere des Breitblättrigen Knabenkrauts. Mit Wegfall der intensiven landwirtschaftlichen Bearbeitung konnte sich dieser Bestand erheblich vergrößern. In der Blütezeit verleiht heute diese kleine, unter Naturschutz stehende Orchideenart ganzen Wiesengründen eine interessante lila-bläuliche Anmutung. Neben der Apfelblüte für viele Naturfreunde von nah und fern eine beliebte Zeit, das schöne Kirdorfer Feld aufzusuchen.

Auch wenn sich die Flora überwiegend positiv entwickelt hat, ist die Entwicklung bei der Fauna eher diametral. Ursächlich dafür ist neben der Flächenverkleinerung die enorm gestiegene Besucherfrequenz. Insbesondere seit der Bebauung des Eichenstahls, des Nesselbornfeldes und des Lehmkautsfelds hat der Siedlungsdruck dazu geführt, dass die Population der Tiere im Kirdorfer Feld stark dezimiert wurde. Immer wieder kann beobachtet werden, wie uneinsichtige Hundebesitzer ihren Lieblingen gestatten, frei umherzulaufen. Ironischerweise beruht der wohl noch bedeutendere Grund des Populationsrückgangs auf einem falsch verstandenen Naturschutz. Nach Inventuren in den Jahren 1985 und 1986 brüteten damals noch 74 Vogelarten im Kirdorfer Feld. Seitdem jedoch der Bestand der Krähen, Raben und Elstern nicht mehr kontrolliert wird, rauben sie unzählige Gelege aus. Besonders stark betroffen sind die bodenbrütenden Säugetiere und Vogelarten, deren Population sich stark reduzierte; u.a. sind Kiebitze, Fasanen, Bekassinen und Rebhühner überhaupt nicht mehr heimisch. Aber auch Säugetiere wie Feldhasen sind nur noch selten anzutreffen.

Im Gegensatz zu den vorgenannten Handicaps gibt es aber auch Tendenzen, die dem Kirdorfer Feld eine positive Zukunftsperspektive verleihen: Im Herbst 2005 hat sich auf Initiative einiger Kirdorfer Grundstückseigentümer eine Gruppe von am Kirdorfer Feld Interessierten getroffen, die sich ehrenamtlich für das Kirdorfer Feld einsetzen. Daraus hat sich im darauf folgenden Jahr der Verein „Interessengemeinschaft Kirdorfer Feld" (IKF) e.V. konstituiert, ein Zusammenschluss von Grundstückseigentümern und interessierten Personen, denen das Kirdorfer Feld am Herzen liegt. Der Verein will der Versteppung und Zerstörung des Kirdorfer Feldes entgegentreten und den Erhalt der jahrhundertealten Kulturlandschaft sichern. Die geschieht mittels Baumschnittmaßnahmen und der Pflege der Grundstücke, der Planung und Durchführung von Neupflanzungen, der Sammlung und Erhaltung alter Obstsorten, des Bemühens um die Sortenkunde zur Bestimmung und Beschreibung von Sorten und ihrer Geschichte, der Unterstützung des Obstanbaus, insbesondere des landschaftsprägenden Streuobstes, des vermehrten Schutzes gegen Obstdiebe sowie der Anschaffung und gemeinsamen Nutzung von landwirtschaftlichen Geräten. Die Mitglieder der IKF betreiben wieder eine Kelter, um das Obst besser und ortsnah zu verwerten und um damit einen Anreiz zur Pflege und Unterhaltung der Grundstücke zu schaffen. Die jährlichen Kelterfeste haben sich zu einem richtigen Event entwickelt. Die aktiven Vereinsmitglieder haben bereits viel erreicht, und die Erfolge sind sichtbar. Viele schmackhafte und beliebte Produkte wie Süßer, Apfelsaft, Apfelwein, Apfel-Secco und Apfelgelee werben geschmacklich für die hiesigen Apfelkulturen. Der Verein gibt dem Kleinod Kirdorfer Feld eine echte Zukunftsperspektive, seinen besonderen und schützenswerten Charakter zu erhalten. Neben dem Schloss- und Kurpark und der landgräflichen Gartenlandschaft ist das Kirdorfer Feld eine besondere Kulturlandschaft, die überregional zur Attraktivität der Kurstadt Bad Homburg beiträgt.

Blick vom Kirdorfer Feld bis zum Odenwald (Foto: Robert Schmidt, 2008)

Schlussworte

Die Landgemeinde Kirdorf besaß von alters her eine große, fruchtbare Feldgemarkung, die weitgehend die Ernährung der hiesigen Bevölkerung sicherte. Erst nach erheblicher Verkleinerung und weitgehender Aufgabe der landwirtschaftlichen Nutzung wandelten sich die reinen Nutzflächen in ein ökologisch einmaliges Natur- und Landschaftsschutzgebiet. Empirische Untersuchungen haben längst nachgewiesen, dass die Wahrnehmung landschaftlicher Reize keine persönliche Angelegenheit ist, sondern dass in unserer Gesellschaft ein breiter Konsens darüber besteht, welche Landschaft als schön und welche als hässlich empfunden wird. Als schön empfinden demnach die meisten Zeitgenossen, wenn ein Landstrich vielfältig und dynamisch gegliedert ist, mit einem rhythmischen Auf und Ab der Geländeformen, mit Waldrändern und Wiesensäumen, mit vielfältiger Nutzung vom Streuobst bis zum Rübenacker, mit kleinen und größeren Gewässern und dem Maßstab der Landschaft angemessenen Siedlungen und Bauwerken – also völlig zutreffend auf das Kirdorfer Feld. Und am besten ohne besonders auffällige Elemente der Industriegesellschaft wie Autobahnen, Hochspannungsleitungen, Gewerbegebiete oder auch Windkraftwerke. Im Gegensatz zur zersiedelten Industrielandschaft, zur ausgeräumten Agrarlandschaft, aber auch zur Wildnis. Im Bundesnaturschutzgesetz findet das seinen Ausdruck in der Verpflichtung, Natur und Landschaft so zu pflegen und zu schützen, dass „Vielfalt, Eigenart und Schönheit sowie der Erholungswert dauerhaft gesichert sind".

Hoffentlich überwiegt auch künftig die Zahl der Bessermacher die der Besserwisser. Die Erhaltung dieses Kleinods erfordert die dauerhafte, aktive, arbeitsaufwendige Pflege durch die Grundstücksbesitzer und Interessengemeinschaften wie die IKF, die Kontrolle durch die kommunalen und überregionalen Gebietskörperschaften und Verbände und die Rücksichtnahme durch alle Besucher des Kirdorfer Feldes. Es bleibt allerdings auch zu hoffen, dass keine besonders auffälligen Elemente wie die vorgeschlagenen Windkrafträder auf den Taunushöhen und keine übermäßige Verwilderung das als schön empfundene Landschaftsbild zerstören. Wenn sich alle bemühen, sollte es gelingen, die Schönheit und Einzigartigkeit der Landschaft für die kommenden Generationen zu erhalten.

Quellen und Dank:
- „Apfelbaum-Museum", Stadt Bad Homburg v. d. Höhe, Grünamt, 1990.
- Begründung zum Bebauungsplan Nr. 39 Rotlaufgebiet – Kirdorfer Feld (Landschaftsplan) Magistrat der Stadt Bad Homburg, Stadtplanungsamt, November 1983.
- Inventuren der Vogelschutzgruppe Kirdorf im DBV, Loseblattsammlung der Arbeitsgemeinschaft Unser Kirdorf, 1985 und 1986.
- „Das Kirdorfer Feld", IKF Interessengemeinschaft Kirdorfer Feld e.V., www.kirdorferfeld.de, 21. Januar 2013.
- „Das Kirdorfer Feld", Stefan Ohmeis, „Mit Künstlerblick durch die Kurstadt", herausgegeben von Evelin Schmied, 2014.
- „Einst klapperten die Mühlen am Kirdorfer Bach", Stefan Ohmeis, Jahrbuch Hochtaunuskreis 2007.
- „Gemarkung Kirdorf – Grenzsteine – Grenzmärker", Heinrich Denfeld, Loseblattsammlung der Arbeitsgemeinschaft Unser Kirdorf, 1980.
- Geschichte der Stadt Bad Homburg vor der Höhe, Band V, Barbara Dölemeyer u. a., Societäts-Verlag, 2007.
- „Kirdorfer Feld", Magistrat der Stadt Bad Homburg, www.bad-homburg.de, Mai 2015.
- „Liebliche Täler, karge Höhen", Georg Etscheit, Zeit online, 21.1.2014.
- „Natur- und Landschaftsschutzgebiet Kirdorfer Feld bei Bad Homburg", Stefan Ohmeis, Loseblattsammlung der Arbeitsgemeinschaft Unser Kirdorf, 1997.
- NSG-Projekt „Kirdorfer Feld", Antrag auf Ausweisung als Naturschutzgebiet, Lothar Lehmann, Thomas Borsch, Monika Farr & Michael Nörpel, Oktober 1989.
- „Orchideen im Stadtgebiet von Bad Homburg vor der Höhe", herausgegeben vom Magistrat der Stadt Bad Homburg vor der Höhe – Untere Naturschutzbehörde, 1985.
- Schutzwürdigkeitsgutachten zum geplanten Naturschutzgebiet „Kirdorfer Feld", Planungsgruppe Natur- und Umweltschutz PGNU, Frankfurt, 1994.
- Verordnung über das Natur- und Landschaftsschutzgebiet „Kirdorfer Feld bei Bad Homburg" vom 17.10.1996, Die Regierungspräsidien, Darmstadt, Staatsanzeiger für das Land Hessen, 11.11.1996.
- „Wasserwirtschaft in Bad Homburg v. d. Höhe", Cäcilia Maria Rohde, Monographien Band 4, Edition der Staatlichen Schlösser und Gärten Hessen, 1993.

Ich bedanke mich für die hilfreichen Auskünfte, die Unterstützung bei der Recherche und das Lektorat bei Cäcilia Hett, Cornelia Kalinowski, Bärbel Ohmeis, Berenike Seib, Oberbürgermeister Michael Korwisi, Hans Göbel, Martin Ohmeis und Erwin Schneider.

Thomas Becker

Zehn Jahre Welterbe Limes (2005–2015)

Entwicklung der Welterbestätte im Hochtaunuskreis

Im Juli 2015 jährte sich zum zehnten Mal die Aufnahme der ehemaligen römischen Reichsgrenze, umgangssprachlich als „Limes" bezeichnet, auf die Liste der Welterbestätten der UNESCO. Damit wurde sie zusammen mit dem bereits seit 1983 als Welterbestätte anerkannten Hadrianswall in England zum transnationalen Welterbe „Frontiers of the Roman Empire – Grenzen des Römischen Reiches". 2007 kam dann als dritte Landgrenze der Antoninuswall in Schottland hinzu – somit bilden derzeit diese drei Landabschnitte der ehemaligen Außengrenze des Römischen Reiches und die dazugehörigen Elemente der Grenzsicherung (Palisade-Graben-Wall bzw. Mauer, Türme und Kastelle verschiedenster Größe) ein gemeinsames Welterbe in Westeuropa. Bestrebungen, dieses Welterbe um weitere Grenzabschnitte zu erweitern, bestehen sowohl für die Rheingrenze (Rheinland-Pfalz, Nordrhein-Westfalen, Niederlande) als auch für den Donauabschnitt (Bayern, Österreich, Slowakei, Ungarn u. a.).

Zu einem Antrag für die Aufnahme als Welterbestätte gehört nach den Vorgaben der UNESCO neben einer Dokumentation der Stätten in Bestand und Bedeutung auch die Aufstellung eines Managementplans, der das Rahmenwerk für den Umgang und die Entwicklung einer Welterbestätte bildet. Auch für den Limes wurde ein solcher aufgestellt und in der Zwischenzeit einer ersten Revision unterzogen.[1] Inhaltlich kann dieser Plan nur einen sehr generellen Rahmen festsetzen, bedingt durch vier beteiligte Bundesländer an den 550 km der Grenze und durch deren unterschiedliche Denkmalschutzgesetze. Zur Übertragung und Präzisierung auf die jeweiligen Gegebenheiten in den einzelnen Bundesländern haben sich die Denkmalfachämter zur Aufstellung sogenannter „Limesentwicklungspläne" entschlossen – der erste wurde von Hessen im Jahre 2006 vorgelegt.[2] Die hierin wie auch im Managementplan getroffenen Festsetzungen geben zusammen mit dem hessischen Denkmalschutzgesetz den Rahmen vor, der das Handeln am 153 km langen Abschnitt des Welterbes in Hessen bestimmt.

Limes im Hochtaunuskreis

Im Bereich des Hochtaunuskreises findet sich ein Abschnitt von 25,8 km Länge, der das Gebiet von sieben der insgesamt 13 Kommunen im Kreis (Glashütten, Schmitten, Oberursel, Neu-Anspach, Bad Homburg v. d. Höhe, Friedrichsdorf, Wehrheim) durchläuft.

Nachdem der Limes im Westen die Idsteiner Senke durchzogen hat, erreicht er mit dem Gebiet der Gemeinde Glashütten den Hauptkamm des Hochtaunus, auf dem er an dessen Nordseite bzw. auf dem Kammverlauf

---

1 Erste Version: Andreas Thiel, Der Limes als UNESCO-Welterbe. Beiträge zum Welterbe Limes 1 (Bad Homburg v. d. H. 2008) 100–125. Erste Revision: Deutsche Limeskommission (Hrsg.), Managementplan 2010–2015. Beiträge zum Welterbe Limes Sonderbd. 1 (Bad Homburg v. d. H. 2010) (http://www.deutsche-limeskommission.de/fileadmin/dlk/images/dlk/pdfs/Management-Plan-2010-2015.pdf, letzter Zugriff 31. Mai 2015).
2 Stefan Bender, Limesentwicklungsplan Hessen. Maßnahmenkatalog zur Bewahrung, Forschung, Präsentation und Erschließung der ehemaligen römischen Reichsgrenze in Hessen (Wiesbaden ²2006).

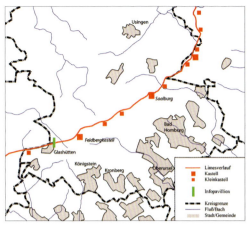

Der Limes im Hochtaunus mit einer Länge von knapp 26 km (Karte: hessenArchäologie, Th. Becker)

weiter nach Osten zieht. Dabei war offensichtlich die Topographie für den Verlauf des Limes ausschlaggebend. Die Römer wählten beispielsweise am Feldberg den Nordhang, während weiter östlich die Kammhöhe bzw. in einem kurzen Abschnitt auch die Südseite des Kammes als Verlauf bestimmt wurde. Dies setzt sich weiter östlich über den Saalburgpass hinaus so fort, wobei ab hier topographisch bedingt der nördliche Kammzug genutzt wurde.

Hierin zeigt sich deutlich das vom römischen Militär für die Grenzführung gewählte Konzept der Anpassung der Linienführung an die regionale und auch lokale Situation. Im Gegensatz dazu gibt es aber auch die gradlinige Führung ohne Berücksichtigung der Topographie, wie beispielsweise in der Wetterau. Allerdings finden sich im Hochtaunus auch unterschiedliche Reaktionen auf die lokale Topographie, die eine der Besonderheiten dieses Abschnitts ausmachen, auf die später noch einzugehen sein wird. Zu nennen ist hier beispielsweise der Limesverlauf am Klingenkopf, auf den die Grenzlinie gut zehn Höhenmeter überwindend hinaufzieht, um auf der anderen Seite auf die Ausgangshöhe herunterzuführen. Im Gegensatz zu dieser Linienführung wurden die Turmstellen 3/49 und 3/50 auf eine Geländekante 20 m oberhalb und 80 m hinter der eigentlichen Grenzlinie platziert. Das in einigen Bereichen hoch anstehende Grundgestein bewirkte zudem, dass der für die letzte Ausbauphase der Grenze charakteristische Graben und der mit dem Aushub dahinter aufgeschüttete Wall hier nicht ausgeführt werden konnten, da die mit dem Grabenaushub verbundene Bearbeitung des Taunusquarzits zu arbeitsaufwendig geworden wäre. Hier schichteten die bauausführenden Soldaten Steine, die sie in der Umgebung fanden oder in nahe gelegenen Aufschlüssen brachen, zu trocken gesetzten Mauern auf und ließen damit eine durchgehende Sicherung entstehen.

Wiederaufgeschichteter Abschnitt der Trockenmauer am Wachtturm 3/60 (Foto: hessenArchäologie, Th. Becker)

Entlang des Grenzverlaufes im Hochtaunuskreis verteilen sich insgesamt 42 Turmstellen, von denen 25 nachgewiesen, die übrigen vermutet sind. Vermutete Turmstandorte ergeben sich aus zu großen Abständen zwischen bekannten Stellen oder zur Aufrechterhaltung von Sichtverbindungen – hierzu wurden bereits während der ersten systematischen Aufnahme der Relikte der Grenze im Hochtaunus durch die beiden ersten Direktoren der Saalburg, Louis und Heinrich Jacobi, Vermutungen angestellt.

Der Abschnitt umfasst die Turmstellen 3/36 bis 4/2 und 4/12 nach Zählung der Reichs-Limeskommission – die erste Zahl gibt dabei einen von insgesamt 15 Bearbeitungsabschnitten an, in die die Gesamtstrecke der Grenze für die Aufnahme durch die Streckenkommissare der Kommission eingeteilt wurden, während die zweite der Zählung innerhalb des Abschnitts jeweils von Westen nach Osten dient.

An zehn Turmstellen finden sich Holztürme, die die erste Phase des Limesausbaus repräsentieren.

Ausbauphasen des Limes im Hochtaunus. Ähnlich der Mauer in der Provinz Raetien wurden wohl auch die kurzen Mauerabschnitte in der letzten Ausbauphase der Grenze im Taunus angelegt (Grafik: H. Wolf von Goddenthow)

Die Forschung geht mittlerweile davon aus, dass diese erste Grenzanlage in der Frühzeit der Herrschaft des Kaisers Traian um das Jahr 100 n. Chr. angelegt wurde. Zu dieser Zeit entstanden auch die ersten Kleinkastelle zur Grenzsicherung, beispielsweise die sogenannten „Erdschanzen" an der Saalburg. Die Errichtung der Palisade als erstes durchgehendes Sicherungselement – zunächst war der Grenzverlauf nur als Schneise mit einem Weg und den Türmen angelegt – lässt sich im Taunus selbst bislang nicht sicher datieren. Es ist aber möglich, dass analog zum dendrochronologisch in das Jahr 120 n. Chr. datierten Abschnitt bei Hammersbach-Marköbel (Main-Kinzig-Kreis)[3] an der östlichen Wetteraulinie auch im Taunus die Palisade um dieses Jahr entstand. Allerdings lassen sich immer wieder regionale Varianten und Unterschiede in der Bauform der Grenze herausarbeiten[4], so dass auch dieses Entstehungsdatum bis zu einem abschließenden Beweis, möglicherweise durch an diesem Grenzteil erhaltene Palisadenhölzer, hypothetisch ist.

Auch für den Ausbau der Türme in Stein gibt es keine direkten Datierungshinweise, wie beispielsweise Bauhölzer oder Inschriften von der Strecke selbst, doch lassen einige Analogien ein ähnliches Baujahr wie bei den Steintürmen am Odenwaldlimes vermuten, das durch Bauinschriften für das Jahr 145/146 n. Chr. überliefert wird. Der Ausbau der Türme in Stein scheint kein regionales Projekt, sondern am ganzen obergermanischen Limesabschnitt in einer Baumaßnahme entstanden zu sein. Auch lässt sich eine deutliche Erhöhung der Anzahl von Turmstellen beobachten, die mit einer Aufstockung der an der Grenze stationierten Soldaten einhergehen muss. Um 139 n. Chr. wird die 2. Raeterkohorte auf die Saalburg verlegt und baut für sich eine mit 3,2 ha fast fünfmal so große Anlage wie das vorhergehende Erdkastell. Diese Vergrößerung der Garnisonsfläche lässt sich auch an anderen Standorten zu einem ähnlichen Zeitpunkt beobachten, so dass die Erhö-

---

3 Stefan Bender, Bernhard Schroth, Thorsten Westphal, Der Kaiser in Rom hat auch am Krebsbach „dicht gemacht" – Palisadenfunde am Limes bei Hammersbach-Marköbel. hessenArchäologie 2002 (2003) 108–110.

4 Thomas Becker, Von einer Grenze umgeben? Aspekte zur Einheitlichkeit der Grenzsicherung am Limes am Beispiel des hessischen Abschnitts. In: Frank Ausbüttel, Ulrich Krebs, Gregor Mayer (Hrsg.), Römer in der Rhein-Main-Region. Beiträge zum Kolloquium Bad Homburg 2011 (Darmstadt 2011) 194–208.

hung der Turmanzahl nach diesem Zeitpunkt stattgefunden haben wird. Graben und Wall entstanden dann wohl um den Wechsel vom 2. zum 3. Jahrhundert – Hinweise dazu gibt beispielsweise ein Münzfund unter dem Wall am Limes im Vorfeld der Saalburg.[5]

Bei besonderen topographischen Situationen entlang der Grenze sah das römische Militär die Notwendigkeit, diese mit einer größeren Zahl von Soldaten als der kleinen Anzahl einer Turmbesatzung – man nimmt hier vier bis sechs Soldaten pro Turm an – zu sichern. An diesen Stellen entstanden sogenannte „Kleinkastelle" – kleinere Formen der bekannten römischen Lager, die eine Größe von ca. 0,2 ha aufwiesen und mit einer umgebenden Mauer samt Torturm und einem Graben ausgestattet waren – als zusätzliche Sicherung.[6]

Hierhin waren ca. 20 bis 30 Soldaten, wahrscheinlich unter dem Kommando eines Unteroffiziers, von den größeren Kastellen für einen Zeitraum abkommandiert. An der Strecke im Hochtaunus finden sich vier solcher Anlagen (Kleinkastell Maisel/Glashütten, Kleinkastell Altes Jagdhaus/Oberursel, Kleinkastell Heidenstock/Bad Homburg, Kleinkastell Lochmühle/Friedrichsdorf). An ihnen lässt sich die Funktion solcher Anlagen ablesen, da ihre Positionierung auf unterschiedliche strategische Situationen reagiert. Die Anlagen Maisel und Altes Jagdhaus sichern naturräumlich begünstigte Wege über den Taunus,

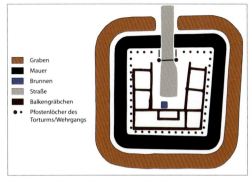

Systematischer Aufbau eines Kleinkastells am Limes im Hochtaunus (Grafik: hessenArchäologie, Th. Becker)

an denen Übergänge über die Grenze rekonstruierbar sind. Das Kleinkastell Lochmühle ist im Erlenbachtal positioniert und dient der Sperrung des den Taunus querenden Taleinschnitts. Ein Verkehrsweg ist hier nicht zu vermuten, da feuchte Talgründe ungern von den Römern als Straßenführung genutzt wurden. Beim Heidenstock erschließt sich die Funktion nicht auf den ersten Blick, da die beiden für die anderen Anlagen benannten Faktoren hier nicht zutreffen. Seine Positionierung lässt sich nur aufgrund der topographischen Situation im Vorfeld der Grenze verstehen, da mit

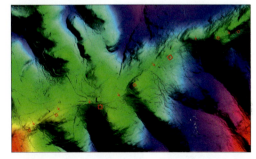

Verhältnis von Grenzverlauf und Positionierung von Türmen und Kleinkastellen zur umgebenden Topographie am Beispiel des Bereiches um die Kleinkastelle Altes Jagdhaus (Stadt Oberursel) und Heidenstock (Stadt Bad Homburg) mit vorgelagertem Höhenrücken um den Klingenberg (Kartengrundlage: HLBG. Umsetzung: hessenArchäologie, Th. Becker)

---

5 Thomas Becker, Ein Fibelfund aus dem Limeswall beim Wachtturm 3/31 im Taunus. In: Saalburg-Jahrb. 50, 2000, 105–106. Wenn man von einer simultanen Entstehung von Graben und Wall in Obergermanien und der Mauer in Raetien ausgehen will, kann das dendrochronologische Datum von 206/207 n. Chr. aus dem Unterbau der Mauer im Bereich des Kreutweihers am Kastell Dambach ebenfalls auf den Beginn des 3. Jahrhunderts n. Chr. als Entstehungszeitpunkt hinweisen (Wolfgang Czysz, Franz Herzig, Der Pfahlrost im Kreutweiher beim Limeskastell Dambach. Erste dendrochronologische Ergebnisse. Bericht der Bayerischen Bodendenkmalpflege 49, 2008, 221–226).

6 Christian Fleer, Typisierung und Funktion der Kleinbauten am Limes. In: Egon Schallmayer (Hrsg.), Limes Imperii Romani. Beiträge zum Fachkolloquium „Weltkulturerbe Limes" November 2001 in Lich-Arnsburg. Saalburg-Schriften 6, 2004, 75–89.

dem Höhenrücken um den Klingenberg eine natürliche Querungssituation des Taunus besteht, die an den Flanken durch die beiden Kleinkastelle gesichert werden sollte. Darüber hinaus wurde für die Überwachung des Vorfeldes die Turmstelle 3/55 an den Nordrand der Kuppe des Klingenkopfes gebaut, was einen zusätzlichen Arbeitsaufwand bei der Anlage der Grenzlinie bedeutete, den das römische Militär zugunsten des strategischen Vorteils in Kauf nahm.

Am Abschnitt im Hochtaunuskreis befinden sich mit dem Feldbergkastell und der Saalburg zwei größere Kastelle, die aufgrund ihrer Erhaltung und ihres heutigen Erscheinungsbildes einen besonderen Stellenwert am gesamten Limes einnehmen. Das Feldbergkastell, am Nordhang des Kleinen Feldbergs gelegen und topographisch betrachtet das höchstgelegene Kastell am Limes, ist eine der am besten erhaltenen Anlagen und durch die Konservierung der Grundmauern nach der Ausgrabung als archäologischer Park in der Verwaltung der Staatlichen Schlösser und Gärten Hessen[7] in seiner Lage und Ausdehnung sehr gut erfahrbar.

Feldbergkastell aus der Luft mit der Gestaltung des Kastellareals als archäologischer Park (Foto: hessenArchäologie, C. Bergmann)

7   http://schloesser-hessen.de/73.html?&farbe=%20&fsize=2%20%20%20%20%20onfocus=blurLink(this) (letzter Zugriff 10.05.2015).

Der Saalburg kommt als einzigem vollständig wiederaufgebauten Kastell im Römischen Reich in verschiedener Hinsicht eine besondere Bedeutung am Limes im Hochtaunus und darüber hinaus in Hessen zu, auf die weiter unten noch einzugehen sein wird. Der Saalburgpass wird mit dem Beginn der Grenzziehung bereits gesichert worden sein und war bis zum Ende des Limes um 275 n. Chr. nach Ausweis der Münz- und Keramikfunde militärisch besetzt. Dagegen ist nach derzeitigem Forschungsstand davon auszugehen, dass das Feldbergkastell erst nach der Mitte des 2. Jahrhunderts, dann aber bereits mit steinerner Umwehrung, entstand. Beide Anlagen werden von der üblichen Infrastruktur umgeben, zu der öffentliche Bauten wie Badegebäude, Unterkünfte für Reisende oder Tempel verschiedener Gottheiten ebenso gehören wie die Streifenhäuser als private Wohnhausformen. Da in den letzten Jahren an den beiden Kastellplätzen zum Teil intensive Forschungen stattfanden, sei an dieser Stelle auf eine umfangreiche Darstellung des Wissenstandes verzichtet und auf die entsprechende Literatur verwiesen.[8]

Zu den Besonderheiten des Limesabschnitts im Hochtaunus gehören nicht nur die aus archäologischer Sicht verschiedenen Alleinstellungsmerkmale, die in Bezug auf bauliche Umsetzung und Erhaltung eine Re-

8 Martin Schaich, Laserscan und digitaler Gesamtplan. Neue Vermessungsmethoden auf der Saalburg. hessenArchäologie 2001 (2002) 89–93. Frank Saltenberger, Egon Schallmayer, Archäologische Untersuchungen im Saalburg-Kastell. hessenArchäologie 2001 (2002) 86–89. Elke Löhnig/Egon Schallmayer, Neue Grabungen im Saalburg-Kastell. hessenArchäologie 2004 (2005) 97–100. Cecilia Moneta, Der Vicus des römischen Kastells Saalburg (Bad Homburg v. d. H. 2010). Die Autorin arbeitet zurzeit im Rahmen eines Postdoktoranden-Stipendiums die Befunde des Kastells auf. – Elke Löhnig, Egon Schallmayer, Sanierungsmaßnahmen im Feldbergkastell. hessenArchäologie 2004 (2005) 93–97. Peter Knieriem, Elke Löhnig, Die „Heidenkirche" am Feldberg-Kastell. hessenArchäologie 2005 (2006) 80–83. Egon Schallmayer, Geophysikalische Prospektion am Limes in Hessen. Neue Forschungen am Limes. Kolloquiumsband zum 4. Fachkolloquium 2007 in Osterburken. Beitr. Welterbe Limes 3 (Bad Homburg 2008) 59–81, bes. 66–71.

aktion der Römer auf die topographische Situation darstellen. Auch in der didaktischen Erschließung weist dieser Teil der Grenze in Hessen eine Besonderheit auf, die mit einem prägenden Namen versehen ist: Limeserlebnispfad Hochtaunus. Mit dieser Dachmarke ist der gesamte Abschnitt des limesbegleitenden Wanderweges bezeichnet, der über die Grenze des Hochtaunuskreises hinaus bis nach Ober-Mörlen im Wetteraukreis reicht. Sie steht aber nicht nur für den erschließenden Wanderweg, sondern ebenso für die Bemühungen der Kommunen und der Kreise, das gemeinsame Welterbe zu schützen und entsprechend für den Besucher weiter aufzuwerten. Hierzu entstand bereits vor der Erhebung zum Welterbe ein Konzept zur schonenden Weiterentwicklung, das zwischen den beteiligten Institutionen abgestimmt wurde und die Grundlage der zukünftigen Handlungen war.[9] 2008 schlossen sich die beteiligten Kommunen Oberursel, Friedrichsdorf, Glashütten, Wehrheim und Schmitten mit dem Hochtaunuskreis zu einer am gesamten Limes einzigartigen gemeinnützigen Gesellschaft mit beschränkter Haftung (gGmbH) zusammen, der mittlerweile auch die Stadt Bad Homburg beigetreten ist. Durch die mit dem Eintritt verbundene finanzielle Einlage werden Projekte am Limeserlebnispfad umgesetzt.

Bewahren

Das Welterbe im Hochtaunus ist verschiedenen Gefahren ausgesetzt, die möglicherweise auf den ersten Blick nicht augenfällig sind, aber durchaus zur Schädigung des Denkmals führen können. Im Gegensatz zu anderen Kreisen in Hessen führte Siedlungsdruck nur an ganz wenigen Stellen im Kreis (Glashütten und Köpperner Tal) zu gewissen Problemen, die aber bislang durch frühzeitige Beteiligung der Denkmalpflege zum Ausgleich der verschiedenen Interessen ausgeräumt werden konnten. In Zukunft müssen auch weiterhin Planungsvorhaben am Limes unter den besonderen Anforderungen des Welterbeschutzes im Bestand selbst, aber auch unter Einbeziehung der ihn umgebenden Kulturlandschaft abgestimmt werden. Dies gilt für Bauvorhaben ebenso wie für touristische Infrastrukturmaßnahmen, aber auch für mögliche Standorte der regenerativen Energiegewinnung in der ungestörten Kulturlandschaft.

Der Wald im Hochtaunus hat durch seine extensive Bewirtschaftung über Jahrhunderte für eine besondere Denkmalerhaltung gesorgt. Durch die Intensivierung der Waldbewirtschaftung in den vergangenen zwanzig Jahren und den damit verbundenen immer stärker werdenden Einsatz schwerer Maschinen für eine wirtschaftliche Baumernte wird dieser Refugiumscharakter stark bedroht. In enger Abstimmung zwischen Forst- und Denkmalschutz wird versucht, den Bereich

---

[9] Egon Schallmayer, Neuer Raum für Altertümer und ihre Vermittlung. Archäologischer Park Saalburg und Limeserlebnispfad Hochtaunus. Jahrb. Hochtaunuskreis 11, 2003, 48–56. – Thomas Richter, Der Limeserlebnispfad Hochtaunus: ein Projekt zur Aufwertung des römischen Erbes im Taunus. In: Hochtaunuskreis/Römerkastell Saalburg (Hrsg.), Mit der Antike in die Zukunft: Der Limes auf dem Weg zum Weltkulturerbe. Dokumentation des gleichnamigen Symposiums vom 30. Oktober 2004 im Rahmen der „Taunus-Dialoge". Saalburg-Schriften 7, 2005, 70–81.

Kleinkastell Heidenstock. Wurzelteller eines durch Windwurf umgelegten Baumes im Bereich des Kastellgrabens (Foto: hessenArchäologie, Th. Becker)

des Limes schonend zu bewirtschaften, da unbewirtschaftete Waldbereiche auch nicht im Interesse des Denkmals sind. Hierbei könnte das Denkmal verbuschen und damit „unsichtbar" werden, oder alte Bäume könnten umstürzen und mit ihrem Wurzelteller Teile des Denkmals herausreißen. Ziel muss eine gesteuerte Nutzung des Waldes sein, die Auswirkungen auf das Denkmal minimiert, eine Bewirtschaftung ermöglicht und den Waldbestand erhält. Freischnitte des Denkmals haben sich dabei nur bedingt bewährt, da sie einen erhöhten Pflegebedarf nach sich ziehen und Angriffspunkte für Stürme bieten, wodurch eine erhöhte Gefahr von Windbruch entsteht. Da davon wiederum Denkmalsubstanz zerstört werden kann, muss diese Methode vor ihrer Anwendung wohl abgewogen sein. In jedem Fall dürfen bei einer Rodung die Wurzelstöcke nicht maschinell entfernt werden, sondern müssen vor Ort verrotten, um einen intakten historischen Schichtaufbau zu garantieren.

Auch andere Waldnutzungen können negative Einflüsse auf das Denkmal ausüben, was nicht grundsätzlich mit ihnen selbst, sondern mit einer übertriebenen Praxis zusammenhängt. Dies gilt immer dann, wenn zu viele Menschen außerhalb bestehender Wegeführungen das Denkmal aufsuchen, gleichgültig, ob dies zu Fuß oder beispielsweise mit dem Mountainbike geschieht. Dabei ist nicht das Verbot das geeignete Mittel der Steuerung, sondern das Zusammenwirken von Aufklärung, gezielter Lenkung und Kanalisation. In diesem Sinne ist beispielsweise die Einbindung der Denkmalpflege in die Überlegungen zu einer Down-Hill-Strecke für Mountainbiker am Feldberg wichtig[10], deren Verlauf keine negativen Auswirkungen auf das Denkmal selbst haben sollte. Selbst Freizeitaktivitäten wie das Geocaching können denkmalverträglich sein, doch auch hier spielen Aufklärung und Kooperation eine wesentliche Rolle.[11]

Oberste Priorität muss für die Zukunft dem Erhalt des Denkmals in seinem derzeitigen Bestand gelten. Dafür werden gezielt Maßnahmen angesetzt, um das Denkmal konservatorisch zu sichern. Neben dem Engagement der Limeserlebnispfad Hochtaunus gGmbH konnten erfreulicherweise im Hochtaunuskreis drei Projekte durch die Investitionsprogramme des Bundes für die nationalen Welterbestätten bezuschusst werden. Zwei dieser Projekte trugen mit zusätzlicher finanzieller Unterstützung des Landes Hessen zur Sicherung der historischen Bausubstanz der Saalburg bei, denn auch diese ist aufgrund ihres frühen Entstehungszeitpunkts in wilhelminischer Zeit Teil des Welterbes.[12] Auf diesem Wege konnten das Gräberhaus, das Mithrasheiligtum, die Jupitersäule und die beiden wilhelminischen Rekonstruktionen römischer Wohnhäuser im Bestand gesichert

Gräberhaus an der Saalburg während der Sanierung (Foto: hessenArchäologie, Th. Becker)

---

10 http://woffm.de/bikepark-feldberg-informationen/ (letzter Zugriff 10.05.2015).

11 Thomas Becker, Sebastian Räuber, Faszination Welterbe und Abenteuer Geocaching. Der Limes 8.2, 2014, 16–18.
12 Carsten Amrhein, Elke Löhnig, Nach 100 Jahren – Die Sanierung der wilhelminischen Bauten im Römerkastell Saalburg. In: Peter Henrich (Hrsg.), Der Limes vom Niederrhein bis an die Donau. 6. Kolloquium der Deutschen Limeskommission. Beiträge zum Welterbe Limes 6 (Bad Homburg v. d. H. 2012) 177–187. Carsten Amrhein, Elke Löhnig, Die Sanierung der wilhelminischen Bauten im Römerkastell Saalburg. Der Limes 6.1, 2012, 15–17. Carsten Amrhein, Elke Löhnig, Jupiter erstrahlt in neuem Glanz. Der Limes 6.2, 2012, 34–35.

und für die Besucher der Saalburg neu präsentiert werden.

Auch fanden Bestandsicherungsmaßnahmen an den in wilhelminischer Zeit konservierten Grundmauern im Vicus statt, und für einige Turmstellen entlang der Grenze konnte eine Förderung in diesem Rahmen erwirkt werden. So wurden die bereits offenliegenden Originalmauern am Pfeilerbau im Emsbachtal (Wp 3/43a) und die alten Grabungsschnitte an der Holzturmstelle Wp 3/42* durch Auftrag von Bodenmaterial konservatorisch überdeckt.

Pfeilerbau im Emsbachtal (Wp 3/43a) nach konservatorischer Überdeckung mit Erde zum Schutz der Bausubstanz (Foto: hessenArchäologie, Th. Becker)

Erneut gesichert werden mussten die in den 1970er Jahren konservierten Grundmauern der Steintürme Wp 3/49 und Wp 3/50.[13] Weitere Maßnahmen an anderen Turmstellen sind noch vorgesehen.

Erforschen

Der gesamte Obergermanisch-Raetische Limes mit seinen Überresten blickt auf eine lange Forschungstradition zurück. War es zu Beginn nur die Identifikation der Ruinen und Spuren im Gelände als römische Reste – hier gehört die Nennung des „Polgrab" in einer Fabel des Erasmus Alberus (1500–1553) aus dem 16. Jahrhundert über den Taunus zu den frühesten Ansprachen[14] –, entstanden ab dem 18. Jahrhundert erste exakte Beschreibungen und Kartierungen, die in eine systematische Aufnahme des Denkmals durch die Reichs-Limeskommission 1892 bis 1937 mündete.[15]

Trotz der intensiven Forschungstätigkeit, die in der Nachkriegszeit durch das Saalburgmuseum fortgesetzt wurde, gibt es immer noch offene Fragen, die verschiedenste Bereiche des Limes betreffen. Dies gilt im Hochtaunus weniger für die Lagebestimmung der Strecke, da hier Graben und Wall weitgehend obertägig sichtbar sind und damit der Verlauf klar festgelegt werden kann. Aber ein Teil der Turmstellen entlang der Grenzlinie wurde bislang in ihrer Existenz nur vermutet, so dass deren Nachweis und exakte Lagebestimmung eines der Forschungsziele ist. Weiterhin offen ist der genaue Verlauf der älteren Limeslinie im westlichen Hochtaunus, auf der einzelne Holztürme, nämlich 3/38*, 3/42*, 3/45* und 3/49*, nachgewiesen sind,[16] die zugehörige Palisade in den Zwischenbereichen aber bislang nicht. In Bezug auf die Anfangszeit der Grenzlinie fehlen noch exaktere Datierungshinweise, so dass hier Aussagen vor allem aus historischen Erwägungen getroffen werden müssen.

An der Hochtaunusstrecke konnten im letzten Jahrzehnt anlassbezogen verschiedene Stellen näher betrachtet werden, wobei die klassische Methode der Archäologie,

---

13 Carsten Amrhein, Thomas Becker, Elke Löhnig, Konservierungen von archäologischen Denkmälern – Erfahrungen und Vorgehensweisen am Limeserlebnispfad Hochtaunus. In: Egon Schallmayer (Hrsg.), Neustart. Hessische Landesarchäologie 2001–2011. Konzeption – Themen – Perspektiven; hessenArchäologie, Sonderband 2 (Stuttgart 2012) 72–77.

14 Sparkassenkulturstiftung Hessen-Thüringen (Hrsg.), Kulturelle Entdeckungen: Literaturland Hessen (Darmstadt 2009) 195 (Oberursel).

15 Rainer Braun, Die Geschichte der Reichs-Limeskommission und ihrer Forschungen. In: Der römische Limes in Deutschland. Archäologie in Deutschland, Sonderheft 1992 (Stuttgart 1992) 9–32.

16 Der Obergermanisch-Raetische Limes des Römerreichs Abtl. A Band II.1: Strecke 3 (Berlin/Leipzig 1936) 100–104; 112.

die Ausgrabung, nur in Ausnahmefällen Anwendung fand, um eine weitere Zerstörung zu vermeiden. Deshalb wählte man vor allem Dokumentationsmethoden, mit denen denkmalschonend Erkenntnisse gesammelt werden können, z. B. die geophysikalischen Prospektionsmethoden und das sogenannte „Airborne-Laserscanning", wohingegen die Luftbildarchäologie aufgrund des Waldes im Taunus keine Anwendung finden kann.[17]

Bei geophysikalischen Prospektionsmethoden werden Veränderungen gemessen, die durch menschliche Eingriffe in den Boden entstanden sind. Diese Störungen, auch Anomalien genannt, haben bleibende Auswirkungen auf die magnetische Ausrichtung, die elektrische Leitfähigkeit und die Reflexion von Radarquellen des Bodens.[18] Diese können durch Einsatz der entsprechenden Geräte mit empfindlichen Sonden gemessen und im Computer gefiltert auf Messbildern dargestellt werden, wobei Strukturen im Boden sichtbar gemacht werden. Die Methode findet auf Freiflächen oder in lichten Hochwäldern Anwendung, da bei Hindernissen (z. B. Bäumen) kein Messwert genommen werden kann und damit bei dichteren Waldbereichen das Bild zu lückenhaft werden würde. Im Hochtaunus wurden solche Messungen, vor allem die geomagnetische Methode, an der vermuteten Turmstelle Wp 3/41 bei Glashütten, beim Kastell und Bad am Feldbergkastell, am Kleinkastell Heidenstock, auf der Saalburg und beim Kleinkastell Lochmühle angewandt.[19] Damit konnte bei-

Messbild der geophysikalischen Prospektion am Kleinkastell Heidenstock (Magnetogramm: Posselt & Zickgraf Prospektionen GbR, Marburg)

spielsweise die vermutete Lage der Turmstelle 3/41 für den untersuchten Bereich nicht bestätigt werden. Durch diesen negativen Befund konnte die Denkmalpflege der Errichtung eines Einkaufsmarktes zustimmen. Beim Kleinkastell Heidenstock stellte sich die Frage nach der Innenstruktur der Anlage und ob sie einen Steinturm als Vorgängerbau hatte, da die aktuelle Geländeformung diese Vermutung hatte aufkommen lassen.[20] Letzteres konnte anhand des Messbildes nicht bestätigt werden, da sich hier keine Hinweise auf eine solche Vorgängerphase ablesen ließen.

Eine relativ neue Methode, die ursprünglich für die Landesvermessung entwickelt wurde, ist das Airborne-Laserscanning, das eine exakte Vermessung der Geländeoberflä-

---

17 Landesamt für Denkmalpflege Hessen/Hessisches Ministerium für Wissenschaft und Kunst (Hrsg.), Zeitspuren. Luftbildarchäologie in Hessen (Wiesbaden 1997).
18 Norbert Buthmann, Martin Posselt, Benno Zickgraf, Archäologie im Messbild. Geophysikalische Prospektionen archäologischer Fundplätze in Hessen. Herausgegeben von der Kommission für Archäologische Landesforschung in Hessen e.V. (Rahden/Marburg 2008).
19 Egon Schallmayer, Geophysikalische Prospektion am Limes in Hessen. In: A. Thiel (Hrsg.), Neue Forschungen am Limes. Beiträge zum Welterbe Limes 3 (Bad Homburg v. d. H. 2008) 66–71.

20 Carsten Amrhein, Thomas Becker, Sanierung und archäologische Dokumentation am Kleinkastell Heidenstock. Inwertsetzung eines Denkmals am Welterbe Limes im Hochtaunuskreis; hessenArchäologie 2008 (Wiesbaden 2009) 188–190, bes. 190.

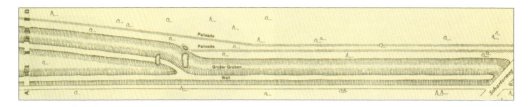

Vermessungsplan der Reichs-Limeskommission (oben) und moderner Laserscan (links) im Vergleich: die Limesdoppelung östlich des Feldbergkastells (nach ORL A II.1 Strecke 3, Taf. 8.1. Daten Laserscan: Hessische Landesverwaltung für Bodenmanagement und Geodäsie. Grafik: hessenArchäologie, Th. Becker)

che ermöglicht.[21] Dabei werden von einem Flugzeug aus Laserstrahlen auf die Erdoberfläche geschickt und deren Reflexionen dann wieder aufgefangen. Über die Zeitdauer der Reflexion und die exakte Position des Flugzeuges kann man die genaue Lage und Höhe eines Punktes bestimmen. Dabei lassen sich Bewuchs oder auch moderne Bebauung am Computer herausrechnen, so dass ein präzises Modell der reinen Geländeoberfläche entsteht. In der Archäologie findet diese Methode Anwendung, da sie obertägig kaum sichtbare Strukturen erkennbar macht. So wurden bislang unbekannte Teile der ehemaligen Grenze entdeckt, und die bekannten Abschnitte konnten exakt in ihrer Lage bestimmt werden. Deutlich wird dies am

Beispiel der doppelten Linienführung mit Graben und Wall östlich des Feldbergkastells, an der die Römer den Grenzverlauf auf einem kurzen Stück korrigierten.[22] Hier lässt sich anhand des Laserscans die Aufnahme der Reichs-Limeskommission in Lage und Aussehen präzisieren und darauf aufbauend möglicherweise der Anlass für diese kleinräumigen Verlaufskorrekturen erforschen. Diese Methode kann auch am Boden angewandt werden (terrestrischer Laserscan), wenn eine erhöhte Präzision gefordert ist und das Terrain den Einsatz ermöglicht.[23]

Im Einzelfall bedarf es aber immer noch der Ausgrabung als Untersuchungsmethode, wenn entweder vor einer unvermeidlichen Zerstörung das Denkmal zu dokumentieren ist (Rettungsgrabung) oder eine wichtige Fragestellung nur mittels dieser Methode geklärt werden kann. Ausgrabungen fanden in den letzten Jahren am Feldbergkastell, am Kleinkastell Heidenstock und an der Saalburg statt.[24] Die jüngste betraf den Pfeilerbau im Emsbachtal (Wp 3/43a) vor seiner konservatorischen Überdeckung (s. o.), bei dem die

---

21 Martin Schaich, Robert Langer, Hightechprospektionen aus der Luft. Der Limes 3.2, 2009, 4–7.

22 Der Obergermanisch-Raetische Limes des Römerreichs Abtl. A Band II.1: Strecke 3 (Berlin/Leipzig 1936) 108-111.
23 Martin Schaich, Laserscan und digitaler Gesamtplan. Neue Vermessungsmethoden auf der Saalburg; hessenArchäologie 2001 (2002) 89–93.
24 Vgl. Anm. 8 und 20.

Suchschnitt an der nördlichen Innenseite des Pfeilerbaus im Emsbachtal während der Untersuchung (Foto: hessenArchäologie, Th. Becker)

Tetradrachme (griech. Münzeinheit) des Kaisers Claudius II. Gothicus, geprägt in Alexandria/Ägypten (Foto: hessenArchäologie, B. Steinbring)

Frage der Substanzerhaltung und der Datierung des Baus geklärt werden sollte. Letztere wurde in Fachkreisen aufgrund der ungewöhnlichen Bauform und seiner Nähe zur spätmittelalterlichen Glashütte diskutiert, zumal das bei den älteren Grabungen geborgene Fundmaterial zwar römisch ist, aber auch sekundär dorthin verlagert sein konnte. Die für Datierungen wichtige Keramik fehlte am Pfeilerbau bislang ganz. Im Rahmen eines 3 x 0,8 m messenden Schnitts an der nördlichen Innenseite des Gebäudes konnte eine mit mindestens 1,3 m Höhe beeindruckende Erhaltung des Gebäudes nachgewiesen und durch die Bergung von Keramikteilen und Ziegelbruch auch die römische Datierung des Baus bestätigt werden.[25] Überraschend war der Fund einer Münze im Untersuchungsbereich. Nach ihrer Säuberung stellte sie sich als Tetradrachme aus dem ägyptischen Alexandria dar, die während der Regierungszeit des Kaisers Claudius II. Gothicus (268–270 n. Chr.) geprägt wurde.

Eine solch späte Münze, die offensichtlich noch mehrere Jahre im Umlauf war, worauf die Abnutzungsspuren hinwiesen, und daher wohl erst in den 270er Jahren in den Boden gelangte, passt eigentlich nicht zum bislang angenommenen Ende der Grenzsicherung um 259/260 n. Chr.[26] Anhand dieses Fundes erscheint die Besetzungsdauer des Limes in neuerem Licht und wird in Zukunft noch detaillierter zu erforschen sein.

Aber nicht nur aktuelle Untersuchungen helfen, Kenntnisse über die ehemalige römische Reichsgrenze zu erweitern, sondern auch die Aufarbeitung alter Grabungsbefunde und Funde unter modernen Fragestellungen bieten erhebliches Potenzial. Beispielhaft ist hier sicherlich die umfangreiche Vorlage des Vicus der Saalburg durch Cecilia Moneta[27], die einen neuen Blick auf das Lagerdorf unter verschiedenen Aspekten ermöglicht.

Zukünftige Forschergenerationen finden mit Sicherheit noch weitere offene Fragen, deren Beantwortungen mit Spannung zu erwarten sein werden.

Präsentieren

Neben dem unverfälschten Erhalt einer Welterbestätte erwartet die UNESCO von einem Partnerland auch die Vermittlung des Wertes

---

25 Thomas Becker, David Sarnowski, Zu Wachtturm 3/42* und dem Pfeilerbau im Emsbachtal, Gemeinde Glashütten. Untersuchungen im Vorfeld konservatorischer Maßnahmen am UNESCO-Welterbe Limes/. hessenArchäologie 2014 (2015 im Druck). Th. Becker, Pfeilerbau bei Glashütten untersucht und abgedeckt. Der Limes 9.1, 2015, 8–11.

26 Thomas Becker, Marcus G. Meyer von Alexandria in den Taunus – Tetradrachme des Claudius II. Gothicus aus dem Pfeilerbau im Emsbachtal. hessenArchäologie 2014 (2015 im Druck).
27 Cecilia Moneta, Der Vicus des Römischen Kastells Saalburg (Mainz 2010). Cecilia Moneta, Der vicus der Saalburg. Der Limes 5.1.2011, 24–27.

und der Bedeutung einer Stätte an den Besucher.[28] Dies deckt sich mit dem gesetzlichen Auftrag der Denkmalpflege, „Verständnis für Denkmalschutz und Denkmalpflege zu wecken und zu fördern".[29] Im Hochtaunus stand dies bereits vor der Erhebung des Limes zum Welterbe mit der Einrichtung des Limeserlebnispfades und dem zugrunde liegenden Konzept der Vermittlung als vorderstes Ziel der Maßnahmen im Fokus.[30]

Die Vermittlung des Welterbes in Hessen ist in ein System verschiedener hierarchischer Ebenen gegliedert, die sich aus deren unterschiedlichen Aufgaben und regionalen Einbindungen ergeben.[31] Das zentrale Limesinformationszentrum für Hessen ist die Saalburg, die gleichzeitig als regionales Limesinformationszentrum für den Hochtaunuskreis fungiert. Der Raum vor der Kasse im 2009 errichteten Streifenhausgebäude, in dem sich auch der Museumsshop für das Saalburgmuseum befindet[32], erlaubt eine Erstinformation über das UNESCO-Welterbe im Allgemeinen und über den Limes als Welterbestätte im Speziellen.

Diesem Limesinformationszentrum – es gibt davon in Hessen insgesamt acht[33] – sind lokale Informationspunkte untergeordnet, zu denen auch das Einstiegsportal zum Limeserlebnispfad in Glashütten zuzurechnen ist.

Hier wird im Sinne einer lokalen Information neben Allgemeinem zu Welterbe und Limes vor allem auf die vor Ort zu berücksichtigenden Punkte und Besonderheiten an und im Umfeld der Strecke hingewiesen.[34] Ein entsprechendes Pendant ist am östlichen Ende des Limeserlebnispfads bei Ober-Mörlen (Wetteraukreis) in der Planung.

Infopavillon am Beginn des Limeserlebnispfades in Glashütten (Foto: hessenArchäologie, Th. Becker)

Die Vermittlung am Ort erfolgt durch Informationstafeln, die seit der Aufnahme zum Welterbe 2005 in einem einheitlichen Design gestaltet[35] und deren Inhalte von Fachleuten verständlich umgesetzt wurden. Entlang des Limeserlebnispfades finden sich an unterschiedlichen Punkten solche Tafeln, die einzelne Denkmäler beschreiben oder, wie am Feldbergkastell oder der Saalburg, zu einem Rundweg verbunden, verschiedene Aspekte der Kastellplätze darstellen. Hier ließen sich in der Zukunft noch Schilder ergänzen, um einerseits verschiedene noch nicht entlang des Limeserlebnispfades thematisierte Aspekte der Grenze aufzugreifen und um andererseits dem Besucher auf der gesamten Strecke in regelmäßigen Abständen Wissenswertes präsentieren zu können.

---

28 Übereinkommen zum Schutz des Kultur- und Naturerbes der Welt Art. 27 (http://www.unesco.de/infothek/dokumente/uebereinkommen/welterbe-konvention.html. Letzter Zugriff 10.05.2015).
29 Gesetz zum Schutze der Kulturdenkmäler Hessen § 4.
30 Thomas Richter, a.a.O. (Anm. 9) 70–71.
31 Thomas Becker, Information zu 153 km – Vermittlung des Welterbes Limes in Hessen. Museum heute 44, 2013, 22–26.
32 Egon Schallmayer, Neue Streifenhäuser als Eingang zur Saalburg. Kasse und Museumsshop im Lagerdorf vor dem Römerkastell. Jahrb. Hochtaunuskreis 18, 2010, 174–199.
33 Rheingau-Taunus-Kreis: Hofgut Georgenthal (Hohenstein-Steckenroth). Hochtaunuskreis: Saalburg. Wetteraukreis: Museum Butzbach; Wetteraumuseum Friedberg; Museum Echzell. Landkreis Gießen: Hof Graß (Hungen-Hof Graß). Main-Kinzig-Kreis: Museum Großkrotzenburg. Landkreis Offenbach: Landschaftsmuseum Seligenstadt.

34 Thomas Becker, Carsten Wenzel, Infopunkt Limeserlebnispfad in Glashütten eingeweiht. Der Limes 1.2012, 23. Thomas Becker, Carsten Wenzel, Infopavillon in Glashütten eröffnet – Einstiegsportal zum Limeserlebnispfad. hessenArchäologie 2011 (2012) 200–203.
35 Deutsche Limeskommission (Hrsg.), Richtlinien für Erklärungstafeln am UNESCO-Welterbe Obergermanisch-Raetischer Limes (Bad Homburg 2011) (s. http://www.deutsche-limeskommission.de/fileadmin/dlk/images/dlk/pdfs/Richtlinien_fuer_Erklaerungstafeln_am_LIMES.pdf. Letzter Zugriff 10.05.2015).

Informationstafel zum Kleinkastell Heidenstock im Design für das Welterbe Limes (Foto: hessenArchäologie, Th. Becker)

Entgegen dem ursprünglichen Konzept des Limeserlebnispfades kann es allerdings nicht das Ziel sein, an jeder Turmstelle und an möglichst vielen Punkten entlang der Strecke Informationstafeln aufzustellen. Diese veränderte Ansicht lässt sich aus verschiedener Sicht begründen. Gerade bei der Gleichförmigkeit von Turmstellen und dem Grenzsicherungssystem aus Palisade, Graben und Wall besteht eine hohe Wiederholungsgefahr bei den Themen und Informationen entlang des Erlebnispfades. Diese Gefahr ist für das gesamte Welterbe bereits erkannt, und ihr wird in Teilen mit Schwerpunktsetzungen in der Themenvermittlung begegnet, um Doppelungen von vornherein auszuschließen. Solche Rahmenwerke existieren auf übergeordneter Ebene für Teile der Grenze.[36] Ein solches System müsste auch auf das ursprüngliche Konzept des Limeserlebnispfades angewandt werden.

Aufmerksamkeit für das Denkmal können aber auch andere Maßnahmen erzeugen, die beim Abschnitt des Limes im Hochtaunuskreis zum Teil bereits Anwendung finden. Allen voran sind hier die Querungsmarkierungen zwischen der ehemaligen römischen Reichsgrenze und dem Limeserlebnispfad zu nennen.

Hier wird der Wanderer durch einen Pfahl mit einer gelb-schwarzen Markierung und dem Schriftzug „Limes UNESCO-Welterbe" aufmerksam gemacht. Noch sind nicht alle

---

[36] Thomas Becker, Stefan Bender, Christof Flügel, Jürgen Obmann, Bunderländer- und landkreisübergreifendes „Limes Interpretation Framework". Museum heute 44, 2013, 18–21.

Querungspunkte auf diese Weise gekennzeichnet, und auch eine Erläuterung hierfür fehlt bislang an den Einstiegspunkten zum Limeserlebnispfad. In anderen Kreisen wurde an den entsprechenden Stellen entlang moderner Straßenverläufe mit nachempfundenen Palisadenpfählen der Verlauf der Grenze markiert. Die Deutsche Limeskommission hat eine Richtlinie für die Art dieser Markierung als Empfehlung herausgegeben[37] – hoffentlich findet sich für die Zukunft an den wenigen limesquerenden Straßen im Hochtaunus (B 8 bei Glashütten, L 3025 am Feldberg, L 3024 und 3004 am Sandplacken, B 456 bei der Saalburg, L 3041 an der Lochmühle) die Möglichkeit, entsprechende Kennzeichnungen aufzustellen, was sich allerdings in Hessen im Gegensatz zu anderen Bundesländern bislang als bürokratisch schwierig erwiesen hat, wie andere Beispiele zeigen.

Aufgrund des exzellenten Erhaltungszustands des Denkmals im Hochtaunus sind künstliche Veränderungen oder Ergänzungen des Denkmals zur Visualisierung für den Besucher kaum notwendig und eher denkmalunverträglich. Mit der Saalburg und dem dortigen Limesabschnitt sind die einzigen Nachbauten im Kreis auf den Archäologischen Park konzentriert. Die Bezeichnung „Rekonstruktion" für wiedererstandene Denkmalteile sollte vermieden werden, da diese die detaillierte Kenntnis des ursprünglichen Aussehens, beispielsweise durch bildliche Darstellungen oder schriftliche Überlieferung oder Pläne, voraussetzt.[38] Da das Wissen über das Aussehen der Bauteile des Limes vor allem auf den Ergebnissen archäologischer Untersuchungen und dem Vergleich mit gut erhaltenen Bauteilen in anderen Provinzen beruht, ist die Grundlage nicht ausreichend für eine „Rekonstruktion", sondern stark von den modernen Erfahrungen der Bautechnik geprägt, so dass man lediglich von einem Nachbau sprechen kann. Die beiden genannten Nachbauten sind nach dem damaligen Kenntnisstand der Forschung entstanden und basieren auf den archäologischen Untersuchungen, die im Vorfeld vor Ort durchgeführt wurden.[39] Bei der Saalburg entstanden im ersten Jahrzehnt des 21. Jahrhunderts verschiedene Neubauten, die der modernen Entwicklung des Museums als Vermittlungsort dienen. Dabei wurde die Form eines Neubaus gewählt, der in der Kubatur an ein antikes Gebäude in einem Kastell erinnert, in der Einrichtung den Anforderungen an moderne Museumsgestaltung und dessen Betrieb dabei Genüge tut. Auf dieser Basis entstanden das Prätorium als erweiterter Verwaltungsbau und die Fabrica als Multifunktionsbau für verschiedene museale Zwecke.[40] Schließlich rundet die Errichtung der beiden Streifenhäuser unter gleichen Maßgaben die

---

37 http://www.deutsche-limeskommission.de/fileadmin/dlk/images/dlk/pdfs/Markierungsrichtlinien.pdf (letzter Zugriff: 31. Mai 2015).
38 Thomas Becker, Jürgen Obmann, Neubauten am Limes. Bericht der bayerischen Bodendenkmalpflege 56, 2015 (im Druck).
39 Über die Grabungserkenntnisse haben Louis und Heinrich Jacobi verschiedenste Veröffentlichungen verfasst, die hier nicht alle wiedergegeben werden können. Es sei auf die zentrale Zusammenfassung von Louis Jacobi verwiesen: Louis Jacobi, Das Römerkastell Saalburg bei Homburg vor der Höhe (Bad Homburg vor der Höhe 1897). Zu der Untersuchung am Limes vor der Saalburg siehe Egon Schallmayer/Peter Kühn, Limes und Landwehr – neue Forschungen zum Verständnis eines Bodendenkmals; hessenArchäologie 2005 (2006) 88–91.
40 Egon Schallmayer, Das Praetorium des Saalburg-Kastells. Vom antiken Kommandantenwohnhaus zum modernen Institutsgebäude. Jahrb. Hochtaunuskreis 23, 2005, 42–60. Egon Schallmayer, Das Praetorium des Saalburg-Kastells: Vom antiken Kommandantenwohnhaus zum modernen Institutsgebäude. In: Hochtaunuskreis/Römerkastell Saalburg (Hrsg.), Mit der Antike in die Zukunft: Der Limes auf dem Weg zum Weltkulturerbe. Dokumentation des gleichnamigen Symposiums vom 30. Oktober 2004 im Rahmen der „Taunus-Dialoge". Saalburg-Schriften 7, 2005, 83–105. Egon Schallmayer, Das Wasserbecken im Praetorium des Saalburg-Kastells. Eine Rekonstruktion nach historischen Vorgaben mit regionalem Bezug. Jahrb. Hochtaunuskreis 15, 2007, 94–107. Egon Schallmayer, Die fabricae. Handwerkerbauten in römischen Kastellen. Jahrb. Hochtaunuskreis 16, 2008, 67–87. Egon Schallmayer, Die fabrica im Römerkastell Saalburg – Archäologischer Park. Der Limes 3.1, 2009, 18–20. Carsten Amrhein, Der römische Ziergarten im Praetorium des Römerkastells Saalburg. Rekonstruktion nach Vorbildern in Pompeji. Jahrb. Hochtaunuskreis 17, 2009, 93–101.

Neubaumaßnahmen im Bereich der Saalburg ab.

An zwei Kleinkastellen wurde im Zusammenhang von konservatorischen Überdeckungen eine Visualisierung vorgenommen, die die Erfahrbarkeit des Denkmals erhöhen sollte. Sowohl das Kleinkastell Heidenstock als auch das Kleinkastell Altes Jagdhaus wurden vom Baumbewuchs befreit und die Mauern durch Anfüllen von Erdmaterial nachmodelliert[41], was sowohl dem Schutz als auch der Visualisierung dienen soll. Die Problematik solcher Maßnahmen besteht aber auch in einer Veränderung des Denkmals selbst in seinem Erscheinungsbild und in einem damit verbundenen Substanzverlust, wie auch in einer verminderten Erforschungsmöglichkeit. Dies zusammengenommen wird in denkmalpflegerischen Fachkreisen durchaus kritisch gesehen.[42] Sollten entsprechende Maßnahmen an anderen Teilen des Denkmals in Betracht gezogen werden, müssen vorher eine sorgfältige Prüfung und Abwägung des Modellierungsumfangs und auch ein denkmalrechtliches Genehmigungsverfahren eingeleitet werden.

Im Bereich des Freizeitparks Lochmühle wurde eine interessante Verbindung von Freizeitangebot und Denkmal- bzw. Welterbevermittlung gewählt. Hier konnte das Kleinkastell Lochmühle in den Freizeitpark integriert und auf einem Rundweg eine vor allem Kinder ansprechende Vermittlung an verschiedenen Stationen eingerichtet werden.[43]

Zwei Maßnahmen der individuellen Vermittlung sind an dieser Stelle ebenfalls anzuführen. Im Winter 2009/2010 führte die hessenArchäologie die erste Fortbildung zum Limes-Cicerone durch.[44] Diese speziell für das Welterbe und die Geschichte, Funktion und Bedeutung des Limes ausgebildeten Führer, die es mittlerweile in allen vier Bundesländern gibt, sollen das individuelle Angebot für Besucher um Führungen vor Ort erweitern, die sie von sich aus offerieren oder für die sie von Interessierten gebucht werden können. Solche Führungen bietet auch die Saalburg für den Limesabschnitt um das Kastell an.

Für das gesamte Welterbe einzigartig ist die Einrichtung von Schulpatenschaften am Limes in Hessen. Hierbei übernimmt eine Klasse einer örtlichen Schule die Patenschaft für einen Teil des Welterbes, beispielsweise ein Kleinkastell, eine Turmstelle oder einen bestimmten Abschnitt, und damit auch die „Verantwortung" dafür. Diese kann sehr weit gefasst sein, da es das Hauptziel der Patenschaften sein soll, bei den Schülern ein Verständnis für diesen Teil der regionalen Geschichte und die Begeisterung für das Welterbe vor der Haustür zu wecken. Regelmäßige Besuche sollten dazu eine Grundlage sein, die zum Beispiel zu Hinweisen über Veränderungen am Welterbe an die zuständigen Stellen oder zur Befreiung des Denkmals von Tot- oder Unterholz in Abstimmung mit dem Forst führen kann. Im Hochtaunus haben die vierten Klassen der Hans Christian Andersen-Grundschule Glashütten die Patenschaft für das Kleinkastell Maisel[45] und die Frankfurt International School in Oberursel für den Limesabschnitt auf Oberurseler Gemarkung

---

41 Carsten Amrhein, Kleinkastell Altes Jagdhaus. Grundlegend saniert und anschaulich aufgearbeitet. Jahrb. Hochtaunuskreis 21, 2013, 186–191. Carsten Amrhein, Thomas Becker, a.a.O. (Anm. 22).

42 Stefan Bender, Das Problem Terra-Modellierung. In: Peter Henrich (Hrsg.), Visualisierung von Bodendenkmälern. Vorschläge und Diskussionen am Beispiel des Obergermanisch-Raetischen Limes. Beiträge zum Welterbe Limes 7 (Stuttgart 2013) 25–31.

43 Eveline Grönke, Drei Jahre UNESCO-Welterbe Limes in Hessen – eine Bilanz. Denkmalpflege & Kulturgeschichte 3/2008, 21–27. Vgl. auch http://lochmuehle.de/index.php?article_id=24&clang=0 (letzter Zugriff: 31.05.2015).

44 Thomas Becker, Limes-Cicerones Hessen – ausgebildete Führer am Welterbe. hessenArchäologie 2009 (2010) 205–206.

45 Ingrid Berg, Statt der Römer wacht jetzt hier immer eine Klasse vier – Gereimtes und Ungereimtes vom Wald Maisel und seinen römischen Wachtposten. Jahrb. Hochtaunuskreis 2009, 118–123.

übernommen. Die in den letzten zehn Jahren gemachte Erfahrung zeigt in diesem Zusammenhang, dass der Erfolg dieser Patenschaften sehr stark vom Engagement der Schulleitung und vor allem eines betreuenden Lehrers und einer Betreuung vor Ort abhängig ist.

Erschließen

Der Zugang zur Welterbestätte gibt dem Besucher die Möglichkeit, das Welterbe aufzusuchen und sich über dessen Besonderheiten zu informieren. Hierbei muss grundsätzlich zwischen dem interessierten und vorinformierten und, im Gegensatz dazu, dem zufälligen Besucher unterschieden werden. Beide Gruppen benötigen unterschiedliche Informationstiefen, um sich das Denkmal erschließen zu können.

Für eine Hinführung zum Denkmal ist sicherlich bei beiden Gruppen Bedarf. Dazu gehört weniger die Zuführung von einem Ausgangspunkt, wie beispielsweise Wanderparkplätzen zum Limes und seinen Resten selbst, die durch den gut beschilderten und mit Prädikat versehenen Wanderweg gewährleistet ist. Die Hinführung für den Autofahrer oder die Einbindung in den öffentlichen Personennahverkehr ist dagegen bislang nur sehr rudimentär. An den beiden nahe gelegenen Autobahnausfahrten Friedberg (A 5) und Oberursel-Nord (A 661) gibt es auf den Abfahrtschildern Hinweise auf die Saalburg. Dorthin und zum gesamten Archäologischen Park wird man mittels einer weiteren durchgehenden Ausschilderung geleitet. Dagegen finden sich für das Einstiegsportal in Glashütten und einen entstehenden Infopunkt am Sandplacken keine Hinweise an den vorbeiführenden Straßen. Auch das Kastell Feldberg und der zugehörige Rundweg sind am Roten Kreuz nicht durch Ausschilderungen kenntlich gemacht. Das Angebot für einen zufälligen Besucher, der neugierig auf das Denkmal werden könnte, ist damit sehr eingeschränkt.

Eingeschränkt ist auch die Möglichkeit, mit dem öffentlichen Nahverkehr den Limes zu erreichen. Dies wird vor allem im Zusammenhang mit der linearen Konzeption des Limeserlebnispfades deutlich, bei dem Ausgangs- und Endpunkt immer unterschiedlich sind. Unter Umständen muss der Wanderer auf demselben Weg zurücklaufen oder im günstigeren Fall eine andere markierte Strecke des Naturparkes dafür nutzen. Das Einstiegsportal bei Glashütten, das Rote Kreuz, der Sandplacken, die Saalburg und die Lochmühle sind alle über Bus- bzw. im letztgenannten Fall über Bahnverbindungen erreichbar, aber zumindest die Rückfahrt ist aufgrund der unterschiedlichen Ausgangspunkte der Linien, eines zum Teil unterschiedlichen Takts und des aus beiden resultierenden erhöhten Planungsaufwands schwierig. Eine Veränderung des Angebotes oder des Taktes in diesem Zusammenhang zu fordern, ist sicherlich aufgrund der derzeit geringen Auslastung unter dem speziellen Fokus des Welterbes nicht sinnvoll. Es sollten aber zusammen mit den Verkehrsanbietern vorkonzipierte oder gegebenenfalls auch vororganisierte Touren angeboten werden, wie sie für andere Naherholungsgebiete bereits bestehen.[46]

Vorinformationen für den Interessierten liegen in vielfältiger Form bei unterschiedlicher fachlicher Tiefe und thematischem Schwerpunkt vor. Als erste Grundinformation dient beispielsweise die vom Hochtaunuskreis herausgegebene Broschüre zum Limeserlebnispfad, die bereits in zweiter Auflage und auch in digitaler Form erschienen ist.[47] In vielen Publikationen mit unterschiedlichem Themenschwerpunkt kann Wissenswertes über den Limes nachgelesen wer-

---

46 www.rmv.de/de/Freizeit/RMV-Angebote/Rhein-Main-Vergnuegen/ (letzter Zugriff 31.05.2015).
47 Hochtaunuskreis (Hrsg.), Limesführer. Der Limes im Hochtaunus- und Wetteraukreis (Bad Homburg 2007) (http://www.hochtaunuskreis.de/htkmedia/Benutzerordner/40_60/Kultur/Kulturbrosch%C3%BCren/Kulturf%C3%BChrer/Limesf%C3%BChrer.pdf. Letzter Zugriff: 31.05.2015).

den.⁴⁸ Außerdem liegen Wanderführer vor, die sich speziell mit dem Limeserlebnispfad beschäftigen oder allgemein den Limes zum Themenschwerpunkt haben. Sie sind entweder als wegbeschreibend konzipiert oder bieten Vorschläge für Rundwege im Bereich des Limes an.⁴⁹

Im heutigen digitalen Zeitalter spielt die Informationsmöglichkeit im Internet eine immer größere Rolle. Hier ist das von offizieller Seite vorhandene Angebot allerdings auf allgemeine Informationen beschränkt, ohne beispielsweise detailliert auf die Denkmäler oder deren Lage und Erschließung einzugehen.⁵⁰ Dieses Informationsangebot ist sicherlich ausbaubar und kann unter Ausnutzung verschiedener Synergieeffekte weiterentwickelt werden. Auch eine bessere Vernetzung mit dem Limesinformationszentrum auf der Saalburg wäre wünschenswert.

Perspektiven

Die vorangegangenen Ausführungen zeigen, dass seit der Aufnahme des Limes in die Liste der UNESCO-Welterbestätten am Denkmal Wesentliches passiert ist, d. h. allen vier im Limesentwicklungsplan definierten Bereichen „Bewahrung – Forschung – Präsentation – Erschließung" wurde in unterschiedlichem Umfang Rechnung getragen. Diese enorme Leistung, die in der Region vor allem auf der Ebene des Kreises und der Kommunen, aber auch der des Landes vollbracht wurde, lässt im ersten Moment vermuten, dass alle Aufgaben am Denkmal weitgehend abgearbeitet sind. Allerdings ist nach den zehn Jahren vor allem auf politischer Ebene von der anfänglichen Euphorie über das gemeinsame Welterbe nicht mehr viel zu spüren. An dieser Stelle könnte die Frage nach dem Sinn einer perspektivischen Betrachtung des Limes im Hochtaunus gestellt werden, könnte man doch meinen, dass ja bereits alles umgesetzt wurde.

Gerade vor diesem Hintergrund ist aber die Notwendigkeit dieses Ausblicks umso wichtiger, da in allen Bereichen Entwicklungspotenzial für die Welterbestätte vorhanden ist, welches genutzt werden sollte. Der Schutz des Denkmals ist im Hochtaunuskreis aufgrund des niedrigen Planungs- und Nutzungsdrucks entlang der Strecke weitgehend gewährt, wobei neue Nutzungsformen wie beispielsweise regenerative Energiegewinnung im Hinblick auf die Auswirkungen auf das Welterbe zu beobachten und zu beeinflussen sind. Dabei spielt nicht nur für den besonderen Schutz des Welterbes der Bereich des Denkmals selbst, sondern auch die Umgebung eine besondere Rolle, da sie in einigen Bereichen integraler Teil des Welterbes sein kann.⁵¹ Einer zum Teil schleichenden Zerstörung des Denkmals durch verschiedene Nutzungsformen ist weiterhin aktiv durch Information und Steuerungsmaßnahmen entgegenzuwirken.

Wie gezeigt, bietet der Limes auch für die Zukunft in vielen Bereichen noch For-

---

48 Z.B. Thomas Becker, Von der Königsetappe zu Kaisers Lieblingsprojekt – der Limes im Hochtaunus. In: Kulturelle Entdeckungen Frankfurt/Main-Taunus. Frankfurt am Main, Hochtaunuskreis, Main-Taunus-Kreis. Hrsg. von der Sparkassen Kulturstiftung Hessen-Thüringen (Regensburg 2012) 141–145.
49 Stefan Jung, Wandern auf dem Limes-Erlebnispfad (Frankfurt 2013). Thorsten Lensing, Limesweg: Von Eining an der Donau nach Rheinbrohl am Rhein. Rother Wanderführer (Oberhaching 2013).
50 www.hochtaunuskreis.de/Block/Schule+_+Bildung_+Kultur_+Tourismus+_+Freizeit-p-11/Kultur/Limeserlebnispfad+Hochtaunus.html (letzter Zugriff 31.05.2015).

51 Thomas Becker, UNESCO-Welterbe Limes und regenerative Energiegewinnung. Erfahrungswerte und Umgang in Hessen. Denkmalpflege & Kulturgeschichte 3.2012, 23–30. Ders., Planungen von Standorten regenerativer Energiegewinnung am Limes – Fallbeispiele und Erfahrungen in Hessen. In: Deutsche Limeskommission (Hrsg.), Regenerative Energien und Welterbestätten. Workshop der Deutschen Limeskommission am 23. November 2011 in Düsseldorf. Beiträge zum Welterbe Limes Sonderband 2 (Bad Homburg 2013) 19–27. Thomas Becker, Udo Recker, Windparks im Mittelgebirgsraum – historisch gewachsene Kulturlandschaft versus moderne Energielandschaft. Das Fallbeispiel Hessen. In: Deutsche Stiftung Umweltschutz (Hrsg.), Energiewende und Archäologie (Osnabrück 2015) 94–103.

schungspotenzial. Hier lassen sich in Zukunft unter dem Blick auf die gesamte hessische Strecke Überlegungen anstellen, um übergreifendes Vorgehen[52] ohne Zerstörung des Denkmals oder lediglich durch minimalinvasive Maßnahmen zu klären. Lokale Eingriffe können unabhängig von offenen Fragen am Limesabschnitt im Hochtaunuskreis umgesetzt werden.

Das größte Potenzial für zukünftige Maßnahmen liegt sicherlich in den Bereichen der Präsentation und Erschließung. Grundsätzlich stellt sich aber nach zehn Jahren Erfahrung mit dem Welterbe auch die Frage einer Anpassung des ursprünglich vorgelegten Konzepts für den Limeserlebnispfad an die gewandelten Anforderungen, und das sollte nicht nur im Rahmen von einzelnen Maßnahmen, sondern in einer vollständigen Revision erfolgen. Auch fällt beim Abschnitt im Hochtaunuskreis im Vergleich zu anderen Bereichen des Limes in Hessen auf, dass die Betreuung fast ausschließlich auf Basis der staatlichen und kommunalen Ebene geschieht. Die Einbindung des Ehrenamtes, wie sie an anderen Abschnitten eine langjährige Tradition hat, bleibt mit Ausnahme des Historischen Arbeitskreises Glashütten (aus dem Kulturkreis Glashütten e.V. erwachsen) vollständig aus.[53] Die UNESCO erwartet von den Partnerstaaten eine Einbindung der Anrainer und Interessierten am Welterbe in die Werte und Bedeutung der Stätte und in die Vermittlung derselbigen. Daher wäre zu überlegen, inwieweit das ehrenamtliche Engagement am Welterbe im Hochtaunus gestärkt werden kann.

Der Limes im Hochtaunus zeichnet sich durch eine außerordentliche Denkmalerhaltung aus, die kaum ein anderer Abschnitt am gesamten Welterbe aufweist. Verbunden mit der besonderen naturräumlichen Qualität liegt das herausragende Alleinstellungsmerkmal für die Region auf der Hand, das es mit allen Möglichkeiten zu bewahren gilt und das Leuchtturmprojekte zur Denkmalvermittlung und Welterbevisualisierung nicht benötigt. Denn das Welterbe ist nicht nur als Chance, sondern auch als Verpflichtung wahrzunehmen, das allen zukünftigen Generationen überall offenstehen sollte.

---

52 Thomas Becker, Der Limes in Hessen – der Blick auf die Grenze aus vielen Forschungsrichtungen. In: E. Schallmayer (Hrsg.), Neustart. Hessische Landesarchäologie 2001–2011. Konzeption – Themen – Perspektiven. hessenArchäologie, Sonderband 2 (Stuttgart 2012) 207–213.

53 www.historie-arbeitskreis-glashuetten.de. Vgl. http://www.hochtaunuskreis.de/Block/Schule+_+Bildung_+Kultur_+Tourismus+_+Freizeit/Kultur/Geschichts_+und+Heimatvereine+im+Hochtaunuskreis-p-1000352.html (letzter Zugriff: 10.05.2015).

Carsten Amrhein

100 Jahre Geschichte und 10 Jahre Weltkulturerbe

Das Römerkastell Saalburg feiert

2005 bis 2015 – 10 Jahre UNESCO-Welterbe Limes

Im Jahr 2015 feiert das UNESCO-Welterbe Obergermanisch-Raetischer Limes und mit ihm das Römerkastell Saalburg seine Dezennalien, sein zehnjähriges Bestehen. Sehr viel wurde in den letzten zehn Jahren für die Entwicklung, die Erschließung und den Ausbau dieser besonderen Welterbestätte durch das Land Hessen und die Limeserlebnispfad gGmbH mit ihren Mitgliedern, dem Hochtaunuskreis und den Kommunen der Limesanrainer getan. Der Limes im Hochtaunuskreis und mit ihm die Saalburg kann sich nach all den Restaurierungs- und Erschließungsprojekten heute der Weltöffentlichkeit in einem neuen Licht präsentieren und zieht so viele Besucher in seinen Bann wie lange nicht. Über diese Errungenschaften sollte aber im Jubiläumsjahr der Blick auf die Anfänge der Erforschung, des Wiederaufbaus und der Bemühungen um eine publikumswirksame Vermittlung historischer Inhalte an der Grenze des römischen Imperiums nicht fehlen. Dieser Blick zurück schärft das Bewusstsein um die außerordentliche Bedeutung des Kulturdenkmals Limes und der Saalburg für die Welt und die Region.

Oktober 1897 – Der Auftakt vor 100 Jahren

Am 18. Oktober 1897 verkündete Kaiser Wilhelm II. im Wiesbadener Stadtschloss, er werde die weitere Wiederherstellung des römischen Kastells auf der Saalburg zum Gegenstand des eigenen höchstkaiserlichen Interesses machen. Drei Jahre nach dieser Verkündigung, am 11. Oktober 1900, vollzog er die Grundsteinlegung der Principia im Rahmen eines aufwendig gestalteten Festaktes.[1] Die Veranstaltung geriet zu einer großartigen historisierenden Inszenierung, wie sie das 19. Jahrhundert so sehr liebte, und kann heute durchaus als charakteristisches Beispiel für den provinziellen Kaiserkult der Neuzeit gelten.

Für die Planung und Ausführung der „Weihefeier" waren auf Anordnung des Kaisers der Ausgräber und erste Direktor der Saalburg, Baurat Louis Jacobi aus Homburg, und der Intendant des Staatstheaters Wiesbaden, Georg von Hülsen, verantwortlich. Jacobi entwarf den Grundriss der Kulissen des Festgeländes. Wesentliche Bestandteile waren die „via triumphalis" und das „sacellum". Die Dekorationen ahmten dem Charakter der Feier und des Objektes entsprechend „altrömischen Stil" nach. Der Kaiser zog über die „via triumphalis", die „von allerlei buntem Volk gesäumt wurde", zum Ort der Grundsteinlegung vor dem sogenannten „sacellum", dem Fahnenheiligtum.

Am Gebälk des aus Holz und Gips errichteten Sacellum prangten in römischer Tradition die Inschrift „In Honorem Domus Divinae" (Zu Ehren des göttlichen [Kaiser-]Hauses) und im Giebel ein Adler mit Lorbeerkranz. Über 400 als Römer und Germanen verkleidete Akteure wirkten bei diesem

---

[1] Zur Grundsteinlegung am 11. Oktober 1900 vgl. auch: J. Obmann – D. Witz, „Sie muß den Kaiser auf der Saalburg sehen", in: E. Schallmayer (Hrsg.), Hundert Jahre Saalburg (1997) 33–54.

Grundsteinlegung am 11. Oktober 1900 vor dem Sacellum der Saalburg. Saalburg-Archiv FA 040.046,004.

Kaiserfest mit. Wie es des Kaisers Art war, wurde ein theatralischer Staatsakt in Szene gesetzt. Als Medienmittelpunkt seiner Zeit mit geradezu modern anmutendem Verständnis für „public relation" übte er durch Inszenierung solcher Festspiele eine starke Wirkung auf die deutsche und ausländische Öffentlichkeit aus. So haben sich die Hohenzollern beim Wiederaufbau der Saalburg vor allem durch die Gestaltung des Haupttors mit imperialer Geste in den Vordergrund gestellt. Vor der Kulisse des historisch verbrämten Spektakels scheint sich Wilhelm II. als ein neuer „römischer" Kaiser, als Erbauer eines zukünftigen deutschen Weltreichs, gefühlt zu haben. Darauf deuten neben den vergänglichen Bildern der Grundsteinlegung auch die auf dauernde Wirkung zielenden lateinisch gefassten Inschriften an der Porta Praetoria.

Neuzeitliche Bronzestatue des Antoninus Pius vor der Porta Praetoria mit Inschrift auf dem Sockel. Im Hintergrund über den Tordurchfahrten die Bauinschrift. (Foto: Römerkastell Saalburg).

Die eigentliche Bauinschrift über der Tordurchfahrt lautet:
Guilelmus II Friderici III
Filius Guilelmi Magni Nepos
Anno Regni XV in Memoriam
et Honorem Parentum
Castellum Limitis Romani
Saalburgense restituit

Wilhelm II, Sohn Friedrichs III,
Enkel Wilhelms des Großen
hat im Jahre 15 seiner Regierung zum
Gedenken und zur Ehre seiner Eltern
das Kastell Saalburg am römischen
Limes wieder aufgebaut.

Vor allem aber die Inschrift auf dem Sockel der Statue des römischen Kaisers Antoninus Pius formuliert den Herrschaftsanspruch Wilhelms II.:

Imperatori / Romanorum / Tito Aelio
Hadriano / Antonino / Augusto Pio
Guilelmus II / Imperator / Germanorum

Karikatur aus dem „Nebelspalter", Zürich: Wilhelm II. als OMN:IMPERATOR, der seine Hand über den ganzen Erdball legt. Abb. nach E. Schallmayer (Hrsg.), Hundert Jahre Saalburg (1997), 51, Abb. 43.

Die politische Botschaft lautet: Das Imperium Germanorum und das Imperium Romanum, verkörpert durch Wilhelm II. und den „guten" Kaiser Antoninus Pius, stehen in einer ungebrochenen Tradition. Im Vergleich mit den etablierten Weltmächten bedurfte das Deutsche Reich als „verspätete Nation" neben dem Stolz auf seine beachtlichen Leistungen in Wissenschaft und Technik, auf seine rasante wirtschaftliche Entwicklung und auf seine „schimmernde Wehr" für sein Selbstbewusstsein eines in der Vergangenheit gründenden historischen Fundaments.

Diese Legitimationsversuche am Beispiel der Saalburg haben im Reich selbst vielfach begeisterten Widerhall gefunden. Im Ausland aber hat das auftrumpfende, herausfordernde Verhalten sowohl für Beunruhigung und Kritik als auch für Belustigung gesorgt.

Zeitungen im In- und Ausland beschrieben und kommentierten die Kaiserfeier rasch und ausführlich. Die Reaktionen reichten von nüchternen Schilderungen und schmeichelnden Kommentaren bis hin zu beißender Kritik und ironischer Karikatur.

Das vehemente europaweite Echo auf die Saalburg-Feier und die Rede des Kaisers zeigen, welch große Bedeutung im positiven wie im negativen Sinn man im In- und Ausland solchen Staatsakten beimaß. Achtzehn Jahre nach dem Kaiserfest in der Römerfeste auf der Höhe war der vor antiker Kulisse inszenierte weltpolitische Machtanspruch Deutschlands verspielt.

Die Rekonstruktion der Saalburg – Wissenschaftlicher Anspruch und archäologisches Experiment

Mit der finanziellen Unterstützung des Kaisers, des preußischen Staats und weiteren Mitteln von Privatleuten, darunter auch von amerikanischen Stiftern, erfolgte der Wiederaufbau der Saalburg in den Jahren 1898 bis 1907. Rekonstruiert wurden zunächst die

Steingebäude, die auf die vorhandenen römischen Fundamente aufsetzten. Während der Ausgrabungen konnten nur die seinerzeit bekannten archäologischen Methoden zum Einsatz kommen. Die Spuren der Holzbauten wurden damals nicht richtig erkannt. Deshalb kamen Holz- und Fachwerkgebäude, Mannschaftsbaracken, Schuppen für Gerät, Ställe und Werkstätten, die ursprünglich das Bild des Kastells und des Dorfes prägten, nicht zur Ausführung.

L. Jacobi legte größten Wert auf eine fundierte wissenschaftliche Rekonstruktion des Kastells.[2] Deshalb wurden die Informationen, die er aus seinen intensiven und sorgfältig dokumentierten Ausgrabungen hatte gewinnen können, im Kreis der beteiligten Wissenschaftler kritisch diskutiert und bildeten die Basis für jeden Planentwurf. Ergänzend wertete Jacobi die Erfahrungen, die er aus seinen Reisen nach Italien gemacht hatte, und die damals bekannten Ausgrabungsergebnisse anderer Kastelle aus. Wie in der archäologischen Forschung der Zeit üblich, beschäftigte sich Jacobi auch mit der antiken Literatur zu römischen Wehrbauten sehr eingehend. Der Wiederaufbau der Saalburg zeigt daher den Forschungsstand, der um 1900 erreicht war. Erst 1912 kamen die beiden Mannschaftsbaracken in Holzfachwerkbauweise hinzu, die seitdem das Leben der Soldaten im Lager anschaulich machen.

Es existieren zahlreiche Belege für die direkte Beteiligung des Kaisers an den Entwürfen zum Wiederaufbau der Saalburg.[3] Diese beziehen sich zumeist auf die Gestaltung der Gesamtanlage und landschaftsgestalterische Details.

Plan der Saalburg und Umgebung mit handschriftlicher Widmung Wilhelms II. 1907. Saalburg-Archiv.

Verschiedentlich wurde vermutet, Wilhelm II. habe, wie bei seinen Restaurierungen mittelalterlicher Burganlagen, enge Zinnenabstände auf der Wehrmauer für wahrscheinlicher gehalten und Jacobi angewiesen, auf der Saalburg schmale Zinnenfenster zu rekonstruieren. Leider gibt es hierfür keinen Beleg. Dennoch wird die Geschichte bis heute gerne wiederholt, passt sie doch zur allgemeinen Vorstellung vom Kaiser und seinem Baumeister. Die Anordnung der Zinnen auf der Wehrmauer lässt sich jedoch viel eher aus der intensiven fachlichen Diskussion der beteiligten Archäologen erklären.

Mit den Erkenntnissen, die die Archäologie in den letzten 120 Jahren gesammelt hat,

---

2 Die Vorgehensweise L. Jacobis bei der Rekonstruktion des Kastells hat Jens Peuser anhand der im Saalburg-Archiv erhaltenen Unterlagen in einer akribisch recherchierten Studie rekonstruiert: J. Peuser, Zur Rekonstruktion des Saalburg-Kastells, Saalburg-Jahrbuch 51, 2001, 243–306.
3 Zur Person Louis Jacobis, seiner Tätigkeit als Saalburgdirektor und seinem Verhältnis zu Wilhelm II. s. auch: B. Dölemeyer, Der Baumeister und seiner Kaiser, in: Schallmayer (Hrsg.), a.a.O., 28–32; Dies., Louis Jacobi und seine Zeit. Homburger Architekt und Bürger – Wiedererbauer der Saalburg. Mitteilungen des Vereins für Geschichte und Landeskunde Bad Homburg vor der Höhe 59 (2010), bes. 69–88.

könnte man heute einige Bereiche des rekonstruierten Kastells anders darstellen. Die seit 2004 neu errichteten Bauten, das Praetorium, die Fabrica und die Streifenhäuser im Vicus vermitteln in ihrer Fassadengestaltung einen Eindruck von der modernen Rekonstruktion des Kastells und seiner Umgebung.

Ein archäologischer Landschaftspark entsteht

Abseits der großen Inszenierung bei der Grundsteinlegung des Saalburg-Kastells und bis heute eher unbeachtet entstand zur gleichen Zeit ein Ensemble von restaurierten und konservierten römischen Ruinen, rekonstruierten Gebäuden und Monumenten sowie sorgfältig geplanten Landschaftselementen, das einen groß angelegten archäologischen Landschaftspark auf dem Saalburgpass bildete.

Schon die Grundkonzeption zum Wiederaufbau der Saalburg beinhaltete die Inszenierung einer römischen Landschaft mit profanen und sakralen Bauwerken vor den Toren des Kastells. Kurz nach den Ausgrabungen begann die Konservierung und Restaurierung der Steinmauern römischer Wohnhäuser, der Badeanlage und der Herberge im Dorf (vicus). Die Herstellung der künstlichen Ruinenstätte diente vor allem dazu, den wildromantischen Charakter der Saalburg in stiller Waldeseinsamkeit zu evozieren. Vor allem die zu Hunderttausenden verkauften und in ganz Europa verbreiteten Postkarten vermittelten dieses Bild.[4] Die Motive gehen dabei vor allem auf die Maler Carl Nebel und Charles F. Flower zurück, die in ihren Aquarellen die stimmungsvolle Atmosphäre der Ruinenlandschaft am Saalburgpass einfingen und das Bild von der Zeit der alten Römer noch bis in die 60er Jahre des 20. Jahrhunderts prägten.

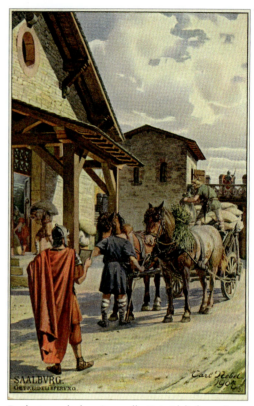

Postkarte nach dem Aquarell „Getreidelieferung" von Carl Nebel 1907. Saalburg-Archiv PO 150.140,018.

Postkarte nach einem Aquarell von Charles F. Flower mit der Darstellung des sogenannten Wärterhauses. Saalburg-Archiv PO 150.100,006.

Die romantisierende Stimmung im Park wurde verstärkt durch Rekonstruktionen römischer Heiligtümer mit den sie umgeben-

---

4 A. Baeumerth – B. Ochs, Kaiser, Kunst, Kommerz und Kamera. Die Anfänge der Ansichtskarten von der Saalburg, in: Schallmayer (Hrsg.), a. a. O., 74–88.

den sakralen Landschaftselementen. Das erste Gebäude auf dem Saalburgpass, das diese historisierende Tradition begründete, entstand 1872 mit dem sogenannten Gräberhaus.[5]

schen Siedlung. Inschriften an der Fassade erinnern an die ehemals auf der Saalburg stationierten Soldaten der 2. Raeterkohorte und den großen Ausgräber August von Cohausen. Der historistische Baustil des Gräberhauses verbindet die klassizistischen Ideale der Architektur des frühen 19. Jahrhunderts mit einer romantisierenden Vorstellung der Antike. Hintergrund für den Bau war vor allem die öffentlich und sehr engagiert ausgetragene Diskussion um die Möglichkeit und Sinnhaftigkeit eines Wiederaufbaus des Römerkastells. Mit dem Gräberhaus sollte dokumentiert werden, wie einmal das rekonstruierte Römerkastell aussehen könnte.

Das Gräberhaus (ohne Datum). Saalburg-Archiv FA 030.010,003.

Der Mithrastempel 1903. Saalburg-Archiv FA 030.020,026.

Der im selben Jahr gegründete Saalburgverein gab die Mittel für den Bau. Er hatte sich das Ziel gesetzt, die Erforschung des Kastells und der römischen Siedlung zu unterstützen und für die Funde ein eigenes Museum zu schaffen.

Im Gräberhaus wurden die bei den Ausgrabungen zutage geförderten römischen Gräber pietätvoll präsentiert. Das tempelartige Bauwerk entstand auf römischen Grundmauern inmitten des Gräberfeldes der römi-

Das Gebäudeensemble (Canabae) um das sogenannte Wärterhaus (ohne Datum). Saalburg-Archiv.

5 Zum Gräberhaus vgl. auch Schallmayer (Hrsg.), a.a.O., 4 f.

Im Jahr 1904 kamen das Mithrasheiligtum mit dem Heiligen Hain und der Quelle der Nymphen hinzu, 1906 die sogenannten Canabae, die die Wohnhäuser in der Siedlung vor den Toren des Kastells darstellen sollten, und schließlich 1912 die rekonstruierte Jupitersäule, die von einer kleinen Gartenanlage mit einem Altar eingefasst wird.[6]

Die Jupitersäule (ohne Datum). Saalburg-Archiv FA 050.060,008.

Grabungen und Funde/ Sammlungsgeschichte

Die wissenschaftlichen Untersuchungen am Römerkastell Saalburg wurden ab 1870 von August von Cohausen und Louis Jacobi geleitet. Die Funde vom Limes und der Saalburg stellte Jacobi seit 1873 in einem kleinen Saalburgmuseum im Kurhaus von Homburg aus. Die Fundstücke der älteren Grabungen gelangten auf einigen Umwegen nach der Übernahme Homburgs durch Preußen auf Vermittlung der Kaiserin Friedrich erst 1878 zurück nach Homburg.[7] Aus diesem Anlass stellte die Stadt 1879 für die Einrichtung eines Museums einen Raum im Kurhaus zur Verfügung.

Das erste Saalburgmuseum im Kurhaus Bad Homburg v. d. H. (ohne Datum). Saalburg-Archiv FA 040.100,003

Mit der eingangs beschriebenen Ankündigung Kaiser Wilhelms II. 1897, den Wiederaufbau des Praetoriums (den heutigen Principia) in der Saalburg zu fördern und dort das zentrale Limesmuseum einzurichten, erhielten die Pläne zur Einrichtung eines Museums den entscheidenden Impuls. Wegen des ständigen Zuwachses an Funden durch die Grabungen und zahlreiche Stiftungen wurde der ursprüngliche Plan zur Einrichtung des Museums in den Principia jedoch bald aufgegeben und speziell zu diesem Zweck das Horreum errichtet.

1908 sprach der preußische Kultusminister dem Saalburgmuseum die Funde aus den Ausgrabungen an der 45 km langen Tau-

---

6 Vgl. auch die Darstellung der verschiedenen Bauten im Archäologischen Park bei Schallmayer (Hrsg.), a. a. O., 4–12 und C. Amrhein – E. Löhnig, Nach 100 Jahren – Die Sanierung der wilhelminischen Bauten im Römerkastell Saalburg, in: Der Limes vom Niederrhein bis an die Donau. 6. Kolloquium der Deutschen Limeskommission. Beiträge zum Welterbe Limes 6 (2012), 177–186.

7 Zur frühen Sammlungs- und Ausstellungsgeschichte der Saalburgfunde und dem Wirken L. Jacobis als Museumsdirektor vgl.: Dölemeyer, a. a. O. (Mitteilungen des Vereins für Geschichte und Landeskunde Bad Homburg vor der Höhe 59), 77–79.

Die erste Ausstellung im Horreum der Saalburg (ohne Datum). Saalburg-Archiv FA 040.110,013

nusstrecke zu. Bis heute bilden daher die Funde der Kastelle Zugmantel, Kleiner Feldberg und Saalburg sowie der dazwischenliegenden Limesabschnitte den Schwerpunkt der Ausstellung.

Neben der Schausammlung im Horreum vermittelte das nach dem damaligen Kenntnisstand eingerichtete Fahnenheiligtum oder Sacellum in den Principia mit Rekonstruktionen von Feldzeichen und originalen Marmorporträts die Vorstellung eines solchen Raums in römischer Zeit.

Rekonstruktion des Fahnenheiligtums (Sacellum) in den Principia der Saalburg (ohne Datum). Saalburg-Archiv FA 040.120,003

Für das gestalterische Konzept, das im gesamten Kastell und der umgebenden Parklandschaft befolgt wurde, hat Egon Schallmayer den Begriff der „inszenierten Geschichtlichkeit" geprägt.[8]

UNESCO-Welterbe Obergermanisch-Raetischer Limes

Gedenkstein mit Bronzetafel anlässlich der Aufnahme des Limes in die Liste des UNESCO-Welterbes 2005 vor der Porta Praetoria der Saalburg. (Foto: C. Amrhein)

100 Jahre nach der pompösen Grundsteinlegung der Saalburg zeugt die Aufnahme des Obergermanisch-Raetischen Limes und damit auch des Römerkastells Saalburg in die Liste des UNESCO-Welterbes im Jahr 2005 von einer gänzlich veränderten politischen Weltlage. Die Aufnahme in das Welterbe wäre nicht möglich gewesen ohne die überaus freundliche und selbstlose Unterstützung unserer Kollegen in Großbritannien. Zum UNESCO-Welterbe Limes gehören auch die wilhelminischen Bauten im Archäologischen Park, da sie noch vor 1965 und in der Kernzone des Welterbes errichtet wurden. In einem groß angelegten Restaurierungsprojekt erfuhren die Gebäude und Anlagen aus römischer und wilhelminischer Zeit in den Jahren 2011–2014 eine grundlegende Sanierung.[9]

---

8 Schallmayer (Hrsg.), a.a.O., 4.
9 Amrhein – Löhnig, a.a.O., 177–186; dies., Die Jupitersäule auf der Saalburg – Kunsthistorische Einordnung und Restaurierung, Saalburg-Jahrbuch 57, 2013, 139–152.; dies., Zur Restaurierung von Mithras-Heiligtum und Nymphenquelle bei der Saalburg, Saalburg-Jahrbuch 58, 2014, 111–123.

Der Mithrastempel nach der Restaurierung 2011. (Foto: E. Löhnig)

Das Projekt wurde dankenswerterweise aus dem Investitionsprogramm nationale UNESCO-Welterbestätten durch das Bundesinstitut für Bau-, Stadt- und Raumforschung (BBSR) im Bundesamt für Bauwesen und Raumordnung (BBR) und das Land Hessen finanziert. Alle Restaurierungsarbeiten basierten auf den entsprechenden Fachgutachten und sind umfangreich dokumentiert. Dies wird in der Zukunft fachliche Grundlage für weitere Instandhaltungen und die wissenschaftliche Auswertung sein.

Ziel des Projekts waren die Wiederherstellung und Bewahrung der inszenierten römischen Bauten und Örtlichkeiten mit den sie umgebenden Landschaftselementen, die das Bild römischer Militär-, Sakral- und Zivilarchitektur lange Jahre geprägt haben. Der Archäologische Park zeugt so noch heute, im 21. Jahrhundert, von den weit vorausschauenden, modernen Ideen und Konzepten der Gründungsheroen Wilhelm II. und Louis Jacobi für das Römerkastell Saalburg.

Die Jupitersäule nach der Restaurierung 2012. (Foto: E. Löhnig)

Peter Maresch

Das Gedächtnis des Kreises formen

Das Kreisarchiv des Hochtaunuskreises wird 25 Jahre alt

Vorgeschichte

Als der Kreistag des Hochtaunuskreises am 5. November 1990 die Einrichtung eines Kreisarchivs beschloss, war dies das Ergebnis einer jahrelangen Entwicklung, in der sich Regionalhistoriker immer mehr vernetzten und zahlreiche Aktivitäten entfalteten. Die Region war in den 1970er und 1980er Jahren ohnehin von einem regelrechten „Geschichtsfieber" erfasst. In dieser Zeit gründeten sich zahlreiche kulturhistorische Institutionen – als größte und bekannteste das Freilichtmuseum Hessenpark – ebenso neu wie etliche Vereine. Eine weitere Folge war die steigende Anzahl von Veröffentlichungen regionalgeschichtlicher Literatur – sei es in Form von regelmäßig erscheinenden Periodika oder Gesamtdarstellungen der Geschichte von Städten und Gemeinden, wie sie in den 1970er bis 1990er Jahren etwa für Bad Homburg, Friedrichsdorf, Königstein, Usingen, Oberursel oder die Gemeinde Weilrod erschienen.

Lange Zeit waren dabei Arbeiten, die den Kreis im Gesamten oder in Teilregionen betrachteten, rar gesät. Heimatgeschichte war bis dahin in der Regel die Geschichte der Städte, Gemeinden und Dörfer für sich genommen aus der Sicht ihrer Einwohner; in größerem räumlichen Kontext wurden die Orte selten betrachtet. Zu den wenigen Ausnahmen gehörte in dieser Hinsicht die Heimatbeilage des Usinger Anzeigers „Usinger Land" oder zeitweise auch die Zeitschrift des Gemeinschaftskreises „Alt-Homburg".[1]

Dies alles sollte sich während der 1980er Jahre ändern. Der Lehrer Reinhard Michel gründete 1979, zwei Jahre nach seiner Pensionierung, in Ober-Eschbach eine private „Arbeitsstelle für Namen- und Kartenforschung". Eines seiner Ziele war es, die Flurnamen aller Ortschaften des Hochtaunuskreises zu erfassen und zu lokalisieren. Als Nebenprodukt entstanden dabei eine Fachbibliothek und eine große Sammlung von Taunuskarten. Dieses Projekt war das erste historische Forschungsprojekt, in dem der Kreis in seiner Gänze betrachtet wurde.

Weitere sollten folgen. 1988 erschien das gewaltige Werk „Heimat Hochtaunus", das erste vom Hochtaunuskreis herausgegebene Geschichtswerk. Ursprünglich hatte es ein Schulbuch mit einer Gesamtdarstellung der Kreisgeschichte werden sollen. Am Ende stand ein 730 Seiten starkes Werk mit rund 170 Aufsätzen zu allen 13 Städten und Gemeinden des Kreises. Nahezu alle zu diesem Zeitpunkt namhaften Heimatforscher der Region schrieben daran mit. Auch damit war – glücklicherweise – das Bedürfnis nach interkommunalen heimatgeschichtlichen Projekten noch nicht gedeckt. Im März 1990 gründete sich die AG der Geschichts- und Heimatvereine. Die erste „Amtshandlung" der AG war es, dem Hochtaunuskreis zu empfehlen, „dringend die Stellen für eine/n Kreisheimatpfleger/in und einer Kreisarchivarin/eines Kreisarchivars" zu schaffen.[2]

---

1 Heute heißen Verein und Zeitung „Unser Homburg". Während die meisten Artikel die Geschichte Bad Homburgs behandeln, gab es in den 1960er Jahren auch gelegentlich Aufsätze über die umliegende Region.

2 „Kurzprotokoll der Sitzung der Heimat- und Geschichtsvereine des HTK's am 24.3. in der Namen- und Kartenforschungsstelle Bad Homburg-Ober-Eschbach" vom 24.03.1990, vorhanden im Kreisarchiv, noch unverzeichnet.

Ein wesentlicher „Motor" für die Gründung des Kreisarchivs war also das Engagement der Heimatforscher, wobei auch Reinhard Michel hinter den Kulissen auf die Gründung des Archivs hinarbeitete.

Doch auch die Kreisverwaltung hatte ihrerseits im Januar 1986 das erste Mal über die Gründung eines Kreisarchivs nachgedacht. Hier war der Antrieb, die damals bekannten Altunterlagen des 19. und frühen 20. Jahrhunderts im Landratsamt sachgemäß unterzubringen.[3]

Ohne Personal, ohne Räumlichkeiten, ohne Bestände – die Gründung des Kreisarchivs

Auf Veranlassung der CDU-Kreistagsfraktion wurde der Plan im Oktober 1989 wieder aufgegriffen. Die Begründung des seinerzeitigen Antrags war noch knapp und vage formuliert, ließ offen, wie die Einrichtung ausgestaltet werden würde: „Wichtige Dokumente, die späteren Generationen über die Geschichte des Hochtaunuskreises Auskunft geben können, müssen in einem Kreisarchiv sorgfältig für die Nachwelt aufbewahrt werden. Ein Konzept für den Aufbau dieses Archivs müßte selbstverständlich auch eine Beschreibung des aufzubewahrenden Archivguts umfassen."[4] Nach einer etwa einjährigen Beratungsphase beschloss der Kreistag am 5. November 1990 die Einrichtung des Kreisarchivs.[5] Das vorangehende Gutachten des Hauptamtsleiters Karl Herold listete verschiedene Möglichkeiten auf, das Kreisarchiv auszugestalten – von einer komplett ehrenamtlichen Betreuung bis zu einer Variante mit einem ausgebildeten Archivar und einem Kreisheimatpfleger –, traf aber keine Wertung dazu, was aus Verwaltungssicht am geeignetesten wäre.[6]

Ungeklärt war auch die Frage des Standorts, wozu bereits im Oktober 1990 vor der entscheidenden Kreistagssitzung Umfragen unternommen wurden. Das Landratsamt in der Louisenstraße in Bad Homburg war von vornherein viel zu beengt, um noch das Archiv aufzunehmen. Zahlreiche Ämter waren ohnehin schon in Außenstellen des damals bereits seit über hundert Jahren existierenden Verwaltungssitzes untergebracht. Stattdessen befragte der Kreis die Kommunen, ob sie Immobilien für Archivräume zur Verfügung stellen könnten, doch alle Anfragen wurden abschlägig beantwortet. Dabei verwiesen einige Bürgermeister darauf, offenbar in Unklarheit über den Zweck eines Kreisarchivs, dass sie doch bereits über Stadtarchive verfügten. Noch im November 1990 kristallisierte sich aber ein Nebengebäude der Grundschule Mitte in Oberursel als erstes Domizil des Kreisarchivs heraus. Ursprünglich war die Schule bereit, für ein Archiv eine sehr geringe Fläche, nur 66 m², abzugeben. Sukzessive kamen mehr Räume dazu, so dass schließlich 200 m² zur Verfügung standen.[7]

Schließlich wurde auch das Team zusammengestellt. Als Kreisheimatpflegerin und somit hauptamtliche Leiterin des Kreisarchivs wurde Angelika Baeumerth im August 1991 eingestellt.[8] Sie war promovierte Kunsthistorikerin und lebte mit ihrem für den Hessenpark tätigen Ehemann Karl seit 1981 in Neu-Anspach.[9] Im Taunus machte sie sich rasch einen

---

3 KreisAHg, A1, Nr. 516. Eine erste Bestandsliste aus dem Jahr 1986 ist erhalten. Diese umfasst eine wohl aus dem Kreisgesundheitsamt stammende allgemeinmedizinische Bibliothek mit Titeln der Jahre 1889–1943, die heute nicht mehr existiert und nach heutigen Maßstäben auch nicht als archivwürdig gelten würde, und eine Reihe von Protokollen (u. a. Kreisausschuss des Obertaunuskreises von 1891 bis 1937) und wenigen Akten, die heute zu den Beständen des Kreisarchivs gehören.
4 KreisAHg, A1, Nr. 516.
5 Protokoll der 11. Kreistagssitzung in der V. Legislaturperiode, unverzeichnet.

6 KreisAHg, A1, Nr. 516.
7 Ebendort.
8 Offizielle Bezeichnung „Kulturbeauftragte für das Kreisarchiv/die Heimatstelle des Hochtaunuskreises". A1, Nr. 516.
9 Zur Biografie von Angelika Baeumerth siehe Baeumerth, Karl: Die Veröffentlichungen von Angelika Baeumerth – zugleich eine biografische Skizze, in: Kreisausschuss (Hrsg.): Jahrbuch Hochtaunuskreis 2003, Bad Homburg 2002, S. 21–31.

Aufbau der Bestände und erste Jahre des Kreisarchivs

Vor allem aus den Vorgängern des Hochtaunuskreises (Kreis Usingen, Obertaunuskreis, Hilfskreis Königstein) war zwischen 1867 und 1972 ein großer Teil der Akten entweder ans Hauptstaatsarchiv Wiesbaden abgegeben oder aber vernichtet worden.[11] Daher schlussfolgerten die Vertreter der Arbeitsgemeinschaft der Geschichts- und Heimatvereine vor Gründung des Archivs 1990 auch: „Das vom Landesarchivgesetz geforderte Kreisarchiv könnte im HTK fast nur noch Neu-Akten verwalten, da Nazizeit, Amerikaner und 72-Gebietsreform alles Alte vernichtet habe. Im Staatsarchiv in Wiesbaden ist nichts über den HTK zu finden, denn es ist nichts an Neuakten dorthin geliefert worden, auch einmalig in Hessen!"[12] Die Überlieferungslage ist hier zwar sehr dramatisiert dargestellt. Im Kern trifft aber für die Altkreise heute zu, dass nur noch sehr wenig Aktenmaterial vorhanden ist, nicht jedoch für den seit 1972 existierenden Hochtaunuskreis. In letzterem Fall zeigten die Erschließungsarbeiten der vergangenen Jahre, dass sich wichtige Ereignisse in den im Kreisarchiv vorhandenen Akten abbilden. Da kulturelle Tätigkeiten abseits der Jugendarbeit für den Kreis noch weitgehend Neuland darstellten[13], gab es bis dato auch keine Bibliotheken, Dokumentationen oder historische Materialsammlungen.

Angelika Baeumerth erstellte zu Beginn der Archivarbeit im Januar 1992 ein Konzept, wie sie sich die Arbeit des Kreisarchivs vorstellte.[14] Dieses Konzept prägte bis fast in

Angelika Baeumerth 1999 in der Bibliothek des Kreisarchivs im gerade neu errichteten Landratsamt.

Namen und wurde etwa schon 1982 dafür ausgewählt, das Buch zum 1200-jährigen Jubiläum der Stadt Bad Homburg zu verfassen. Insgesamt war sie eine der produktivsten Autorinnen im Taunus. Dies blieb auch noch so nach dem Antritt im Kreisarchiv, ihrer ersten festen Stelle. Ihr zur Seite stand von Beginn an Reinhard Michel. Wie bereits zuvor in Ober-Eschbach gelang es ihm, zahlreiche ehrenamtliche Helfer oder auch studentische Hilfskräfte zur Mitarbeit zu gewinnen. Jetzt fehlte es nur noch an einem – an Dokumenten, die benutzt werden konnten, denn, wie Angelika Baeumerth im Januar 1992 feststellte: „Das Kreisarchiv, als das jüngste Archiv im Hochtaunuskreis, ist zunächst ein Archiv ohne Bestände."[10]

---

10 KreisAHg, A1, Nr. 516.
11 Es gibt aber wenige bedeutende Großbestände, die Ausnahmen von der Regel darstellen. Dies sind in erster Linie die Flüchtlings- und Vertriebenendokumente und die Akten der Bauaufsicht.
12 „Kurzprotokoll der Sitzung der Heimat- und Geschichtsvereine des HTK's..." (siehe Anm. 2)
13 Zu den wenigen regelmäßigen kulturellen Veranstaltungen gehörten damals das Kreismusikfest und das Konzert der Schulen.
14 KreisAHg, A1, Nr. 516.

die heutige Zeit die inhaltliche Leitlinie des Kreisarchivs und hatte einen großen Einfluss auf die Zusammensetzung seiner Bestände. Hierzu stellte sie fest: „Demzufolge wird das Kreisarchiv wahrscheinlich nicht die Bedeutung eines ‚klassischen' Archivs mit weit in die Vergangenheit reichenden Beständen erlangen. Daraus resultiert ein anderes Selbstverständnis des Archivs als Informationszentrum."

Reinhard Michel zeigt hier – noch am alten Standort in Oberursel 1996 – eine Archivalie.

Stattdessen sollte eine große Menge an sogenannten „Sammlungsbeständen" angelegt werden. Dabei handelt es sich um Archivgut, das nicht in den Ämtern des Hochtaunuskreises selbst entstand, wie Akten und Amtsbücher. Vielmehr handelt es sich um Quellen, die im Ursprung in der Regel als Druckwerk erschienen waren und als Veröffentlichung erworben werden konnten. Darunter fallen etwa Zeitungen, Karten, Ansichtskarten, Grafiken etc. Entsprechende Sammlungen wurden angelegt und existieren bis heute. Zum Kern der Sammlungen gehören die Bestände der einstigen Arbeitsstelle für Namen- und Kartenforschung: die Flurnamenkartei, die Ortsdokumentation und ein Großteil des heutigen Kartenbestands (insgesamt circa 3.000 Stück). Auch wenn in den Anfängen ein nicht unbeträchtlicher Teil der Bestände gespendet bzw. dem Kreisarchiv geschenkt wurde, so zählt es bis heute zu den Kommunalarchiven, das viele Quellen ankauft. In dieser Konzeption spiegelt sich auch wider, dass Baeumerth keine archivarische Ausbildung durchlaufen hatte, sondern Kunsthistorikerin war. So legte sie in ihrem Konzept auch gleich die Anlage einer Kunstsammlung fest, die aus über 200 Titeln besteht.

Die starke Konzentration auf die Sammlungen hatte auch ihre Nachteile. Bis 2009/2010 gab es Findmittel (Datenbanken und Findbücher) ausschließlich für die Sammlungen. Dies hatte zur Folge, dass etwa die Ansichtskarten gut von Benutzern recherchiert werden konnten, aber keine einzige der Kreisakten. Es war sogar so, dass im Prinzip niemand mehr, die späteren Archivare eingeschlossen, Kenntnis über die diversen, meist noch unter Baeumerth getätigten Übernahmen hatte und so auch bereits übernommene, durchaus interessante Akten z. B. aus den 1930er Jahren völlig in Vergessenheit gerieten. Dabei sind die Akten wegen ihres Unikatcharakters langfristig für die Forschung von großem Wert. Dies zeigt auch die hohe Benutzungsrate von Landkreisakten in den Staatsarchiven.

Die Erschließung geschah in der Frühphase vor allem durch Reinhard Michel und den Kreis der anderen ehrenamtlichen Mitarbeiter. Zu den Protagonisten gehörten hier unter anderem Bernd Ochs, Alexander Wächtershäuser, zu Beginn Andreas Mengel, Gisela Wolf, Erhard Buhlmann und Marlene Beinhauer.

Publikationen

Baeumerth vertrat das Kreisarchiv auch nach außen – dadurch, dass sie Vorträge hielt und

Feldforschung: Mitarbeiter des Kreisarchivs sowie weitere Heimatforscher durchstreifen das Gelände der Wüstung Stahlnhain bei Neu-Anspach 1994.

Publikationen, darunter auch regelmäßig Artikel und Serien in Zeitungen, erstellte. Zu ihren Lieblingsprojekten gehörte die Herausgabe eines Kreisjahrbuches, womit sie im ersten Jahr ihrer Tätigkeit begann. Dies sah sie als identitätsfördernd für die Kreisbürger an: „Ein Jahrbuch bietet die Möglichkeit, das ‚Kreisbewußtsein' in weiteren Teilen der Bevölkerung zu festigen. Es sollte daher nicht nur eine willkommene weitere Publikationsmöglichkeit für Heimatforscher darstellen, sondern auch ein möglichst breites Spektrum von Interessen abdecken. Also nicht nur Geschichte, sondern auch Geschichten, Anekdoten, Gedichte u. s. w."[15]

Eine Publikation, die repräsentativ für die neuen Möglichkeiten dank der Existenz des Kreisarchivs stehen sollte, war im Jahr 1999 das Buch „Das Jahrhundert im Taunus". Nach Art einer Jahreschronik wurde hier das 20. Jahrhundert im Gebiet des Hochtaunuskreises rekapituliert. Schon inhaltlich reflektiert es die zeitgeschichtliche Ausrichtung des Kreisarchivs, und bei der Erstellung (an der auch zahlreiche externe Autoren beteiligt waren) spielten die Zeitungsbestände des Kreisarchivs eine große Rolle.

Ebenso begann 1997 ein Gruppenprojekt zu den Heimatvertriebenen im Hochtaunuskreis. Nach engagiertem Beginn blieb dieses aufgrund äußerer Umstände, darunter der Tod von Angelika Baeumerth, liegen, und erst nach Hinzuziehung eines Fachhistorikers konnte schließlich 2014 eine Aufarbeitung zu diesem Thema veröffentlicht werden.[16]

Gegen Ende der 1990er Jahre begannen auch die ersten größeren Projekte zur Quellenedition. Unvollständig blieben allerdings die Transkription der Feldberg-Gästebücher (ein Band 1996 erschienen) und der Schulchroniken.

Ein ähnliches Projekt war die Dokumentation „Mühlen im Hochtaunuskreis", die 2011 von Ingrid Berg und Alexander Wächtershäuser fertiggestellt wurde.

Förderverein Kreisarchiv

Der Förderverein Kreisarchiv entstand bereits im Dezember 1991, während noch der Einzug in den Räumlichkeiten in Oberursel vonstattenging. Er hatte von Anfang an die Aufgabe, Gelder für das Kreisarchiv einzuwerben. Diese dienen seither vor allem antiquarischen Ankäufen oder zur Vergabe von Werkverträgen zur Erforschung der Kreisgeschichte oder Verzeichnung der Archivalien. Durch den relativ großen Stab an regelmäßigen ehrenamtlichen Helfern und die kleine Größe der

---

15 Die enthaltenen fiktionalen Texte, vor allem Lyrik, waren in den ersten zehn Jahrgängen des Jahrbuchs noch häufig, gehörten aber nach dem Tod Baeumerths 2001 nicht mehr zum Konzept des Jahrbuchs.

16 Mark Jakob, Zwischen Ablehnung und Solidarität: die Integration der Vertriebenen im Hochtaunuskreis, Marburg 2014.

Einrichtung herrschte in Oberursel eine besondere familiäre Atmosphäre. Die Mitarbeiter des Kreisarchivs unternahmen unter anderem gemeinsame Feldexkursionen (so etwa zur Lokalisierung der Wüstung Mittelstedten bei Oberstedten durch Reinhard Michel) oder feierten ihre Geburtstage im Team. Viele Fotos und sogar zahlreiche Gedichte sind im Kreisarchiv aus dieser Zeit überliefert.

Der Tod von Angelika Baeumerth und weitere Umbrüche

Die erste große Zäsur in der Geschichte des Kreisarchivs bildete der Umzug von Oberursel ins neu gebaute Landratsamt 1999. Das Kreisarchiv, das vorher mitten in der Oberurseler Altstadt lag, war nun am westlichen Stadtrand von Bad Homburg nicht mehr so einfach fußläufig zu erreichen. Baeumerth schrieb im Jahresbericht darüber, dass die ehrenamtlichen Kräfte sich zwar über die besseren Möglichkeiten bei der Computerausstattung und die angenehmere Arbeitsatmosphäre freuten, aber so mancher von ihnen den Umzug nicht mehr mitmachte. Zur Benutzerzahl stellt sie fest: „Generell ist die rege Betriebsamkeit, die im ‚alten' Kreisarchiv herrschte, noch nicht wiedergekehrt. Die Zahl der Benutzer ist am neuen Standort deutlich niedriger, was wir zunächst als Rücksichtnahme auf die Umzugssituation interpretierten. Zunehmend erscheint es uns jedoch so, als scheuten vor allem auf öffentliche Verkehrsmittel angewiesene Benutzer den größeren Umstand. Bei Autofahrern hingegen drückt sich die Situation, auf einen nicht kostenfreien Parkplatz angewiesen zu sein, in einer deutlich geringeren Verweildauer, aber auch im Ausweichen auf ein Telefonat aus."[17]

Zu den Vorteilen gehörte wiederum, dass die Einrichtung nun Räume bekam, die endlich in der Kapazität den Mindestanforderungen für ein Kreisarchiv entsprachen; auch das Mobiliar, wie die neue Rollregalanlage, war geeigneter.

Im alten Standort in der Grundschule Mitte in Oberursel werden hier 1999 die gesamten Bestände für den Transport nach Bad Homburg verladen.

Angelika Baeumerth starb früh im Alter von 50 Jahren nach einer Krebserkrankung am 5. Dezember 2001. Bis kurz vor ihrem Tod hatte sie noch publiziert. Dies bedeutete einen großen Einschnitt in der Arbeit des Kreisarchivs. Ihre Stelle wurde nicht sofort wieder besetzt, sondern erst Mitte 2003. Rainer Hein, der neue Leiter des Fachbereichs Kultur – wie die Position nun mit erweitertem Profil benannt wurde –, blieb allerdings nur wenig länger als ein Jahr beim Hochtaunuskreis; er kehrte anschließend als Redakteur zur Frankfurter Allgemeinen Zeitung zurück. Es entstand wieder eine Vakanz

---

17 Jahresbericht des Kreisarchivs 1999 von Angelika Baeumerth, unverzeichnet.

in der Leitung des Kreisarchivs. Die Helfer aus dem ehrenamtlichen Team, die nun mehr oder weniger auf sich allein gestellt waren, zogen sich nach und nach zurück. Im Jahr 2005 wurde im September Reinhard Michel verabschiedet, geblieben ist seither Alexander Wächtershäuser aus dem frühen Team des Kreisarchivs. Als Konsequenz sanken die Benutzerzahlen. Ihren Tiefpunkt erreichten sie im Jahr 2006, als nur noch 73 Personen das Kreisarchiv nutzten. Dass der Förderverein Kreisarchiv zwischen 2002 und 2007 fast kein Geld mehr für Ankäufe und Projekte ausgab, zeigt ebenfalls, dass die archivischen Aktivitäten immer mehr absanken.

Immerhin gelang es, mit Kontinuität die Herausgabe des Jahrbuchs Hochtaunuskreis fortzusetzen. Nach dem Tod von Angelika Baeumerth wurde die Ausgabe 2002 noch vom ehrenamtlichen Team fertiggestellt. Dabei tat sich besonders Ingrid Berg hervor, die die Jahrbuchreihe ohnehin seit den ersten Ausgaben bis heute als Ko-Korrektorin betreut. Ab der Ausgabe 2003 hat Cornelia Kalinowski die Redaktion dieser Schriftenreihe übernommen. Sie hatte zuvor als Mitarbeiterin des Fachbereichs Presse- und Öffentlichkeitsarbeit bereits einige Publikationen erstellt – qualifiziert durch das Studium von Germanistik und Publizistik – und war nun im Fachbereich Kultur für Ausstellungen, Publikationen und diverse weitere Projekte zuständig.

Für die Nutzer des Kreisarchivs war es in der Zeit von 2002 bis 2006 Ursula Euler, von 2006 bis 2007 ihrer Nachfolgerin Gabriele von Berger zu verdanken, dass immerhin Auskünfte gegeben werden konnten und die Bibliothek weiter verwaltet und ausgebaut wurde. Eine wichtige Weiche wurde aber auch in diesen Jahren gestellt. Das Kreisarchiv wurde 2003 eingebunden in den neuen Fachbereich Kultur. Dies bedeutete mittelfristig eine organisatorische Stärkung, denn aufgrund der Aufgabenvielfalt entwickelte sich nach einigen Jahren der Personalstand günstiger.

Personelle und räumliche Vergrößerung (2007 bis heute)

2007 kam mit Gregor Maier der neue Leiter für den Fachbereich Kultur. Der studierte Historiker bemühte sich sofort darum, auch dem Kreisarchiv wieder eine höhere Geltung zu geben. Mit Mareike Hoff arbeitete ab Ende 2007 erstmals eine Archivarin des „klassischen" Ausbildungsgangs – praktische Ausbildung in einem Staats- oder Kommunalarchiv und Theorie an der Archivschule Marburg – im Kreisarchiv. Ihr folgten Maria Kobold (2008 – 2010) und der Verfasser dieser Zeilen (seit November 2010) nach.

Auch dank einer Auszubildendenstelle (Fachangestellte für Medien- und Informationsdienste) ab 2009 und Magazinerstelle in der Außenstelle in Usingen sowie neuer ehrenamtlicher Helfer – von denen besonders Margareta Georg für ihr Engagement herauszustellen ist – ist das Kreisarchiv seit 2009 personell deutlich besser aufgestellt als in den ersten Jahren.

Auch die archivische und historische Arbeit nahm wieder einen Aufschwung. Seit 2009 betreibt das Kreisarchiv ein Zwischenarchiv in Usingen als Registratur für die Akten mehrerer Fachbereiche, wobei die Bauabteilungen (Hochbau und Bauaufsicht) besonders hervorzuheben sind. Seit 2010 sind Erschließungsdaten des Kreisarchivs online recherchierbar.[18] Bisher wurden circa 14.000 Archivalien erschlossen, wobei damit erst ein kleiner Bestandteil der Gesamtmenge verzeichnet ist. Auch die Bibliotheksbestände sollen im Laufe des Jahrs 2015 komplett recherchierbar sein. Hier handelt es sich um rund 10.000 Bücher.

Im Bereich der historischen Forschung nahm das Kreisarchiv wieder eine Publikati-

---

18 Über die Plattform www.arcinsys.hessen.de

onstätigkeit zusätzlich zum Jahrbuch auf. Seit 2007 wurden 15 Titel, verfasst meist durch externe Autoren, zusätzlich zu den Jahrbüchern veröffentlicht. In einigen Fällen, wie bei der „Bestandserhaltung in Archiven und Bibliotheken", dem vermutlich kommerziell erfolgreichsten Titel, erfolgte die Publikation mit mehreren Partnern.[19]

2008 wurden erstmals seit seiner Gründung vom Förderverein Kreisarchiv auch Veranstaltungen angeboten: Gemeinsam mit dem Verein für Geschichte und Landeskunde zu Bad Homburg vor der Höhe werden seither mehrmals jährlich Exkursionen veranstaltet.

Obwohl das Kreisarchiv sich also gerade in den Bereichen der Öffentlichkeitsarbeit und Geschichtsvermittlung seit 2007 sehr gesteigert hat, gibt es auch Bereiche, wo noch viel Arbeit zu leisten ist. Dem Trend vieler hessischer Kommunalarchive folgend, konnte etwa im zukünftig sehr bedeutsamen Bereich der digitalen Archivierung von Dateien und anderen elektronischen Daten mangels der nötigen personellen und finanziellen Ressourcen noch gar nichts getan werden. Auch gelang es noch nicht, im Landratsamt mit seinen vielen Fachbereichen eine für die Ge-

[19] In diesem Fall dem Institut für Stadtgeschichte Frankfurt am Main und der Hessischen Archivberatungsstelle in Darmstadt.

Ausbau: 2009 sind die Regale in der gerade eingerichteten Außenstelle unter dem Taunusbad in Usingen noch leer – heute lagern dort etwa 1.800 laufende Meter Akten.

samtbehörde funktionierende Schriftgutverwaltung mit regelmäßigen Aussonderungen und weiteren Instrumenten wie einem zentralen Aktenplan aufzubauen. Dies ist aber geboten angesichts des knappen Platzes in den Registraturen.

Doch das sind die Aufgaben der Zukunft. Im Jubiläumsjahr können wir zufrieden zurückblicken und feststellen, dass trotz einer schwierigen Phase Anfang der 2000er Jahre das Erbe der Gründer erhalten worden ist und das Kreisarchiv zu einer lebendigen, vielseitigen Institution ausgestaltet werden konnte.

Cornelia Kalinowski

Architektur, die Schule macht

Schulbauprogramm erhält die BDA-Auszeichnung für Baukultur in Hessen 2014/2015

2004 wurde vom Bund Deutscher Architekten (BDA) erstmals die „BDA-Auszeichnung für Baukultur" verliehen, der damit eine Würdigung initiierte, die Potenzial und Bedeutung der Architektur im Kontext gesellschaftlicher Prozesse verdeutlichen will. Die Auszeichnung gilt nicht nur konkreten Bauprojekten, sondern wird an Persönlichkeiten, Institutionen und Initiativen im Bereich des Planens und Bauens vergeben, die – jeweils aus eigener Position und auf eigene Weise – direkt oder indirekt gute Architektur möglich machen und gemacht haben, sei es als Bauherren, Kulturschaffende, Journalisten, Politiker oder Unternehmer.

„Architektur ist ein permanenter gesellschaftlicher Prozess, in dem sich vollzieht, was diese Gesellschaft ausmacht. Deswegen ist Architektur nie nur Angelegenheit derer, die sie entwerfen. Erst durch die Aneignung und die Inbesitznahme der Räume erfüllt sich der Sinn von Architektur, entsteht sie als Mittel des Umgangs mit der Umwelt. Erst schaffen Menschen Räume, dann schaffen Räume Menschen."

Landrat Ulrich Krebs und sein Amtsvorgänger Jürgen Banzer bei der Preisverleihung für das Schulbauprogramm des Hochtaunuskreises, mit Christian Holl (Landessekretär BDA Hessen) und Susanne Wartzeck (Landesvorsitzende BDA Hessen) (Foto: Uwe Dettmar, Frankfurt am Main)

Für Schulgebäude mag die letzte Aussage ganz besonders zutreffen. Der Hochtaunuskreis hat im Jahr 2000 zur Amtszeit von Landrat Jürgen Banzer das Schulbauprogramm „Schulen für das 21. Jahrhundert" gestartet. Ziel war und ist es, die Schulen des Landkreises auf höchstem technischem und gestalterischem Niveau zu sanieren oder Neubauten zu errichten. Neben der Nachhaltigkeit bilden pädagogische und funktionale Aspekte die Grundlagen für die Umsetzung. Die Auswahl der Neubau-Entwürfe wurde über europaweite Ausschreibungen im offenen Wettbewerbsverfahren mit Fachjurys ermittelt.

Preisverleihung

Am 27. Februar 2015 wurde die Auszeichnung für Baukultur im Deutschen Architekturmuseum in Frankfurt verliehen. Im Fünfjahresrhythmus vergeben, fand die Ehrung zum dritten Mal statt.

Landrat Ulrich Krebs und sein Vorgänger im Amt, Jürgen Banzer, nahmen mit Dankbarkeit und Stolz die Würdigung entgegen. Mit ihnen freuten sich Bernhard Strauch, der Leiter des Hochbauamtes, und seine Mitarbeiter, die mit hohem Engagement die zahlreichen anspruchsvollen Projekte realisiert haben.

Gemeinsam mit dem Hochtaunuskreis erhielten den Preis für Baukultur noch vier weitere Institutionen: die F.A.Z.-Redaktion der Rhein-Main-Zeitung: Matthias Alexander, Rainer Schulze und Mechthild Harting; die Schader-Stiftung Darmstadt; die Evangelische Akademie Frankfurt: Christian Kaufmann und der KulturBahnhof e.V. in Kassel. Alle Preisträger erhielten zur Urkunde auch eine gerahmte Fotografie von Christiane Feser, „Konstrukt 38".

Zvonko Turkali, Architekt mit Professur an der Leibniz Universität Hannover und von 2009 bis 2012 Landesvorsitzender des BDA Hessen, hat die Laudatio zum Schulbauprogramm des Hochtaunuskreises verfasst, die im Folgenden wiedergegeben werden soll:

Hochtaunuskreis/Schulbauprogramm „Schulen für das 21. Jahrhundert" Ein Programm der Erneuerung – Bildung, der Baustein unserer Zukunft

Der Hochtaunuskreis wurde durch sein Bauprogramm „Schulen für das 21. Jahrhundert" entscheidender Initiator für eine architektonische Erneuerung der Region. Aufgrund vieler Schulneubauten und umfangreicher Sanierungsmaßnahmen entstand ein besonderes gestalterisches Bild auf ausgezeichnetem architektonischem Niveau. Der Charakter der Region wurde sichtlich neu geprägt. Der Landkreis hat dabei trotz Sparmaßnahmen im Haushalt seine hohen Ansprüche an Qualität durch Wettbewerbsverfahren mit Fachjurys erfüllt. Das Programm hat dadurch Leuchtturmcharakter für ganz Hessen entwickelt.

Laudatio

Die beste Investition unserer Gesellschaft ist die Investition in die Bildung unserer Kinder. Mit dem bereits im Jahr 2000 gestarteten Schulbauprogramm „Schulen für das 21. Jahrhundert" investiert der Hochtaunuskreis mehr Geld als jeder andere Landkreis in Hessen in die Bildung unserer Kinder. Es wurde eine bauliche Sanierungsoffensive ins Leben gerufen, deren Ziel es ist, insbesondere die Schulen, aber auch andere Liegenschaften des Kreises, innerhalb eines überschaubaren Zeitraums in einen neubauähnlichen Zustand zu versetzen. Die Schulen im Hochtaunuskreis zu einem ansprechenden und funktionalen Lern- und Lebensraum für Schülerinnen, Schüler und Lehrkräfte zu entwickeln, die Bausubstanz nachhaltig zu stärken und sie energetisch zukunftsweisend auszurichten, sind wesentliche Grundlagen des Bauprogramms.

Der oft schlechte allgemeine Zustand der Altbauten, deren Sanierungen mit zu hohen Kosten verbunden gewesen wären, machte vielerorts einen Neubau notwendig. Die Auswahl der Entwürfe erfolgte über europaweite Auslobungen in offenen Wettbewerbsverfahren. Unter Beteiligung einer kompetenten Fachjury konnte sowohl der hohe nutzerorientierte wie auch der gestalterische Anspruch erfüllt werden. Im Anschluss an die Wettbewerbsverfahren sind unter Würdigung der Empfehlung aus dem Preisgericht die jeweiligen Gewinner mit den weiteren Planungsleistungen beauftragt worden.

Die Anzahl der bereits realisierten Baumaßnahmen ist beeindruckend: Zwölf Schulen sind vollständig neu gebaut oder befinden sich derzeit im Bau, ebenso zwölf Sporthallen. An 22 Schulen ist die Grundsanierung aller Gebäude abgeschlossen, an weiteren fünf Schulen fanden Grundsanierungen an einzelnen Gebäuden statt. 33 Sporthallen wurden ebenfalls schon saniert, und an 32 Schulen sind Erweiterungsbauten errichtet worden.

Der hohe Qualitätsstandard realisierter Neubauten führte bereits zu mehreren Auszeichnungen einzelner Projekte, so auch mit dem Preis des BDA „Große Häuser, kleine Häuser: Ausgezeichnete Architektur in Hessen 2008–2013".

Trotz Einsparungen im Haushalt der letzten Jahre wurden die Gelder für die Bauvorhaben im Schulbauprogramm stets genehmigt, um die gesetzten Ziele der Initiative zu erreichen.

Durch die Auslobung von Architekturwettbewerben für Schulbauten im Zuge des Schulbauprogrammes „Schulen für das 21. Jahrhundert" sowie deren hochwertige Realisierung setzt der Landkreis Hochtaunus entscheidende Impulse für eine baulich qualitätsvolle Entwicklung der gesamten Region. Die Hochtaunus-Schulen sind zu einem Qualitätsbegriff für ganz Hessen geworden.

Ein beispielloses Exempel, das Schule macht.

Cornelia Kalinowski

Stadt_Haus_Mensch

Neues Förderprojekt Architektur des Hochtaunuskreises

Grundschule in Mammolshain (Foto: Architekturbüro Jacobs)

Allein zwölf Schulen hat der Hochtaunuskreis seit der Jahrtausendwende neu gebaut. Kleine Schulen, wie die Grundschule in Mammolshain, die zurzeit von 90 Kindern besucht wird, und große Schulen, wie die Philipp-Reis-Schule in Friedrichsdorf für aktuell 1.835 Schülerinnen und Schüler. Dazu entstanden zahlreiche Erweiterungsbauten und Sanierungen.

Es ist ein aufregender Tag für die ganze Schulgemeinde, wenn die neuen Gebäude, die neuen Klassen- und Fachräume zum ersten Mal genutzt werden. Zum Staunen kommt mitunter auch ein Fremdeln dazu: Ist das sinnvoll, wie es gebaut wurde? Ist das schön, wie es gestaltet ist? Werden wir uns wohlfühlen hier? Über viele Monate hatte man das Gebäude wachsen sehen, aber: Warum ist das Haus so gestaltet und nicht anders? Warum wurde dieser architektonische Entwurf ausgewählt?

Manche Antwort ergibt sich im Alltag schnell von selbst durch die praktische und angenehme Nutzung. Aber letztlich stellen sich die Fragen – und nicht nur für Schulgebäude – immer wieder neu: Was ist gute Architektur? Wie sollten Gebäude und Städte gestaltet werden? Wie wollen wir leben und arbeiten?

Leider kommt die Beschäftigung mit dem Thema Architektur in den Lehrplänen, wenn überhaupt, nur selten und flüchtig vor – am ehesten noch im Fach Kunst.

Angeregt durch die Würdigung des Schulbauprogramms mit dem Preis für Baukultur 2015, wie im vorangehenden Beitrag zu lesen, möchte der Hochtaunuskreis Impulse setzen für eine stärkere Beschäftigung mit diesem Thema an den weiterführenden Schulen. In Kooperation mit dem Deutschen Architekturmuseum in Frankfurt a. M. sollen Projekte und Workshops für Klassen und Kurse angeboten werden, die sich in verschiedener Weise der Architektur widmen. Die Architekturvermittlung beginnt mit einer „Sehschule", denn Architektur verstehen lernen heißt Architektur sehen lernen. Herausragende Beispiele bemerkenswerter

Architektur bietet die Rhein-Main-Region ja in Mengen.

Und so ist auch das Angebot der Themen des Vermittlungsprogramms reichhaltig und soll selbstverständlich im Einzelfall auf die Wünsche und Bedürfnisse der jeweiligen Schülergruppe zugeschnitten werden: Von der Stilkunde über Stadtteildetektivarbeit, von Bauhütten zu Hochhäusern reichen die Kursformate des Vermittlungsangebotes des DAM.

Im Fach Kunst ist nicht nur der Bau von Modellen möglich. Fotografie, Collagen, Zeichnungen, Malerei – das sind Techniken, mit denen in anspruchsvoller Aufgabenstellung interessante Ergebnisse erzielt werden können, die den Schülern nachhaltige Erkenntnisse vermitteln. Aber auch in anderen Schulfächern kann das Thema Architektur aufgegriffen werden, in Deutsch kann man sich mit der Architekturkritik befassen und in Mathematik und Physik mit Berechnungen – um nur einmal ein paar Beispiele zu nennen. Das Förderprojekt Architektur soll ab 2017 jährlich den weiterführenden Schulen ein mit dem Deutschen Architekturmuseum vereinbartes Angebot an Workshops, Kooperationen und Exkursionen offerieren.

Aber den Auftakt wird das neue Förderprojekt Architektur schon mit der kommenden Ausstellung von „Kunst aus Schulen" 2016 nehmen. Seit 1996 zeigt die Künstlergalerie Artlantis in Bad Homburg-Dornholzhausen einmal jährlich eine Gemeinschaftsausstellung mit Arbeiten aus dem Kunstunterricht der weiterführenden Schulen. An dieser Präsentation beteiligen sich jährlich bis zu 17 Schulen. Die Auslobung des „Schulkunstpreises der Johann-Isaak-von-Gerning-Stiftung" des Hochtaunuskreises hat in den letzten Jahren das Dabeisein noch attraktiver gemacht. Die Auszeichnungen, basierend auf der Auswahl durch eine

Philipp-Reis-Schule in Friedrichsdorf (Foto: C. Kalinowski)

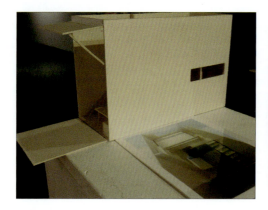

fachkompetente Jury, werden bei der Eröffnung durch den Landrat verliehen.

Landrat Ulrich Krebs hat bereits im Februar 2015 bei der 20. Eröffnung von „Kunst aus Schulen" das neue Förderprojekt Architektur in Aussicht gestellt. Ein schöner Zufall war, dass sich das Taunusgymnasium aus Königstein mit Architekturmodellen an der Ausstellung 2015 beteiligt hatte. So gab es unbeabsichtigt eine eindrucksvolle Illustration und ein anschauliches Beispiel, wie 2016 (Eröffnungstermin: 12. Februar 2016) für das Gemeinschaftsthema „Stadt_Haus_Mensch" gearbeitet werden kann, damit hoffentlich zahlreiche Beiträge in unterschiedlichsten künstlerischen Techniken eine spannende Beschäftigung mit der „Mutter aller Künste", der Architektur, erkennen lassen!

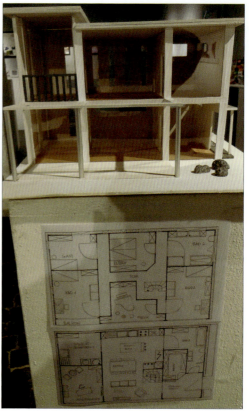

Modelle des Taunusgymnasiums zur Ausstellung von „Kunst aus Schulen" 2015 (Foto: C. Kalinowski)

Spitzenmedizin. So nah.

Hochqualifizierte medizinische Fachkräfte und modernste Medizintechnik – das sind die neuen Hochtaunus-Kliniken in Bad Homburg v.d.H. und in Usingen. Wir bieten Ihnen Spitzenmedizin in modernsten Gebäuden und in landschaftlich schöner Umgebung.

Unsere Patienten können sich heute und in Zukunft darauf verlassen, dass sie mit optimalen Diagnose- und Therapiemethoden untersucht und behandelt werden – immer auf dem aktuellen Stand der Medizin. Bei aller medizinischen Qualität behalten wir auch den Menschen im Auge.

Damit setzen wir Maßstäbe.
Im Hochtaunuskreis und darüber hinaus.

Die Kliniken mit dem Plus.

Hochtaunus-Kliniken gGmbH I Zeppelinstraße 20, 61352 Bad Homburg I Weilburger Straße 48, 61250 Usingen
info@hochtaunus-kliniken.de I www.hochtaunus-kliniken.de

Kulturfonds Frankfurt RheinMain

„kunstvoll"

Das Jugendprogramm des Kulturfonds Frankfurt RheinMain

Über ein Schuljahr lang mit Künstlern auf Augenhöhe zusammenarbeiten, gemeinsam ein Projekt realisieren und sich selbst von einer neuen Seite kennenlernen – das und viel mehr macht „kunstvoll", das Jugendprogramm des Kulturfonds Frankfurt RheinMain zur kulturellen Bildungsvermittlung möglich.

Wo sind beinahe 100 Prozent der Jugendlichen eines Jahrgangs anzutreffen? In der Schule! Diese Ausgangsüberlegung und der Wunsch, Schüler unabhängig von ihrem sozialen, finanziellen und persönlichen Hintergrund mit den Künsten hautnah in Berührung zu bringen und bei der eigenen Persönlichkeitsentwicklung zu unterstützen, veranlasste den Kulturfonds 2013, das Programm „kunstvoll" ins Leben zu rufen. „kunstvoll" will den Jugendlichen den Schlüssel in die Hand geben, mithilfe dessen sie die Welt der Künste für sich erobern und persönliche Fähigkeiten entwickeln bzw. ausbauen können. Indem „kunstvoll" den Weg über die Schulen geht, will der Kulturfonds dazu beitragen, dass die kulturelle Bildungsbiografie der Jugendlichen eben nicht vom Zufall bestimmt wird.

So startete der Kulturfonds erstmalig für das Schuljahr 2013/2014 den Aufruf, Förderanträge zu stellen. Schulen jeglicher Form ab der Sekundarstufe I sind seither aufgerufen, mit Kulturinstitutionen jeglicher Kunstsparte Partnerschaften für ein Schuljahr einzugehen und in dieser Zeit ein „kunstvoll"-Projekt zu realisieren, das Teil des Schullebens und ein aktiver Austausch nicht nur zwischen den Schülern und Künstlern, sondern eben auch eine Kooperation zwischen einer Schule und einer kulturellen Einrichtung sein soll.

Vorerfahrungen mit kulturellen Bildungsvermittlungsprojekten sind für eine „kunstvoll"-Förderung dabei nicht von Bedeutung – im Gegenteil.

Wichtig ist dem Kulturfonds, dass die „kunstvoll"-Projekte die Einrichtungen und ihre Schüler dort abholen, wo sie institutionell und persönlich stehen. Aus Sicht des Kulturfonds ist der qualitativ hochwertige Arbeitsprozess mit professionellen Künstlern und Kunstvermittlern jeglicher Sparte entscheidend – der Weg ist bei „kunstvoll" das Ziel. Besuche von Museen, Theatern und Musikhäusern, bei denen die Schüler nicht Betrachter, sondern Mitwirkende sind und als solche die Bereiche kennenlernen, die der Erwerb einer Eintrittskarte eben nicht mit sich bringt, sind ebenso prägend wie die persönlichen Kontakte zu den Künstlern auf Augenhöhe und die Zusammenarbeit mit ihnen in einer werkstattähnlichen Atmosphäre. Entscheidend ist dabei, dass die Jugendlichen vorrangig eigene Ideen entwickeln, selber künstlerisch und nicht nur rezeptiv tätig werden. Der sich aus diesen Schritten ergebende Zugang zur Kunst und die vielfältigen künstlerischen Produktionen sind für die Jugendlichen von besonderem Wert.

„kunstvoll" legt darüber hinaus ein besonderes Augenmerk auf die Persönlichkeit jedes einzelnen Schülers, deren Entwicklung mit einem erfolgreichen künstlerischen Arbeitsprozess quasi einhergeht. Wer sich selbst in den kreativen Schaffensprozess in einer Gruppe einbringt, vertieft oder erwirbt Fähigkeiten wie Teamgeist, Disziplin, Rücksichtnahme, Einsatzbereitschaft und arbeitet auch an seinen kommunikativen Fertigkeiten. Die Wahrnehmung der eigenen Charakterzüge kann gerade auch dadurch gefördert werden, dass die Schüler in andere Rollen schlüpfen. Die Erkenntnis, eine Ausstellung mit eigenen Werken zu konzipieren, oder vor Publikum zu musizieren oder ein Stück auf die Bühne bringen zu können, ist für das Selbstvertrauen von unschätzbarem Wert.

Die bei „kunstvoll" im Fokus stehende kulturelle Praxis dokumentiert sich in der jeweiligen Abschlusspräsentation. Spätestens in dieser Phase haben auch Familien und Freunde Gelegenheit, vielleicht erstmalig ein Theater oder ein Museum zu besuchen, sich von der Entwicklung der Schüler zu überzeugen und von ihrer Begeisterung anstecken zu lassen.

Dabei stellt „kunstvoll" an die eigenen Projekte aber auch die Erwartung, dass die künstlerische und persönliche Entwicklung eben nicht „nur" bei den Jugendlichen zu beobachten ist. Bei jeder Partnerschaft lernen auch die Künstler, Kunstvermittler und Lehrer Neues dazu. Dies gilt auch für die hinter den Aktiven stehenden Einrichtungen: Sowohl Schulen als auch kulturelle Institutionen müssen aufeinander zugehen, Kompromisse machen und die Bereitschaft zeigen, das „kunstvoll"-Projekt aktiv einzubinden. Eine Herausforderung, die nicht immer leicht zu bewältigen ist.

Helfen kann dabei der gegenseitige Austausch – auch über die eigenen Projektgrenzen hinweg. Da das Jugendprogramm „kunstvoll" sich nicht nur als Geldgeber und Starthelfer, sondern als Förderer von Netzwerken versteht, lädt der Kulturfonds deswegen die am jeweiligen Durchlauf teilnehmenden Projektleiter zu Arbeitstreffen ein. 2014 gab es darüber hinaus ein Symposium zum Thema kulturelle Bildung, bei dem sich rund 150 Vertreter von Schulen, Kultureinrichtungen, Förderer von Projekten der kulturellen Bildung sowie Vertreter der öffentlichen Hand zusammenfanden, um über die Bedingungen für das Gelingen von kulturellen Vermittlungsprojekten zu diskutieren.

Nach dem ersten Durchlauf von „kunstvoll" zeigte auch die Verdreifachung der Förderanträge für das Schuljahr 2014/2015, dass das Programm tatsächlich als ein Weg wahrgenommen wird, kulturelle Bildung zu fördern. 19 Kulturpartnerschaften zwischen Schulen und Kultureinrichtungen wie dem Staatstheater Wiesbaden, dem Deutschen Architekturmuseum, dem English Theatre Frankfurt und der Freien Szene Darmstadt profitieren derzeit von dem Angebot, für das der Kulturfonds jährlich 200.000 Euro in seinen Etat stellt.

Der Kulturfonds Frankfurt RheinMain sieht „kunstvoll" als Wegbereiter für das Ziel, derlei Bildungsvermittlung in den regulären Stundenplan gleich mehrerer Schulfächer zu implementieren.

(Claudia Oberschäfer)

Einige „kunstvoll"-Kulturpartnerschaften aus dem Hochtaunuskreis:

Humboldtschule und Junge Deutsche Philharmonie: Inszenierte Konzerteinführung

Von November 2013 bis März 2014 erarbeiteten Jugendliche gemeinsam mit Mitgliedern der Jungen Deutschen Philharmonie eine inszenierte Konzerteinführung, die sie dem Publikum am 15. März 2014 im Rahmen der „Langen Nacht der Romantik" in der Alten Oper Frankfurt präsentierten. In wöchentlich stattfindenden Workshops setzten sich die Schüler der 9a der Humboldtschule Bad Homburg intensiv mit Robert Schumann und seinem Violinkonzert d-Moll auseinander, um eine Konzerteinführung der besonderen Art zu entwickeln: Anstelle der herkömmlichen musikhistorischen Vorträge vermittelten die Jugendlichen dem Publikum durch eigene Kompositionen, Sprechcollagen,

Foto: Achim Reissner

Standbilder und eine Tanzchoreographie ihre persönliche Sicht auf das Werk und den Komponisten. Unterstützt wurden sie dabei von Mitgliedern der Jungen Deutschen Philharmonie, Musikvermittlerin Anselma Lanzendörfer, Musiklehrerin Sabine Hartmann, Theater- und Tanzpädagogin Anni Komppa sowie den Musikvermittlungsteams der Alten Oper Frankfurt und der Jungen Deutschen Philharmonie.

In gemeinsamen Proben wurden die unterschiedlichen Aufführungsbestandteile zusammengefügt und am 7. März 2014 in der Aula der Humboldtschule bei einer öffentlichen Generalprobe erstmals präsentiert. Die „Lange Nacht der Romantik" am 15. März 2014 mit insgesamt elf Konzerten und drei Lesungen in allen vier Sälen mit international renommierten Künstlern wie Mojca Erdmann, Patricia Kopatchinskaja, Igor Levit, Alexander Lonquich, Dénes Varjón, Jörg Widmann, dem Ensemble Modern und der Jungen Deutschen Philharmonie wurde um 18.00 Uhr eröffnet. Um 21.00 Uhr fand schließlich die Aufführung der inszenierten Konzerteinführung im Mozart Saal statt – nicht nur für die beteiligten Jugendlichen, sondern auch für die zahlreichen Zuschauerinnen und Zuschauer ein besonderes Erlebnis, wie viele begeisterte Reaktionen im Anschluss deutlich machten. Direkt nach ihrer Aufführung besuchten die Jugendlichen das Abschlusskonzert im Großen Saal, bei dem Patricia Kopatchinskaja und die Junge Deutsche Philharmonie Robert Schumanns Violinkonzert spielten.

Drei Wochen nach der Aufführung fand ein Nachtreffen aller Beteiligten statt, um die Video-Aufnahme der Konzerteinführung anzusehen und der intensiven Projektarbeit einen gemeinsamen Schlusspunkt zu setzen. „Abschließend kann man sagen, dass es eine super Erfahrung war, solch ein Projekt mitzugestalten. Und es hat uns Spaß gemacht, da wir Schüler viel kreativen Freiraum hatten und so auch unsere eigenen Ideen einbringen konnten. Außerdem wurden wir von einem super Team gecoacht und unterstützt. Aus unserer Perspektive war es ein gelungenes Musikprojekt, hinter dem eine Menge Arbeit steckte, das jedoch genauso viel Freude bereitete", fasst es die Schülerin Fabia Willi begeistert zusammen.

*(Janina Schmid,
Junge Deutsche Philharmonie)*

Ketteler-LaRoche-Schule und Freies Theaterhaus Frankfurt 2013/2014: Die Gier nach Gold

Die Kooperation zwischen der Ketteler-LaRoche-Schule und dem Freien Theaterhaus Frankfurt war für die angehenden Erzieher ein ganz besonderes Angebot im Schulalltag. Alle Schüler erhielten die Möglichkeit, Theatervorstellungen zu besuchen, eine Einführung in die Regeln des Theaters und einen Blick „hinter die Kulissen".

Zwei Stücke wurden in der Schule zur Aufführung gebracht:

In „Titus" erzählt ein Junge aus seinem Leben – Wahres und Unwahres, Schönes und Trauriges, Witziges und Nachdenkliches vermischen sich zu dem differenzierten und poetischen Porträt eines Jungen in der Pubertät.

Bei „Messerschmitt vs. Spitfire – a lovestory" werden die Zuschauer aktiv am Entstehen der Geschichte beteiligt. Mitten in Frankfurt

Fotos: Freies Theaterhaus Frankfurt

taucht plötzlich im Main eine Luftmine aus dem Zweiten Weltkrieg auf, im Umkreis von zwei Kilometern muss die Stadt evakuiert werden. Zur gleichen Zeit findet ein Familientreffen statt, Kate, die siebzehnjährige englische Cousine von Lukas kommt zu Besuch, um endlich ihre deutschen Verwandten kennenzulernen. Im Anschluss an das Stück fand ein zweistündiger Workshop statt.

Schwerpunkt der Kooperation war die Entwicklung eines Theaterstücks unter der Regie des Intendanten Gordon Vajen und der Theaterpädagogin Simone Fecher. In circa 100 Stunden erarbeiteten die angehenden Erzieher ein Theaterstück unter dem Titel „Der Goldene Ring".

Ausgehend vom „Nibelungenlied" und „Der Ring des Nibelungen" von Richard Wagner wurde gemeinsam der mythologische Hintergrund und die Aktualität dieses Stoffes entwickelt. Die männlichen Helden, Siegfrieds Kampf mit dem Drachen, seine Ermordung durch Hagen wurden genauso untersucht wie die starken Frauenfiguren – die Walküren, Brunhilde und Krimhild, die der Gewalt schließlich ein Ende setzen. Der Mythos und die Macht des Goldes wurden auf ihre heutige Bedeutung überprüft und in theatrale Formen umgesetzt.

Am 27. und 28. Mai 2014 wurden die Ergebnisse der Arbeit in einer zweistündigen Aufführung der Öffentlichkeit präsentiert.

Die äußerst positive und nachhaltige Wirkung des Projektes ist darin zu sehen, dass die ausgebildeten Erzieher diese Erfahrungen in ihren Berufsalltag mitnehmen und an die Kinder weitergeben können. Nicht nur durch die Entwicklung ihrer eigenen Persönlichkeit und der Erweiterung ihrer Handlungsmöglichkeiten, sondern auch dadurch, dass sie mit Kindern die kulturellen Einrichtungen aufsuchen und Formen und Inhalte verständnisvoll begleiten können.

*(Gordon Vajen,
Leiter Freies Theaterhaus Frankfurt)*

Gesamtschule am Gluckenstein und Kulturregion FrankfurtRheinMain: „Starke Stücke": Beweg dich!

Von November 2014 bis März 2015 waren rund 150 Schüler des Jahrgangs 7 der Gesamtschule am Gluckenstein Bad Homburg eingeladen, sich in dem Projekt „Beweg dich!" auf verschiedene Arten mit ‚Theater' auseinanderzusetzen. Sie besuchten zwei Theatervorstellungen, eine im E-Werk Bad Homburg („Stones" vom Theaterhaus Ensemble Frankfurt) und eine – im Rahmen des „Starke Stücke"-Festivals – in der Aula der Schule („Taksi to Istanbul" vom Comedia Theater Köln). Als Vor- und Nachbereitung nahmen sie an theaterpädagogischen Workshops teil, die künstlerisch und thematisch an die Stücke anknüpften. Eine Gruppe von sieben interessierten Schülern (gemischt aus den unterschiedlichen Klassen) entwickelte in einer Projektwoche eine eigene theatrale Tanzcollage mit dem Schauspieler und Choreographen Leandro Kees aus Köln und der Theaterpädagogin Stefanie Kaufmann aus Frankfurt. Die Jugendlichen lernten neue, künstlerische Ausdrucksformen kennen und brachten ihre eigenen Gedanken und Ideen ein.

Das Ergebnis wurde am 28. Februar im Rahmen des „Starke Stücke"-Festivals im E-Werk einem breiten Publikum präsentiert. Viel Applaus erhielten die sieben jungen Akteure, die mit beeindruckender Bühnenpräsenz und Konzentration ihre persönlichen Geschichten, Wünsche und Visionen auf die Bühne brachten. Im Projekt wuchsen die Jugendlichen sichtlich über sich hinaus, sie fanden sich in kurzer Zeit als starkes Team zusammen und überwanden als solches persönliche Ängste und Unsicherheiten. Sie überraschten damit nicht nur das Leitungsteam und die begleitenden Lehrer, sondern vor allem sich selbst. Eine große Leistung von starken, jungen Persönlichkeiten!

Das Projekt wurde zusätzlich gefördert durch das „Starke Stücke"-Festival und die Stadt Bad Homburg.

(Stefanie Kaufmann)

Maria-Ward-Schule Bad Homburg und English Theatre Frankfurt: Kooperation im Bereich Musiktheater

In der Spielzeit 2013/2014 konnten wir mit Hilfe der Unterstützung des Kulturfonds Frankfurt RheinMain und gemeinsam mit dem English Theatre Frankfurt das Musical „The Black Rider" auf die Bühne bringen.

Die zehn Vorstellungen waren für alle Beteiligten ein unglaublich tolles Projekt. Wir konnten in dieser Zeit erleben, welche besonderen Kräfte aus so einem Projekt entstehen können. Aus Fremden werden Verbündete, alle helfen zusammen, alle unterstützen sich.

Foto: Lea Meier

Jeder Teilnehmer geht über seine Grenzen hinaus und entdeckt Neues.

Bereits der Weg zu den Aufführungen war voller neuer Begegnungen und Erlebnisse. Vor allem das Zusammentreffen unserer Schülerinnen mit den Theatermitgliedern war ein spannender und erlebnisreicher Prozess. Aber auch das Kennenlernen der Abläufe in einem professionellen Theater hat die Projektverantwortlichen und auch die Schülerinnen in ihrem künstlerischen Schaffen sehr bereichert.

Einige unserer Mädchen sind wirklich über sich hinausgewachsen. Perfekt absolvierten sie die vielen, zum Teil sehr langen Proben. In der Schlussphase waren wir manchmal den halben Tag in den Katakomben des Theaters „gefangen". Selbstverständlich gab es auch genügend Pausen, in denen wir die Sommersonne und das kulinarische Angebot der Frankfurter Innenstadt genießen konnten. Stolz fieberten wir dann nach der harten Arbeit der Premiere entgegen. Vor ausverkauftem Haus hob sich der Vorhang und die Musik setzte ein. 90 Minuten später belohnte uns der lang anhaltende Applaus.

Wir freuen uns, dass wir die Kooperation auch im laufenden Schuljahr fortsetzen dürfen mit der Produktion „Alice in Wonderland". Premiere feierte unser zweites Musical am 17. Juli 2015. Die meisten Mitwirkenden vom letzten Mal sind wieder mit an Bord und in kleineren und größeren Rollen zu erleben. Aber auch unser Musical-Nachwuchs wird in der einen oder anderen Szene über die Bühne „hoppeln". Gemeinsam tauchen wir ab in die fantastische Welt von „Alice in Wonderland".

(Eva Heiny, Orchester- und Projektleiterin, Maria-Ward-Schule)

Von 2006 bis 2012 hat das English Theatre mit dem Gymnasium Oberursel kooperiert und alle zwei Jahre eine gemeinsame Musical-Produktion auf die Bühne gebracht (u. a. „Oliver!"/Little Shop of Horrors/Fiddler on the Roof).

Nun sind wir dankbar, dass wir durch die „kunstvoll"-Initiative des Kulturfonds Frankfurt RheinMain mit der Maria-Ward-Schule Bad Homburg nicht nur einen neuen Partner gefunden haben, dem wir die professionelle Bühne als außerschulischen Lernort zur Verfügung stellen können. Unsere Zusammenarbeit hat sich auch intensiviert und das Spektrum der theaterpädagogischen Programme des English Theatre erweitert. Neben dem Orchester der Schule und den Mitgliedern der Tanz- und Theatergruppe arbeitet auch noch die Kunst AG mit am Bühnenbild und an Requisiten. Insgesamt sind beim laufenden ALICE-Projekt über 40 Schülerinnen beteiligt, einige davon sogar in größeren Solorollen auf der Bühne. Wir freuen uns, dass diese Zusammenarbeit zum nachhaltigen Aufbau eines kunstpraktischen Angebots im Bereich der kulturellen Bildung an der Maria-Ward-Schule geführt hat.

„Black Rider" und „ALICE" sind Projekte, in denen man mit den Mitteln des Theaters und der Musik die Schwierigkeiten des Erwachsenwerdens erkunden und in eine künstlerische Form bringen kann.

(Michael Gonszar, Theaterpädagoge und Projektleiter am English Theatre)

Foto: Lars Kempel

St. Angela-Schule Königstein und Musikschule Bad Soden: „FilMusik!"

„FilMusik!" – unter diesem Motto realisierten die St. Angela-Schule und die Musikschule Bad Soden im Schuljahr 2014/2015 ein Projekt der besonderen Art. Im Rahmen der Initiative „kunstvoll" des Kulturfonds Frankfurt RheinMain erstellte eine Schulklasse eine Filmdokumentation, in der die Situation der Flüchtlinge in Bad Soden und Königstein näher beleuchtet wurde. Persönliche Gespräche mit Flüchtlingen, ehrenamtlichen Helfern und Bürgern der Region sollten das Geschehen emotional beleuchten und aufklärend wirken. Die Filmmusik wurde ebenfalls selbst komponiert.

Neben der brisanten Thematik selbst wurden die Schülerinnen der St. Angela-Schule aber auch rein technisch vor große Aufgaben gestellt. Betreut von Dozenten beider Kulturpartner mussten sich die Mitwirkenden zu Beginn des Schuljahres 2015/2016 zuerst einmal enormes Wissen aneignen. Fähigkeiten aus den Bereichen Regie, Filmtechnik und Interviewführung wurden genauso erlernt wie Formen der Komposition, zeitgenössische Spieltechniken am eigenen Instrument und Aufnahmetechnik. Besondere Höhepunkte hierbei waren Workshops mit Prof. Gerhard Müller-Hornbach (HfMDK Frankfurt) und Ariane Wick (Hessischer Rundfunk). War die enorme künstlerische Freiheit für die Schülerinnen anfangs auch ein wenig ungewohnt, entwickelte sich doch schnell Verantwortungsbewusstsein für das Projekt, und so können Musikschule Bad Soden und St. Angela-Schule auf ein vielfach erfolgreiches Projekt blicken, das ein brisantes gesellschaftliches Thema emotional aufgearbeitet hat und den Teilnehmerinnen, die kurz vor dem Abitur stehen, weitreichende Einblicke in verschiedene künstlerische Berufsfelder ermöglicht hat. Die Filmpremiere hat am 4. Juli 2015 in der Stadtgalerie Bad Soden (Alter Kurpark) stattgefunden. Weitere Infos unter www.musikschulebadsoden.de

(Maximilian Gärtner, Musikschule Bad Soden)

Weitere „kunstvoll"-Projekte aus dem Hochtaunuskreis:
Schuljahr 2013/2014
· Der goldene Topf (Altkönigschule Kronberg – hr-Sinfonieorchester)
· Normal is anders (Philipp-Reis-Schule – theaterperipherie)
· Response (Hochschule für Musik und Darstellende Kunst)
  - Gymnasium Oberursel
  - Philipp-Reis-Schule
  - Taunusgymnasium Königstein
Schuljahr 2014/2015
· Live-Hörspiel (Humboldtschule – Junge Deutsche Philharmonie)
· Alice in Wonderland (Maria–Ward–Schule und The English Theatre)
· Die Achaier (Ketteler-LaRoche-Schule und Freies Theaterhaus Frankfurt)

Volker André Bouffier und Martin Westenberger

10 Jahre IG Edelkastanie

Exkursion durch die Kestenhaine im Vordertaunus

Am 2. Juli 2005 kam es zur Gründung der Interessengemeinschaft (IG) Edelkastanie auf Burg Kronberg, und zum 10-jährigen Bestehen wurde in Zusammenarbeit mit HessenForst, Forstamt Königstein und dem Edelkastaniendorf Mammolshain wieder zur Tagung in den Vordertaunus geladen.

Am Freitag, dem 19. Juni 2015, kamen über 40 Teilnehmer in der Tagungsstätte zusammen, dem mit einer kleinen Ausstellung hergerichteten Waldhaus im Arboretum Main-Taunus in Schwalbach. Nach der Begrüßung durch den stellvertretenden Leiter des Forstamts Königstein, FOAR Hubertus Behler-Sander und Revierförster Martin Westenberger von der IG Edelkastanie, moderierte Volker André Bouffier, IG Edelkastanie, die Vorträge des Vormittags.

Zunächst stimmte der Autor mit einer Einführung zum Naturraum Vordertaunus auf die Exkursionspunkte dieser Jahrestagung ein. Danach gab Martin Westenberger einen Überblick zu den vergangenen Jahrestagungen und Kooperationen.

Nach der Gründung auf der Burg Kronberg stand 2006 unsere Jahrestagung in Edenkoben/Pfalz an, 2007 waren wir in Oberkirch/Schwarzwald, 2008 in Weinheim an der Bergstraße und 2009 in Tharandt/Sachsen. 2010 tagten wir in Kempen/Niederrhein, 2011 in Dannenfels am Donnersberg. 2012 trafen wir uns in La Petite Pierre/Elsass, 2013 in Wernigerode/Harz und 2014 in Königswinter/Rhein.

Ein Hauptziel der Kastanienfreunde ist es ja, ein Forum für den Wissenstransfer auf forstlicher, obstbaulicher und kulturwissenschaftlicher Ebene zur Edelkastanie anzubieten und zu den Jahrestagungen verschiedene Kastanienregionen zu erforschen. Aus dendrologisch-gartenkünstlerischem Interesse werden dabei aber auch historische Gärten besucht, in denen die Edelkastanie als Solitär, Baumgruppe, Baumreihe oder Allee Verwendung fand.

Als Zweites stand ein kurzer Besuch im Arboretum Main-Taunus unter der Führung von Martin Westenberger an. Dem Sortengarten „Castaneum" galt die besondere Aufmerksamkeit. Hier entstand ab 2008 eine Zusammenschau verschiedener Arten der Edelkastanie, diverser Ziersorten, lokaler, regionaler und ausländischer Fruchtsorten und einiger forstlicher Herkünfte.

Zur Mittagsrast kehrten wir im Restaurant „Sambesi" im Kronberger Opelzoo ein. Von dort hat man eine erhebende Aussicht über das Zoogelände in Richtung Kronberg.

Von hier wie vom sogenannten Malerblick aus kann man auf die Burg und Altstadt von Kronberg und die zum Greifen nahe Skyline von Frankfurt schauen und rechter Hand die geschlossenen Waldungen und Haine der blühenden Edelkastanien erleben. Hier wird auch offenkundig, dass sie ein landschaftsprägendes Charaktergehölz im Vordertaunus sind.

Bleibenden Eindruck hinterließen sie auch Ende des 19. Jahrhunderts bei Reinhard Mertens, Wandergärtner für den Regierungsbezirk Wiesbaden, aus Geisenheim:

„Die majestätischen Kastanienbäume bilden die schönste landschaftliche Zierde, die natürlichste Umrahmung der Ortschaften; sie kommen an Herrlichkeit den Eichen gleich.

Blick vom Opelzoo über Kronberg und die Kastanienwälder nach Frankfurt (Foto: V. A. Bouffier)

Welches Bild würde z. B. Cronberg bieten ohne seine die Höhen zierenden Kastanienwälder! Es gliche dann einem Edelsteine, dem man die Fassung genommen."

Anschließend ging es weiter ins Edelkastaniendorf Mammolshain, wo wir von Gertrud und Bernd Hartmann, Heimatverein Mammolshain 1990 e.V., und Johannes Schiesser, AG Edelkastanie im OGV Mammolshain e.V., in der neuen Kelterhalle begrüßt wurden.

Dort konnten regionale Kastanienprodukte wie Kastanienbrot, Honig und Konfekt gekostet und erworben werden. Zudem hatte eine örtliche Schreinerei reizvolle Exponate aus dem Holz der Edelkastanie am Eingang zur Halle ausgestellt.

Da in der Vergangenheit die Kastaniengrundstücke nicht mehr bewirtschaftet wurden, hatten sich Pioniergehölze, aber auch Aufwuchs der Edelkastanie in den vormals lichten Hainen breitgemacht und vor allem die großkronigen Fruchtbäume ausgedunkelt. Ziel in Mammolshain ist es nun, die Altbestände der Edelkastanie wieder auszulichten und von Pioniergehölzen zu befreien. Nur so lässt sich der typische Kastanienhain mit weit ausladenden solitären Bäumen erhalten. In Astausbrüchen und Spechtlöchern bieten die Veteranen unter ihnen seltenen Höhlenbrütern, wie Steinkauz und diversen Fledermäusen, geeignete natürliche Habitate. Im Sortengarten am Salzweg wurde als Jubiläumsbaum zum zehnjährigen Bestehen der Interessengemeinschaft ein Baum der Sorte ‚Marigoule' gepflanzt.

Nach dem Rundgang durch die Bestände der *Castanea sativa* fand man sich in der Kelterhalle am Wiesenhof zum gemeinsamen Abendessen wieder ein. Grußworte von Gästen aus der Lokalpolitik und der lebhafte Erfahrungsaustausch untereinander bildeten den Abschluss des ersten Veranstaltungstages.

Am Samstag, dem 20. Juni 2015, startete ab Hofgut Kronenhof in Bad Homburg v. d. H. eine ganztägige Bus-Exkursion. Zunächst zog es uns in den Prinzengarten der Burg Kronberg, wo wir von Martha Ried, Sprecherin des Vorstands des Burgvereins e.V. und der Stiftung Burg Kronberg im Taunus, sowie von Herbert Bäcker vom Arbeitskreis Außengelände des Burgvereins begrüßt wurden.

Die Burg und ihre Gärten übten eine große Faszination auf die Teilnehmer aus. Wir besichtigten den Eibenhain, submediterrane Florenelemente wie die Hopfenbuche und den Französischen Ahorn, den alten Baumbestand aus Koniferen, aber auch seltenes Obst, wie Schwarze Maulbeerbäume und Feigen, die im hiesigen Weinbauklima prächtig gedeihen.

Am Ende unseres Rundgangs beehrten wir die am 26. Oktober 2003 gepflanzte Goethe-Kastanie. Etwa fünfjährig gepflanzt, hat sich der jetzt 17-jährige Baum hervorragend entwickelt.

Weiter ging es zum Schlosspark Friedrichshof. Bereits am Pförtnerhaus sahen wir die erste Edelkastanie. Vorhandene alte Edelkastanienhaine wurden zunehmend in die ab Mitte des 19. Jahrunderts entstehenden Gartenanlagen einiger Kronberger Villen gestalterisch integriert.

Im Park führte uns Peter Kaus, Baumschulmeister der Hessischen Hausstiftung, durch den dendrologisch bemerkenswerten Park, den die Deutsche Dendrologische Gesellschaft bereits 1918 besuchte. Viele der damals bereits nach Höhe, Durchmesser und Alter aufgeführten Gehölze können nach fast 100 Jahren exakt der historischen Baumliste zugeordnet werden. Dadurch ist es besonders reizvoll, sie neu zu vermessen und ihr Wachstum zu bestimmen.

So konnte z. B. am Aufgang zum Schloss eine in 1918 als 35-jährig aufgesuchte „Magnolia graveolens" (heute *Magnolia acumiata*) der Baum-Nr. 9 dieser Liste zugeordnet werden, die heute also 132 Jahre alt ist. Vor der Schlossterrasse überraschte eine seltene Sorte der Japanischen Sicheltanne (*Cryptomeria japonica* ‚Rasen-sugi'), ein mit einer Höhe von 12 m und einem Stammumfang von 1,40 m in dieser Größe als Rarität ersten Ranges in Deutschland geltender Baum. Die beiden in der Liste unter Baum-Nr. 15 als „*Cedrus Deodara glauca*" aufgeführten Zedern entpuppten sich jedoch nicht als Himalaya-Zedern. Vielmehr handelte es sich um zwei in 1864 gepflanzte Atlas-Zedern (*Cedrus atlantica* ‚Glauca'), die zum Altbaumbestand der vormals hier bestehenden Villa Reiss gehörten. Sie sind heute etwa 165 Jahre alt.

Besonders Freunde der Mammutbäume kamen hier auf ihre Kosten, denn kaum ein anderer Park in Deutschland, abgesehen von der Insel Mainau im Bodensee, enthält so vie-

Pflanzung einer Castanea ‚Marigoule' im Sortengarten in Mammolshain zum 10-jährigen Jubiläum der IG Edelkastanie (Foto: V. A. Bouffier)

le prächtige alte solitäre Mammutbäume wie Schloss Friedrichshof. Vier Exemplare von *Sequoiadendron giganteum* sind es alleine schon an der Reithalle. Der stärkste davon, an der Südseite des Gebäudes, ist bis zum Boden beastet und entspricht Baum-Nr. 337 mit 7,71 m Stammumfang. Auch der Küstenmammutbaum (*Sequoia sempervirens*) findet sich in mehreren Exemplaren, u. a. Baum-Nr. 249 mit 1,93 m Stammumfang.

Am Ende unseres Rundganges überreichten wir Peter Kaus eine ca. zehnjährige Spanische Tanne (*Abies pinsapo* ‚Kelleriis'). In der Gehölz-Liste von 1918 ist unter Baum-Nr. 31 ein heute nicht mehr vorhandenes Exemplar dieser Konifere am Rosengarten aufgeführt. Im Sinne der Gartendenkmalpflege könnte das zum Dank überbrachte Bäumchen dort also demnächst nachgepflanzt werden. Seit den Tagen der Erbauerin des Schlosses, Kaiserin Victoria von England, die sich selbst im Angedenken an ihren nach 99 Tagen Regentschaft verstorbenen Ehemann (Kaiser Friedrich III.) „Kaiserin Friedrich" nennen ließ, war es gute Sitte, dass für Besucher die angenehme Pflicht bestand, ein möglichst exotisches Gehölz als Gastgeschenk mitzubringen.

Während der Mittagspause beim Freizeitrestaurant „Waldtraut" in Oberursel bot sich Gelegenheit zum Besuch des im Mai 2011 seiner Bestimmung übergebenen Taunus-Informationszentrums (TIZ), das vom Zweckverband Naturpark Taunus erbaut worden ist.

Im Anschluss besuchten wir den Park der Villa Hopf in Oberursel, wo uns Stefan Ebner in seinem privaten Gartenparadies empfing.

Auf diesem Gelände stand ursprünglich ein planmäßig im Verband angelegter Kastanienhain aus 52 mit verschiedenen Edelreisern aufgepfropften Maronenbäumen. Diese Erwerbsobstanlage brachte jährlich ca. 35 Zentner Ertrag, der in Frankfurt verkauft wurde.

Carl Hopf, ein Fabrikant aus Frankfurt, erwarb 1893 das Kastaniengrundstück und errichtete dort ein Sommerhaus. Heute sind

Unsere Besuchergruppe unter dem Schirm einer Atlas-Zeder mit 6,46 m Stammumfang, Schlosspark Bad Homburg (Foto: V. A. Bouffier)

vom einstigen Kastanienhain noch fünf Bäume verblieben, die etwa 200–250 Jahre alt sein könnten. Das stärkste solitäre Exemplar mit 5,46 m Stammumfang steht direkt am Haus. Den Eingang zum Park dominieren drei ca. 120-jährige prachtvolle Gelbkiefern (*Pinus ponderosa*). Spektakulär sind die 6–8 m hohen Rhododendren, die Emil Hopf 1923 pflanzte. In reinen Zahlen ausgedrückt, konnten wir auf 9.352 m² Fläche 593 verschiedene Gehölze, darunter 120 Rhododendren und Azaleen, entdecken.

Letzter Exkursionspunkt war der Schlosspark Bad Homburg vor der Höhe.

Dort erwartete uns Gärtnermeister Peter Vornholt unter dem weit ausladenden Schirm der berühmten Zedern.

Im Jahre 1820 wurden vor dem Königsflügel ursprünglich vier „Libanon"-Zedern gepflanzt. Sie waren ein Geschenk des Duke of Cambridge anlässlich der Hochzeit (1818) seiner Schwester Elisabeth mit Landgraf Friedrich VI. Die Bäume stammen aus den berühmten Royal Botanic Gardens in Kew. Heute hat *C. atlantica* einen Stammumfang von 6,46 m, und *C. libani* weist stolze 3,71 m Stammumfang auf.

Im Jahr 1772 ließ Landgräfin Caroline den Schlossgarten im Bereich der sogenannten „Phantasie" umgestalten. Aus dieser Zeit stammt auch das Teehäuschen. Die aus ihrer Heimat mit englischen Landschaftsgärten wohlvertraute, kunstsinnige Landgräfin Elisabeth wirkte ab 1818 auf die Umgestaltung des Parks nach englischem Vorbild ein. Viele exotische Bäume wie auch eine Edelkastanie mit aktuell (2015) 4,04 m Stammumfang stammen noch aus dieser Zeit.

Der Edelkastanienhain im westlichen Teil des Parks besteht heute aus 19 meist neu gepflanzten Bäumen. Im oberen Schlosshof finden sich zwei weitere bemerkenswerte Esskastanien: eine jüngere Edelkastanie (0,52 m Stammumfang in 2014) am „Weißen Turm", dem Wahrzeichen des Schlosses. Das ältere Exemplar mit 1,62 m Stammumfang (2014) ziert die Titelseite des Flyers der IG Edelkastanie. Sie ist von einer zum Verweilen einladenden Rundbank umgeben.

Beim gemeinsamen Abendessen im Restaurant Hofgut Kronenhof in Bad Homburg v. d. H. fand die Jubiläumstagung im Vordertaunus schließlich ihren Ausklang.

Literatur

· Volker André Bouffier, Die Edelkastanie (*Castanea sativa* P. MILL.) in Hessen – Aspekte einer Kastanienkultur unter besonderer Berücksichtigung der Vorkommen in Kronberg und Oberursel/Vordertaunus. Mitteilungen der Deutschen Dendrologischen Gesellschaft Nr. 89, Verlag Eugen Ulmer, Stuttgart 2004

· Volker André Bouffier, Die obstbauliche Kultur der Edelkastanie im Vordertaunus. Jahresheft, Pomologen-Verein e.V., Aue 2005

· Volker André Bouffier, Edelkastanien gehören zu den mächtigsten Gehölzen im Vordertaunus. Taunus-Edition, Königstein 2006

· Johann Ludwig Christ, Vollständige Pomologie über das Steinobst, Schalen- und Beerenobst. Hermann'sche Buchhandlung Frankfurt am Mayn 1812

· Heinrich Dapper et al., Der Kronberger Edelkastanienhain. Analyse des Bestandes und Vorschläge zu seiner Pflege, Erhaltung und Entwicklung, Kronberg im Februar 1986

· Gerda Hopf, Villa Hopf. Rückblick und Ausblick zum hundertjährigen Bestehen im Jahr 1993. In: Mitteilungen des Vereins für Geschichte und Heimatkunde Oberursel (Taunus) e.V., 1200 Jahre Oberursel, Vorträge zum Stadtjubiläum, Heft 33, 1991 (1993)

· Wolfgang Ronner, Der Bildschmuck des Hauses „Drei Ritter" ein Rathausprogramm. Das Haus und sein Figurenschmuck. In: Helmut Bode, Kronberg im Taunus, Beiträge zur Geschichte, Kultur und Kunst, Verlag Waldemar Kramer, Frankfurt 1980, S. 355–371

Kurt Baumann

Von den „Fußstapfen der Bleichgesichter" im Taunus

Einheimische Wegerich-Arten im Hochtaunuskreis

Einführung

Um jeder Geschichtsverfälschung vorzubeugen, Indianer – die Formulierung in der Überschrift stammt von den Indianern – kamen und kommen im Hochtaunuskreis nur zur Faschingszeit vor, sie sind als Ureinwohner hiesiger Gebiete nicht bekannt. Die Indianer beobachteten, dass (vor allem) der Breit-Wegerich entlang der Wege sich ausbreitete, die die weißen Bleich- oder Blassgesichter innerhalb und außerhalb ihrer Siedlungen in der Neuen Welt beschritten. Die eurasiatische Pflanze war vor der Besiedlung durch die Weißen in Nordamerika unbekannt und soll so diesen Namen erhalten haben.

Der Standort auf und an den Wegen ist typisch für den Breit-Wegerich. Verbreitet und auch an Wegen zu finden sind der Mittlere Wegerich und der Spitz-Wegerich. Die Wegerich-Arten sind leicht erkennbar und wohlbekannt. Alle drei, besonders aber der Spitz-Wegerich, dienen seit alters her dem Menschen als Heilmittel. Deshalb hat der Verband der Heilkräuterfreunde Deutschlands bereits 1991–1993 Spitz-Wegerich zur Heilpflanze des Jahres gewählt, und 2014 ist er vom interdisziplinären Studienkreis zur Entwicklungsgeschichte der

Pflanze des Breit-Wegerichs

Blütenstand des Breit-Wegerichs

Arzneipflanzen am Institut für Geschichte der Medizin an der Universität Würzburg zur Arzneipflanze des Jahres gekürt worden. Über die Erkennungsmerkmale, die Biologie und die Verwendung soll in den folgenden Abschnitten berichtet werden.

Unterschiedsmerkmale

Die drei im Taunus vorkommenden Wegerich-Arten haben – wie die meisten anderen Pflanzen dieser Gattung – eine grundständige Blattrosette. Die „Blattnerven" zeigen einen bogenförmigen, parallelnervigen Verlauf, wie er eigentlich für einkeimblättrige Pflanzen, z. B. Tulpen, charakteristisch ist. Die Familie der Wegerichgewächse gehört aber zu den zweikeimblättrigen Pflanzen. Der blattachselständige Blütenstandsschaft (bei den besprochenen Pflanzen bis zu 50 cm hoch) ist blattlos und trägt eine große Ähre aus kleinen, nicht farbigen Blüten (meist Windbestäubung).

Pflanze der Unterart intermedia des Breit-Wegerichs

Die breitelliptischen Blätter des Breit-Wegerichs sind lang gestielt, die Spreite (flächiger Teil des Blattes) ist vom Stiel deutlich abgesetzt. Der Stiel ist mit 3–12 cm etwa so lang wie die Spreite. Die Spreite ist ungefähr 1,5-mal so lang wie breit. Der Ährenstiel ist höchstens so lang wie die Blätter, die bis 20 cm lange Ähre erreicht die Länge des Stiels. Die Blüten sind geruchlos, die herausragenden Staubfäden blass gelblich.

Die ebenfalls elliptischen Blätter des Mittleren Wegerichs können sogar 9–17 cm lang sein, aber sie gehen in den kurzen, nur 1–4 cm langen Stiel über, wenn sie nicht gar am Stängel sitzen. Dafür ist der Ährenstiel länger als die Blätter, jedoch die Ähre viel kürzer. Der Stiel ist 4- bis 8-mal länger als der Blütenstand. Die Ähre ist allerdings auffällig wegen der violett-weißlichen Staubfäden und weil die Blüten duften (teilweise Insektenbestäubung).

Der Spitz-Wegerich hat – wie sein botanischer Name Plantago lanceolata andeutet – schmale bis breite lanzettliche Blätter von 10 bis 25 cm Länge, die in einen langen, rinnigen Blattstiel übergehen. Der Ährenstiel ist deutlich 4- bis 7-kantig (nicht rund, wie bei den anderen) und trägt eine walzliche, fast kugelige Ähre von 1–4 (0,5–5) cm Länge.

Blütenstand des Breit-Wegerichs

Einiges zum Bau der Wegerich-Pflanzen

Unsere Wegerich-Arten sind sommergrüne, ausdauernde Pflanzen, deren Überdauerungsknospen dicht an der Erdoberfläche im Schutz lebender oder abgestorbener Blätter liegen (sogenannte Erdschürfepflanzen – Hemikryptophyten).

Der Breit-Wegerich hat einen stark gestauchten, kurzen Wurzelstock mit zahlreichen, faserigen Adventivwurzeln (Wurzeln aus dem Spross, adventiv = hinzugekommen, fremd), da die Primärwurzel nicht dauerhaft ist und abstirbt. Er ist ein Tiefwurzler, dessen Wurzeln bis in 80 cm Tiefe gehen können. Die Wurzeln sind Zugwurzeln, die durch Kontraktion die Pflanze in der richtigen Höhe halten. Bei den beiden anderen Arten bleibt die Hauptwurzel neben dem kurzen Wurzelstock erhalten. Der Wurzelstock geht in die dicke Wurzel über. Dazu kommen noch die dünnen, sprossbürtigen Adventivwurzeln.

Bei den Blättern des Breit-Wegerichs kann man deutlich die Blattstellung, die Anordnung am gestauchten Stängel erkennen. Die aufeinanderfolgenden Blätter stehen in einem Winkel von 135°. Somit steht nach drei Umwindungen das neunte Blatt über dem ersten. Auf diese Weise wird eine optimale Lichtausnutzung herbeigeführt. Die Blätter sind derb, dem Wuchsort angepasst.

Die 5–9 starken, von viel Festigungsgewebe umgebenen Nerven (beim Spitz-Wegerich nur 5) treten als Fäden beim Zerreißen des Blattes in Erscheinung. Schon Albertus Magnus (gest. 1280) erkannte in ihnen Wege für den Nahrungssaft, was wir heute als Leitbündel bezeichnen. Während die Blätter anderer Pflanzen Spaltöffnungen zur Aufnahme des CO_2 und zur Abgabe des Wassers nur auf der Blattunterseite besitzen, kommen beim Wegerich Spaltöffnungen auf der Unter- und der Oberseite vor.

Blütenbiologie

Unsere Wegerich-Arten blühen von Mai bis September, der Breit-Wegerich erst ab Juni. Letzterer und der Spitz-Wegerich sind vor allem Windblütler, der Mittlere Wegerich zeigt dagegen deutliche Übergänge zur Insektenbestäubung. Alle drei Arten gehören zum langstaubfädigen Typ und sind vorweiblich.

Pflanze des Mittleren Wegerichs

Blütenstand des Mittleren Wegerichs

Dies bedeutet, dass die Blüten zuerst den weiblichen Zustand durchlaufen, nur Griffel mit der Narbe funktionsfähig sind und aus der Blüte herausgucken. Erst dann folgt der männliche Zustand mit den verlängerten, weit herausragenden Staubfäden. Da der ährige Blütenstand von unten nach oben aufblüht, kann man gut diese Abfolge erkennen. Pro Pflanze entstehen mehrere Blütenstände, beim Spitz-Wegerich können es zehn pro Rosette sein. Der Spitz-Wegerich ist eine Langtagspflanze. Er benötigt mindestens 25 Langtage (14 Std. Licht) zur Induktion der Blütenstände.

Die unscheinbaren zwittrigen Blüten sitzen in den Achseln schuppenförmiger Deckblätter (bis 3 mm lang). Der vierteilige Kelch ist am Grunde verwachsen. Auch die trockenhäutigen vier Kronblätter bilden am Grunde eine kurze Kronröhre von 2 mm Länge. Die vier Zipfel (1–2 mm) sind vor dem Aufblühen aufgerichtet zusammengeneigt und überdecken Griffel und Staubblätter. Der fadenförmige, fast fiedrig behaarte Griffel ragt im weiblichen Zustand aus der geschlossenen Blüte kurz heraus. Erst im männlichen Zustand werden die Kronblattzipfel zurückgeschlagen, die vier Staubfäden, die mit den Kronblattzipfeln alternierend angeordnet sind, treten heraus, die Blüte ist geöffnet. Die Staubfäden sind bei dem Mittleren Wegerich 8–13 mm lang. Die Staubbeutel sind an der Spitze schaukelförmig befestigt. Dies erleichtert die Freigabe des Pollens. Bei feuchtem Wetter sind die Pollensäcke geschlossen. Der Breit-Wegerich produziert pro Blütenstand 2–3 Millionen Pollen, was ihn zu einem Heuschnupfenerreger macht.

Der Breit- und der Spitz-Wegerich werden in der Regel vom Wind bestäubt. Es kann allerdings auch zur Selbstbestäubung kommen. Die wohlriechenden Blüten des Mittleren Wegerichs zeigen auch eine Schauwirkung durch ihre auffälligen violetten Staubfäden. Sie werden von Schwebfliegen, Bienen, Hummeln und Käfern besucht. Es gibt aber auch Blüten mit längeren Staubgefäßen, die noch auf die Windbestäubung eingestellt sind. Es kommen sogar Blüten vor, die ganz geschlossen bleiben (Kleistogamie) und durch Selbstbestäubung Samen produzieren, wie das auch von anderen Pflanzen wie Veilchen bekannt ist.

Die 3,5–4 mm lange Frucht, die von den Kelchblättern umgeben wird, ist eine Deckelkapsel. Sie öffnet sich durch einen Ringschnitt in der Mitte. Die Anzahl der Samen, die sich in dem oberständigen, zweifächrigen Fruchtknoten bilden, ist artspezifisch. So findet man beim Spitz-Wegerich nur zwei Samen pro Kapsel, bei dem Mittleren Wegerich zwei bis vier. Der Breit-Wegerich ist eine sehr variable Art, bei der man einige Unterarten abtrennt. Der normale Breit-Wegerich enthält in seinen Kapseln (vier) sechs bis zehn Samen. Das summiert sich auf 40.000 Samen pro Vegetationsperiode. Die langen Fruchtähren werden von körnerfressenden Vögeln ausgebeutet und vom Menschen als Vogelfutter eingesetzt. Eine u.a. von den Salzstellen der Wetterau bekannte, kleinwüchsige Unterart (ssp. winteri) mit etwas fleischigen Blättern bildet acht bis zwölf Samen pro Kapsel, die auf nassen, überfluteten Äckern vorkommende Unterart (ssp.intermedia, auch als eigene Art uliginosa geführt) produziert 12–40 (nach anderen Angaben 9–35) Samen pro Frucht. Man kann diese Unterart exakt nur über die Samenzahl bestimmen, weshalb sie bei den meisten Kartierungen nicht erfasst wird.

Die Samen werden vom Wind und von Tieren (Menschen) verbreitet. Beim Breit-Wegerich handelt es sich hauptsächlich um Klebausbreitung. Die Samenschale quillt bei Nässe auf und wird klebrig. Dadurch haftet der Same an vorbeistreifenden Objekten und wird so verschleppt (Trittausbreitung entlang der Wege, s. Indianername). Bei den anderen Arten ist die Quellfähigkeit geringer. Die Samenreife tritt von Juli an ein. Zur Keimung benötigen die Samen einen Kältereiz und Licht.

Mittlerer Wegerich, Blütenstand im oberen Teil im weiblichen Zustand, unten im männlichen.

Spitz-Wegerich-Pflanze

Ökologie und geographische Verbreitung

Von den einheimischen Wegerich-Arten ist der Breit-Wegerich die typische Trittpflanze der Wege, der Pflasterritzen, der Dorfplätze. Er wächst aber auch an Ufern und Gräben, auf Intensivweiden, in lückigen Ruderalgesellschaften und in kurzgrasigen Parkrasen. Seine Wuchsplätze sind frische, nährstoffreiche, dichte Ton- und Lehmböden, auch wenn sie steinig oder sandig sind. Er ist salzertragend und gilt als Vernässungszeiger.

Der Mittlere Wegerich ist eine Trockenrasenpflanze an lichtreichen, sonnigen Standorten auf mäßig trockenen, basenreichen, meist kalkhaltigen Böden. Als konkurrenzschwache Art wächst er in Magerrasen (zu trockene Standorte meidend), auf mageren Weiden, aber auch gern an Straßenbanketten und in Zierrasen, an Rainen und Wegrändern. Er ist nässescheuend.

Im Gegensatz dazu ist der Spitz-Wegerich eine Pflanze der Fettwiesen und -weiden auf nährstoffreichen, tiefgründigen Böden. Aber er wächst auch auf Wegen und in Äckern und in Ruderalgesellschaften. Er ist resistent gegen das Herbizid Glyphosat, was seine Bekämpfung schwierig macht wie auch die des Grases Lolch.

Die geographische Verbreitung der drei im Taunus vorkommenden Wegerich-Arten deckt sich weitgehend. Alle drei sind ursprünglich eurasiatische Arten, also in Europa und Asien (gemäßigte Gebiete) vorkommend. Der Breit-Wegerich ist heute weltweit verschleppt. Man findet ihn in Afrika, in Nord-, Mittel- und Südamerika, Australien und Neuseeland. Auch auf den Inseln wie den Azoren und Kapverden ist er eingeschleppt worden. In Europa geht er nordwärts bis 70° nördlicher Breite, in Deutschland gilt er als Archaeophyt, er ist mit dem Menschen eingewandert.

Der Mittlere Wegerich ist in Asien ostwärts bis Kamtschatka verbreitet, südlich bis Nordiran und Kleinasien. Im Westen erstreckt sich sein Gebiet bis England, in Schottland und Irland fehlt er weitgehend. In Skandinavien geht er bis 64° nördlicher Breite. In Deutschland ist er im Nordwesten selten, auf den vorgelagerten Friesischen Inseln und Helgoland eingeschleppt.

Der Spitz-Wegerich geht noch weniger weit nach Norden. Seine Grenze ist 61° nördlicher Breite, an der Westküste Norwegens der Polarkreis. Östlich findet man ihn bis zum Omega-Gebiet, am Baikalsee, im Westhimalaya, Turkestan und Samarkand. Auch er ist in viele Länder eingeschleppt worden, so nach Nordamerika, auf die Azoren, nach Island und die Färöer.

Verwendung

Die jungen Blätter des Breit-Wegerichs wurden und werden nach Entfernen der harten „Fäden" (Leitbündel) roh als Salat oder als Gemüse verzehrt. Die Fruchtähre diente als Vogelfutter. Die jungen Blütenstände des Spitz-Wegerichs wurden in Essig und Öl eingelegt als Kapernersatz verwendet. Schon seit dem Altertum wird der Breit-Wegerich wie der Spitz-Wegerich als Heilpflanze eingesetzt. Der Breit-Wegerich ist aber weniger wirksam als der Spitz-Wegerich.

Die Inhaltsstoffe sind Iridolglykoside (u. a. Aucubin), Schleim- und Gerbstoffe, Flavonoide und Kieselsäure. Als Droge wird in den Apotheken Herba plantaginis gehandelt, also die Pflanze, vor allem die Blätter. Gesammelt wird vor und während der Blütezeit. Die Heilwirkung ist bis jetzt auf keinen bestimmten Wirkstoff zurückzuführen. So lässt sich auch die Droge nicht standardisieren.

Aucubin – in den Breit-Wegerich-Blättern zu 1 % enthalten – ist ein Gift, das Durchfall und zentrale Lähmungen hervorrufen kann. Es sind allerdings keine Vergiftungen beim Menschen durch den Spitz-Wegerich bekannt, wohl aber Durchfallerscheinungen beim Vieh bei Grünverfütterung. Die Raupen des Veilchenscheckenfalters (Euphydryas cynthia) nehmen beim Fressen das im Blatt vorhandene Aucubin auf und nutzen es zum

Spitz-Wegerich oben im weiblichen, unten im männlichen Zustand

Spitz-Wegerich: eine männliche Blüte mit vier Staubgefäßen offen

eigenen Schutz. Aucubin wirkt antiseptisch, vermutlich schimmelt der Presssaft deshalb nicht. In der Volksmedizin werden der Saft oder gequetschte Blätter auf Insektenstiche gebracht, um das Jucken zu beseitigen und die Abschwellung herbeizuführen. Ähnlich verfährt man bei Prellungen und zur Wundbehandlung, wobei Kneipp schon den frisch ausgepressten Saft einsetzte. Bei Entzündungen im Mund- und Rachenbereich wird der Spitz-Wegerich als Tee weniger benutzt, aber bei Entzündungen im Magen- und Darmbereich. In den Tees kann Aucubin eigentlich nicht zur Wirkung kommen, da durch das Erhitzen das Ferment zerstört wird, das Aucubin aus der in der Pflanze vorhandenen Vorstufe freisetzt. In der Homöopathie dient der Spitz-Wegerich als Heilmittel bei Wundschmerzen nach Zahnextraktion, Mittelohrkatarrh und Bettnässen.

Seit alters her wird die Heilwirkung des Spitz-Wegerichs bei Katarrhen der Atmungsorgane ausgenutzt. Er wirkt als reizlinderndes und schleimlösendes Hustenmittel. Nebenwirkungen sind bei bestimmungsgemäßem Gebrauch nicht bekannt.

Namensherkunft und systematische Einordnung

Der deutsche Name Wegerich soll in Anlehnung an Personennamen (Heinrich, Dietrich, Friedrich usw.) gebildet worden sein. In der Silbe „rich" steckt zwar ein altes Wort für König (lat. rex), aber man kann den Wegerich kaum als wegbeherrschend bezeichnen, so dass diese Ableitung sehr wahrscheinlich falsch ist.

Volksnamen finden sich viele bei dem häufigen Vorkommen. So werden u.a. für den Breit-Wegerich genannt: Ochsenzunge, Eselsohren, Aderblatt (wegen der Nerven), Katzenschwanz (Fruchtstand), Lugeneblatt (Lügenblatt nach einem Kinderspiel, bei dem das Blatt quer zerrissen wird, so viele „Fäden" aus dem Blatt herausschauen, so oft hat das Kind an dem Tag gelogen), Brüjamsblader (Bräutigamsblatt, die beim Zerreißen heil gebliebenen „Nerven" geben die Jahre an, die das Mädchen noch auf einen Bräutigam warten muss) u.a.m.

Ähnliche Namen gibt es für den Mittleren Wegerich. Wegen seines Duftes heißt er in manchen Gegenden Schokoladenblum, und bei Mainz nannten ihn die Kinder Brötcher, weil die Blüten von ihnen ausgesaugt wurden.

Vom Spitz-Wegerich ist auch der Name Herrgottsbart (wegen der heraushängenden Staubfäden) bekannt, ebenso wie die Be-

Spitz-Wegerich-Ähre von oben im weiblichen Zustand

Spitz-Wegerich-Ähre von oben im männlichen Zustand

zeichnung Schornsteinfeger (im Englischen chimney sweep) wegen des abgeblühten Blütenstandes, der einem Schornsteinfegerbesen ähnelt.

Der botanische Name Plantago wird schon bei Plinius (79 beim Vesuv-Ausbruch umgekommen) erwähnt. Er leitet sich von dem lateinischen Wort für Fußsohle (Planta) ab. Die Silbe ago wird häufig bei lateinischen Pflanzennamen verwendet, es könnte von agere = vorwärtsstreben, schreiten sich herleiten.

Vor den molekulargenetischen Untersuchungen wurde die Familie der Wegerich-Gewächse (Plantaginaceae) von den Systematikern als aus drei Gattungen bestehend betrachtet, wobei die Gattung Plantago mit ungefähr 270 Arten den Großteil ausmachte. Von dieser Gattung kommen in Europa 35 Arten, in Deutschland neun Arten vor. Von diesen Arten sind drei auf die Alpen beschränkt, eine Art wächst auf Sandboden, zwei sind salztolerant und haben ihre Verbreitung an der Küste. Eine dieser letzteren Arten hat sich aufgrund des Salzstreuens entlang der Autobahnen im Binnenland ausgebreitet und tritt auch im Rhein-Main-Gebiet auf (Krähenfuß-Wegerich mit fiederteiligen Blättern). Von den drei im Taunus vorkommenden Arten sind der Spitz- und der Breit-Wegerich in Deutschland überall (auf allen Messtischblättern) nachgewiesen. Die drei Arten sind nicht näher miteinander verwandt und werden systematisch zu verschiedenen Sektionen der Gattung Plantago gestellt.

Literatur
· Braun, H., Frohne, D. 1994: Heilpflanzenlexikon – 6. Aufl. Stuttgart.
· Casper, J. 1975: 121. Familie Plantaginaceae. In: Hartl, D., Wagenitz, G. (Hrsg.): Hegi Illustrierte Flora von Mitteleuropa. Bd. VI, 1 – 2. Aufl. Berlin.
· Düll, R., Kutzelnigg, H. 2011: Taschenlexikon der Pflanzen Deutschlands und angrenzender Länder – 7. Aufl. Wiebelsheim.
· Holzner, W. 1985: Das kritische Heilpflanzen-Handbuch – Wien.
· Jäger, E. J. et al. 2011: Rothmaler. Exkursionsflora von Deutschland. Gefäßpflanzen. Grundband – 20. Aufl. Heidelberg.
· Peintinger, M., Philippi, G. 1996: Plantaginaceae. In: Sebald, O. et al.: Die Farn- und Blütenpflanzen von Baden-Württemberg. Bd. 5 – Stuttgart.
· Sauerhoff, F. 2003: Etymologisches Wörterbuch der Pflanzennamen – Stuttgart.

Bildnachweis:
Alle Aufnahmen: Kurt Baumann

Zoe Branke und Uwe Hartmann

Änderungen, Aktionen, neue Pläne

Letzte Neuigkeiten aus dem Naturpark Taunus

Der Naturpark Taunus hat in den letzten Jahren einige gravierende Veränderungen durchlaufen und sich dabei stets weiterentwickelt. Als Zweckverband der Landkreise Hochtaunus, Main-Taunus, Lahn-Dill, Limburg-Weilburg, Gießen, Wetterau und der Stadt Frankfurt am Main befindet sich der Naturpark Taunus permanent im Wandel und profitiert ganz eindeutig davon.

Zuletzt hatte der Naturpark vor allem personelle Veränderungen zu bewältigen. Kjell Schmidt, der erst vor zwei Jahren die stellvertretende Geschäftsführung übernommen hatte, hat sich zur beruflichen Weiterentwicklung umorientiert und arbeitet nun für die Stiftung „Gemeinsam in Hessen", eine Initiative der Quandt-Stiftung in Zusammenarbeit mit dem Land Hessen.

Seine Nachfolge im Naturpark Taunus tritt die Bezirksförsterin Hermine Link an. Jährlich kommen und gehen Praktikanten und freiwillige Hilfskräfte. Im Kernteam hat Markus Wolf die Vorarbeiterposition für den Trupp der Außendienstler übernommen, die sich um die Pflege und Kontrolle des Naturparkgebiets kümmern.

Neue Veranstaltungsformate

Für 2015 hat der Naturpark Taunus sich vorgenommen, neue Ziele in der Veranstaltungsausrichtung anzustreben, um den Taunus und das Naturparkgebiet für weitere Besucher einladend zu gestalten und neue Perspektiven zu entwickeln.

Der Weiltalweg-Landschafts-Marathon und die Eröffnungswanderung zu Beginn der Veranstaltungssaison, die auch dank tatkräftiger Unterstützung der Taunus-Sparkasse stattfinden konnten, sind nur ein Teil einer Reihe von Veranstaltungen, die der Naturpark in Zukunft jährlich wiederholen will.

Die 24-Stunden-Wanderung, die am 2. und 3. Mai 2015 zum ersten Mal unter dem Motto „Taunushöhen, Türme und weite Blicke" stattgefunden hat, ist eine davon. Unter dem Kriterium der schönen Ausblicke wurde eine ca. 60 Kilometer lange Strecke ausgearbeitet, die an den Highlights im Hochtaunus entlangführt und eine abwechslungsreiche Streckenführung bietet. In Zusammenarbeit mit den ausgebildeten Natur- und Landschaftsführern des Naturparks wurden entlang der Route Vorträge zu historisch oder geologisch interessanten Themen des Taunus vorbereitet und vorgetragen, für das leibliche Wohl wurden Verpflegungsstationen eingerichtet, und die Abenteuerlust kam bei der Wanderung durch dunkle Taunuswälder in keiner Weise zu kurz.

Familienwandertag mit der Eintracht Frankfurt Fußballschule

Eine weitere Premiere war Ende Juli der Familienwandertag in Zusammenarbeit mit der Eintracht Frankfurt Fußballschule, der als Höhepunkt ein Benefiz-Fußballspiel zwischen der Traditionsmannschaft der Eintracht und der Naturparkauswahl mit Landrat Ulrich Krebs und weiteren prominenten Spielern anbot.

Am Jugendzeltplatz Kammerforst in Weilrod-Niederlauken starteten die Wanderungen und führten pünktlich zum Anpfiff des Vorspiels der Jugendmannschaft vom SG Niederlauken zurück an den Zeltplatz, an dem auch Verpflegungsstände und Klettergerüste sowie Hüpfburgen aufgebaut waren.

Zoe Branke und der Naturparkbotschafter Karl-Heinz „Charly" Körbel (Foto: Joachim Storch)

Diese Veranstaltung wurde von Sponsoren freundlich unterstützt, neben der Eintracht Frankfurt Fußballschule auch durch die TaunusSparkasse, Rosbacher und Kaufland. Karl-Heinz Körbel, Fußballlegende und Naturliebhaber, nimmt sein neues Amt als Naturpark-Botschafter sehr ernst und hatte darum den Kontakt von Naturpark Taunus und Eintracht initiiert.

Neue Wege für Wanderer und Biker

In der letzten Zeit wurden mehrere neue Wanderwege ausgewiesen und zertifiziert, was neben der Verkehrssicherungspflicht und der Pflege des Naturparkgebiets zu den Hauptaufgaben des Naturparks Taunus gehört. Im Auftrag der Mitgliedskreise hat der Naturpark Taunus zur Besucherlenkung diverse Maßnahmen realisiert: Entstanden sind der Taunus-Schinderhannes-Steig, Panoramawege rund um Cleeberg und Langenhain sowie weitere Kinder-Erlebnispfade.

Zur Optimierung der Besucherlenkung wurde außerdem eine Gesprächsrunde in Zusammenarbeit mit den Eigentümern und Naturschutzverbänden gestartet, die gemeinsam nach einer Lösung für das Problem des illegalen Mountainbikens am Feldberg sucht. So entstanden die Pilotstrecken „Downhill" und „Flowtrail", um die kritisch belasteten Flächen am Feldberg zu entlasten und Ausgleich zu schaffen durch eine legale Alternative.

Alles in allem sind stetiger Wandel und Weiterentwicklung des Naturparks Taunus nötig und vorteilhaft, und aus den Veränderungen entsteht eine Vielzahl von neuen Projekten.

Wolfgang Bühnemann

Die Dornholzhäuser Kerb

Tanzverbot und Kirmeshammel

Bürgerliche Freiheit und obrigkeitliche Reglementierung standen auch in der kleinen Landgrafschaft Hessen-Homburg oft im Widerstreit. Noch Mitte des 18. Jahrhunderts wurde von der landgräflichen Regierung in Homburg den Dornholzhäuser Bürgern das Feiern des Kirchweihfestes verboten. Die Meinungen zu diesem „Tanzverbot" waren unter der Bevölkerung geteilt. Es waren nicht nur die jungen Leute, die gerne feiern und tanzen wollten, sie erhielten auch Unterstützung vom damaligen Schultheißen, dem Bürgermeister. Erst 180 Jahre später – 1936 – ließ man die Dornholzhäuser Kerb wieder für kurze Zeit aufleben. Ein nochmaliger Versuch erfolgte 1949 bis 1957.

Kirmes oder Kerb

Die Kirmes, die dörfliche Schmauserei mit Tanzvergnügen, mit der das Erntefest auf dem Lande beschlossen wird, soll nach einer weit verbreiteten Annahme ihren Namen von der Kirchweihe empfangen haben, zumal sie auch in der Regel mit einer kirchlichen Feier eingeleitet wird. Die Feierzeit aber sowie die Verbreitung des Namens und sein Auftauchen im 9. Jahrhundert deuten jedoch auf eine Ableitung von dem slawischen Worte kermes (>Schmauserei<) und lassen somit das Kirmesfest lediglich als Erntefest erkennen, den letzten Überrest eines den heidnischen Göttern dargebrachten Opferfestes. So lässt sich auch die Abneigung der reformierten Kirche gegen diese Feier erklären.[1]

Wir wundern uns heute, dass es noch Länder gibt, in denen Musik und Tanzen verboten sind. Dabei ist es gar nicht so lange her, dass auch bei uns nicht nur Pfarrer und die Obrigkeit gegen das ausgelassene Feiern eingestellt waren.

In der Chronik der Gemeinde Dornholzhausen findet sich unter dem Datum 1753 der Hinweis: „Beim Jacobsfeste ging es in diesem Jahr toll her, daß die Regierung sich veranlaßt sah, dem Gemeindevorstand eine Rüge zu erteilen." 1757 erfolgte eine weitere Eintragung zu diesem Thema: „Pfarrer Emmerich, namens des Kirchenvorstandes, beklagte sich bitter bei der Regierung über das zu einer ‚Kirmes' ausgeartete ‚Jacobsfest', das 3 Tage dauerte. Namentlich klagt er über das Benehmen des Lehrers und Gemeindeschreibers Boucher – auch darüber, daß des Nachts mit Musik vor jedes Haus gezogen wurde, wo sich ein Mädchen (fille ou servante) befand. – Das Fest wurde für Dornholzhausen für die Zukunft verboten."[2] Man zog also nicht nur vor die Häuser der „Haustöchter", sondern auch zu denen der „Dienstmädchen".

Was sich damals wirklich ereignete, kann aus der Akte mit dem Namen „Acta das Verbott des Tanzens in Fürstl. Lande in Spec die Verordnung gegen das Kirchweyfest zu Dornholzhausen betr.[effend]" aus den Jahren 1753 bis 1766 rekonstruiert werden.[3]

Nach dem Weggang des ersten Dornholzhäuser Pfarrers David Jordan am 2. Mai 1717 hatte die Gemeinde nicht mehr ausreichend

---

1 Meyers Großes Konversations-Lexikon (1905)

2 Louis Achard: Chronik der Gemeinde Dornholzhausen, Teil I (1699–1814), Maschinenschrift Helmut Schwidtal
3 HHStAW Wiesbaden Abt. 310 Dornholzhausen Nr. 6

Geld für einen eigenen Pfarrer. Deshalb wurden bis 1756 die Gottesdienste von Homburger und Friedrichsdorfer Pfarrern gehalten.[4] „Das hat möglicherweise die Bindung an die Kirche gelockert und den religiösen Eifer gemindert."[5]

Der Homburger Pfarrer Jean Christophe Roques hatte bereits am 2. Juni 1753 den fürstlichen Hof darauf aufmerksam gemacht, dass die Prediger der reformierten Kirche der gnädigsten Herrschaft schon oftmals klarzumachen versucht hätten, „wann auf die Religion nicht Beachtung gefolgt würde", die Sitten erheblich litten. Verschwendung und Ausgelassenheit würden das Volk vollends in die Armut stürzen. Deshalb solle der Landgraf das Tanzen im ganzen Land möglichst durch ein schriftliches Dekret verbieten.

Das Konsistorium in Homburg

Es war letztlich das „französisch reformierte Consistorium", das hinter dem Tanzverbot in der Waldensergemeinde stand. Ursprünglich war nämlich das Kirchweihfest oder die Kerb, wie man in Hessen sagte, nur in der katholischen Kirche üblich. Nach Vollendung eines Kirchbaues wurde die Kirche vom Bischof unter den im Pontificale romanum vorgeschriebenen symbolischen Handlungen konsekriert. „Am Tage zuvor hatte der Bischof die Reliquien eines Heiligen in den Hochaltar innerhalb des neuen Gebäudes einzusenken und davor die Vigilien zu halten, und dieser Heilige gilt dann als Patron der Kirche, welcher er gewöhnlich seinen Namen leiht. In neuerer Zeit benannte man die Kirchen auch nach kirchlichen Ereignissen oder christlichen Glaubenssätzen (z. B. Kirche zur Verkündigung, Himmelfahrt, Dreifaltigkeit, zum Heiligen Geist etc.). In der evangelischen Kirche werden neu erbaute oder restaurierte Gotteshäuser bloß in einem feierlichen Gottesdienst dem kirchlichen Gebrauch übergeben."

In der protestantischen Kirche hing die Einsetzung eines landesherrlichen Konsistoriums mit der Theorie zusammen, dass die bischöfliche Gewalt auf den Landesherrn übergegangen sei. Der Fürst war somit als oberster Landesbischof (summus episcopus) als das Oberhaupt der evangelischen Landeskirche zu betrachten. Der Name „Konsistorium" kommt aus dem Lateinischen und heißt „Versammlungsort".[6]

Ein neuer Pfarrer für Dornholzhausen

Erst 1756 wurde der aus Basel stammende Französisch und Deutsch sprechende Georg Heinrich Emmerich als neuer Lehrer und Pfarrer in der französisch-reformierten Gemeinde Dornholzhausen angestellt. Wie aus seinen mehrfach an die Landesregierung in Homburg gerichteten „Gehorsamsten Berichten" hervorgeht, war auch er mit der Moral seiner Gemeindemitglieder überhaupt nicht zufrieden. So sei ungeachtet des nachdrücklichen Verbotes der „freye Tantz" gar in ein Kirchweihfest ausgeartet. „Er ist auf einen Tag gehalten worden, da das Kirchweyfest gewöhnlich fällt, den Montag nach Jacobi [25. Juli, dem Beginn der Ernte], und hat drei Tage gewähret. Das Fest war von der Art, daß es um des Ungehorsams Willen eine Untersuchung verdiente. Verschiedene von den Männern haben sich weit strafbarer gemacht als die jungen Leute." Weiterhin räsonierte er: „R. Brouché, der Schulmeister verdiente in allen Absichten den ersten Platz. Er hat in des Wirths Scheuer im vollen Hause den Leuten gesagt: Er habe in 10 Jahren nicht ge-

---

[4] Dr. Barbara Dölemeyer: Evangelische Pfarrer in Dornholzhausen, in: 1699–1999. 300 Jahre Dornholzhausen. 300 Jahre Waldenser-Kirchengemeinde, S. 71
[5] Christian Weizmann: Die Kirche, in: Vor den Toren Bad Homburgs, Dornholzhausen in der ersten Hälfte des 20. Jahrhunderts, Zeitzeugen und andere Quellen, Im Langenfeld Verlag, S. 52

[6] Meyers Großes Konversations-Lexikon (1905)

tanzt, nun es aber Kirchwey sey, wolle er sich recht lustig machen. Er bekümmere sich um Niemand. (...) Er hat sein Wort gehalten, und brav getanzt. Ich hielt ihm am Sonntag sein Vergehen vor, gieng ihn hart an, und sagte ihm, es sey das niederträchtigste und schändlichste Betragen von einem Mann, dessen Beruf seye, die jungen Leute zu erziehen. Von Anfang lächelte er. Doch darauf nahm er eine ernsthafte Mine an, und sagte, er habe zwar getanzt, aber was die verwegenen Reden anging, darüber sollte ich ihm Zeugen stellen. Ich irre sehr, oder bedürfen Dinge, die öffentlich geschehen eines Beweises. Es scheint es ist Bosheit von ihm. (...) Wie weit man sich von einem Mann von der Deutungs-Art, und einem so hartnäckigen Kopf, in Absicht auf die Erziehung der Kinder versprechen könne, ist leicht zu erachten."

D. J. Fabre, ein Kirchenältester, sei der Zweite, der sich besonders hervorgetan habe. Dieser sagte auf der Gasse zu seinem Pfarrer: „Nun haben wir doch Kirchweihfest." Pfarrer Emmerich ließ hierauf das gesamte Presbyterium zu sich kommen und Zeugen gegen Fabre auftreten. Dieser gestand sein Vergehen und war lange in Verlegenheit. „Er trägt von Herzen Leid über seine Niederträchtigkeit, und das ist ein Beweis, daß er es aus Unbedachtsamkeit und in einer Trunkenheit seines Geistes gethan habe. Eben aus dem Grund hat er auch getanzt. Er ist übrigens kein böser Mann. Ich war bis zum Erstaunen bestürzt, daß ein Mann von einem sonst ziemlich gesetzten Wesen und wahrem Charakter sich in diesem Fall so weit vorgethan. Wenn es gut geheißen würde, so wollte ich ihm einen Vorschlag thun, dadurch des Aergernis, das er gegeben ausgesöhnet wurde, und hernach darüber berichten. Vielleicht schaft der Weg, den ich aufschlagen könnte mehr Nutzen, als ein jedes anderes Verfahren gegen ihn."

Emmerich klagt einerseits bestimmte Personen an, andererseits versucht er Verständnis für seine Schäfchen aufzubringen. Übrigens unterzeichnete er seine Briefe im Stile der damaligen Zeit stets mit „unterthänig gehorsamer Diener".

Die Grenzen zwischen den unterschiedlichen Meinungen zum Kirchweihfest gingen wohl wirklich quer durchs Dorf, sie bestanden gar nicht zwischen den Generationen Jung und Alt. Nachdem die Beschwerden der Kirchenbehörden immer mehr zunahmen, richteten Pfarrer und Presbyterium von Dornholzhausen am 27. Juli 1766 einen Brief an den Landgrafen, der mit „Durchlauchtigster Landgraf, Gnädigster Fürst und Herr!" überschrieben war. Hier stellte man zunächst noch einmal fest, dass das in der Gemeinde eingeführte Kirchweihfest auf einer „gnädigsten Erlaubnis der Hochfürstlichen Durchlaucht" gründete. Doch seien „von je her" die schärfsten Befehle dagegen ergangen, und noch vor zwei Jahren sei das Fest verboten worden. Für einen Teil der Gemeinde sei diese Situation von solcher Peinlichkeit, dass man sich von ganzem Herzen wünsche, deutlich zu erklären, dass dieses Verbot nicht nur durch das dem Fürsten nachgeordnete Konsistorium erlassen wurde, sondern auch im Sinne des Landgrafen selbst sei. Wörtlich heißt es: „Wir haben das zuversichtliche Vertrauen Ew. Hochfürstl: Durchl: werden in allen Gnaden geruhen, die von Höchst Deroselben nachgesetztem Consistorio ergangenen Befehle in ihrer ganzen Kraft zu erhalten, und den ein unterthänigst angegebenen Eigensinn der Gemeinde, welche darauf bestehet auf Jacobi Tag ein Kirchweyfest zu wieder den hohen Befehlen mit allen Feierlichkeiten einzuführen, Einhalt zu thun. In dieser Hofnung unterwinden wir uns, uns in tiefster Devotion zu nennen

Ew: Hochfürstl: Durchl: unsern Gnädigsten Landgrafen und Herrn
Dornholzhausen d. 27ten July 1766
Unterthänigstgehorsamste Knechte und Diener

Emmerich Pfarrer
Jean Gallet Ancien
Jaques Garnier Ancien
Jean Jaque Fabre Ancien
Jean Pierre Berthalot Diacon".[7]

Der Homburger Pfarrer Roques, der zeitweise die Vertretung in Dornholzhausen innehatte, lieferte ein „Unterthänigstes Gutachten, das zu Dornholzhausen sich einschleichen wollende Kirchweyfest" betreffend. Darin bestätigte er zunächst die Richtigkeit der vom Dornholzhäuser Presbyterium angegebenen Gründe. Die Ausschweifungen und Feierlichkeiten seien nicht im Geiste der Religion. Überhaupt widersprächen sie der Kirchenzucht der französischen Kirche. Es sei unschicklich, dass protestantische Flüchtlinge, denen die Gnade Gottes widerfahren sei, den Tempel der Kirche schändeten und andere als mit Gottesdiensten und Danksagung verherrlichende Feierlichkeiten einführen wollten. Ein Kirchweihfest sei ihren Vorfahren unbekannt und gewiss eine ärgerliche Sache gewesen. Der Landgraf solle dem Schultheißen aufgeben, dergleichen zukünftig zu unterlassen.

Ein Dekret verbietet das Kirchweihfest

Mit demselben Datum 27. Juli 1766 findet sich das Konzept eines Dekrets in der genannten Akte, das dem Schultheißen Micol die Einstellung des Kirchweihfestes befahl. Man habe missfällig vernommen, dass unerachtet des dem Schultheißen zu Dornholzhausen vor einigen Jahren gegebenen Befehls darauf zu sehen sei, dass die dortigen Einwohner und vor allem die jungen Leute, „sich nicht mehr unterfangen, ein so genanntes Kirchweihfest, auf dem Jacobi Tag, oder darauf folgenden Sonntag, einführen zu wollen". Sollte es dennoch dazu kommen und so die gnädigste Erlaubnis sträflich missbraucht werden, so werde dem Fürstlichen Schultheißen Micol hierdurch nebst einem verdienten Verweis der „gemesseste Befehl gegeben", das sogenannte Fest, nicht nur sogleich endigen zu lassen, sondern auch der Gemeinde bekannt zu machen, dass künftig keine dergleichen Feste, „welche dem Christen, sowohl die Evangelii, als der Französischen Kirche Disciplin, denen die Reformirte Refugies insbesondere nachleben sollten, als ihren zeitlichen Umständen und deren Begirde die sie haben als Bürger angesehen zu werden", zuwiderläuft, weder begangen noch darum um Erlaubnis zu fragen erlaubt sei. „Nicht minder wird hirdurch [auf] die Wenigerachtung verwiesen, die man zu Dornholzhausen gegen die Verordnung der Fürstl. Consistorii begnüget, und zugleich bedeutet, daß der erste Ungehorsam jedermann gegen dieses Serenissimo nachgesetzen Collegiums, wird führen lassen, aufs allernachdrücklichste bestraft werden soll. Decretum Homburg vor d. Höhe d. 27. Juli 1766."

Der Bürgermeister widersetzt sich dem Verbot

Der Dornholzhäuser Fürstliche Schultheiß Micol war weder mit der Meinung der Kirchenältesten noch mit dem Dekret einverstanden. Jedenfalls fühlte sich Pfarrer Emmerich verpflichtet, am 4. August 1766 noch einmal einen „Gehorsamsten Bericht" nach Homburg zu senden. Micol wolle „nebst einem Teil der Gemeinde" in diesem Jahr das Kirchweihfest „auf eine feierliche Art und Procession" einführen, schrieb der Pfarrer. Micol hätte verlauten lassen, „er wolle zukünftiges Jahr Kirchwey halten ohne jemand um Erlaubnis zu fragen". Es sei unter anderem bewiesen, dass der Schultheiß „einen hiesigen Gerichtsmann Jaques Cherigaut bestrafet, daß er mit denen hielte, welche sich der Kirchwey widersetzten, da er doch durch die vor 2 Jahren in eben der Absicht ergangenen höchsten Verordnung zum Aufseher

---
7 HHStAW Wiesbaden Abt. 310 Dornholzhausen Nr. 6

mit bestellt worden ist, damit dergleichen Unordnung vorgekehret würde. Er hat auch seine Gesinnungen dadurch genug verrathen, weil er gestern keinmal unseren Gottesdienst besuchet hat. Die Jugend beiderlei Geschlechts, welche theil an dem Fest hatten, einer ausgenommen, verließen auch unsere Versammlung, und giengen sämtlich nach Homburg. Ich dachte, sie hätten es bei der letzten Ausschweifung am Dienstag Nachmittag bewenden lassen, da sie nach Insinuation [amtlicher Mitteilung] der scharfen Verbote die Musikanten ihrem Dorf hinaus führten, die Gläser in die Luft warfen, und am Ende des Dorfes hielten, jauchzten und sprangen. Ich weis nicht was in das zukünftige noch geschehen wird. Ich habe geglaubt ich müsste weiter berichten ..."

Genau das tat Pfarrer Emmerich ein Jahr später. In einem erneuten „Gehorsamen Bericht" an das „Hochfürstlich Evangelisch reformirte preiswürdige Consistorium": „Es hat das Ansehen, als wenn dieses Jahr ein Kirchweih Fest gefeyert werden sollte, und das unter dem Namen eines Tantzes. Ich könnte wol ertragen, daß hiesigen jungen Leuten um ihres Herzens Härtigkeit willen ein Tanz gestattet würde: Aber der Grund, aus welchem sie auf dem Kirchweihfest bestehen, die Geringschätzung des besonders in dieser Absicht im vorigen Jahr ergangenen Höchstrenerirlichen Decreto [höchste ‚zügelnde' Verordnung] würde sie im höchsten Grad strafbar machen. So nun ich noch eine Vermittlung darf hinzusehen, so glaube ich fast, daß gedachtes Höchst renerirliche Decret nicht mehr existire, und mit Fleis weggeschaft worden seye. Dem sei aber wie ihm wollte, so hat man nicht die nöthige Hochachtung vor dasselbe. Ich habe vor meine Pflicht erachtet dieses anzuzeigen, als

Dornholzhausen d. 20ten July 1767.
Unterthänigst gehorsamer Diener
Georg Heinrich Emmerich Pfarrer".[8]

---

8 HHStAW Wiesbaden Abt. 310 Dornholzhausen Nr. 6

Ein neues Dekret regelt die Kirchweihfeste in der Landgrafschaft

Die Mitglieder des Geschichtlichen Arbeitskreises Gonzenheim, Ernst und Hiltrud Wilhelm, berichten in ihrer Veröffentlichung über die Kerb in Gonzenheim unter der Überschrift „Gonzenheim hatte eine Michelskerb – Licht- und Schattenseiten der Kirchweihfeste", nachdem sie die Licht- und Schattenseiten auch schilderten:

„So wundert es nicht, dass die Hessen-Homburgische Regierung 1780, 1783 und 1785 folgendes verordnete:

1. In den deutschen Dorfschaften müssen in Zukunft die Kirchweihfeste zeitgleich abgehalten werden. Sie dürfen nicht länger als 3 Tage dauern. Die Nachkerb an dem darauf folgenden Sonntag soll ganz wegfallen.

Was ist mit den deutschen Dorfschaften gemeint? Es handelt sich um die Amtsdörfer Gonzenheim, Seulberg, Köppern und Oberstedten. Die ‚nichtdeutschen Ortschaften' Friedrichsdorf und Dornholzhausen waren von den Bestimmungen ausgenommen, da hier sowieso keine Kirchweih stattfand. Kirdorf war zu dieser Zeit kurmainzisch und Dillingen noch nicht gegründet. Die Kirdorfer feiern aber noch heute ihre Kerb am Patronatsfest ihrer Kirche St. Johannes um den 24. Juni herum.

2. Als Kirchweihtag für alle Dorfschaften wurde der 1. Oktober bestimmt, später der 1. Sonntag im Oktober, an dem der jeweils örtliche Geistliche am Morgen eine Dankpredigt für die eingebrachte Ernte halten sollte. Danach wurde den Untertanen der Dorfschaften gestattet, an diesem Nachmittag, Abend und folgendem Montag das Kirchweihfest zu feiern. So wurde die Dorfkirmes eine Landeskirmes."[9]

---

9 Ernst und Hiltrud Wilhelm: Gonzenheim hatte eine Michelskerb, in: Kerb in Gonzenheim, Heft 13, Geschichtlicher Arbeitskreis Gonzenheim

Wieder Dornholzhäuser Kerb in 1936 und ab 1949

Nach 180 Jahren ließ man 1936 die Dornholzhäuser Kirmes wieder aufleben. „Mancher entsinnt sich noch des Hochbetriebes 1936 und denkt an den Hammel, der von den Kerbeborschen mit köstlichem ‚Hohenastheimer' serviert wurde", berichtete 1949 Der Taunusbote und fährt dann fort: „1937 wurde nochmals die Kerb abgehalten, dann trat eine Pause bis heute ein. Aber dieses Jahr wollen die Dornholzhäuser Kerbeborschen wieder singen: ‚Wem ist die Kerb'. Die Burschen sind schon tüchtig bei der Arbeit. Schade ist nur, daß in Dornholzhausen so wenig Saalraum vorhanden ist."[10]

Die „Kerweburschen" zogen 1949 mit dem überlieferten Ruf „Wem ist die Kerb? – Unser!" durch Dornholzhausen und organisierten nach dem Krieg wieder ein großes Fest. Auch stellten sie, wie sich das für eine Kerb gehört, einen „Kerwebaum" auf. Das Programm wurde wie folgt angekündigt: „Samstag, 14 Uhr, Schließung des Arbeitsamtes in Dornholzhausen. 15 Uhr Aufstellung des Kerwebaumes unter Beteiligung der gesamten Dorfjugend. 20 Uhr Eröffnung der Kerb durch feierlichen Umzug der Kerweburschen mit Musik, 21 Uhr Festkommers. Sonntag, 15 Uhr, Umzug mit Ausgrabung. Montag, vormittags spielt die Musik vor jedem Haus. Der Frühschoppen folgt und abends nochmals Kerwerummel. Während der übrigen, nicht genannten Zeiten, wird natürlich lebhaftes Kerwetreiben sein. Nicht zu vergessen sei auch noch die Verlosung des Kerwehammels, von dem man munkeln hört, es sei ein recht fetter Bursche. Man singt in Dornholzhausen schon: ‚Oh gib ihn mir, oh gib ihn mir, er ist zu fett für Dich!'" nach einer damals bekannten Melodie.[11]

10 Der Taunusbote Nr. 11 vom 11.08.1949, S. 4
11 Der Taunusbote Nr. 24 vom 26.08.1949, S. 4

Kerbeburschen mit dem Kirmeshammel (Foto: Rolf Desor)

Am 31. August hieß es unter Nachrichten aus Dornholzhausen: „Die Kuche sin gegesse, die Kerb, die is vergesse". „Wenn auch am Samstag zum Aufmarsch der Himmel noch recht trostlos aussah, so wurde das Wetter an beiden Tagen doch gut. Der Kommers am Samstagabend war in der Hauptsache von Einheimischen besucht. In einer originellen Ansprache wurde der Wunsch zum Ausdruck gebracht, daß nun die Kerb alljährlich wieder stattfinden soll. Nach langer Pause wurde die Kerb erstmalig 1936 durch Georg Rack wieder ins Leben gerufen, der auch bei der diesjährigen Kerb durch seinen urwüchsigen Humor zum guten Gelingen in der Hauptsache beigetragen hat. Der Besuch von auswärts war recht gut, das Tanzbein wurde geschwungen und es ist anzunehmen, daß jeder auf seine Kosten kam. Auch für die Kleinen war gesorgt, die Karussells hatten selten Leerlauf. Der Umzug am Montag, der sich bis in die Mittagszeit hinzog, brachte viel Heiterkeit. Jedes Haus bekam sein Ständchen, und jede Frau, die einem Kerbeburschen in die Hände fiel, mußte auf offener Straße tanzen. Der Besuch im Betty-

Tanz auf der Dorfstraße (Foto: Rolf Desor)

bad brachte viel Lustiges, ob es aber zu einem Freischwimmen gekommen ist, konnte ich nicht feststellen. Franz".¹²

Auch von einer „Kerwenachfeier" wurde berichtet: „Bei dem traditionellen Hammelessen, das ein wesentlicher Bestandteil der Dornholzhäuser Kerb ist, war von einem Dornröschenschlaf, in dem sich Dornholzhausen nach der kürzlichen Meldung einer auswärtigen Zeitung angeblich befinden soll, wenig zu bemerken. Zunächst klapperten allerdings nur die Bestecke; denn Frau Nahm, die Adlerwirtin hatte sich in ihrer Kochkunst selbst übertroffen.

Dem Hammelessen folgte das gesellige Beisammensein. Herr Georg Rack begrüßte in humorvoller Ansprache besonders Herrn Bürgermeister Hisserich. Auch wir wurden herzlich willkommen geheißen. Die frohe Stimmung, die mit Akkordeonmusik gefördert wurde, steigerte sich, und als zur vorgerückten Stunde Herr Rack noch einen ‚Dornholzhäuser Carneval-Verein' ins Leben rief, war der Höhepunkt des traditionellen Abends erreicht. Die Dornholzhäuser wollen jedoch ihre Kerb noch weiter auskosten und trennten sich mit dem Wort: ‚Sehn me uns uff de Nochkerb?'"¹³

Doch damit hatten die Dornholzhäuser Kerweburschen noch nicht genug. Sie luden im September 1949 zu einer „Nachkerb" ein, um die Kerb endgültig zu begraben.¹⁴

Waren die Maßstäbe zu hoch angesetzt?

Im Jahr darauf backte man schon kleinere Brötchen. Zwar fand am 5. und 6. August 1950 die Dornholzhäuser Kerb wieder statt, aber man hatte bereits davon abgesehen, einen Kerbemontag und eine Nachkerb abzuhalten.¹⁵

Am 4. August 1951 hieß es: „Am Sonntag und Montag feiert Dornholzhausen nach altem Brauch seine Kirchweih. Zwar fehlen in diesem Jahr die ‚Kerweborsche', aber es gibt doch eine Fülle von Allotria. Das tanzfreudige Völkchen wird im Gasthaus Schultz (früher Hotel Scheller) sein Domizil aufschlagen, während die Kleinen auf dem Juxplatz angenehm Kurzweil finden dürften. Man hofft, daß auch diesmal wieder viele auswärtige Besucher zur Dornholzhauser Kerb kommen."¹⁶

Wahrscheinlich hatte man 1949 den Maßstab für die Dornholzhäuser Kerb zu hoch gesetzt, denn in den Folgejahren erreichten die Dornholzhäuser den geschilderten Höhepunkt nicht mehr. Auch wurde allgemein das Fehlen bzw. das geringe Engagement der Kerbeburschen bemängelt. 1952 fand der „Kerberummel" in der Hauptsache auf dem Gemeindeplatz statt, und die drei „Kerbewirte" taten ihr Bestes, um den Besuchern schöne Stunden zu bereiten.¹⁷

---

12 Der Taunusbote Nr. 27 vom 30./31.08.1949, S. 4
13 Der Taunusbote Nr. 36 vom 09.09.1949, S. 6
14 Der Taunusbote Nr. 43 vom 17./18.09.1949, S. 6
15 Der Taunusbote Nr. 181 vom 08.08.1950, S. 4
16 Der Taunusbote Nr. 179 vom 04.08.1951, S. 10
17 Der Taunusbote Nr. 171 vom 31.07.1952, S. 4

Der „Juxplatz" oder „Gemeindeplatz" befand sich übrigens auf dem heute mit einem Hochhaus bebauten Grundstück Landwehrweg 1, Ecke Lindenallee, also genau gegenüber der Einfahrt zur Dorfstraße, heute Dornholzhäuser Straße.

Weitere Berichte über eine Dornholzhäuser Kerb finden sich 1953[18], 1955[19] und 1956[20]. 1957 wurde die Dornholzhäuser Kerb noch einmal vom 3. bis 5. August gefeiert. Bürgermeister Hiller hatte dafür gesorgt, dass auf dem Kerbeplatz reges Leben herrschte. Im Waldenser Hof sorgte die Stimmungskapelle „Edelweiß" für fröhliche Tanzmusik.[21]

18 Der Taunusbote Nr. 176 vom 01.08.1953, S. 3
19 Der Taunusbote Nr. 182 vom 09.08.1955, S. 3
20 Der Taunusbote Nr. 180 vom 04.08.1956, S. 7
21 Der Taunusbote Nr. 177 vom 03.08.1957, S. 10

In den Folgejahren finden sich keine Berichte mehr über eine Dornholzhäuser Kerb. Wir können also davon ausgehen, dass die neue Generation kein Interesse mehr an diesem traditionellen Fest aufbrachte, für das vorhergehende Generationen einstmals gekämpft hatten. Nachdem die Gemeinde den „Gemeindeplatz" als Baugrundstück verkauft hatte, fehlte wohl auch der geeignete „Juxplatz" zum Feiern. So verschwand wieder ein traditionelles Volksfest aus dem Jahreslauf, welches die Nachkriegsgeneration erst hatte wieder aufleben lassen. Heute, nach der Eingemeindung der einst selbständigen Gemeinde im Jahr 1972 nach Bad Homburg, feiern die Dornholzhäuser mit den anderen Bürgern der Stadt das Laternenfest.

Hermann Hofmann

Borstenvieh im Börner Wald

Noch bis 1930 wurden Schweineherden gehütet

Wenn von Schweinen im Wald die Rede ist, dann geht es nicht um illegale Müllbeseitigung oder heimlich am Waldrand abgelegten Gartenabfall, sondern um Tierhaltung und Ernährung, speziell um die Zucht des europäischen Hausschweins (Sus scrofa domesticus); von menschlichem Fehlverhalten wird aber auch die Rede sein.

So genussvoll und angenehm, wie der Schweinezüchter Zsupan im Zigeunerbaron von Johann Strauß seine Lebensaufgabe beschreibt, können die Bauern im Taunus dies nicht empfunden haben:

Ja, das Schreiben und das Lesen,
Ist nie mein Fach gewesen,
Denn schon von Kindesbeinen
Befasst' ich mich mit Schweinen,

Mein idealer Lebenszweck
Ist Borstenvieh, ist Schweinespeck.

Ja! auf das Schweinemästen
Versteh' ich mich am besten,
Auf meinem ganzen Lager
Ist auch nicht eines mager –
Fünftausend kerngesunde
Hab' ich, hübsch kugelrunde,
So weit man suchet fern und nah',
Man keine schön'ren sah...[1]

In Born (früherer Name von Schloßborn) wurde das Schreiben, Lesen und auch das Rechnen in der bereits vor 1600 erwähnten Schule vermittelt. Aber mit den Züchtungs-

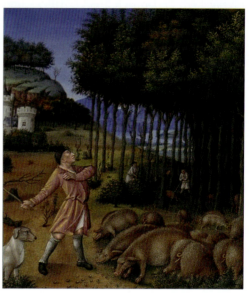

Stundenbuch des Herzogs von Berry (1416). Bauer mit Hausschweinen bei der Eichelmast (Quelle: Wikipedia)

ergebnissen des Schweinebarons konnten die hiesigen Schweinehalter sicher nicht mithalten. Die Anbaufläche für Tierfutter war nicht ausreichend, so dass die Bauern Abhilfe suchen mussten. Im 1686 angelegten Gerichtsprotokollbuch[2] wurden die beim jährlichen Gerichtstag gerügten Missetaten der Einwohner festgehalten. Einen Schwerpunkt der Verfehlungen und der Bestrafungen bildete das Weiden von Ochsen, Ziegen und Gänsen auf unzulässigen Flächen.

Für das Hüten der Schweine und der Schafe waren seit jeher von der Einwohner-

---

1 Aus: Auftrittslied des Zsupan im Zigeunerbaron v. J. Strauß

2 Historisches Gemeindearchiv Glashütten (HGaG) Nr. 125 Slb, Beginn der Aufzeichnung 1686, Ende 1820

schaft bestellte Hirten zuständig. Sie durften eines der Hirtenhäuser bewohnen und hatten Anspruch auf Deputate (Roggen, ein Paar Schuhe pro Jahr etc.).

In den Zeiten, in denen der Wald im Wesentlichen dem Jagdvergnügen der Herrschaften, der Gewinnung von Bau- und Brennholz und der aus der Not geborenen Wilderei (zur Wildschadenverminderung bzw. Fleischgewinnung) diente, war es auch üblich, bei günstiger Fruchtbildung von Buchen und Eichen die Schweine in den Wald zu treiben. Die Mast (mit Bucheckern und Eicheln) wurde als Äckerich bezeichnet. Das geschah zunächst auch mit Billigung der Herrschaft. Eine sehr alte Abschrift[3] aus einem noch älteren Dokument im Historischen Gemeindearchiv Glashütten berichtet von einem Vorgang zu der Zeit, als Graf Eberhard[4] auch oberster Herr zu Born war. Man erinnerte den „gnädigen lieben Herrn", dass man allzeit die Schweine in die Mayersbach (heute Meisebach), den Hasenbergwald und in die Eichzail (heute Meisel) getrieben habe. Und „als der Flecken gebaut wurde", habe man seiner Bitte um Überlassung des Waldes zu seiner „Erbauung" entsprochen und er im Gegenzug den Trieb der Schweine in alle seine Besitzungen für alle Zeiten erlaubt. Als die Gemeinde diese Zusage mit „Brief und Siegel" bestätigt haben wollte, habe er geantwortet, das sei nicht nötig, sein Wort sei ebenso gut.

Die Skepsis der Einwohner auf Einhaltung der Absprachen war wohl angebracht. „Noblesse oblige – Adel verpflichtet", das galt wohl noch für Graf Eberhard, nicht aber für seine Nachkommen. Sie fühlten sich nicht an das Wort des Vorfahren gebunden. Auch Bittbriefe an die Herrschaft änderten das nicht. Die Nachfolger wurden gebeten, es „bey unserem alte Herkommen und alter Freyheitt" zu belassen, wie es der frühere Herr von Eppstein auch gehalten habe.

Alle Eingaben an die Herrschaft blieben erwartungsgemäß erfolglos. Mittlerweile war der Wald neben den eingangs genannten Zwecken auch als Wirtschaftsbetrieb entdeckt und außer den von der Gemeinde zu stellenden „Waldförstern", die u. a. Holzfrevler zu ertappen hatten, auch mit Berufsförstern besetzt. So kam es, dass jährlich die Mastung (das Äckerich) versteigert wurde. Nach den Aufzeichnungen des 1955 verstorbenen Altbürgermeisters und Heimatforschers Johann Friedrich Marx[5] waren im Jahre 1723 für das Äckerich 73 fl.[6] zu zahlen. Er sah Anhaltspunkte dafür gegeben, dass die Herrschaft „Mitbieter" aus umliegenden Orten zu den Versteigerungen gedungen hat, um den Preis zu beeinflussen.

Wilhelm Busch: „Ein Bauer treibt in guter Ruh / sein fettes Schwein der Heimat zu." (aus „Der Bauer und sein Schwein")

Dieser Betrag (1723 = 73 Gulden) musste nun auf die Schweinehalter (im Jahre 1721 hatte Born 204 Einwohner) umgelegt werden. Aus der im Historischen Gemeindearchiv Glashütten vorliegenden namentlichen Liste[7] ergibt sich, dass 244 Schweine zum „Ein-

---

3 HGaG Nr. 504 Slb
4 Es handelt sich um Eberhard (IV), denn nur dieser war seit 1505 „Graf von Königstein". Die Anrede lautete: „Ihro Hoch-Gräffl. Gnaden Eberhard zu Königstein, zu Dietz, Herre zu Eppstein"

5 HGaG Nr. 507 Slb
6 fl., Fl. = Florin (Gulden)
7 HGaG Nr. 204 Slb

schlagen" (Eintreiben) angemeldet wurden. Das waren im Durchschnitt fünf Schweine je Besitzer, der Schulmeister meldete zwei Schweine, der Pfarrer zehn Schweine an. Jeder, soweit er privilegierter „Nachbar"[8] war, hatte nun pro Schwein 17 Kreuzer und 2 Pfennige zu bezahlen.

Eingetrieben werden durften nur registrierte Tiere, die ein Brandzeichen hatten. Beim jährlichen Schweinebrennen erhielten die Tiere den Buchstaben „B" für Born mit einem glühenden Eisen[9] aufgedrückt. Das soll auch ein feuchtfröhlicher Anlass gewesen sein, denn es sind Abrechnungen über den „Wenkuff" (Weinkauf) dafür vorhanden. Die Teilnahme am Schweinebrennen muss eine „ehrenvolle Aufgabe" gewesen sein, denn es kam deswegen auch zu Auseinandersetzungen. Laut Gerichtsprotokollbuch (Eintragung von 1724) rügte ein Einwohner, dass „ein Schelm und Hundt ihm die Schweine brennete". Natürlich wurde er für diese Äußerung bestraft. Und im Jahre 1734 musste der Schuster Johannes Schmid für sein Nörgeln darüber büßen, dass er sich beim Schweinebrennen übergangen fühlte, er aber bei Arbeiten an Gräben gut genug gewesen sei.

Die Schweinehaltung war auch Anlass zu inner- und überörtlichem Zank und Streit. Unzufriedenheit der Untertanen mit der Herrschaft einerseits sowie der Herrschaft und den Gerichtsleuten (im heutigen Sinne Ortsvorstände) andererseits spiegeln sich in den Aufzeichnungen von 1724 deutlich wider. Reichten vorher im Gerichtsprotokollbuch noch ein bis vier Seiten zur Protokollierung eines Gerichtstags aus, so mussten 1724 mehr als sechs Seiten beschrieben werden. Die Vermutung liegt nahe, dass die wegen Vorteilsnahme angefeindeten Gerichtsleute ein Exempel statuieren wollten. In der Zeit geringer Fruchtbildung bei Eichen/Buchen wurde die Anzahl der „einzuschlagenden" Schweine rationiert. Die Gerichtsleute genehmigten sich jedoch ein zusätzliches Schwein. Die restliche Einwohnerschaft nahm das nicht hin und traf sich heimlich, vermutlich um auf Abhilfe zu sinnen. Der Obrigkeit blieb solches nicht verborgen, und so schrieb das Königsteiner Oberamt an den Schultheißen zu Born:

„Demnach man bei hiesigem Oberamt sehr mißfällig vernommen, daß sich zu Born sehr viele uhnruhige Gemeindsleute unterstehen, heimliche Conventicula zu halten und bei solchen Zusammenkünften allerlei Confusiones und Unruhen in der Gemeinde anstiften, solche aber wegen der ergangenen herrschaftl. Verordnung höchstens verboten und strafbar sind. Also hat der Oberschultheiß zu Born dasigen Untertanen alles geschärften Ernstes zu bedeuten, daß dieselben der ergangenen Verordnung in allen Stücken nachkommen und solcher die geziemende Folge leisten sollen, widrigenfalls aber ein jeglicher Übertreter in jedem Contraventionsfall mit 3 fl Herrschaftl. Straf angesehen werden soll.

Königstein de.17.Oktob. 1724
G.P. Straub"[10]

Einige Bewohner hatten im vorauseilenden Ungehorsam und nach dem Motto „Gleiches Recht für alle" ungebrannte Schweine der Herde beigegeben. Das wiederum gefiel der Herrschaft gar nicht. Der Schultheiß von Born schrieb seine Stellungnahme an das Oberamt und begründete die Begünstigung der Gerichtsleute mit deren unbezahlten Dienstleistungen für die Gemeinde. Die gesamte Einwohnerschaft wurde nach Königstein einbestellt und der Fall vor dem Oberamt behandelt. Das Oberamt vermittelte und legte den Beteiligten nahe, sich vernünftig zu einigen und den Gerichtsleuten, wie von den Einwohnern vorgeschlagen, ihre Auslagen zu erstatten. Danach scheint auch wieder Ruhe

---

8 Nachbar = bis ca. 1812 für „Bürger"
9 Das Brandeisen wird im Heimatmuseum Schloßborn aufbewahrt

10 HGaG Nr. 502 Slb, Text dem heutigen Sprachgebrauch angepasst, ohne dass der Sinn verändert wurde

und Frieden eingekehrt zu sein. Manchmal wünscht man sich auch heute noch ein Oberamt, welches mäßigend auf Streithähne einwirkt.

Auch wenn der Schweinehirt die Hauptlast der Hütung übernahm, so waren die Besitzer doch nicht völlig von jeglicher Mitwirkung freigestellt. Im Gerichtsprotokollbuch findet man im Jahre 1687 den Eintrag zu folgendem Vorgang: Als 130 Stück Mastschweine ausblieben, hat der Oberschultheiß der Gemeinde läuten lassen und befohlen, dass die Einwohner sämtlich hinausgehen sollen und selbige suchen. Melchior Röhm, Gerhard Heppoff und Johannes Becht sind ungehorsam zu Hause geblieben. Laut Protokoll wurden die ihnen „zur Last andictirten ½ ohm Obstwein vertruncken".

Wenn mehr als 200 Schweine in den Wald getrieben werden, bleibt Schwund nicht aus. Am 6. Januar 1724 waren dem Schweinehirten einige Mastschweine entkommen und in die Liederbacher Mark[11] entlaufen, vom Markförster aus Fischbach „gepfändet" und nach dort gebracht worden. Man verlangte für die Rückgabe der Schweine die Erstattung von 19 fl. und 7 Albus für Futterkosten und setzte noch eine Strafe von 25 fl. an. Darüber beschweren sich die Börner bei der Kellerei zu Eppstein und hatten einen Teilerfolg. Der Forstmeister Lipp schrieb noch am 7. Januar 1724 an den Oberschultheißen zu Fischbach.[12] Man habe sich „nicht entblödet ohne Unkosten gerechnet zwanzig fünf gülde zu fordern". Er wies die Fischbacher darauf hin, dass sie zur Strafsetzung nicht berechtigt seien und dass sie die Schweine gegen nachbarliche Erstattung der Kosten zurückzugeben hätten.

Was bei der späteren Verhandlung in Königstein entschieden wurde, kann leider nicht festgestellt werden, denn weder in Schloßborn noch in Fischbach sind Kassenbücher aus dem betreffenden Jahr vorhanden (Aktenvernichtung gab es wohl zu allen Zeiten).

Wie überall, so zeigte sich auch hierzulande der fast erbliche Hass zwischen Förstern und Bauern. Die Förster sahen sich zuerst der Obrigkeit verpflichtet. Sicher wollten sie verhindern, dass die Waldungen unter die Hufe kommen und dadurch Schaden nehmen; unter die Räder moderner Forstmaschinen kam der Wald erst später. Die Bauern hingegen wollten feststellen, wie weit sie gehen konnten. Das Verhalten der Kontrahenten führte zu wechselseitigen Beschuldigungen und zur Inanspruchnahme der herrschaftlichen Rechtsprechung.

So beschweren sich die Börner, dass der von der Herrschaft eingesetzte „Jäger" den Wald kenne „soviel wie eine Kuh das Brettspiel" und dass er bei Holzverkäufen aus dem gemeinschaftlichen Dattenberger Wald die eingenommenen Gelder nicht an die Waldeigentümer (1/3 Herrschaft, 1/3 Gemeinde Ehlhalten, 1/3 Gemeinde Born) weitergeleitet habe.[13] Als der Förster die Börner wegen Überweidung des Äckerich aus dem Wald vertrieb, „schlichtete" der Forstmeister bei der Kellerei den Streit, indem er beiden Parteien Strafe androhte.[14]

Aber durch den Anbau der Kartoffel[15] und deren Nutzung auch bei der Schweinefütterung verbesserte sich die Lage. Bezüglich der Mastung ist in späteren Aufschreibungen nichts mehr festgehalten.

Nach den Aufzeichnungen von Johann Friedrich Marx[16] endete das Hüten der Schweineherde im Jahre 1930. Private Schweinehaltung ist bis ca. 1990 bekannt. Die Hausschlachtung, die über Jahrhunderte

---

11 Marken = von mehreren Orten benutzte Waldungen, z.B. (Ober-)Liederbacher, Sulzbacher, Cronberger, Eichelberger Mark
12 HGaG Nr. 506 Slb
13 HGaG Nr. 509 Slb
14 HGaG Nr. 508 Slb
15 Kartoffelanbau ist ab 1751 im Gerichtsprotokollbuch erwähnt
16 HGaG Nr. 204 Slb

die Nutzung schlachtreifer Schweine durch die Einwohner sichergestellt hat, wurde durch immer härtere Bestimmungen erschwert.

Wilhelm Busch: „Doch endlich schlachtet man das Schwein / da freute sich das Bäuerlein." (aus „Der Bauer und sein Schwein")

Kenner behaupten, dass die Fütterung mit Eicheln ein besonders schmackhaftes Schweinefleisch ergebe. Bei der heutigen Art der Massentierhaltung läuft jedoch vor dem Fleischgenuss nicht mehr das Wasser im Mund zusammen, sondern eher beim Braten in der Pfanne. Wie erwähnt, kamen im Jahre 1724 auf 204 Einwohner 244 registrierte Schweine. Da sicher auch Schweine verzehntet oder verkauft wurden, kann man von einem Schwein pro Einwohner ausgehen. Die Lebensdauer betrug ein knappes Jahr, denn die im Frühjahr angeschafften Ferkel wurden im folgenden Winter geschlachtet. 2011 wurden in Deutschland ca. 60 Mio. Schweine geschlachtet. Weil die Lebensdauer der modernen Turboschweine durch die „moderne" Fütterung auf ein halbes Jahr reduziert wurde, genügt heute ein Bestand von 28 Mio. Tieren[17], um zu einem Versorgungsgrad von 115% zu kommen. Auch der Export in osteuropäische Länder spielt eine nicht unbeachtliche Rolle.[18]

Und wie steht es heutzutage um die Nutzung der Mastung, des Äckerich? Die Rolle der früheren Hausschweine haben mit beachtlichem Erfolg die Wildschweine (Sus scrofa) übernommen. Vielerorts ist von einer Schweineplage die Rede. Ob das Äckerich dabei überweidet wird? Und werden, wie früher, überzählige Schweine aus dem Wald getrieben?

---

17 Statistisches Bundesamt, BMELV (123)
18 http://www.was-wir-essen.de/abisz/schweinefleisch_erzeugung.php

Beate Großmann-Hofmann

Kaltwasserkuren und Holzhacken in Königstein

Zum 200. Geburtstag des treuen Kurgastes Friedrich Stoltze

Zu den bekanntesten Königsteiner Kurgästen gehört der Frankfurter Poet und Journalist Friedrich Stoltze, der vor 200 Jahren am 21. November 1816 in Frankfurt geboren wurde. Er war 1859/60 zum ersten Mal Patient von Dr. Georg Pingler und blieb dem Königsteiner Arzt und somit auch Königstein über Jahrzehnte treu.

In Königstein ist die Erinnerung an Friedrich Stoltze noch gegenwärtig:

Wer gerne wandert, entdeckt im romantischen Billtal unweit der ehemaligen Wasserheilanstalt das „Stoltze-Plätzi". Freunde Stoltzes hatten bereits um 1860 für die Aufstellung des Gedenksteins an der Stelle, die Stoltze besonders liebte, gesorgt.

1980 erhielt im Neubaugebiet Flemetz-Hohwiesen eine kleine, von der Goethestraße abzweigende Straße den Namen „Friedrich-Stoltze-Straße".[1]

„Stoltze-Renaissance mit Rap und Pep" lautete der Artikel in der Frankfurter Allgemeinen Zeitung über den beschwingten Festakt im Juni 1997 anlässlich der Umbenennung der Königsteiner Haupt- und Realschule in „Friedrich-Stoltze-Schule". Der damalige Landrat Jürgen Banzer fand den Frankfurter Poeten als Namensgeber sehr geeignet wegen „seines Kampfes für Bürgerfreiheit, wegen seiner Heimatliebe und wegen seines Beispiels, den eigenen Intellekt als Waffe einzusetzen". Und Königsteins damaliger Bürgermeister Bertram Huke hielt die Beschäftigung mit Stoltze, „der hier einiges hinterlassen hat", für einen guten Einstieg in die Geschichte der Stadt.[2]

Die enge Verbindung von Friedrich Stoltze zu Königstein ist Thema dieses Beitrags.

Friedrich Stoltze (1816–1891)

Ein echter Frankfurter

Am 21. November 1816 wurde Friedrich Stoltze als Sohn des Gastwirts „Zum Rebstock" geboren. Dieses Lokal wird auch als ein „vielfrequentierter Treff radikaler Demokraten" bezeichnet,[3] so dass vermutlich hier

---

1 Beschluss des Magistrats der Stadt Königstein vom 29. Januar 1980

2 F.A.Z. vom 16. Juni 1997
3 Hilmar Hoffmann: Die großen Frankfurter, Frankfurt am Main 2004, S. 62

Das Hotel Pfaff, das sich in den Gebäuden des vormaligen Kapuzinerklosters befand, war in den letzten Jahrzehnten des 19. Jahrhunderts das „erste Haus am Platz". (AK StA Königstein)

der Grundstock für Stoltzes spätere demokratische Haltung zu suchen ist. Von seinem Vater wurde Friedrich Stoltze 1832 auch zum „Hambacher Fest" mitgenommen, dem berühmten Treffen, auf dem Forderungen nach Volkssouveränität und Freiheit formuliert wurden.

Die angefangene kaufmännische Lehre gab er nach dem Tode des Vaters 1833 auf. Nach kurzer Tätigkeit als Hauslehrer widmete er sich bald dem Schreiben – „hauptberuflich" wie wir heute sagen. 1841 erschien sein erster Gedichtband.

Als junger Autor lernte Friedrich Stoltze in den 1840er Jahren Meyer Amschel Rothschild, einen der fünf legendären Rothschild-Brüder, kennen. Stoltze bat den Bankier um eine Spende für das Altarbild „Die Auferstehung Christi" von Alfred Rethel. Rothschild kam der Bitte mit den Worten „Dhun ich Ihne e Gefalle damit so gebe Se her der List! – Was

leit mir draa, ob er uffgestanne is oder net!" nach.[4]

Damit begannen die Beziehungen Friedrich Stoltzes zur Familie Rothschild. 1846 schrieb er ein Gedicht anlässlich der Goldenen Hochzeit von Meyer Amschel Rothschild, und für „Baron Willy" verfasste er ein Vermählungsgedicht. Bei „Baron Willy" handelt es sich um jenen Wilhelm Carl von Rothschild (1828–1901), der zusammen mit seiner Frau Hannah Mathilde zahlreiche Grundstücke in Königstein erwarb, um sich hier einen Sommersitz, die Villa Rothschild, erbauen zu lassen.

Friedrich Stoltze, der seit 1849 mit Marie (genannt „Mary") Messenzehl verheiratet war, beobachtete (und kritisierte) in seinen Satiren die Gesellschaft. Er veröffentlichte Gedichte und Erzählungen, davon die meis-

---

[4] Johannes Proelß/Günther Vogt: Friedrich Stoltze. Ein Bürger von Frankfurt, Frankfurt am Main 1978, S. 114

ten in Frankfurter Mundart. Seit 1852 gab Stoltze die „Frankfurter Krebbel- und Warmer Brödscherzeitung" heraus, deren scherzhafte Artikel oftmals für ernst genommen wurden.

Mit seiner liberalen Einstellung eckte Stoltze nicht nur an, sondern geriet auch in große Schwierigkeiten. Deshalb durfte er wegen sogenannter „Pressvergehen" seine Heimatstadt, die Freie Stadt Frankfurt, nicht verlassen. Andernfalls drohte ihm außerhalb des Frankfurter Stadtgebietes die Verhaftung.

Der erste Kuraufenthalt in Königstein, der „schönsten Blume des Taunus", endet mit der „Flucht von Königstein"

Schlaflosigkeit und Herzprobleme bereiteten Stoltze 1859 große gesundheitliche Probleme. Deshalb wandte sich Stoltzes Frau Mary an den Königsteiner Kurarzt Dr. Georg Pingler. Dieser kam zwar nach Frankfurt, empfahl aber eine Kaltwasserkur in Königstein. Und so reiste Friedrich Stoltze im Spätjahr 1859 mit seiner schwangeren Frau in den Taunus und logierte in Königstein zunächst in dem „Hôtel du Lion" der Brüder Pfaff (später „Hotel Pfaff", heute Parkplatz).

Über die Kur äußerte sich Stoltze sehr anschaulich. So musste er nach der eigentlichen Wasserkur täglich Touren in „das Gebirge" machen, und das auch bei Schnee. Anschließend sah Dr. Pinglers „Behandlungsplan" noch Holzhacken auf dem Zimmer vor.

Kurz vor der Geburt des Sohnes Hermann zog die Familie in das Haus Grandpierre um, das dem Hotel gegenüberlag.[5] Insgesamt hatte das Ehepaar sieben Söhne, von denen die meisten sehr jung starben, und vier Töchter. Hermann Stoltze (1860–1899) kam am 17. Januar 1860 als zehntes Kind in Königstein zur Welt.[6] Diese Kunde gelangte nach Frankfurt

---

5 In der Hauptstraße 5
6 Aus einer vorehelichen Beziehung hatte Friedrich Stoltze den Sohn Adolf (1842–1933). Auch Adolf Stoltze erlangte als Frankfurter Volksschriftsteller große Bekanntheit.

und sprach sich schnell herum. So bekamen die Behörden, vor allem der Kreisrat Willich von Offenbach, Kenntnis von Stoltzes Aufenthalt in Königstein. Am 29. Februar erhielt der nassauische Amtmann von Langen den Befehl, Stoltze zu verhaften und nach Offenbach zu bringen. Dr. Pingler, schnell herbeibeordert, protestierte gegen die Verhaftung. Da der Arzt bei Herzog Adolph in gutem Ruf stand, gab dieser zunächst nach. Der Königsteiner Bürgermeister Wilhelm Fischer eilte nach Wiesbaden und erreichte, dass Stoltze so lange unbehelligt blieb, bis ein Attest von Dr. Pingler vorlag. Dann wurde die Flucht aus dem Haus Grandpierre vorbereitet. Es halfen dabei u. a. Dr. Pingler und der Wirt Pfaff. Die Stoltze beaufsichtigenden Gendarmen wurden mit Alkohol „eingeschläfert", und es gelang Stoltze jetzt, aus dem Haus durch den Garten Richtung Frankfurt zu fliehen. Er hat diese Ereignisse in seiner Novelle „Flucht von Königstein" festgehalten, die mit einem Lobgedicht auf Königstein endet, dessen erste Zeilen hier zitiert werden sollen:

„O du mein Königstein
Und neu zu Deinem Ruhme
soll es gesungen sein,
Des Taunus schönste Blume,
O du mein Königstein.
In deinen Felsenräumen,
Mit Burgen auf den Höh'n
In deinen Waldessäumen
Wie bist Du doch so schön!
..."[7]

Im April 1860 konnte Friedrich Stoltze mit seiner Familie nach Königstein zurückkehren und blieb bis Ende September. In Königstein feilte Stoltze auch an seiner neuen satirischen Wochenzeitschrift. Die erste Nummer der „Frankfurter Latern" erschien 1860, Stoltze

---

7 Zitiert nach Otto Katzer: Friedrich Stoltze in Königstein, in: Festbuch Burgfest Königstein 1991, S. 86

hielt sich zu diesem Zeitpunkt noch in Königstein auf. Dass beide, Königstein und die erste Ausgabe der „Frankfurter Latern" eng zusammenhängen, war Stoltze auch noch 29 Jahre später bewusst, als er in seinem Festgedicht anlässlich des 50-jährigen Dienstjubiläums von Dr. Pingler Folgendes schrieb:

„Laß Dich festlich heut begrieße!
Gott mit Dir un all sei Stern!
Un meim Gruß sich aazuschließe
Hat aach Ursach die ‚Latern';
Als ich widder frei von Kummer
Zog zur Vatterstadt am Maa,
Schrieb ich ehrscht die Prowenummer
Der ‚Latern' in Königstaa."

Das Erscheinen der „Frankfurter Latern", deren Mitherausgeber der Zeichner und ehemalige Städelschüler Ernst Schalck war, wurde mehrfach verboten. Immerhin erschienen aber insgesamt 1.360 Ausgaben. 1893, zwei Jahre nach Stoltzes Tod, wurde die Zeitschrift eingestellt.

Und immer wieder in Königstein

Friedrich Stoltze hielt dem Taunuskurort über Jahrzehnte die Treue. Das lag sicherlich zum einen an der guten Luft und der schönen Landschaft, ebenso aber auch an einer gewissen Ursprünglichkeit, die sich Königstein bewahrt hatte auch gerade in Bezug auf das mondäne Bad Homburg. Es entstand eine Freundschaft zu dem gleichaltrigen Arzt Dr. Pingler (1815–1892), zu dessen Dienstjubiläen der Dichter stets Lobgedichte verfasste.

Stoltze nahm Aufenthalt nicht nur im Hotel Pfaff oder im oben erwähnten Haus Grandpierre. Nach den im Königsteiner Stadtarchiv befindlichen Kurlisten ist er unter anderem auch in den Gästehäusern des Heinrich Müller in der Limburger Straße und des Heinrich Bastian in der Bleichstraße (heute Herzog-Adolph-Straße) zu finden.

Bereits seit 1860 gab es das Stoltze-Plätzi im Billtal. In einem Brief vom 3. Juni 1861 drückte Dr. Pingler die Befürchtung aus, dass durch die Umgestaltung auch Stoltzes Lieblingsplätzchen beeinträchtigt werden könnte: „Lieber Herr Stoltze! In den nächsten Tagen wird Herr Binz, der bei mir wohnt, 2 Gärtner aus Frkft kommen lassen und durch diese und 4 Mann aus Koen. eine Umgestaltung des Billtals ins Werk setzen, die möglicherweise auch Ihr Plätzchen betreffen kann…"[8]

Das Stoltze-Plätzi bei Königstein mit dem berühmten Vers (AK Stadtarchiv Königstein)

Im gleichen Jahr weilte die Familie Stoltze im Sommer wieder in Königstein, am Ende

---
8 Otto Katzer: Der Wasserdoktor und Friedrich Stoltze, in: Festbuch Burgfest Königstein 1992, S. 117

des Jahres wurde die „Frankfurter Latern" in Preußen verboten. Stoltze war wiederum zur Fahndung ausgeschrieben und konnte die Stadt erneut nicht mehr verlassen.

Der Gastwirt Pfaff schrieb 1865 Stoltze, er möge sich doch an den (Frankfurter) Arzt Dr. Struck wenden, der ihm sicherlich durch ärztliche Bescheinigungen die Möglichkeit, ungehindert zur Kur nach Königstein zu fahren, beschaffen könne. Auch ihn, Pfaff, würde es sehr freuen, Stoltze wiederzusehen. Als 1866 die preußischen Truppen Frankfurt besetzten, musste Stoltze aus der Stadt fliehen, kam aber nach einer Amnestie bald wieder zurück.

Erst 1872 konnte seine Zeitschrift „Frankfurter Latern" wieder regelmäßig erscheinen. In diesen Jahren begannen seine regelmäßigen Aufenthalte in Königstein.

Von Anfang an gab es immer wieder Anliegen an Stoltze. So trat Bürgermeister Wilhelm Fischer 1861 mit der Bitte an ihn heran, er möge im Kreise seiner Frankfurter Freunde für eine arme kinderreiche Königsteiner Familie 15 Gulden sammeln. Dr. Pingler hingegen warnte Stoltze, dass es sich bei dieser Familie um eine der „nichtswürdigsten im ganzen Bezirk" handele, mehr dazu wolle er aber mündlich berichten.

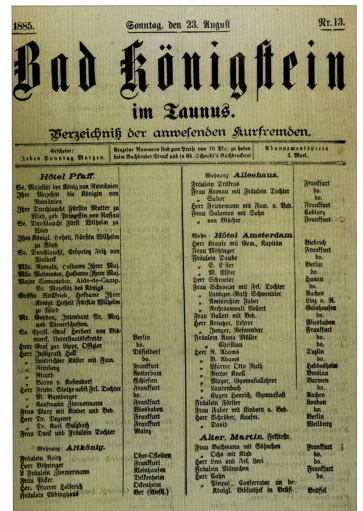

Die Kurliste vom 23. August 1885 führt das Königspaar von Rumänien an erster Stelle auf. Zeitgleich weilten Unterstaatssekretär Graf Herbert von Bismarck (Sohn des „Eisernen Kanzlers" Otto von Bismarck) und Friedrich Stoltze (weiter unten vermerkt) im Hotel Pfaff. (StA Königstein)

Nach dem Tod seiner Frau Mary 1884 setzte Stoltze seine Königstein-Aufenthalte fort, nun stets begleitet von einer seiner Töchter. Im August 1885 war er wieder einmal im Hotel Pfaff, zeitgleich mit dem König und der Königin von Rumänien, die hier vier Wochen zur Kur weilten.

Königin Elisabeth, eine Nichte von Herzog Adolph von Nassau, war unter dem Namen „Carmen Sylva" eine damals bekannte Schriftstellerin, die Gedichte, Novellen und Romane schrieb und sich darüber hinaus auch als Übersetzerin französischer Romane betätigte. Sie hatte von dem Ruf Friedrich Stoltzes gehört, kannte einige seiner Gedichte und bat den gemeinsamen Arzt Dr. Pingler, ihr den Frankfurter Dichter vorzustellen. Stoltze allerdings wollte die Königin nicht kennenlernen, reiste ab, und alle Bemühungen Dr. Pinglers, auch über Stoltzes Tochter Laura eine Rückkehr nach Königstein und somit ein Treffen mit der Königin in die Wege zu leiten, blieben erfolglos.[9]

1886 beschloss der Curverein Königstein, Friedrich Stoltze mit der „Anfertigung eines Aufsatzes über Königstein zum Zwecke der Einrückung in eine Zeitschrift betr." zu beauftragen. Dafür sollte Stoltze 100 Taler erhalten. Voraussetzung war die Fertigstellung einer Zeichnung durch den Kronberger Maler Reifert, der bereits im Mai 1886 das Werk lieferte, aber noch im Januar 1887 bat Dr. Pingler Laura Stoltze, „den guten Papa" an den Text zu erinnern: „Wenn eine einfache Mahnung nicht ausreicht, so müßten Sie dieselbe mit einem sanften, ev. Kräftigen Stumpen begleiten. Sagen Sie ihm nichts von diesem Brief, denn sonst bekommt er das Entrüstungsfieber ..."[10]

1887 beschwerte sich Stoltze bei seinem Sohn Hermann, dass er 15 Mark habe anlegen müssen, um das feuchte Stoltze-Plätzi trockenlegen und eine neue Mauer aufziehen zu lassen. Eigentlich sei dies Sache des Curvereins. Ein Jahr später, er verbrachte sechs Wochen zusammen mit seiner Tochter Laura in Königstein, wurde er gebeten, sowohl für die Einweihung der katholischen Kapelle im Hainbad wie auch für die Einweihung der neuen kleinen protestantischen Kirche Gedichte zu schreiben. Seinem Schwiegersohn Franz Schreiber klagte er darüber, es sei viel Arbeit, und gerade habe sich die Sonne erbarmt und wieder ein paar Stunden geschienen.

Der Bau einer Wasserleitung war 1889 das ausgesprochen kontrovers diskutierte Thema in Königstein. Friedrich Stoltze veröffentlichte in der „Frankfurter Latern" seine Meinung dazu, hier die erste Strophe seines Gedichtes: „Das Wasser wollt ins Haus Ihr führen? Ei, seid Ihr denn des Teufels, sagt? Ich kann mirs anders nicht erklären, als daß ein böser Geist Euch plagt..."[11]

1890 kam Stoltze das letzte Mal nach Königstein. In einem Brief an seine Tochter Laura beschwert er sich über den ganz „gedankenlosen Pingler", der ihn, der nach Königstein zur Wasserkur gekommen sei, nach Bad Soden zur Quelle Nr. 3 hinunterschicke. Ob nun diese Unzufriedenheit Stoltzes tatsächlich ihren Grund in der Behandlungsmethode des mittlerweile 76-jährigen Dr. Pingler hatte oder ob es an einer gewissen Grantigkeit Stoltzes lag, der gesundheitlich stark angeschlagen war, ist nicht auszumachen.

Als Stoltze nach längerer Krankheit am 28. März 1891 starb, trauerte auch die Stadt Königstein um ihren verehrten Kurgast: „... doch immer gerne kam Stoltze nach Königstein, wo er auch von jedermann gern gesehen war und jetzt betrauert wird", schrieb die Taunuszeitung am 2. April 1891.

Kisten mit Manuskripten und persönlichen Papieren von Stoltze befanden sich noch lange auf einem Königsteiner Dachboden. Offenbar von allen vergessen: von Friedrich Stoltze selbst, nach seinem Tod von den Erben, und auch die Hauseigentümer kümmerten sich nicht um den Inhalt der Kisten. Und als der

---

9 Beate Großmann-Hofmann: Ein königlicher Aufenthalt in Königstein, in: Jahrbuch Hochtaunuskreis 2000, S. 137 ff.
10 Otto Katzer: Der Wasserdoktor und Friedrich Stoltze, a.a.O., S. 128

11 Zitiert nach Otto Katzer: Friedrich Stoltze in Königstein, a.a.O., S. 99

Dr. Georg Pingler (1815–1892). Er ist der Begründer des Kurbetriebes in Königstein. (Das Original des Fotos befindet sich im Stadtmuseum Königstein.)

Schornsteinfeger empfahl, den Speicher von allem Brennbaren und Überflüssigen zu entrümpeln, wurde dieser Empfehlung Folge geleistet und alle Papiere verbrannt. Keiner weiß, welche Schätze sich unter diesen Unterlagen möglicherweise noch befanden…[12]

Der „Schiffbruch des Raddampfers Freie Stadt Frankfurt"

12 Diese Anekdote befindet sich in Rudolf Krönke: Königsteinerisches. Anekdoten, Geschichten und Lokalnotizen, Königstein 1973, S. 48.
R. Krönke war es auch, der beim Abbruch des Hauses Grandpierre die berühmte Schlafzimmertür rettete, durch die Stoltze geflohen war.

Nicht unerwähnt bleiben soll noch die amüsante Erzählung „Der Schiffbruch des Raddampfers Freie Stadt Frankfurt", in der Friedrich Stoltze einen ganz besonderen, von seinem Vater initiierten und mitorganisierten Ausflug Frankfurter Bürger nach Königstein zum „Pfaff" – gemeint ist das Gasthaus und Hotel der Gebrüder Pfaff – beschreibt. Auf einem zum Schiff umgebauten Wagen zog die heitere, nach einiger Zeit wohl auch angeheiterte Gesellschaft zur Königsteiner Kerb hoch in den Taunus – dies war vermutlich der erste Aufenthalt des damals 11-jährigen Friedrich Stoltze in der als Ausflugsziel beliebten Taunusstadt. Was die „Reisegruppe" in Königstein und später auf dem Nachhauseweg den steilen Sodener Berg hinunter nach Frankfurt erlebte, ist auch heute noch lesenswert.

Am 18. August 1991, anlässlich des 175. Geburtsjahres und des 100. Todesjahres Friedrich Stoltzes, veranstalteten die „Freunde Frankfurts", der Verein zur Pflege der Frankfurter Tradition e.V., zum Andenken an Friedrich Stoltze eine „Raddampferfahrt" nach Königstein. Dieses Mal ging es nicht zur Kerb, sondern zum großen Festumzug am Burgfestsonntag. Auch Mitglieder des Volkstheaters Frankfurt waren mit einer Darstellung der „Elf-Uhr-Meß" aus der Erzählung Stoltzes beteiligt.

Eine Überraschung gab es an jenem 18. August 1991: Der damalige Geschäftsführer der Königsteiner Kur-GmbH, Rainer Kowald, überreichte für die Kur-GmbH als Nachfolger des Königsteiner Curvereins den „Freunden Frankfurts" 15 DM für die im Jahr 1887 vorgenommenen Arbeiten, nämlich die erwähnte Trockenlegung des Stoltze-Plätzi – und somit wurde eine alte Schuld beglichen…

Klaus Schurian

Schmetterlingsbiotop zu Füßen der Burg

Der Verein Apollo und sein Gelände in Königstein

Geschichtliches – die Vereinsgründung

Der entomologische (= insektenkundliche) Verein Apollo wurde bereits 1897 von dem Frankfurter Lehrer Artur Vogt ins Leben gerufen. Die Mitglieder beschäftigen sich mit Insekten, in erster Linie mit Schmetterlingen. Sechzehn Insektenkundler waren bei der Vereinsgründung zugegen. Man traf sich zwei Mal im Monat, um sich auszutauschen, Vorträgen zu lauschen und mitgebrachte Insekten zu begutachten. Schon kurz nach der Gründung wurde eine, besser „die" Insektentauschbörse ins Leben gerufen. Sie diente als Vorbild für viele (wahrscheinlich alle) Insektenbörsen in Deutschland und Europa.

Es gab zur damaligen Zeit einige weitere insektenkundliche Vereine in Frankfurt, die jedoch sämtlich nur wenige Jahre existierten oder mehrheitlich mit dem Apollo verschmolzen.

Die wechselvolle Vereinsgeschichte überdauerte die beiden Weltkriege und schweißte die Mitglieder zusammen. So wurde zum Beispiel während des Ersten Weltkriegs Geld an Mitglieder gezahlt, die durch Kriegseinwirkungen in Not geraten waren. Nach dem Zweiten Weltkrieg wurde durch die Militärregierung eine Neugründung verlangt, was im April/Mai des Jahres 1946 geschah. Auch die Internationale Insekten-Tauschbörse lebte wieder auf, und die Mitglieder kamen zahlreich zu den Sitzungen.

Vereinsvorsitzende

Keine andere Persönlichkeit eines Vereins prägt dessen Entwicklung wie der Vorsitzende.

Vereinssitzung im Jahre 1934. Aus: Über 100 Jahre Entomologischer Verein Apollo e.V. in Frankfurt am Main – Ein Rückblick und Ausblick. – (Sonderheft)

Er gibt die „Richtlinien" – natürlich im Einklang mit den Mitgliedern – vor und hat maßgeblichen Einfluss, wie sich das Vereinsleben entwickelt. So war der erste Vorsitzende, Artur Vogt, sehr an der Gruppe der Apollo-Falter interessiert, was dazu führte, dass der Verein bis auf den heutigen Tag den Namen „Apollo" (Apollon oder Apoll ist ein Gott aus der griechischen Mythologie) trägt. Der nächste Vorsitzende, Dr. Gustav Lederer, war wiederum eine prägende Persönlichkeit. Obwohl er zunächst den Verein nur für einige Jahre führte und dann offenbar zurücktrat, wurde er im Jahre 1948 erneut gewählt. Als er am 13. Februar 1962 verstarb, hatte er den Vorsitz insgesamt drei Jahrzehnte inne. Gustav Lederer war fast sein gesamtes Leben im Frankfurter Zoo tätig und baute dort das „Exotarium" auf.

Sein Nachfolger, Martin Steeg, war ein Entomologe, der sich viel mit der Familie der „Seidenspinner" beschäftigte. Sein Einfluss auf die Mitglieder war eher gering, denn er setzte auf Kontinuität und inneren Zusammenhalt der Mitglieder. Nach „nur" dreizehn Jahren Vorsitz starb er im Jahre 1976.

Sein Nachfolger, Dr. Klaus Schurian, war mit 35 Jahren vergleichsweise jung und sollte den Apollo aus seinem „Provinzdasein" herausführen und international bekannt machen. Ein erster, aber entscheidender Schritt in diese Richtung war die Gründung einer vereinseigenen Zeitschrift: „Nachrichten des entomologischen Vereins Apollo". Hier konnten die Mitglieder ihre Forschungsergebnisse über Schmetterlinge veröffentlichen. Es wurde über Exkursionen in ferne Länder, Zuchtberichte interessanter und seltener Schmetterlinge, Beschreibung neuer Arten und vieles mehr berichtet. Diese „Nachrichten" fanden eine immer größere Verbreitung und zogen immer mehr neue Mitglieder an, auch aus dem Ausland. Von ehemals knapp 100 vergrößerte sich die Anzahl der Apollo-Mitglieder auf über 400.

Ein besonders glücklicher Umstand bescherte dem Verein eine große Geldsumme infolge einer Erbschaft. Damit war es nicht nur möglich, ein großes Grundstück in Königstein im Taunus zu erwerben, sondern auch die Vereinszeitschrift im Umfang und der Erscheinung maßgeblich aufzuwerten, was letztendlich dazu führte, dass weitere Mitglieder gewonnen werden konnten.

Inzwischen zählen die „Nachrichten" nach Jahren kontinuierlicher Verbesserungen heute sicherlich zum Besten, was auf diesem Sektor in Deutschland, vielleicht sogar europaweit zu finden ist. Die Zeitschrift wird inzwischen an viele Institutionen, Bibliotheken und Privatleute in der ganzen Welt versandt und trägt maßgeblich dazu bei, dass der Verein Apollo auch international an Bedeutung gewinnt. Zudem entdecken auch immer mehr Fachkollegen aus dem Ausland die Nachrichten und publizieren darin. Aus dem ehemals in Heimarbeit erstellten Blättchen wurde inzwischen eine Zeitschrift, die längst über Deutschland hinaus Beachtung findet. Entsprechend hat sich der Inhalt und die Qualität der Beiträge gewandelt, und mittlerweile erscheint über die Hälfte der Beiträge in Englisch.

Exkursionen

Des Öfteren fuhr man an den Rhein, zur Burg Nollig, wo es in den 50er Jahren noch sehr viele Schmetterlinge gab. Gegen Abend kehrte man in eines der Weinlokale in Lorch/Rhein ein, wo der Ausflug ein feuchtfröhliches Ende fand, bevor es mit dem angemieteten Bus wieder nach Frankfurt ging.

Vereinsausflug am 10. Juni 1951 nach Lorch/Rhein. Aus: Über 100 Jahre Entomologischer Verein Apollo e.V. in Frankfurt am Main – Ein Rückblick und Ausblick. – (Sonderheft)

Während der „Wirtschaftswunderjahre" gab es immer weniger gemeinsame Exkursionen, bis diese ganz eingestellt wurden. Fast jeder besaß nun ein Auto und konnte sich seine Exkursionsziele frei wählen. Damit waren Reisen auch ins benachbarte Ausland möglich, worüber an den Vereinsabenden berichtet werden konnte.

Erst in den letzten Jahren erwachte der Wunsch, wieder wie früher gemeinsam mit dem Bus eine Fahrt zu unternehmen, und wurde in die Tat umgesetzt. Im Jahre 2014 fuhr man ins schöne Taubertal. Unter der sachkundigen Führung eines dort ansässigen Insektenkundlers (Stephan Schwarz) wurde die wunderschöne Pflanzenwelt bei Königheim (Baden-Württemberg) erlebt, und es wurden auch etliche Insekten festgestellt (wegen des trüben Wetters waren leider kaum Schmetterlinge vertreten). Eine Weinprobe bei gemeinsamem Essen mit viel Fachsimpelei trug sehr zum guten Gelingen des Tages bei.

Das Vereinsgelände in Königstein

Ein Mitglied des Vereins aus Süddeutschland – ehemals wohnhaft in Frankfurt am Main – hinterließ dem Verein nach seinem Tode eine erhebliche Geldsumme, wie bereits erwähnt. Dieser „Geldsegen" sollte den Verein ganz außerordentlich voranbringen:

Ein großes Grundstück mit kleinem Haus und mehreren Anbauten konte in der Königsteiner Gemarkung erworben werden. Allerdings stellte sich schon bald heraus, dass dieses Anwesen mit seinen 11.000 m² Grund eine echte Herausforderung werden würde, war es doch das erklärte Ziel, daraus ein Biotop für Insekten, im Speziellen Schmetterlinge, zu schaffen. Das Haus, seit Jahrzehnten nicht mehr bewohnt, musste von Grund auf saniert werden. Dazu trafen sich einige wenige Mitglieder in unregelmäßigen Abständen, um zunächst das gesamte Inventar zu entsorgen.

Anschließend wurden die Wände mit Holz verkleidet, die Decken gestrichen, die Böden wieder begehbar gemacht etc., alles in Eigenarbeit und selbstverständlich ohne Bezahlung. Natürlich hatte auch das Dach nach über 90 Jahren (das Haus wurde in den zwanziger Jahren des vergangenen Jahrhunderts erbaut) gelitten, und ehemals kleine Fichten waren inzwischen riesengroß und mussten gefällt werden, um das Haus nicht zu gefährden.

Ein großes Wiesengelände hinter dem Haus war stark verbuscht, die umliegenden Bäume hatten sich durch Sämlinge enorm vermehrt, kurzum, es herrschte ein richtiges Chaos auf dem gesamten Areal. Es war daher ein besonderer Glücksfall, dass der Verein zwei ausgewiesene Spezialisten zu seinen Mitgliedern zählte: Der eine kümmerte sich als Gärtner um das Fällen der Bäume, der andere – von Beruf Chirurg – erwies sich als Künstler im Innenausbau. Dadurch kann sich das Haus inzwischen wieder sehen lassen und wird von den Mitgliedern vielfältig genutzt (siehe unten). Aber auf einem so großen Gelände gibt es selbstverständlich immer viel zu tun, und so richtig „fertig" wird man nie, aber präsentabel erwies es sich bereits im Jahre 1999, als der Hessische Rundfunk es am 8. Mai in der Fernsehserie „Unser Verein" eingehend vorstellte.

Seither fanden die Vereinssitzungen immer öfter in Königstein statt. Das hatte eine ganze Reihe positiver Auswirkungen. Zum einen sah jeder sofort, welche Fortschritte durch die Arbeiten an Haus und Grundstück erzielt worden waren, andererseits konnte demonstriert werden, dass weitere Aktivitäten nötig waren. Die Attraktivität des Vereinsheims stieg weiter an, denn die Tatsache, dass die Zusammenkünfte mit Blick auf die Königsteiner Burg und in eigenen Räumlichkeiten erfolgten, führte dazu, dass immer öfter Ehepartner mitgebracht wurden. So konnten die rückläufigen Besucherzahlen der Sitzungen nicht nur gestoppt, sondern umgekehrt werden. Die Weihnachtsfeiern, manchmal im tief verschneiten Königstein mit dem Auto nur schwer zu erreichen, wurden immer beliebter und zählen inzwischen zu den am besten besuchten Veranstaltungen des Vereins Apollo.

Biotop für Insekten

Im Taunus gab es früher sehr viele Schmetterlingsarten. Inzwischen hat sich deren Anzahl aber deutlich verringert. Trotzdem sind einige der schönsten Tagfalter der Region noch zu finden, wenn man genau nachschaut (Schurian, 2011). Darum wurde das große Wiesengelände in ein Biotop für Schmetterlinge umgewandelt. Tatkräftige Hilfe erhält der Verein bei dessen Anlage und Pflege durch einen Bauern aus Schneidhain.

Mit dem großen Mulchgerät des Landwirts gelingt es problemlos, aufkommende Sträucher und Baumschösslinge zu beseitigen. Ideal wäre es, wenn die oberste Bodenschicht entfernt und durch Kalkschutt ausgemagert werden könnte, doch eine solche Maßnahme ist für den Verein unerschwinglich.

Denn Schmetterlinge und vor allem ihre Raupen lieben nun einmal vor allem solche Pflanzen, die in Kalkgebieten zu finden sind: Sämtliche Kleearten (Hülsenfrüchtler, Fabaceen) wie der Rot- und Weißklee, Horn- und Steinklee und viele weitere wachsen nur schlecht auf den eher sauren Böden des Vordertaunus. Als Kompromiss wurde daher beschlossen, an ausgewählten Stellen Pflanzen dieser Familie anzusiedeln. Dazu muss man den Boden nur in einigen Bereichen aufbereiten, was einen vertretbaren Aufwand bedeutet. Außerdem soll die Anzahl der Schmetterlinge auf dem Gelände durch viele Schmetterlingsflieder-Sträucher (Buddleia) erhöht werden. Diese Sträucher haben ihren Namen nicht von ungefähr und locken tatsächlich die Falter von weit her an.

Leider ist das Klima in Königstein für diese vor allem in subtropischen und tropischen Gebieten vorkommenden Pflanzen nur bedingt geeignet. In kalten Wintern erfrieren die Pflanzen daher regelmäßig. Zwar bleibt der Wurzelstock meist erhalten, aber die Sträucher bleiben klein und kümmerlich und zeigen kaum Blüten, die erhoffte Schmetterlingsvielfalt auf ihnen ist daher bisher ausgeblieben.

Die Aktionstage

Schon früh wurde beschlossen, das große Vereinsgelände auch Besuchern zugänglich zu machen. So kam die Idee auf, „Aktionstage" zu veranstalten, an denen Besucher vieles über Insekten, speziell Schmetterlinge, erfahren können. 2005 wurde der erste Aktionstag organisiert. Die BUND-Gruppe aus Königstein war unter ihrer ehemaligen Vorsitzenden, Frau Dr. Claudia Weiand, etliche Jahre mit dabei, Schulklassen aus Königstein kamen, Kinder mit Eltern, und natürlich war die Presse mit von der Partie.

Die Apollo-Mitglieder bereiten sich auf dieses wichtige Ereignis immer intensiv vor. In erster Linie lebende Schmetterlinge, deren Raupen und Puppen, ein umfangreiches Sor-

Schmetterlingsstrauch mit Schwalbenschwanz. (Foto: K. Schurian)

Schmetterlingsstrauch mit Admiral. (Foto: K. Schurian)

Aktionstag auf dem Gelände des Apollo: Tassilo Sittmann dicht umringt von einer großen Zahl begeisterter Zuhörer (Foto: W. Peuker)

Literatur und ein Kasten mit europäischen Schmetterlingen präsentiert von Klaus Schurian (Foto: W. Eckweiler)

Lebende Schmetterlinge, hier vorgestellt von Alfred Westenberger, waren der Renner (Foto: W. Eckweiler)

Auch die Presse war von den jungen Forschern begeistert (Foto: W. Peuker)

timent an Literatur, Informations-Flyer („Welche Pflanzen haben eine besondere Bedeutung für Schmetterlinge") etc. erweckten ein reges Interesse bei den Besuchern. Ein riesiges Moskitonetz mit vielen bunten Schmetterlingen war bei Kindern die „Attraktion". Das Netz hatte einen kleinen Durchschlupf und so konnten die Kinder hineingehen und hatten lebende Falter direkt vor ihrer Nase. Viele Tiere ließen sich auf den kleinen Händen der Kinder nieder und konnten fotografiert werden.

Großen Jubel gab es, wenn gegen Ende der Veranstaltung sämtliche Falter in die Freiheit entlassen wurden und auf dem Wiesenbiotop die Blüten besuchten (natürlich waren es immer einheimische, vorher gezüchtete Arten). So mancher kleine „Entomologe" brachte auch noch ein besonderes Mitbringsel mit nach Hause: Von den von uns nachgezüchteten Arten gab es manchmal einen so großen Überschuss, dass die Tiere verschenkt wurden. Die mitunter großen Raupen auf ihren Futterpflanzen, der ganze Stolz der Sprösslinge, dürften sicher nicht alle Mütter begeistert haben. Doch auf diese Weise kommen Kinder schon früh „hautnah" in Kontakt mit der Natur. Und natürlich ließ sich bei manchem kleinen Besucher auch der „Ekel" wirksam überlisten, wenn der Freund oder die Freundin liebevoll mit den Raupen umging, ihnen einen Namen gab, vor allem aber, wenn zum Schluss ein wunderschöner Schmetterling

Freilandforschung auf den Wiesen in Königstein (Foto: W. Eckweiler)

schlüpfte. Sicherlich wurde auch dieses verschenkte Exemplar in die Freiheit entlassen, sicher ein wichtiges Schlüsselerlebnis für den kleinen Forscher.

Ausblick

Die Mitglieder des Vereins Apollo möchten auch in Zukunft in Königstein Akzente setzen. Das Vereinsgelände soll noch attraktiver werden, indem das Haus weiter instand gesetzt und die Außenanlagen schmetterlingsgerecht umgestaltet werden. Eine große bunte Blumenwiese, auf der sich eine Vielzahl interessanter Schmetterlinge tummeln, wäre das Fernziel. Dazu sind sicher noch viele Jahre harter Arbeit notwendig. Der erschreckende Rückgang dieser faszinierenden „Gaukler der Lüfte" sollte aber alle anspornen, mehr für ihren Fortbestand zu tun: weniger Gifteinsatz im heimischen Garten, auch mal ein Unkraut stehen lassen und die Brennnessel schonen. Sie ist nicht nur eine unserer wichtigsten Heilpflanzen, sondern auch die Nahrungsgrundlage für unsere schönsten Tagfalter: Kleiner Fuchs, Tagpfauenauge, Landkärtchen, C-Falter, Admiral und Distelfalter leben als Raupe auf ihr. Zusammen mit den Nachtfaltern sollen es sogar an die 50 Arten sein, die auf diese Pflanze angewiesen sind.

Auf dem Gelände des Apollo finden sich im Sommer oft hunderte Raupen von Kleinem Fuchs und Tagpfauenauge an den Brennnesseln; nach ihrem Schlüpfen sind die Schmetterlinge dann überall in den Gärten Königsteins zu finden.

Literatur

· Klaus Günter Schurian, 2011: Tagfalter im Vordertaunus. Jahrbücher des nassauischen Vereins für Naturkunde, Jg. 132: S. 5–23.
· Klaus Günter Schurian & Nässig, Wolfgang A., 2002 (Hrsg.): Über 100 Jahre Entomologischer Verein Apollo e.V. in Frankfurt am Main – Ein Rückblick und Ausblick. – Nachrichten des Entomologischen Vereins Apollo e.V., Frankfurt am Main, N.F. 22 (Sonderheft): S. 1–72.

Gerhard Raiss

Bomben auf Kronberg in der Nacht vom 18./19. November 1943

60 bis 70 Brände in einer Nacht – und doch keine große Katastrophe

Dass mit dem Fortschreiten des Zweiten Weltkriegs mehr und mehr Luftangriffe durch die alliierten Luftstreitkräfte auf Deutschland stattfanden, daran gewöhnte man sich langsam. Selbst das Rhein-Main-Gebiet wurde immer häufiger von nächtlichen Bombenangriffen der Engländer heimgesucht, und mit dem Kriegseintritt der USA im Januar 1942 kamen auch vermehrt Tagesangriffe der U.S. Army Air Force dazu.

Waren in der ersten Zeit hauptsächlich militärische Anlagen und die deutsche Rüstungsindustrie das Ziel der Attacken, so änderte sich dies schlagartig, nachdem der Air Marshal Arthur Harris („Bomber Harris") im Februar 1942 den Oberbefehl über das britische Bomber Command der Royal Air Force übernommen hatte. Er verfolgte eine grundlegend neue Strategie: Durch Flächenbombardements (area bombing) deutscher Städte sollte die Zivilbevölkerung getroffen und so deren Moral gebrochen werden, sie sollte „enthaust" werden. Die deutschen Soldaten an der Front sollten durch die Nachricht, dass ihre Familien getötet und ihre Wohnungen getroffen und zerstört wurden, demoralisiert werden. Besonders die Wohngebiete in den Großstädten sollten durch diese Angriffe zerstört werden, große Verluste bei der Bevölkerung waren dabei nicht nur einkalkuliert, sondern sogar beabsichtigt. Trotz größter Schäden und Verluste trat der gewünschte Effekt der „Demoralisierung" der Soldaten aber nicht ein.

Das Rhein-Main-Gebiet mit Frankfurt als Mittelpunkt blieb lange Zeit verschont von solchen Großangriffen. Erstmals am 4. Oktober 1943 spürten die Frankfurter die Gewalt der Bombenangriffe. Am Vormittag bombardierten die Amerikaner die Heddernheimer Kupferwerke, einen der größten Rüstungsbetriebe in Frankfurt, der besonders Teile für Flugzeuge herstellte.

Am Abend des gleichen Tages warfen über 400 britische Bomber ihre tödliche Last über dem Frankfurter Stadtgebiet ab, über 650 Luftminen, 4.000 Sprengbomben, 16.000 Phosphorbrandbomben und mehr als 217.000 Brandbomben regneten über Frankfurt ab. 529 Tote waren zu beklagen, und große Teile der Stadt waren zerstört.

Die Städte und Dörfer in der Umgebung von Frankfurt blieben weitgehend verschont von den Auswirkungen der Bomben. Sie waren, aus der Sicht der Alliierten, keine geeigneten Ziele für solche Angriffe.

Mehr und mehr deutsche Großstädte wurden von der britischen Royal Air Force durch groß angelegte nächtliche Bombenangriffe ins Visier genommen und nach und nach zerstört.

Die Deutsche Luftwaffe versuchte mit allen Mitteln gegen diese nächtlichen Attacken der Briten vorzugehen. Die über ganz Deutschland verteilten Flugmeldezentralen erkundeten die Einflugsrouten der feindlichen Flugzeuge und gaben sie an das Oberkommando der Luftwaffe weiter. Von dort aus konnte so der Einsatz der deutschen Nachtjäger gegen die englischen Bomber gesteuert und koordiniert werden.

Um den gefürchteten Attacken der deutschen Nachtjäger auf die Masse der Bomber zu entgehen, beschloss das britische Bomber Command, die deutsche Luftwaffe in die Irre zu führen.

War ein nächtlicher Angriff auf eine bestimmte deutsche Stadt geplant, wurden die Bomber, meist viele hundert Maschinen, dorthin in Marsch gesetzt. Außerdem flogen mehrere kleine Bomber-Verbände, die meist nur aus etwa zehn Flugzeugen bestanden, voraus, und zwar in Richtung auf verschiedene andere deutsche Städte. Diese hoch fliegenden Flugzeuge, meist vom Typ „de Havilland Mosquito", waren zweimotorige, aus Holz gebaute leichte Bomber mit nur zwei Besatzungsmitgliedern, die mit hoher Geschwindigkeit und in großen Höhen fliegen konnten. Sie waren daher für die deutsche Luftabwehr nahezu unangreifbar.

Mit wenigen Bomben oder oft auch nur mit einer einzigen schweren Luftmine beladen, warfen sie diese über verschiedenen vorher ausgewählten Städten ab. Da man die Flugzeuge kaum hörte, kamen die Bombenabwürfe für die Bevölkerung völlig überraschend und unerwartet, was oft große Schrecken und Panik verursachte.

Die Engländer nannten diese Angriffe „spoof raids" oder „diversionary raids", Ablenkungsangriffe.

Mit dieser Taktik verunsicherten sie die deutsche Abwehr, denn die konnte nicht genau vorhersagen, welche der verschiedenen von den Mosquitos angegriffenen Ziele (Städte) als Hauptangriffsziel für diese Nacht ausgewählt worden waren. Die Mosquitos hätten auch das Vorauskommando für die nachfolgende große Bomberflotte sein können, wie es durchaus üblich war.

Aus diesem Grund konnten die deutschen Jägerleitstellen ihre Nachtjäger nicht konzentriert und rechtzeitig auf den Weg zum Hauptziel dieser Nacht schicken. Es gab zu viele verschiedene Möglichkeiten.

Kommen wir nun zu den Ereignissen in der Nacht vom 18./19. November 1943. Es war die Nacht, in der für die Engländer „The Battle of Berlin", die Schlacht um Berlin, begann, damit war der Auftakt einer langen Serie von 16 nächtlichen Luftangriffen auf Berlin gemeint, die bis zum Frühjahr 1944 dauern sollte. Den Briten gingen dabei 1.047 Bomber und 7.000 Mann Besatzung verloren, 1.682 Bomber wurden beschädigt. Berlin konnte, trotz dieser ehrgeizigen Anstrengung von Air Marshal Harris, damit nicht in die Knie gezwungen werden.

Der britische „Night Raid Report (Einsatzbericht über nächtliche Angriffe) No. 470" (NA, AIR 14/3412) des Bomber Command für die Nacht 18./19. November 1943 macht detaillierte Angaben über den Einsatz der Royal Air Force in dieser Nacht. Hier ein Auszug davon.

440 Lancaster-Flugzeuge und vier de Havilland Mosquitos IV starteten am Abend des 18. November, es war ein Donnerstag, zu einem ersten Großangriff auf die Reichshauptstadt Berlin. Eine zweite Welle mit 395 Bombenflugzeugen (248 Halifax-, 114 Sterling- und 33 Lancaster-Bomber) machte sich fast zeitgleich auf den Weg nach Ludwigshafen und Mannheim.

Außerdem flogen in dieser Nacht zehn de Havilland Mosquitos IV zu Ablenkungsangriffen nach Essen, sechs nach Aachen und sechs nach Frankfurt/Main. Ihre Aufgabe wird im „Night Raid Report" wie folgt umschrieben: „Mosquitos made harassing attacks on Essen … Frankfurt and Aachen without loss."

Sie sollten die deutsche Bevölkerung beunruhigen und die Nachtjagd ablenken und täuschen, indem sie sie glauben machen wollten, dass auch Essen, Aachen und Frankfurt in dieser Nacht auf der Zielliste der Briten stehen könnten.

Uns interessieren besonders die sechs Mosquitos IV, die von der No. 8 Group, der sogenannten Pathfinder Force, ausgewählt wurden, um nach Frankfurt geschickt zu werden. Alle sechs Flugzeuge gehörten der 139. (Jamaica) Squadron an.

Den ehrenden Zusatz „Jamaica" zur Squadron-Nummer erhielt sie, weil zu Beginn des Zweiten Weltkriegs die Tageszeitung „Daily Gleaner" auf der zu Großbritannien gehörenden Karibik-Insel Jamaika zu Geldspenden aufgerufen hatte, damit von dem Erlös insgesamt zwölf Bomber für England gekauft werden konnten. Daraufhin entschied Lord Beaverbrook, der damalige britische Minister für Flugzeugproduktion, dass es immer eine Squadron in der Royal Air Force geben sollte, die den Namen „Jamaica" als Zusatz führen sollte.

Die für Frankfurt ausgewählten sechs Mosquitos IV der 139. Squadron starteten um 18.20 Uhr Ortszeit vom Flugplatz Wyton in der Grafschaft Cambridgeshire in Mittelengland in Richtung Festland. Sie waren jeweils mit zwei Besatzungsmitgliedern besetzt. Zwei der Flugzeuge, die Maschine des Flight Lieutenant R.A.V. Crampton mit der Kennung D.Z. 616 und die des Piloten und Squadronleaders D. A. Braithwaite, der bereits wegen außergewöhnlicher Tapferkeit mit dem Orden DFC (Distinguished Flying Cross) ausgezeichnet worden war, mit der Kennung D.Z. 359, hatten Probleme mit einem Flugzeugmotor bzw. dem Fahrwerk und mussten gleich nach dem Start wieder zu ihrer Basis umkehren.

Die restlichen vier Mosquitos IV der Squadron starteten ohne Probleme zu ihrer Mission nach Frankfurt. Ihre Bombenladung bestand aus zusammen 10,9 Tonnen Spreng- und Brandbomben, darunter je acht Sprengbomben des Typs MC 500 lbs und rote Markierungsbomben, um vorher dem großen Bomberstrom z. B. den Weg nach Ludwigshafen zu markieren.

Im Operation Record Book (Buch der Einsatzberichte) der 139. Squadron (National Archives, Air 27/960) berichten die vier Mosquito-Besatzungen, die Frankfurt angeflogen hatten, hinterher, dass sie ihre Bomben über Frankfurt abgeworfen hätten, dabei von der Flak beschossen und von Scheinwerfern vorübergehend aufgefasst worden seien. Die Maschine der Flight Officer Mitchell und Hay hätten dabei acht Treffer erhalten. Außerdem hätten sie Begegnungen mit feindlichen (deutschen) (Nacht-) Jägern gehabt. Trotzdem kehrten alle gegen 22.00 Uhr britischer Zeit wieder wohlbehalten auf ihren Flugplatz nach Wyton zurück.

Von besonderem Interesse ist ein Vermerk im „Night Raid Report" für besagte Nacht, dass von allen in dieser Nacht eingesetzten Bombern, also auch von denjenigen, die Berlin und Ludwigshafen als Ziel hatten, 30 Flugzeuge „alternative targets, in the area of Frankfurt (6), Darmstadt (5), Mainz (4), Furth (3), Wiesbaden, Amorbach, Aschaffenburg, Saarbrucken, Bad Kreuznach, Obernburg, Landau, Abbeville, Amiens, Etaples, Chimay" und eine nicht identifizierte Stadt angegriffen haben. Die Zahl in Klammern gibt jeweils die Anzahl der Flugzeuge an.

Diese Angaben mögen verwundern, aber in Zeiten, in denen die Bomber noch nicht über ein ausgefeiltes Radar verfügten, hatten viele Piloten und Navigatoren große Probleme, sich in der Nacht bei völliger Verdunkelung am Boden zu orientieren. Nur vereinzelte der eingesetzten Flugzeuge hatten das sogenannte H2S-System an Bord, eine Vorstufe des späteren Radars, das erstmals Ende Januar 1943 eingesetzt wurde. Es diente zur Navigation und Zielfindung unter schlechten Bedingungen und basierte auf einer Art Bodenerfassungsradar. Besonders die Pathfinder-Flugzeuge der 8. Group, die das zu bombardierende Ziel erkunden und mit Leuchtbomben für die nachfolgenden Bomber markieren sollten, wurden damit ausgestattet.

Die nachträgliche Auswertung des Einsatzes der Navigation mit H2S für die Bomber, die in der Nacht vom 18./19. November Berlin und Ludwigshafen bombardierten, ergab allerdings, dass es offenbar nicht besonders

Date	Aircraft Type & Number	Crew	Duty	Time Up	Time Down	Details of Sortie or Flight	References
18.11.43	Mosquito IV D.Z.616.	F/LT.R.A.V.CRAMPTON P/O.P.L.U.CROSS.	Bombing Raid	18.20	18.50	Target: FRANKFURT. We were spoofing at FRANKFURT while the heavies were attacking MANNHEIM, dropping red T.Is. and	30.
18.11.43	Mosquito IV D.Z.426.	F/O.P.H.SWAN. P/SGT.D.C.BOA.	Bombing Raid	18.20	22.05	bombs. A fair concentration was achieved, and there was considerable flak and searchlight opposition.	30.
18.11.43	Mosquito IV D.Z.612.	P/O.T.M.MITCHELL. P/O.P.R.HAY.	Bombing Raid	18.20	21.40	F/O.MITCHELL's aircraft was coned for two minutes and hit in eight places. F/O.TAYLER also got into accurate flak.	30.
18.11.43	Mosquito IV D.Z.617.	P/O.P.P.DENNY. P/SGT.A.J.W.HEGGIE	Bombing Raid	18.20	21.45	Enemy fighters were attracted and dropped flares. S/LDR.BRAITHWAITE and F/LT.CRAMPTON returned early, the former with a u/s. starboard engine,	30.
18.11.43	Mosquito IV D.Z.359.	S/L.D.A.BRAITHWAITE DFC F/LT.G.F.HODDER.	Bombing Raid	18.20	18.48	the latter with an unretractable undercarriage.	30.
18.11.43	Mosquito IV D.Z.614.	P/O.G.W.TAYLER. F/LT.W.M.DeBOOS.	Bombing Raid	18.25	21.40		30.

Abbildung aus dem „Operations Record Book" des Bomber Command der Royal Air Force zu den Einsätzen der Nacht vom 18./19. November 1943

hilfreich war. Von 46 mit dem Navigationssystem ausgerüsteten Bombern konnten es nur 16 einsetzen, vier von ihnen wurden abgeschossen.

Die Navigation der anderen Flugzeuge fand überwiegend über die Orientierung an den anderen mitfliegenden Bombern, dem Sternenhimmel oder z. B. über im Mondschein schimmernde Flüsse statt, die man aus der Luft erkennen konnte.

So weit die englische Seite. Doch wie wurden die Angriffe der insgesamt zehn Bomber, vier Mosquitos IV, die geplant zum Ablenkungsangriff auf Frankfurt eingesetzt waren, und sechs Bomber, die nicht ihr vorgegebenes Ziel Ludwigshafen, sondern, warum auch immer, Frankfurt als Ausweichziel bombardiert haben, bei uns „am Boden" wahrgenommen?

Über dem Stadtgebiet von Frankfurt ist in dieser Nacht vom 18./19. November 1943 nach den deutschen Unterlagen keine einzige Bombe abgeworfen worden.

Eine Untersuchung der dokumentierten Bombenschäden im Umfeld von Frankfurt und im Rhein-Main-Gebiet für die Nacht ergab einige aussagekräftige Hinweise.

Im „Lagebericht über feindliche Luftangriffe auf deutsches Reichsgebiet in der Nacht vom 18. zum 19. November 1943" des Reichsluftfahrtministeriums (Bundesarchiv RL 4/402, S. 258 f.) wird gemeldet, dass in Rüsselsheim durch einzelne Sprengbomben die Opel-Werke, der Bahnhof und ein Kino getroffen wurden. „Kein besonderer Schaden", wird vermerkt. Außerdem heißt es im selben Lagebericht, dass aus Kronberg geringe Bombenabwürfe mit ebenfalls geringem Sachschaden gemeldet wurden.

In einem Nachtrag (a.a.O., S. 404) wird es später so formuliert, dass „Kronberg/Taunus von 10 Großbränden heimgesucht" wurde.

Überliefert sind auch die Luftlagemeldungen der M.A.N.-Werke in Gustavsburg (Krs. Groß-Gerau) für diese Nacht. Der Beginn des Luftalarms wird mit 19.32 Uhr angegeben. Die folgenden Eintragungen berichten u. a. von Bränden in Rüsselsheim: Bomben auf den Bahnhof und das Opelwerk, Schäden an Gebäuden, keine Toten, aber einige Verletzte

> **18.11.** **Kronberg**
> **(Taunus)**
>
> **IdO. Kassel:**
> Abwurf von etwa 1200 Stabbrandbomben z.T. mit Sprengzünder.
> 7 Wohngebäude und 5 Scheunen total zerstört, 4 Wohngebäude schwer und 5 leicht beschädigt.
> 7 Groß-, 4 Mittel- und 5 Kleinbrände.
> 1 Pferd getötet.

Notiz des Inspekteurs der Ordnungspolizei, IdO

um 21.41 Uhr. Um 21.40 Uhr gibt es offiziell Entwarnung.

Deutlicher wird die Meldung zu Kronberg (Taunus) im Bericht des Befehlshabers der Ordnungspolizei, Berlin, in „Die Luftangriffe auf das Reichsgebiet und besetzte Gebiet – Lagemeldung Nr. 963, S. 7" (Bundesarchiv RL 4/407) über die Ereignisse in der Nacht vom 18./19. November 1943. Dort wird über die Schäden in Kronberg Folgendes berichtet: „Abwurf von etwa 1200 Stabbrandbomben z.T. mit Sprengzündern. 7 Wohngebäude und 5 Scheunen total zerstört, 4 Wohngebäude schwer und 5 leicht beschädigt. 7 Groß-, 4 Mittel- und 5 Kleinbrände, 1 Pferd getötet." Die ursprüngliche Meldung stammt vom IdO (Inspekteur der Ordnungspolizei), Kassel, der sie nach Berlin ins Reichsluftfahrtministerium weitergeleitet hat.

Burgkapelle Kronberg nach dem Brand am 18. November 1943 (Stadtarchiv Kronberg B 1082)

Wie sah die Nacht in Kronberg aus? Mündlich überliefert ist, dass in dieser Nacht die Burgkapelle von Bomben getroffen wurde und völlig ausbrannte. Dabei wurde auch das kunsthistorisch wertvolle Fresko der Hl. Kümmernis („Volto Santo") aus der Mitte des 14. Jahrhunderts zerstört.

Schriftliche Berichte darüber konnten nicht ermittelt werden, wohingegen dem Verfasser ein kurzer Einsatzbericht der Kronberger Feuerwehr über das Stadtarchiv Kronberg zugänglich gemacht wurde. Daraus geht hervor, dass in der Nacht des 18. November 1943 die Feuerwehr an zwei Einsatzstellen Brände löschte, an der Brandstelle Haus Erbacher, einen Dachstuhlbrand mit einer B-Leitung und zwei C-Leitungen. Außerdem war sie bei einem Brand der Scheune des Gottfried Weidmann mit einer B-Leitung und einer C-Leitung im Einsatz.

Ebenfalls einen Hinweis auf den Angriff in besagter Nacht enthält eine Rechnung des Wirtes der Gaststätte „Zum grünen Wald", Fritz Henrich, in Kronberg, der der Stadtverwaltung Kronberg 22,40 RM für Getränke für die Feuerwehr (72 Tassen Kaffee und 76 Schoppen Apfelwein) in Rechnung stellt, mit dem Zusatz „Warme Getränke f. Feuerwehr bei Fliegerangriff am 18.11.43". Für die Richtigkeit der Rechnung zeichnet „Hermann, Verw. Angest." verantwortlich. Diese Rechnung befindet sich in den Belegen der Stadt zur Jahresrechnung 1943 im Stadtarchiv Kronberg.

In einem Schreiben des Kronberger Bürgermeisters (als Ortspolizeibehörde) vom

24. November 1943 an den Landrat des Obertaunuskreises (Meldung BM an Landrat: StA Kbg, 1869) wird u. a. mitgeteilt, dass ein neuer Löschteich im Anwesen Winter mit Hilfe von Angehörigen der SHD-(Sicherheits- und Hilfsdienst-) Formationen sowie ausländischen Arbeitern und Kriegsgefangenen errichtet wird. Außerdem werde ein Deckungsgraben zum Schutze der Bevölkerung auf dem Gelände der Berufsschule fertiggestellt. Interessant ist eine Bemerkung, die die Bombenschäden in Kronberg betrifft. „Durch den Luftangriff auf Kronberg am 18. ds. Mts. sind auch hier größere Schäden entstanden, zu deren Behebung Maßnahmen bereits im Gange sind. Insbesondere ist es dringend erforderlich, daß vor allem die beiden Wohnhäuser unverzüglich gegen das Eindringen von Wasser und Schnee geschützt werden, um weitere Schäden durch das Wetter zu vermeiden."

Es folgen noch verschiedene Mitteilungen u. a. über die Versorgungssituation der Bevölkerung mit Lebensmitteln, Wäsche und Öfen in Kronberg.

Am Ende wird in dem Schreiben noch einmal auf die Bombennacht vom 18. November 1943 eingegangen: „Ein besonderes Lob verdient die Haltung der hiesigen Bevölkerung bei dem Luftangriff am 18.11.43, der es zu verdanken ist, daß über Kronberg keine Katastrophe größeren Ausmaßes hereinbrach. Wie die letzten Ermittlungen ergaben, wurden über Kronberg und der näheren Umgebung schätzungsweise 1800 Stabbrandbomben, einige Brandkanister und eine Luftmine abgeworfen. Nach den bis jetzt vorliegenden 70–80 Schadensmeldungen wurden ungefähr 60–70 Brände hauptsächlich in der dicht bebauten Innen- und Altstadt von den Hausbewohnern im Entstehen gelöscht, sodaß die eingesetzten Feuerwehren sich auf die Löschung der entstehenden größeren Brände verlegen konnten und dadurch das Feuer in allen Fällen auf seinen Herd beschränkt wurde."

Damit enden die dem Verfasser bekannten schriftlichen Quellen zum Bombenabwurf am 18./19. November 1943 in Kronberg.

Es war also reiner Zufall, dass in dieser Nacht gerade Kronberg von den britischen Bomben getroffen wurde. Der Angriff war weder geplant noch beabsichtigt. Glücklicherweise gab es keine Opfer zu beklagen, und auch die Gebäudeschäden hielten sich in Grenzen, sieht man einmal vom bedauerlichen Verlust der Burgkapelle mit dem Fresko der Hl. Kümmernis („Volto Santo") ab.

Quellen- und Literaturangaben:
· Bundesarchiv, Berlin (BA)
· Bundesarchiv, Militärarchiv, Freiburg/Br. (BA/MA)
· The National Archives, Kew, Richmond, Surrey, England (NA)
· Stadtarchiv Kronberg (StA Kbg)
· Archiv der Freiwilligen Feuerwehr Kronberg
· Chorley, W R, Royal Air Force Bomber Command Losses of Second World War, 1943, Leicester, 1996
· Kopper, Christopher, Das Hakenkreuz auf der Kronberger Burg, Dortmund, 1990
· Middlebrook, Martin/Everitt, Chris, The Bomber Command War Diaries, Harmondsworth, 1985

Für hilfreiche Unterstützung danke ich Dr. Michael Bauer, Norbert Krüger, Susanna Kauffels und Dr. Helmut Schnatz.

Abbildungen:
1. Quelle: Bundesarchiv, Berlin, RL 4/404, S. 306
2. Signatur: National Archive, Kew, England, AIR 27/960
3. Bildnachweis: Stadtarchiv Kronberg B 1082

Walter A. Ried

120 Jahre Schloss Friedrichshof in Kronberg

„…nichts was ‚vulgar common' oder ‚bad taste' ist"

Schloss Friedrichshof vom Park aus gesehen (Foto: Astrid Jacobs)

Der 1. Januar 1895 gilt als offizieller Fertigstellungstermin für den Bau von Schloss Friedrichshof in Kronberg. Anlässlich dieses 120. Jahrestags soll die Baugeschichte des Witwensitzes von Victoria Kaiserin Friedrich genauer beschrieben werden.

Erbauerin des Schlosses war Victoria Kaiserin Friedrich (1840–1901). Als älteste Tochter der britischen Queen Victoria hatte sie 1858 – nicht einmal 18 Jahre alt – den preußischen Kronprinzen Friedrich Wilhelm geheiratet und war ihm nach Berlin gefolgt. Hier residierte sie mit ihrem Mann und ihren Kindern lange Zeit im Neuen Palais in Potsdam. Ihr Mann, der erst am 12. März 1888 als Kaiser Friedrich III. auf den Thron kam, womit sie von der Kronprinzessin zur Kaiserin aufstieg, war zu dieser Zeit aufgrund seines Krebsleidens am Kehlkopf schon sterbenskrank. Seine Regentschaft dauerte nur 99 Tage und war bereits am 15. Juni 1888 durch seinen frühen und tragischen Tod beendet. Der älteste Sohn, der damals zu seiner Mutter in einem sehr gespannten Verhältnis lebte, kam jetzt als Wilhelm II. auf den Kaiserthron. Nicht zuletzt weil dieser seiner Mutter das weitere Wohnrecht im Neuen Palais verweigerte, erwog die Kaiserwitwe schon kurz nach dem Tod ihres geliebten Mannes den Wegzug aus Potsdam, um weitgehend unabhängig vom kaiserlichen Hof in Berlin leben zu können.

„Ich werde mir etwas Eigenes suchen müssen"

Anscheinend hatten sich Victoria und ihr Mann diesbezüglich schon vorher Gedanken

Kaiserin Friedrich in Witwentracht. So ließ sie sich seit dem Tod Ihres Mannes fast immer abbilden.

Ludwig Friedrich Freiherr von Ompteda (1828–1899). Als Generalbevollmächtigter von Kaiserin Friedrich führte er den Ankauf der Villa Schönbusch, des Vorgängerbaus von Schloss Friedrichshof, durch.

gemacht. Zumindest deutete das Victoria in einem an die in Frankfurt am Main lebende Landgräfin Anna von Hessen gerichteten Brief vom 17. Juli 1888 an: „Mein geliebter Fritz hatte die Absicht mir ein eigenes Home, ein Haus auf dem Lande zu schenken, da er wußte, wie gern ich sonst pflanzte, arrangierte. (...). Dieser Gedanke wird glaube ich noch zur Ausführung kommen auf die eine oder andere Weise u. mich vielleicht in Deine Nähe führen."

Zudem war wohl Ludwig Friedrich Freiherr von Ompteda, der mit dem Kronprinzenpaar seit geraumer Zeit freundschaftlich verbunden war, von Victoria schon um das Jahr 1884 damit beauftragt worden, für sie einen künftigen Wohnsitz abseits von Berlin zu eruieren. Ompteda selbst war seit 1883 zum Kammerherrn und Schlosshauptmann von Homburg seitens der damaligen Kaiserin Augusta, Ehefrau von Kaiser Wilhelm I., ernannt worden.

Zunächst wurde Victoria nach dem Tod ihres Mannes von offizieller Seite eine Reihe von Schlössern angeboten, darunter Schloss Johannisberg im Rheingau und Schloss Tenneberg bei Waltershausen in Thüringen. Am 2. Juli 1888 hielt die Kaiserinwitwe dazu in ihrem Tagebuch fest: „...Viel überlegt, wo ich mich einst werde niederlassen können! Am liebsten am Rhein! Der Hof will mich von hier fort haben, die ganze Umgebung von Wilhelm möchte mich lossein. (...). Ich werde mir etwas Eigenes suchen müssen."

Letztendlich fiel Victorias Wahl auf Kronberg. Vermutlich hatte Ludwig von Ompteda, der damals in Wiesbaden lebte, zu dieser Zeit erfahren, dass in Kronberg die „Villa Schönbusch" zum Verkauf anstand. Dieses großzügige Anwesen hatte der erfolgreiche Frankfurter Unternehmer Jacques Reiss, der 1864 zum Ehrenbürger Kronbergs ernannt worden war, zwischen 1864 und 1866 von dem renommierten Frankfurter Architekten Heinrich Burnitz im Stil der italienischen Renaissance als repräsentativen Sommersitz im sogenannten „Schönen Busch" oberhalb von Kronberg errichten lassen.

Villa Schönbusch, Plan des zu seiner Zeit sehr renommierten Architekten Heinrich Burnitz aus Frankfurt am Main. Sein Cousin war Peter Burnitz, der als Maler und Mitglied der Kronberger Malerkolonie agierte.

Jacques Reiss (1807–1887), Erbauer der Villa Schönbusch. Das Anwesen, erbaut ab 1864, musste 1889 dem Neubau von Schloss Friedrichshof weichen.

Villa Schönbusch, Fotografie der Seitenansicht der Villa. In der Nische steht die Bronzestatue von Ritter Hartmut von Kronberg, geschaffen von Eduard Schmidt von der Launitz. Das Standbild schenkte Kaiserin Friedrich der Stadt Kronberg, als die Villa Schönbusch abgerissen wurde.

Doch Reiss beließ es nicht nur beim Bau seines Landschlösschens, sondern kaufte auch umliegende Wiesen und Äcker auf, um einen großzügigen englischen Landschaftspark anzulegen. Da nach seinem Tod im Jahr 1887 keines seiner Kinder, die teilweise im Ausland lebten, das Objekt übernehmen wollte, wurde es zum Verkauf angeboten.

Ende August 1888 reiste Victoria mit Tochter Victoria sowie ihrem Oberhofmarschall Graf Seckendorff und dem königlichen Hofbaurat Ernst Ihne aus Berlin nebst Freiherrn Ludwig von Ompteda, welcher mit von Seckendorff verschwägert war, über Frankfurt nach Kronberg, um dort die zum Verkauf stehende „Villa Schönbusch" in Augenschein zu nehmen. Anscheinend sagte Victoria das Objekt auf der Stelle sehr zu, denn sie hielt damals schriftlich fest: „1 Stunde angenehmer Fahrt. In Kronberg die Villa u. das Grundstück des Hn. Reiss besichtigt. Sehr befriedigt von Lage, Gegend, Blick, Bodenbeschaffenheit u. nettem Haus, welches jedoch für uns nicht ausreichen würde! Würde sehr froh sein, es zu akquirieren u. auszubauen."

Terrassierter Rosengarten. Dieses florale Schmuckstück war einer der Lieblingsplätze von Kaiserin Friedrich. Erweiterung und Neukonzeptionierung ihres Schlossparks lagen der Kaiserwitwe besonders am Herzen. (Foto: Astrid Jacobs)

Der Kaiserwitwe war der Vordertaunus sehr vertraut, da das Schloss im benachbarten Homburg seit 1866 beliebte Sommerresidenz des preußischen Königs- und späteren Kaiserhauses war. Hinzu kam, dass ihre Schwester Alice als Großherzogin von Hessen-Darmstadt nicht weit entfernt wohnte. Ferner sprachen für Kronberg das benachbarte und zentral gelegene Frankfurt mit seinen bereits damals guten Zugverbindungen in alle vier Himmelsrichtungen und seinem reichen kulturellen Leben. Außerdem herrschte in der „adelshoffreien" Metropole am Main ein politisch recht liberales und tolerantes Klima. Aber auch Kronberg war Ende des 19. Jahrhunderts keineswegs mehr ein langweiliges „Bauernnest", sondern dank seiner direkten Bahnanbindung an Frankfurt längst zu einem beliebten Villenvorort für vermögende Frankfurter mutiert. Die Mitglieder der Kronberger Malerkolonie versprachen obendrein für die künstlerisch sehr interessierte Victoria ein verlockendes und inspirierendes Umfeld zu bieten. Einen weiteren Pluspunkt stellte der große Landschaftspark um die „Villa Schönbusch" dar, denn diesen beabsichtigte Victoria als passionierte Gartenliebhaberin von Beginn an entsprechend ihren Vorstellungen auszubauen.

Daher verwundert es nicht, dass schon kurz nach der ersten Inaugenscheinnahme durch Victoria der königliche Hofgärtner Hermann Walter aus Berlin in den Vordertaunus geschickt worden war, um die Parkanlage zu inspizieren und erste Pläne für Neupflanzungen zu entwerfen.

Einziger Wermutstropfen war, dass Victoria inzwischen von Hausminister von Wedel in Berlin erfahren musste, dass der kaiserliche Hof sich offiziell nicht in der Lage sah, den Kauf des Objekts finanziell zu unterstützen. Diesen musste Victoria mit ihren begrenzten pekuniären Mitteln daher alleine bestreiten.

Am 25. September 1888 vermerkte Victoria: „Vollmacht für H. v. Ompteda ausgestellt, um den Kauf abzuschließen." Am 28. September 1888, also rund einen Monat nach ihrer ersten Besichtigung der Reiss-Villa, erwarb von Ompteda als nunmehriger Generalbevollmächtigter diese samt Park für 500.000 Goldmark endgültig für die Kaiserwitwe.

Am 22. November 1888, dem Geburtstag von Victoria, war ganz Kronberg beflaggt. Zu Ehren der beiden verstorbenen Kaiser Wilhelm I. und Friedrich III. wurden zwei Kaisereichen an der Merianstraße gesetzt. Daran schloss sich ein Festumzug um das künftige Schlossgelände an.

Erbschaft zum richtigen Zeitpunkt

Im Dezember 1888 kam Victoria ein unerwarteter Geldsegen in Form einer Erbschaft über 5 Millionen Francs zur Hilfe, der ihren Spielraum für den Ankauf erheblich verbessern sollte. Damals verstarb in Genua die überaus vermögende Marchesa Maria Brignole Sale De Ferrari, Herzogin von Galliera, Marchesa von Groppoli und Fürstin von Lucedio. Von ihrem Vermögen, das auf weit über 200 Millionen Francs geschätzt wurde, hatte sie per Testament 5 Millionen Francs ihrer Freundin Kaiserin Friedrich zugesprochen. Diese testamentarische Zuwendung erhielt Victoria genau zum rechten Zeitpunkt.

Eine Woche nach dem Tod der Herzogin hörte Kaiserin Friedrich von dem Gerücht, dass sie Teilerbin des immensen Vermögens werde. Der bereits erwähnte Graf Götz von Seckendorff hielt dazu am 27. Dezember 1888 in einem Brief fest: „Die G. Erbschaft (G. = Galliera) kann eine große Sache werden. Es handelt sich, wie ich aus bester Quelle höre um Millionen. (...). Sollte es sich so verhalten wie man hofft, bekommt I. M. (I. M. = Ihre Majestät) in C. (C. = Cronberg) jedenfalls viel freieres Spiel. Ich wollte es der hohen Frau von Herzen gönnen." Im März 1889 teilte

Marchesa Maria Brignole Sale De Ferrari (1811–1888) war eine der vermögendsten Frauen ihrer Zeit. Durch ihr unerwartetes Vermächtnis von 5 Millionen Francs, das Kaiserin Friedrich Ende 1888 erhielt, wurde der Bau von Schloss Friedrichshof erst möglich.

Kaiserin Friedrich Landgräfin Anna von Hessen brieflich mit: „Du sprichst von der Erbschaft, die ich gemacht habe. Die Sache ist noch nicht im Reinen, noch nicht abgeschlossen. Du hast gewiß märchenhafte Erzählungen darüber gehört, welche mit der Wahrheit recht wenig übereinstimmen, jedenfalls – wenn ich das erhalte – was wahrscheinlich herauskommen wird, werde ich sehr dankbar sein, u. es wird mir ermöglichen ein eigenes Haus u. einen eigenen Garten zu haben, wo ich hoffe, dass Du mich oft besuchen wirst." Dieses Schreiben zeigt, dass sich die Übertragung der Erbschaft über einige Zeit hinzog.

Neubau statt Umbau

Letztendlich bewahrheitete sich das Gerücht zugunsten der Kaiserwitwe. Mit dieser unerwartet großzügigen „Finanzspritze" im Hintergrund entschied sich die Erbin schon bald, nicht zuletzt auf Anraten ihres Architekten Ernst Ihne, für den Abriss der Villa Schönbusch, um dort ihren Witwensitz ganz nach ihren persönlichen Wünschen erbauen zu lassen.

Ernst Ihne (1848–1917), Architekt von Schloss Friedrichshof. 1888 noch von Kaiser Friedrich III. zum Hofbaurat ernannt, wurde er 1906 in den Adelsstand erhoben.

Im Jahr 1889 startete schließlich das bekannte Frankfurter Bauunternehmen Philipp Holzmann mit dem Rohbau des nunmehr großzügig geplanten Anwesens.

Das Äußere des Domizils sollte nach Intention der Bauherrin ein Symbol ihrer alten und neuen Heimat abgeben. Daher vereint dieses sowohl englische als auch deutsche Stilelemente in einer gelungenen homogenen Mixtur. Während sich insbesondere die Gartenseite mit ihrer eleganten spätgotischen Fensterfront stark an die Architektur englischer Tudorschlösser anlehnt, erinnert das oberhessische Renaissancefachwerk, vor allem im Bereich des Küchenanbaus, und das steil gehaltene Dach an ihre deutsche Wahlheimat. Der Hauptflügel ist mit hiesigem Taunusquarzit bodenständig verkleidet.

Fotografien der Vorderfront und Rückfront (Gartenseite) von Schloss Friedrichshof aus dem Jahr 1895

Im Innern sind die großzügigen Gesellschaftsräume im Hochparterre, welche die umfangreichen Kunstsammlungen der Kaiserin aufzunehmen hatten, in verschiedenen Stilrichtungen gehalten und ermöglichen so eine Kurzreise durch die europäische Kunstgeschichte.

Zudem konnte die Kaiserin durch Ankauf weiterer Grundstücke ihren Schlosspark nochmals erheblich ausdehnen. Zusätzlich wurden 80 Morgen Gemeindewald am „Rothen Hang", der sich direkt an den Schlosspark in Richtung Bürgelstollen anschließt, für 25 Jahre von der Schlossverwaltung angepachtet.

Während der Bauphase wohnte die Kaiserin anfangs häufig im Homburger Schloss, um den Baufortschritt in Kronberg zu überwachen. Die inzwischen etwas heruntergekommene Residenz diente ihr nunmehr als vorläufiger Aufenthalt. Um zügig von dort nach Kronberg zu gelangen, ließ sie eigens einen Fahrweg für ihre Kutsche von Homburg durch den Oberurseler und Kronberger Wald anlegen, der heute noch als Kaiserin-Friedrich-Weg bekannt ist.

Auf dem Gelände ihres künftigen Witwensitzes war außerdem die „Villa Huttenlehner" für sie provisorisch hergerichtet worden. Dieses Haus hatte bereits Jacques Reiss übernommen, denn bevor er sich seine „Villa Schönbusch" errichten ließ, hatte sich auf dem Areal schon eine „Kaltwasser-Heilanstalt" befunden, die bankrottgegangen war. Diese hatte Reiss 1883 samt einigem Gelände an den Gärtner Johann Huttenlehner verkauft, der dort bald eine Rosenzucht und in dem ehemaligen Kurhaus ein Hotel betrieb. Das Haus nannte er von nun an „Villa Flora". Im September 1891 verkaufte die Kaiserin das ehemalige Hotel an Jakob Weidmann für 4.000 Mark weiter. Weidmann verpflichtete sich im Gegenzug, das Gebäude umgehend abbrechen zu lassen, um es an der Frankfurter Straße Nr. 15 wieder aufzubauen, wo es noch heute steht.

Die Bauzeit für Victorias Alterssitz war anfangs auf zwei Jahre angesetzt worden, verzögerte sich jedoch aus einer Reihe von Gründen – dazu zählten zahlreiche, immer wieder von der Bauherrin kurzfristig geäußerte Sonderwünsche. Am 4. Juli 1892 fand immerhin posthum die feierliche Grundsteinlegung im Beisein von Kaiserin Friedrich statt. Dennoch schrieb Victoria ihrer Bekannten, Frau von Stockmar, kurz darauf am 11. August 1892 etwas genervt: „Mein Bau geht sehr langsam vorwärts u. viele zweifeln daran, ob ich im künftigen Jahre einziehen kann, aber ich werde, so weit ich irgend kann, darauf dringen u. bestehen u. versuchen, die Arbeiten zu beschleunigen. Ich bin fast täglich da u. gewinne den Fleck stets lieber."

Im Mai 1893 konnte die Kaiserin immerhin schon in Kronberg Quartier nehmen, wenn auch noch nicht in ihrem Schloss. Dazu hält sie selbst fest: „Hier bin ich in einem ganz kleinen Gärtner Häuschen u. habe tags über vollauf zu thun mit meinem Bau, der sehr viel später seiner Vollendung entgegengeht, als ich annehmen durfte und als mir versprochen worden ist! Tischler, Maurer, Glaser, Schlosser – alle arbeiten noch durcheinander, überall gibt es noch zu tun, nichts ist fertig oder beisammen. Es ist sehr kompliziert u. schwierig auf dem Lande u. weil der Ausbau in den Händen so vieler verschiedener Firmen liegt – in Berlin, Frankfurt u. Mainz – verschiedene kleine Details vom Ausland. Es macht die Kontrolle u. das Korrespondieren sehr schwierig, aber ich glaube – wenn alles fertig sein wird – kann es recht zufriedenstellend sein. Solide, gute Arbeit, keine Pracht – weil sie durchaus nicht angebracht wäre, aber die Details künstlerisch u. sorgsam ausgeführt u. nichts was ‚vulgar common' oder ‚bad taste' ist. Hoffentlich wird das Ensemble harmonisch u. wohltuend wirken u. sich als praktisch, gesund u. komfortabel erweisen u. die schönen Sachen gut beherbergen, die im Lauf der Zeit in meinen Besitz gekommen sind."

Inoffizieller Einzug im März 1894

Am 27. März 1894 war es endlich so weit. Victoria Kaiserin Friedrich traf gegen 15 Uhr im eigenen Salonwagen, der an den fahrplanmäßigen Zug aus Frankfurt angehängt worden war, auf dem Kronberger Bahnhof ein, um ihren neuen Witwensitz, Schloss Friedrichshof, zu beziehen.

Der Kronberger Anzeiger berichtete über die Ankunft, dass als Begleitpersonen lediglich ihr persönlicher Kammerherr Graf Seckendorff und die Gräfin Brühl als Hofdame mitgereist waren. Eine offizielle Begrüßung durch die Kronberger Bevölkerung war von Kaiserin Friedrich abgelehnt worden. Anders sah es laut der Zeitung in Schönberg aus. Hier hatten es sich die Anwohner nicht nehmen lassen, alle Häuser zu schmücken und am Eingang sowie im Zentrum des kleinen Ortes jeweils einen imposanten Triumphbogen zu Ehren des hohen Gastes zu errichten. Als die Kaiserin samt Begleitung eintraf, läuteten die Glocken, und der Ortsbürgermeister hielt eine kurze Ansprache. Danach fuhr die Kutsche mit der Kaiserin zum nahe gelegenen Schloss. Am 4. Mai 1894 besuchte Sohn Kaiser Wilhelm II., der sich von den Kronbergern mit großem Pomp empfangen und feiern ließ, bereits seine Mutter erstmalig in ihrem neuen Domizil.

Anscheinend waren zu diesem Termin jedoch noch einige Arbeiten auszuführen, denn als offizielles Datum der Fertigstellung des Schlosses ist der 1. Januar 1895 festgehalten. Zuvor hatte es wohl noch einige Unstimmigkeiten mit Hofbaurat Ihne gegeben, denn seine Abschlussrechnung wurde von der Schlossverwaltung als überhöht angesehen.

Im Gedenken an ihren geliebten Mann benannte Victoria ihren repräsentativen Witwensitz mit dem Namen „Schloss Friedrichshof". Hier lebte sie bis zu ihrem Tod am 5. August 1901. Häufig betonte sie, dass sie sich in Kronberg sehr heimisch fühlte, konnte sie hier doch recht unabhängig von der Berliner Hofetikette ihren individuellen Lebensstil gestalten. Als großzügige Gastgeberin empfing sie von nun an ihre weitläufige Verwandtschaft, darunter eine Reihe hochrangiger Monarchen. Für Kronberg bedeutete das, dass es oft nur so von „Celebrities" in der Burgstadt wimmelte.

Obwohl Victoria ihr Schloss mit seinen vielen Annehmlichkeiten sehr genoss, hielt sie sich in „Friedrichshof" nur während der Sommermonate von April bis Oktober auf, während sie den Winter über klimatisch günstigere Orte in Südeuropa aufzusuchen pflegte. So hatte sie das schon mit ihrem Mann gehalten, der stets sehr unter dem nasskalten Berliner Winterklima litt. Nur in ihrem letzten Winter 1900/1901 bleib sie krankheitsbedingt in Kronberg.

Neben dem eigentlichen Schlossbau ließ die Kaiserin eine Reihe weiterer, größtenteils noch heute existierender Gebäude im Schlosspark errichten. Dazu zählen das „Cottage", in dem ab 1895 ihr Hofmarschall Hugo von Reischach samt Familie wohnte, ein großer Marstall sowie ein Gärtner- und ein Pförtnerhaus.

In Schönberg kamen noch eine Meierei sowie vier Gewächshäuser mit Dampfheizung hinzu. In Letzteren wurden exotische Früchte für die Schlosstafel und wärmeliebende Pflanzen wie Orchideen gezüchtet. Neben der Meierei wurde zusätzlich eine öffentliche Badeanstalt eingerichtet.

Arbeitsplatz für mehr als 100 Kronberger

Bereits 1889 hatte von Ompteda eine Verlängerung der Schalterstunden bei der Post an den Wochenenden durch die kaiserliche Oberpostdirektion in Frankfurt erwirkt, um einen erweiterten Brief- und Telegrammverkehr zu ermöglichen. Im Jahr 1894 erhielt Schloss Friedrichshof schließlich eine separate Telegraphenleitung, damit der Telegrammverkehr direkt und ohne zeitliche Einschränkung unter Umgehung des hiesigen Postamts möglich wurde.

1890 war bereits die bislang schwer passierbare „Königsteiner Hohl" zwischen Schönberg und dem künftigen Schlossneubau zur künftigen gepflasterten „Friedrichstraße" ausgebaut worden, um die Zufahrt zum Schloss zu erleichtern. Dazu mussten sogar zwei Häuser niedergelegt und an anderer Stelle wieder neu errichtet werden. Zunächst profitierte von der neuen Straße vor allem der rege Bauverkehr zwischen dem Kronberger Bahnhof und dem gerade entstehenden Schlossneubau.

Zur Sicherheit der Kaiserin wurde zusätzlich ein berittener Polizist in Schönberg eingestellt. Außerdem erhielten jetzt Schönbergs Straßen Laternenbeleuchtung, die im Winter bis 22 Uhr und im Sommer bis 23 Uhr zu brennen hatte.

Victorias Intention war es, ihren neuen Alterswohnsitz mit großem Komfort zu versehen. Während sie bei der Außen- und Innenarchitektur vielfach auf längst vergangene Baustile wie Gotik und Barock zurückgriff, wollte sie dennoch nicht auf die modernen Errungenschaften der damaligen Zeit verzichten. Dazu zählte der Einsatz von elektrischem Strom im Schloss. Da in Kronberg noch keine öffentliche Stromversorgung vorhanden war, beauftragte Kaiserin Friedrich die Firma Siemens und Halske aus Berlin, eine Lokomobile zur Stromerzeugung im Kronthal aufzustellen. Ab November 1892 stand die Stromversorgung für das Schloss, so dass nunmehr die Innenbeleuchtung der Räume mit elektrischem Licht möglich war. Der Innenausbau konnte nunmehr auch in der dunklen Winterzeit zügig fortgesetzt werden. Nebenbei konnten in Kronberg die ersten elektrischen Straßenlaternen installiert werden. Nicht alltäglich war außerdem eine Zentralheizung und Versorgung mit fließendem Wasser – warm und kalt – im Schloss durch einen eigenen Wasserstollen gewährleistet. Großen Wert legte die Bauherrin zudem auf eine sichere Entsorgung der Abwässer mittels effizienter Kanalisation.

Der Kronberger Bahnhof erhielt einen Fürstenpavillon, auf dem außer Kaiserin Victoria viele ihrer illustren Gäste, teilweise per Sonderzug, ankamen und nach ihrem Aufenthalt in Schloss Friedrichshof wieder abfuhren. Der komfortable Salonwaggon, den Victoria eigens für ihre häufigen Reisen benutzte, fand in einem speziellen Unterstand am Bahnhof Platz.

Im Jahr 1896 bot Kaiserin Friedrich bereits rund 110 Personen Beschäftigung in ihrem „Schlossbetrieb". Dazu zählten Handwerker, Gärtner, Kutscher, Köche, Wäscherinnen und weiteres zahlreiches Dienstpersonal im Schloss genauso wie der Bibliothekar und Hofmarschall. Die Kaiserwitwe war zu dieser Zeit wohl die größte Arbeitgeberin vor Ort. Viele Kronberger und Schönberger Bürger und Bürgerinnen fanden so sichere Arbeit. Schon allein aus diesem pragmatischen Grund war Kaiserin Friedrich bei der örtlichen Bevölkerung äußerst beliebt.

Literatur:
· Christine Klössel – „Die Witwenjahre der Kaiserin Friedrich", in: „Im Schatten der Krone –Victoria Kaiserin Friedrich", Petersberg, 2001
· Ernst Jürgen Schultz – „Die Villa Schönbusch in Kronberg", in: „Jahrbuch Hochtaunuskreis 1997", Bad Homburg/Frankfurt 1996
· Leinhaas, G.A. – „Kaiserin Friedrich – Ein Charakter- und Lebensbild", Diessen vor München 1914

Weitere Literatur kann beim Autor erfragt werden.

Manfred Kopp

Auf den zweiten Blick

Zur Geschichte der Urseler Druckerei 1557–1623

Wer sich für die alte Druckerei in Oberursel interessiert, wird schnell mit den Namen der Drucker bekannt, mit Nicolaus Henricus, mit Cornelius Sutorius und auch mit Wendel Junghen. Sechsundsechzig Jahre bestand sie, eingerichtet zur Zeit der theologischen Lehrstreitigkeiten rechtgläubiger Lutheraner und zerstört in den Anfängen des Dreißigjährigen Krieges. Ihr Standort war stets der gleiche: die Frühmesserei am Fuß der gotischen Kirche, heute St.-Ursula-Gasse 22/24. Die Liste der Bücher, die „Ursel" oder „Vrsellis" als Herstellungsort nennen und die heute noch in Bibliotheken zu finden sind, umfasst derzeit 527 Nummern, insgesamt 2.800 Exemplare. Eine ganze Reihe Urseler Drucke konnte erst aufgespürt werden, als die Bibliothekskataloge digitalisiert und im Internet einsehbar geworden waren. Ihre Zahl wächst noch.

Für die Leistungsfähigkeit einer Druckerei mit einer Presse, mit zwei Setzern und zwei Druckern, einem Korrektor und mehreren Hilfskräften ist die Menge der bedruckten Bogen maßgebend. Sie war bestimmend für den Arbeitslohn der Facharbeiter, für die Kalkulation der Materialkosten und für den Verkaufspreis des kompletten Buches. Der Bogen war etwa 30 x 40 cm groß und abgestimmt auf den Tisch der Presse. In Oberursel wurden in der Zeit des Bestehens der Druckerei rund 32.000 „Formen", Druckplatten, gesetzt und eingerichtet. Bei einer Durchschnittsauflage von 400 Exemplaren pro Buch ergibt das 12.800.000 Druckvorgänge. Eine beeindruckende Zahl.

Auf den ersten Blick sehen wir also einen recht produktiven Betrieb von reichsweiter Bedeutung, dessen Spuren in heutigen Bibliotheksbeständen noch zu finden sind. Entstehungsort war eine kleine Stadt am Rande des Taunus mit rund 1.200 Einwohnern in 190 Wohnhäusern, mit einer Mauer umgeben, ohne Herrschaftssitz, ohne Universität, ohne besondere Privilegien, die in der Regel Voraussetzung für eine Druckerei waren.

Auf den zweiten Blick entdecken wir aber hinter den Daten, Namen, Listen und Verzeichnissen einen deutlichen Wandel, einen Spiegel der regionalen Geschichte. Da wandelt sich die Gestalt des allein bestimmenden Druckherren in differenzierte Berufsbilder von Zulieferern, von Druckern, Verlegern und Händlern. Da wird aus der lutherisch gepräg-

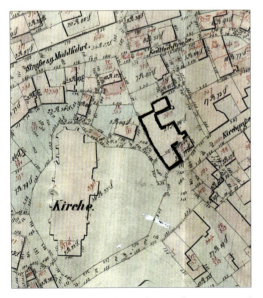

Die Frühmesserei an der Kirche war bis zum Brand 1622 Sitz der Druckerei. (Stadtkataster von 1865)

ten Gemeinde mit ihrem ebenso gesinnten Landesherrn in Königstein eine zwangsweise rekatholisierte Einwohnerschaft unter dem Kurfürsten und Erzbischof in Mainz. Da wird aus der gelegentlichen Einrichtung einer Offizin die Filiale zentraler Verlage in der Messestadt Frankfurt, später auch von Verlegern in Mainz und Köln. Nehmen wir diese Veränderungsprozesse in den Blick.

Die Differenzierung eines Berufes in unterschiedliche Tätigkeitsfelder

Als bei der Frankfurter Messe im Frühjahr 1579 die kaiserlichen Bücherkommissare die anwesenden Drucker zu ihrer Tätigkeit befragten, notierten sie auch: „Ursell. Nicolauß Heinrich. Truckt vnd verkaufft und kaufft." Ein handgeschriebener „Catalogus Librorum Nicolai Henrici Vrsellanensis" ist dem Eintrag beigefügt. Er zählt sechs lateinische und 17 deutsche Titel auf. Henricus war also ein Druck-Herr im hergebrachten Sinne, wie er es in seiner Tätigkeit bei dem Frankfurter Peter Braubach gelernt hatte. Er verhandelte mit den Autoren, legte Auflagenhöhe und Gestaltung fest, kontrollierte den Druckvorgang und die ordnungsgemäße Ausführung, unterhielt sein Buchlager in Frankfurt und führte die Verkaufsverhandlungen während der Messen. Er kaufte Papier, erhielt und gewährte Kredit, und wenn es wegen des Inhaltes von Druckschriften zu Beanstandungen und sogar Beschlagnahmungen kam, war er der Verantwortliche. Nur bei drei seiner rund 320 Drucke tritt sein Freund Peter Braubach als Verleger auf. Nur bei drei Gelegenheiten kooperiert er mit dem Drucker Sigmund Feyerabend in Frankfurt. Nicolaus Henricus war stets sein eigener Herr. Seine geistige Heimat lag bei den „echten" Lutheranern. Ihrem Kampf um die rechte Lehre diente seine Druckerei.

Als er nach 40 Jahren seine Offizin aus Altersgründen abgeben musste, fehlte ein

Die Zeichen am Hoftor des Anwesens Steden am Marktplatz verweisen noch heute auf Wendel Abt, Schultheiß von Ursel (1558–1579) zur Zeit des Henricus, 1562. (Foto: M. Kopp)

Nachfolger. Von seinem Sohn gleichen Namens hatte er sich im Streit getrennt. Der ging nach München und erhielt dort ein Privileg zum Hofbuchdrucker bei Herzog Maximilian von Bayern. Seine Auftraggeber waren nun katholische Autoren und Institutionen. Sein Vater kam in Kontakt mit Cornelius Sutorius, der zwei Werke in Frankfurt hatte drucken lassen und dort eine eigene Werkstatt gründen wollte. Er erhielt aber keine Zulassung. Der Rat hatte 1598 zum wiederholten Mal in dieser Frage entschieden: „Damit der Drucker nicht zuviel werden, haben wir, der Rat, uns entschlossen, keine Trucker oder Verleger mehr zu dulden als diejenigen, so auff diese stund allhie wohnen und Bürger sein, … bei vermeidung ernstlicher unnachlässiger straff und darzu verlust alles truckzeugs." In der Übernahme der Urseler Druckerei sieht Sutorius einen Ausweg. Oberursel wird sein neuer Standort. Außerhalb der Frankfurter Zensur und Behinderungen, aber in nächster Nähe zur Stadt wird er Bürger in Ursel.

Ob er gelernter Buchdrucker ist, bleibt fraglich. Er nennt sich zunächst „bibliopola", das ist Buchhändler. Im Impressum erscheint er als Verleger. Dann arbeitet er aber wie ein Agent. Er spürt Absatzmöglichkeiten auf. Er sucht und findet freie Kapazitäten bei Frankfurter Druckereien, behält aber Ursel als Druckort bei. Er verabredet Kooperationen und pflegt Kontakte zu zahlreichen Gelehrten. Er befriedigt die tagesaktuelle Nachfrage mit Neuauflagen bereits erschienener Werke. Infolge dieser Arbeitsweise ist das Spektrum seiner Drucke breit angelegt: Lexika, Werke von Reformjuristen und Philosophen, Sammlungen von Gerichtsentscheidungen, Reiseführer und Notendrucke, zwei Standardwerke für Arznei. Sein größter Erfolg ist, nach der Zahl der heute noch erhaltenen Exemplare zu urteilen, die Sammlung von Aufsätzen von herausragenden ausgewählten Autoren zu Themen der Chemie und der Alchemie. Die ersten drei Bände des „Theatrum Chemicum" bringt er mit Lazarus Zetzner aus Straßburg als Verleger 1602 auf den Markt. Ein Herausgeber wird nicht namentlich genannt, und es ist zu vermuten, dass Sutorius und Zetzner selbst diese Aufgabe übernommen haben.

Die Vielfalt der Buchproduktion, die der liberal eingestellte Cornelius Sutorius auf den Markt bringt, wird kurzerhand 1605/1606 beendet durch die Regierung des Mainzer Kurfürsten Johann Schweickhard. Die Zensurbestimmungen erlauben kein eigenständiges Handeln mehr.

Bei Grabungen an der Kirche fand man 1976 im Brandschutt von 1622 Lettern der Druckerei. Zur Luther-Ausstellung in Halle, 2009, wurden sie zu einem Block zusammengebunden. (Vortaunusmuseum)

In den folgenden Jahren bis zum Ende der Tätigkeit bleiben Besitzverhältnisse und Produktionsweise unklar. In den Druckvermerken erscheinen etliche Namen, die nur begrenzt Aufschluss geben. Heraus hebt sich Wendel Junghen, Druckergeselle aus Oberursel, der 1617 aus Frankfurt in seine Heimatstadt zurückkehrt und als Lohndrucker arbeitet. Weitere Namen sind Balthasar Lipp, Buchdrucker in Mainz mit Filialen in Höchst und Aschaffenburg, vermutlich auch in Oberursel. Bartholomäus Busch, ebenfalls aus Oberursel, ist wohl einige Zeit Eigentümer. Er war Amtsschreiber in Königstein, Ortsvorsteher in Bommersheim, Keller in Vilbel, dann in Ursel. Er kannte sich gut mit Finanzen aus, nicht mit dem Buchdruck. Als Verleger werden die Namen Anton Hierat aus Köln, Nicolaus Stein und Johann Theobald Schönwetter aus Frankfurt, ebenso Conrad Neben aus Offenbach, genannt. Conrad Butgen ist eigentlich Drucker in Köln. Wendel Meckel aus Oberhöchstadt ist Druckergeselle in Frankfurt und für drei Jahre Redakteur von Messe-Zeitungen aus Ursel. Einige Drucke nennen überhaupt keinen Personennamen. Fachkräfte zum Betrieb der Druckerei kommen aus Frankfurt und gehen nach dem Brand 1622 auch wieder dorthin zurück. Ein Wiederaufbau lohnt nicht mehr. In Oberursel braucht es keine Druckerei.

Die Konkurrenz von lutherischer Reformation und katholischer Restauration

Bei dem zweiten Blick auf die lange Liste der in Ursel gedruckten Bücher erkennt man gleich die unterschiedlichen theologischen und kirchlichen Schwerpunkte. Die ersten Schriften sind gekennzeichnet von den polemischen Auseinandersetzungen im Abendmahlsstreit zwischen den streng lutherisch orientierten Theologen, besonders dem Hamburger Pfarrer Joachim Westphal, und den Reformierten, vertreten durch Jean Calvin in

Genf. Infolge einer mit kaiserlicher Gewalt durchgesetzten „Einigung", einem „Interim", hatte sich unter den Theologen in der Nachfolge Luthers Widerstand formiert. In Fragen des rechten Glaubens hatte weltliche Macht ihrer Meinung nach keine Entscheidungskompetenz. Theologen, Pfarrer, Lehrer waren gefordert, das Erbe der Reformation exakt zu formulieren und auch entschieden zu verteidigen. Matthias Flacius Illyricus war Meinungsführer dieser „Gnesiolutheraner", der „echten", „wahren" und streitbaren Theologen.

Matthias Flacius Illyricus (1520–1575) war Theologe und Meinungsführer der rechtgläubigen Lutheraner. Als Theologe ließ er seine Schriften häufig bei Nicolaus Henricus drucken. (Quelle: Archiv M. Kopp)

Je heftiger der Streit wurde und die Polemik zunahm, desto mehr gab es Schwierigkeiten, die Auseinandersetzungen mit Schriften auszutragen. Diesem Umstand verdankt die Druckerei in Ursel ihre Gründung. Mit Rücksicht auf den Erhalt der kaiserlichen Messe-Privilegien und wegen der scharfen Kritik an seiner Politik gegenüber den Glaubensflüchtlingen aus Wallonien und England hatte der Frankfurter Rat den Druck weiterer Kampfschriften verboten. Das Königsteiner Gebiet mit seinem Hauptort Ursel bot einen Ausweg für die Lutherischen. Der Landesherr war ausdrücklich auf ihrer Seite, hatte er doch in Wittenberg bei Luther studiert. Als Genehmigungsinstanz für eine Druckerei in seinem Gebiet erlaubte und förderte er, was der Rat in Frankfurt verbot. Nicolaus Henricus war überzeugter Anhänger der Flacianer, und die „rechten" Theologen prägten die Titel, die in seiner Werkstatt gedruckt wurden. Schon auf der zweiten Streitschrift 1558 stand unter dem Buchtitel auf dem ersten Blatt ein Zitat aus Psalm 58 (V. 7 übersetzt): „Gott, zerbrich ihnen die Zähne im Maul. Zerschlage, Herr, das Gebiß der jungen Löwen." Der kämpferische Geist war offensichtlich und blieb es, auch in milderer, seelsorgerischer Form, über den Tod des Grafen 1574 hinaus. Das Gebiet fiel an den Kurfürsten in Mainz, aber die Druckerlaubnis wurde weiterhin in Königstein erteilt und locker gehandhabt. Diese Offenheit zeigte sich am Beispiel der Pfarrstellenbesetzung in Ursel 1597. Das Besetzungsrecht lag wieder beim (katholischen) Bartholomäusstift in Frankfurt, aber als die Vertreter der Gemeinde baten, den seit 20 Jahren in Ursel tätigen lutherischen Rektor der Lateinschule, Kaplan und Prediger Johannes Phildius, zum Pfarrer zu bestellen, stimmten die Stiftsherren zu. Ihnen war ein anerkannter, beliebter und fähiger lutherischer Pfarrer lieber als irgendein Priester, der nur die Stelle erhielt, weil er katholisch war.

In diesem offenen Geist fand auch der nachfolgende Cornelius Sutorius seinen Platz. Er war humanistisch gesinnt, hatte studiert, war gebildet und verfolgte eine „via media", einen Mittelweg. Mit seinen Freunden und Bekannten aus der Heimat am Niederrhein und aus Köln wollte er mitwirken, die auseinanderdriftenden Konfessionskirchen miteinander zu versöhnen.

Als der neu gewählte Mainzer Kurfürst und Erzbischof Johann Schweikhard von Kronberg 1604 rücksichtslos die Rückkehr zum wahren katholischen Glauben für die Untertanen im Königsteiner Gebiet ankündigte und die erforderlichen Schritte einleitete, formulierten die Bürger von Ursel eine Bittschrift. Sie versicherten weiterhin ihre Loyalität, wollten alle Ordnungen der Herrschaft befolgen, Dienste leisten und Steuern zahlen. Nur in Sachen der Religion wollten sie bei ihrem hergebrachten Glauben bleiben dürfen. Sie argumentieren mit Verweisen auf die Kirchenväter. Sie zitieren zum Beispiel Tertullian von Karthago (um 200 n. Chr.): „Es ist menschlichen Rechten und natürlicher Vernunft nach eigen, dass ein jeder Mensch seinen eigenen Gottesdienst mag haben oder glauben was er will, denn es schadet keinem eines andern Religion oder Glaube. Es will auch nicht irgendeiner Religion gebühren, zur Religion zu zwingen, welche selbst soll willig angenommen werden, nicht mit Gewalt." Weitere Kirchenväter wie Gregor von Nazianz, Chrysostomus und Cyprian werden im gleichen Sinne zitiert. „Christus zwingt nicht, sondern vermahnt."

Die erste Bittschrift wird entrüstet zurückgewiesen. In einer zweiten werden jetzt die Gemeinsamkeiten herausgestellt. Der Kurfürst könne doch mit gutem Gewissen die Gemeinde bei ihrem Glauben belassen, „weil wir einerlei Glauben, Taufe, Buße, Abendmahl, Gebet und die Zehn Gebote mit der Catholischen Apostolischen Kirche nach Befehl Gottes und Christi haben, glauben und bekennen, auch soviel möglich unser Tun und Lassen danach richten und nur vornehmlich in ‚traditionibus nonscriptis discordieren' (d.h. uns in nicht in der Heiligen Schrift aufgezeichneten Überlieferungen) unterscheiden. Selbst die kaiserliche Majestät hat unseren Glauben zugelassen."

Cornelius Sutorius hat gewiss als gebildeter und engagierter Bürger bei den Formulierungen mitgewirkt. Das war genau seine Position. Wieder lehnt der Kurfürst eine Antwort kurzerhand ab und verfügt (1605): Wer aus Ursel, Bommersheim und Stierstadt zu Allerheiligen nicht zur heiligen Messe geht, muss die Stadt verlassen. 23 Familien, darunter auch Cornelius Sutorius mit Frau und zwei Kindern, wandern aus, ebenso der lutherische Pfarrer, der Rektor der Lateinschule und der Lehrer.

Als sich die Verkaufsverhandlungen für die Druckerei zerschlagen, unternimmt Sutorius einen letzten Versuch zu einer Einigung: Er druckt „Die Psalmen Davids" im Folioformat mit den Texten des katholischen Theologen Caspar Ulenberg, mit den Noten des katholischen Komponisten Conrad Hagen und dessen Widmung an den Kurfürsten in Mainz, mit dessem fürstlichen Wappen auf der Titelseite und am Schluss, mit der ausdrücklichen Feststellung im Impressum „Ursel in dem Churfürstentum Mainz". Dazu stellt Johann Schweikhard nur kurz und bündig fest (Konzept vom 7. Dezember 1605): „Obwol auch Cornelius Sutorius, buchdrucker zu Ursell, ein teutsch Gesangbuch in Druck lassen ausgehen und deshalb seinen erlittenen Schaden höchlich beklagt. Jedoch weil er für solches vornehmen kein Befehl gehabt, sondern auch derzeit unser nach Vrsell abgeordneter Domdechant ihm wie bekannt zu diesem Werk gänzlich abgeraten hat, wird er seine aufgewandten Kosten und Schaden nicht bey unserer Cammer (= Finanzkasse), sondern bei sich selbst zu suchen wissen." Abgelehnt!

Auf einer Liste der „Auswanderer", die Johann Bickerich einige Zeit später in einem Bucheinband aufgeschrieben hat, steht vor einigen Namen ein Kreuz, verstorben, so auch vor „Cornelius Buchtrucker".

235

Titelblatt zu den „Psalmen Davids", gedruckt in „Ursel im Churfürstenthumb Meyntz", 1606. Mit diesem Werk und dem großen kurfürstlichen Wappen versuchte Cornelius Sutorius den Fürsten doch noch für sich einzunehmen. (Quelle: Sammlung M. Kopp)

In der zunächst verwaisten Druckerei in Oberursel übernimmt Balthasar Lipp, Drucker im Dienst der Gegenreformation, die Regie. Sein Versuch, in Frankfurt mit Unterstützung des Bartholomäus-Stiftes eine katholisch orientierte Druckerei einzurichten, scheitert an der Einstellung des Rates. Der verhindert ein solches Unternehmen, wo er nur kann. Lipp geht in das katholische Mainz und zeigt dort 1598 seinen ersten Druck an. Er betreibt eine aggressive Geschäftspolitik und errichtet Zweigstellen in Höchst (1610), hart an der Stadtgrenze zu Frankfurt, und in Aschaffenburg (1620), wo der Kurfürst residiert. Wenn 1608 sein erster Druck mit „Vrsel" als Druckort erscheint, hat er auch diese Druckerei zunächst in sein Unternehmen integriert. Autor der beiden umfangreichen Bände ist Georg Scherer, Jesuit aus Österreich und beliebter Prediger. 1617 erscheint dann wieder ein ortsansässiger Drucker, nämlich Wendel Junghen, der aus Ursel stammt, in Frankfurt bei Melchior Hartmann gelernt und danach mehrere Jahre als Geselle in der Stadt gearbeitet hat.

Bei Junghen, der zunächst lutherisch war, aber dann für die Gegenreformation arbeitete, ist festzustellen, was allgemein üblich war: Die Zugehörigkeit einer Person zu einem Bekenntnis wurde durch entsprechende Praxis öffentlich gemacht. Die Teilnahme am Gottesdienst und der Vollzug charakteristischer Riten (z. B. Messe oder Abendmahl), waren das Kriterium. Einen Eintrag in einem „Personenstandsregister" mit nachfolgender rechtlicher Bindung gab es zu dieser Zeit nicht. Es gab also auch keinen „Übertritt", keine „Konversion" von der einen Kirche zur anderen. Junghen stellte einfach den Dienst für die katholisch orientierte Buchproduktion über die bisherige lutherische Praxis seiner Jugendjahre. Auch Wendel Meckel aus Oberhöchstadt, Druckergeselle in Frankfurt, der die Tochter des streng lutherischen Pfarrers Michael Jung geheiratet hatte, arbeitete von Oberursel aus erklärtermaßen im katholischen Geist.

Wendel Junghen druckte im Auftrag von einflussreichen Verlegern aus Köln und Mainz. Ein eigenes Markenzeichen, ein Signet, hatte er nicht mehr. Für Nicolaus Henricus war es die heilige Ursula mit wehendem Gewand vor den Toren der Stadt gewesen. Cornelius Sutorius hatte den Sinnspruch „In spe et labore transigo vitam" gewählt, „In Hoffnung und Arbeit verbringe ich mein Leben". Eine Frauengestalt trug den Spaten über der Schulter und stützte einen Arm auf den Anker – so das Sinnbild. Junghen übernahm entweder das Zeichen der Jesuiten, Kruzifix und die Buchstaben IHS, oder das Signet des Verlegers. Wenige Male erscheint das Signet von Sutorius, aber seitenverkehrt. Ein eigenes Profil für die Druckerzeugnisse aus Ursel gab es nicht mehr. Die Zerstörung durch die Kriegsereignisse besiegelte nur die Bedeutungslosigkeit und ein Ende, das sich bereits vorher angedeutet hatte.

Die Druckerei in Ursel als Filiale von Zentralen in Frankfurt und Köln

Die rasch wachsende Buchproduktion im 16. Jahrhundert verlangte von Seiten der Obrigkeit und besonders der kaiserlichen Autorität her eindeutige Regulierungen. Die Einrichtung von Druckereien, ihre Standorte und die Begutachtung der Inhalte von Manuskripten durften nicht frei gewählt werden. Die Gefahr von Unruhen, Ungehorsam und Verschwörung gegen die Obrigkeit, geschürt durch unkontrollierte, auflagenstarke Schriften, sollte von Anfang an ausgeschlossen werden.

Zunächst sind die Schriften Martin Luthers im Blick. Auf dem Reichstag in Worms, im Edikt vom 8. Mai 1521, heißt es: „Ferner gebieten wir euch allen und jedem Einzelnen unter Strafandrohung, dass Euer keiner des obgenannten Martin Luthers Schriften … die von einem offenbaren, hartnäckigen Ketzer ausgegangen sind oder noch ausgehen kaufe, verkaufe, lese, behalte, abschreibe oder drucken lasse … damit die Christgläubigen nit in grössere Irrsaal des Glaubens, Lebens und guter Sitten fallen."

In den folgenden Jahren differenzieren sich die Regelungen. Auf dem Reichstag zu Speyer 1570 wird in § 155 des Abschieds verordnet: „Darauf setzen, ordnen und wollen wir, daß hinfüro im gantzen Römischen Reich Buchdruckereyen an keine andere Oerter, dann in den Staedten, da Churfürsten und Fürsten ihre gewöhnliche Hofhaltung haben, oder da Universitates studiorum gehalten, oder in ansehnlichen Reichs-Städten verstattet, aber sonsten alle Winkel-Druckereien stracks abgeschafft werden sollen." „Zum vierten: Soll auch keiner etwas zu drucken Macht haben, das nicht zuvor von seiner Obrigkeit ersehen, und also zum drucken ihm erlaubt wäre. Zum fünfften soll derselbe alsdann des Dichters oder Authoris, gleichfalls seinen eigenen Namen und Zunamen, die Stadt und Jahrzahl dazu setzen." Danach war die Druckerei in Ursel eine unzulässige Einrichtung, eine sogenannte „Winkel-Druckerei", weil die genannten Voraussetzungen fehlten.

Schon die ersten Schriften, die den Namen des Ortes nennen, auch den Drucker und die Jahreszahl, sind fragwürdig. Am 25. März 1557 schlug der Frankfurter Rat dem Drucker Peter Braubach ab, eine polemische Schrift zum Abendmahlsstreit, gegen Johannes Calvin gerichtet, drucken zu dürfen. Am 15. April, nur drei Wochen später, schreibt der Rektor der Lateinschule in Frankfurt, Johann Cnipius, an Calvin in Genf, dass „in vicinum oppidulum cui nomen Ursella esse" (im benachbarten Städtchen, das Ursel heißt) diese Schrift gedruckt wurde und noch in den letzten Tagen der Frühjahrsmesse zum Verkauf kam. Wie konnte das geschehen?

Eine arbeitsfähige Druckerei braucht nicht nur eine Presse, sie braucht Lettern und einen Vorrat an Papier, sie braucht Farbe und Ballen zum Auftragen, sie braucht Werkzeug und Platz für den Satz und die Zurichtung, vor allem aber je zwei gelernte Setzer und zwei Drucker sowie etliche Hilfskräfte. Die „Gründung" der Urseler Druckerei muss also als Gemeinschaftswerk gesehen werden.

1. Eine Schrift – und Wochen später auch weitere Manuskripte – werden nicht in Frankfurt zum Druck zugelassen.
2. Hartmann Beyer, lutherischer Prediger in Frankfurt, Freund des Antragstellers Peter Braubach und Gesinnungsgenosse der streitbaren Lutheraner ist in Ursel bekannt. Er steht im Kontakt mit dem Grafen in Königstein und gewinnt ihn für das Projekt. Besonders passende Räume werden benötigt.

Ansicht der Stadt Frankfurt, Kupferstich von Braun-Hogenberg, Köln, 1579. Vor den Taunusbergen im Hintergrund ist „Vrsel" zu erkennen. (Original, Sammlung M. Kopp)

3. Nicolaus Henricus aus Ursel arbeitet als Drucker in der Werkstatt von Peter Braubach. Auch er vertritt aus persönlicher Überzeugung die rechtgläubige lutherische Position. Er übernimmt die Aufgabe.
4. Der Ortsname wird umgehend zum Druckort erklärt, die Schrift selbst aber aus Zeitgründen bei Braubach hergestellt.
5. In den folgenden Wochen wird die Presse aufgebaut und die Werkstatt eingerichtet. Damit ist eine kleine Druckerei für die Theologen um Flacius Illyricus sichergestellt. Ihre Kapazität ist eng begrenzt, aber selbst wenn in Frankfurt Manuskripte gesetzt und gedruckt werden, der Name „Ursel" sorgt für die problemlose Abwicklung.

Auch kleine Holzschnitte, griechische und hebräische Typen, kunstvolle Titelschriften, Schmuckbordüren und andere Besonderheiten wurden zum Gebrauch auf den Weg nach Ursel und zurück nach Frankfurt gebracht.

Wieder auf den zweiten Blick fällt auf, dass in den Jahren 1599 – 1606 Bücher in den Handel kamen, die zwar „Vrsellis" als Druckort nannten, aber nie die Stadt gesehen hatten. Verantwortlich dafür war Cornelius Sutorius, der mehr Satz- und Pressenleistung brauchte, als die von Henricus übernommene Einrichtung hergeben konnte. Er hatte mehr Aufträge bekommen, auch solche mit Notendruck und Kupferstich-Karten, die er nur mit den Voraussetzungen in Frankfurt erfüllen konnte. Er hatte immer noch damit zu kämpfen, dass man ihm bei seiner Übersiedlung aus dem Kölner Gebiet die Niederlassung in der Stadt selbst verweigert hatte. Dort gab es acht Druckereien mit 30 Pressen. So suchte und fand er freie Kapazitäten bei solchen Kollegen, die zur

Kooperation bereit waren. Zacharias Palthenius signalisierte solche Bereitschaft mit der Formulierung „Collegium Musarum Novenarum Paltheniano" im Druckvermerk. Sein Signet erschien dann auch auf Drucken, die den Namen von Sutorius und Vrsellis trugen. Höhepunkte waren die Jahre 1601 und 1602, in denen die offiziell aus Vrsellis stammenden Drucke die Leistungsfähigkeit der dort befindlichen einzigen Presse mit dem Stammpersonal um das Dreifache überstieg.

Nach diesen engen Kontakten zwischen Ursel und Frankfurt, den Buchdruck betreffend, kam mit der konsequent durchgeführten Restauration 1605/1606 der Abbruch. Der unternehmerische Geist und das Bildungsengagement unter den Einwohnern waren erloschen. Auch die Ausgezogenen waren ein schmerzlicher Verlust. Einen Nachfolger für Cornelius Sutorius gab es nicht. Er verschwindet, ohne irgendeine Spur zu hinterlassen. In den Jahren 1606/1607 gibt der Verleger Caspar Beller aus Antwerpen vier kleine Bücher heraus, bei denen es im Druckvermerk heißt: „Vrsellis, Typis Cornelij Sutorij.", d. h. „mit den Lettern des C. S." Er selbst handelt nicht mehr.

Allein die Fachkräfte, die Drucker und Setzer, pendeln zwischen Familienwohnsitzen in Ursel und Arbeitsplätzen in Frankfurt. In diesen Jahren erscheinen in verschiedenen Verzeichnissen 15 Drucker und Setzer mit Namen und dem Zusatz „Ursel", keine geringe Zahl.

Der in Mainz ansässige Buchdrucker Balthasar Lipp, der für katholische Autoren und Verleger arbeitet, bringt in den Jahren 1608 und 1609 einige umfangreiche Werke auf den Markt, auf deren Titelseiten Ursel als Druckort genannt wird. Danach, bis in das Jahr 1617, erscheint kein Urseler Druck. Dass in Zukunft im Rahmen der Digitalisierung von Bibliothekskatalogen und Büchern im Volltext noch Exemplare aus diesen Jahren gefunden werden, ist unwahrscheinlich. Die Werkstatt liegt still.

Ob von Mainz aus ohne ausdrücklichen Hinweis auf Ursel die Presse und die Einrichtung dort genutzt werden, um eigene Aufträge abzuwickeln, bleibt offen. Die Druckereien von Johann Albin (1598–1620) und Johann Volmar (1611–1619) kämen dafür in Frage. Die Spuren in Dokumenten und Drucken reichen aber nicht aus, um einen Verdacht zu bestätigen. Auf jeden Fall wäre ein solcher Vorgang mit einem beträchtlichen Aufwand verbunden gewesen.

Eine letzte Aktivierung der Presse in Ursel begann mit der Arbeit des Wendel Junghen, der als Lohndrucker ohne die Aufträge aus Köln allerdings nicht hätte bestehen können. Der Verleger Anton Hierat hatte sich entschlossen, in der Nähe zu Frankfurt verstärkt zu investieren. Spätestens 1617 hatte er die Papiermühle am Stadtrand von Ursel gekauft und betrieben. Die Druckerei erhielt Aufträge von ihm, aber Kriegsereignisse beendeten nach nur sechs Jahren die Fortführung. Im Sommer des Jahres 1622 hatten Braunschweiger Truppen im Kampf mit Tillys Soldaten in der Schlacht bei Höchst am Main „im Churfürstlichen Meintzischen Land/ der Graffschafft Königstein/ mit Brennen und Plündern sehr vbel gehausset/ Obern Ursell/ Ober Erlenbach/ Weißkirchen (… weitere 10 Orte werden genannt) in Brandt gesteckt/ zum theil gantz zum theil der mehrer theil der Häusser abgebrandt."

Auch die Druckerei wird so stark beschädigt, dass die letzten Drucke im Frühjahr 1623 auf der Messe in Frankfurt angeboten werden. Wendel Junghen stirbt im gleichen Jahr, und Wendel Meckel muss sein 1621 so groß angekündigtes Vorhaben halbjährlich erscheinender Zeitungen zu den Frankfurter Messen einstellen. Die Zeit des Buchdrucks in der Stadt war vorbei.

Seit 1557 war diese „Filiale" Frankfurter und später Mainzer Druckereien hilfreich gewesen. Sie hatte Möglichkeiten eröffnet, die Zensur des Frankfurter Rates zu umgehen,

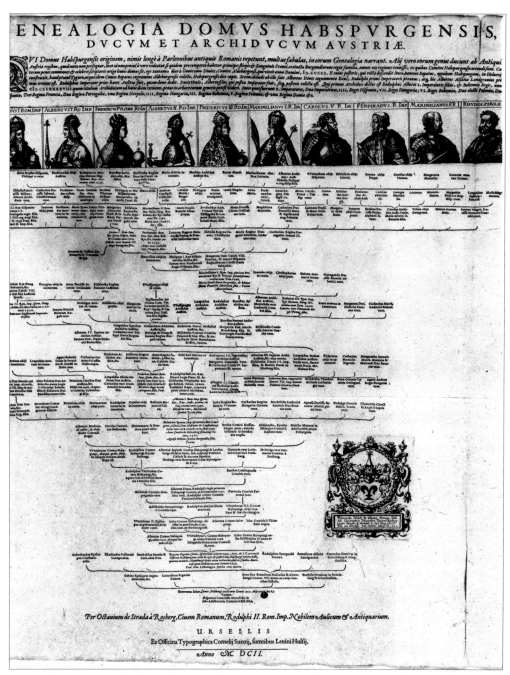

Der Druckvermerk zum Einblattdruck „Genealogie des Hauses Habsburg" nennt „Ursellis, ex Officina Typographica Cornelij Sutorij, 1602", obwohl die Einrichtung in Oberursel weder Kupferstiche noch einen solchen Mischsatz liefern konnte. Herstellungsort kann nur Frankfurt sein. (Original der Forschungsbibliothek Gotha)

Zwei Jahre nach der Zerstörung der Druckerei erscheinen zwei Foliobände mit der Angabe „Ursellis", ein Grund dafür ist unbekannt. Zwei Drucke von Henricus zum Größenvergleich davor. (Aufnahme der Exemplare der Universitätsbibliothek Göttingen: M. Kopp)

durch die Nähe zur Stadt bei Messen zeitnah durch Gegenschriften beteiligter Autoren zu reagieren und hinter dem Namen „Vrsellis" einen anderen Druckort zu verstecken. Katholische Verleger nutzten die Chance, vor den Mauern des lutherischen Frankfurt im Mainzer Herrschaftsbereich drucken zu lassen, was dort verhindert wurde. Die Bedeutung ging aber durch die Zeitumstände verloren. Die zentralen Orte des Buchdrucks brauchten keine „Außenorte" mehr, und die Zerstörung am Anfang des Dreißigjährigen Krieges beendete nur, was bereits offensichtlich nicht mehr zu ändern war.

Ein großes Rätsel beschließt die Liste der heute noch nachweisbaren Drucke aus Oberursel. Mit der Jahresangabe 1625 findet sich in der Universitätsbibliothek in Göttingen ein großformatiges zweibändiges Werk des italienischen Jesuiten und Moralisten Vincenzo Filliucci (1566–1622), verlegt von Anton Hierat in Köln, mit der eindeutigen Nennung von „Vrsellis" als Druckort auf dem Titelblatt. Die Druckerei bestand 1625 nicht mehr, aber der Name war noch so wichtig, dass er genannt wurde. Warum?

Das wird ein Rätsel bleiben, das auch auf den zweiten Blick nicht zu lösen ist.

Anmerkung:
Der Verfasser wird zum Jahresende 2015 seine Forschungsergebnisse im Internet vorlegen. Unter www.ursellis.de werden nicht nur das Verzeichnis der Urseler Drucke, sondern auch die Liste der benutzten Literatur, Quellen und Internetzugänge einsehbar sein.

Joachim Ziegler

Handel, Handwerk und Gaststätten

Ober-Erlenbach zur Mitte des 20. Jahrhunderts

Bei einem Spaziergang durch den alten Ortskern des früher selbständigen Dorfes Ober-Erlenbach, das seit 1972 ein Stadtteil von Bad Homburg ist, fallen dem historisch interessierten Mitbürger nicht nur die gründlich restaurierten und gepflegten Fachwerkhäuser auf. Er registriert auch – vor allem in der Bornstraße – eine ganze Anzahl von Ladenlokalen, die jetzt zweckentfremdet genutzt werden oder zu Wohnungen umfunktioniert sind. So findet man in einem früheren Bäckerladen eine Weinstube, in einem anderen Geschäft einen privaten Kindergarten. Spricht man mit älteren Einwohnern, dann bestätigen sie, dass es in der Nachkriegszeit noch viele Läden und Handwerksbetriebe gab, die erst in der Folgezeit aufgelassen wurden, und das war sicherlich auch bedingt durch die Währungsreform von 1948 und das damit verbundene sogenannte Wirtschaftswunder. Deshalb ist es bestimmt von Interesse, den Bestand an Geschäften, Dienstleistungs- und produzierendem Gewerbe im Dorf zur Mitte des vorigen Jahrhunderts aufzulisten, Veränderungen zu markieren und die Gründe dafür zu hinterfragen.

Ober-Erlenbach hat, anders als das benachbarte Frankfurt, weder während des Krieges noch in den ersten Nachkriegsjahren besonders gelitten; deshalb blieb die räumliche und soziale Struktur des Dorfes im Wesentlichen erhalten. Zerstört wurden nur zwei Häuser – und das wohl eher versehentlich – durch alliierte Bomber, wobei allerdings eine Frau aus Wiesbaden ums Leben kam. Zu Kriegsbeginn hatte das Dorf 1.542 Einwohner, elf Jahre später 2.198. Viele Männer waren gefallen oder vermisst, trotzdem war die Bevölkerungszahl des Dorfes gewachsen, denn schon bald nach Kriegsende kamen – wie überall in den westlichen Zonen – auch in unserem Dorf Transporte mit Flüchtlingen an. Die Unterbringung und Unterstützung dieser völlig mittellosen Menschen stellte auch die Bewohner Ober-Erlenbachs vor eine schwierige Aufgabe. Ein Vorteil war dabei allerdings, dass das Dorf noch weitgehend landwirtschaftliche Strukturen besaß. Viele Einwohner hielten Klein- und Schlachtvieh und besaßen Garten- bzw. Ackerland, auf dem sie Gemüse und Kartoffeln anbauten, waren also sogenannte Selbstversorger. Auch deshalb gelang es nach und nach, die der Gemeinde zugewiesenen Flüchtlinge zu integrieren. Da das Geld in diesen Jahren kaum noch Wert besaß, waren die Menschen zu Tauschgeschäften oder zu einer Ersatzwährung, den amerikanischen Zigaretten, übergegangen, so dass der Zuwachs der Bevölkerung keineswegs die im Dorf vorhandene Kaufkraft entsprechend vermehrte. Das bedeutete, dass die vorhandenen materiellen und personellen Versorgungseinheiten für die gewachsene Bevölkerung vorläufig ausreichten.

Das änderte sich allerdings schon bald nach der Währungsreform und mit der wirtschaftlichen Entwicklung der Folgejahre. Das Geld war wieder etwas wert, und ihm stand ein entsprechendes Warenangebot gegenüber. Außerdem gab es einen – kriegsbedingten – erhöhten Nachholbedarf an Gebrauchsgütern und Dienstleistungen. Bad Homburg und die Großstadt Frankfurt waren inzwischen durch den erweiterten und verbesser-

relativ stabil geblieben ist. Das ist allerdings nur absolut zu sehen, denn inzwischen hatte sich in den vergangenen fünfundzwanzig Jahren die Einwohnerzahl durch Zuzug von Neubürgern verdoppelt. Die Handwerksbetriebe werden sicherlich aufgrund von Elektrifizierung und Einsatz von Maschinen leistungsfähiger geworden sein, manche Kunden werden inzwischen das bessere, größere und differenziertere Angebot an überregionalen Kundendiensten genutzt haben. Außerdem täuscht die reine Zahl auch deshalb über die Realitäten im Stadtteil hinweg, weil es inzwischen fünf Tankstellen und vier KFZ-Reparaturwerkstätten sowie zwei weitere Elektro-Installateure gab.

Natürlich gab es in Ober-Erlenbach auch mehrere Gasthöfe, die fast alle mit einer Metzgerei gekoppelt waren und traditionelle Speisen sowie selbstgekelterten Apfelwein anboten. In einer Übersicht von 1934 werden fünf Lokale aufgeführt, und alle bestanden auch nach dem Kriege weiter. Da gab es den „Kronenwirt" (Gasthaus „Zur Krone" in der Bornstraße 2) und den „Ochsenwirt", gegenüber der „Krone". Der „Brückenwirt" hieß so, weil sich sein Lokal, der „Darmstädter Hof" in der Homburger Straße gegenüber der Alten Brücke befand. Heute findet man in dem Haus „Petra's Lädchen". Die Gastwirtschaft „Zum Nassauer Hof" befand sich weiter oben in der Hauptstraße. Sie gehörte ehedem dem Ehepaar Ohmeis aus Kirdorf, wurde aber 1934 an den Mitarbeiter Karl Fink verkauft; seitdem ging man zum „Finke Karl", wenn man dort einkehren wollte. Das Lokal hatte außerdem im Garten einen Tanzpavillon, und wenn sonntags gutes Wetter war, stellte der Wirt ein entsprechendes Schild auf. Der Inhaber Karl Fink verstarb 1960, seine Frau Klara drei Jahre später. Das Lokal wurde von der Tochter Irmgard Ohmeis bis 2003 weitergeführt, dann offiziell abgemeldet und das Schild „Zum Nassauer Hof" abmontiert.

Das „Gasthaus Rupp" existiert als einziges noch heute, hat aber den Namen in „Le-

Bäckerei und Gasthaus Freimund

Gasthaus Rupp

benslust" geändert und wird auch nicht mehr von der Familie geführt. Dazugekommen ist in den dreißiger Jahren das Gasthaus „Taunusblick" in der Homburger Straße 24, das ursprünglich Georg Harth gehörte, nach dem Besitzerwechsel aber in „Alt Hessen" umbenannt wurde. Es schloss vor einigen Jahren. Alle Wirtschaften hatten auch einen Garten oder einen Hof, wo im Sommer bedient wurde.

Für die zweite Hälfte des 20. Jahrhunderts gibt es hier nicht mehr viel zu berichten. Nach und nach schlossen fast alle traditionellen Lokale. Einige neue entstanden, darunter das Gasthaus „Alte Brücke" (im Volksmund „Kat" genannt) im Jahre 1949 und die „Alte Kelterei", die im Jahre 2003 in der Erlenbachhalle eingerichtet wurde. Inzwischen gibt es im Stadtteil auch ein italienisches Restaurant – die „Casa da Guido" in der Wetterauer Straße – und das mexikanische Restaurant „La Casita" im Ahlweg.

Die Einwohnerzahl von Ober-Erlenbach hat sich inzwischen mehr als verdoppelt, trotzdem ist der Bedarf an Lokalen spürbar zurückgegangen. In den umliegenden Städten wuchs im Laufe der Jahre das Freizeitangebot; sie sind mit dem Nahverkehr oder dem eigenen Auto sehr einfach zu erreichen. Auch der Fernseher daheim ist eine wichtige Alternative zum Gaststättenbesuch geworden. Alkoholika kann man im Supermarkt problemlos besorgen und nach Hause transportieren, und damit wurde es daheim häufig mindestens genauso komfortabel wie im Wirtshaus.

Ein abschließender Blick in die Gegenwart lässt erkennen, dass sich die Zahl der Betriebe und Geschäfte weiter reduziert hat. Es gibt nur noch einen Lebensmittelmarkt, frisches Fleisch und Wurstwaren kann man am Samstag auf dem Markt kaufen, oder man muss beim einzig verbliebenen Schlachter klingeln. Der letzte Schuster hat im vorigen Jahr geschlossen, einen Flickschneider sucht man im Dorf vergeblich. Dafür ist man mit dem eigenen Wagen oder den öffentlichen Verkehrsmitteln innerhalb von einer halben Stunde in Bad Homburg oder in fünfundvierzig Minuten in Frankfurt und kann problemlos die dortigen Angebote nutzen. Geblieben sind vor allem solche Betriebe, die kurzfristig kontaktiert werden können oder deren Mitarbeiter zu fälligen Reparaturen auch ins Haus kommen, wie Maler, Elektriker, Installateure und Schreiner, und natürlich mehrere KFZ-Reparaturwerkstätten sowie eine Tankstelle.

NEUERSCHEINUNGEN

Neuerscheinungen zu Geschichte und Heimatkunde des Hochtaunuskreises

Sämtliche in der folgenden Auswahl genannten Titel stehen in der Bibliothek des Kreisarchivs zur Verfügung. Das Verzeichnis erhebt keinen Anspruch auf Vollständigkeit.

1. Allgemeines

- Brachthäuser, Christian: Principatus Nassoviae. Die Erhebung der Grafen von Nassau in den Fürstenstand des Heiligen Römischen Reiches, Groß-Gerau 2014.
- Bunzel, Wolfgang (Hrsg.): Romantik an Rhein und Main, Mainz 2014.
- Ettig, Wolfgang: „Vor de Höh!" – Örtliche Uznamen im Vordertaunus, Schmitten 2015.
- Ettig, Wolfgang: „Hinner de Hecke!" – Dörfliche Uznamen im Hochtaunus…ein Spaziergang, Schmitten 2014.
- Fabian, Joachim/Westenberger, Alfred: Die Tagfalter des Main-Taunus-Kreises und der näheren Umgebung, ihre Raupen und Futterpflanzen, Hofheim-Marxheim 2009.
- Hochtaunuskreis – der Kreisausschuss (Hrsg.): Der Hochtaunuskreis. Eine kleine Reise durch unsere Heimat. Arbeitsmaterialien für den Sachunterricht, Bad Homburg 2015.
- Hochtaunuskreis – der Kreisausschuss (Hrsg.): 50 Jahre Beratungsstelle für Eltern, Kinder und Jugendliche im Hochtaunuskreis Bad Homburg 2014.
- Jakob, Mark: Zwischen Ablehnung und Solidarität. Die Integration der Vertriebenen und Flüchtlinge im Gebiet des heutigen Hochtaunuskreises, 1945 – ca. 1960, Marburg 2014.
- Jungfer, Johann: Der Prinz von Homburg, nach archivalischen u. a. Quellen. Nach der Originalausgabe von 1890, Karwe 2014.
- Mark, Dr. Hans-Georg/Peuker, Wolfgang/Westenberger, Alfred (Hrsg.): Tagfalter und Widderchen der Stadt Frankfurt am Main, der Kreisgebiete Hochtaunus, Main-Taunus und der näheren Umgebung, Obertshausen 2013.

2. Einzelne Orte

Bad Homburg v. d. Höhe

- Breitkreuz, Petra: Friedrich Stoltze und Homburg, Frankfurt am Main 2014.
- Geschichtlicher Arbeitskreis Gonzenheim (Hrsg.): Landgräflich Hessische Grenz- und Hoheitszeichen in Gonzenheim, Homburg und Meisenheim, Bad Homburg 2014.
- Grzechca-Mohr, Ursula: Nymphéas und andere Kunstgeschichten. Werke von Nevenka Kroschewski, Petersberg 2014.
- Grzechca-Mohr, Ursula: Gesichter und Geschichte – Porträts aus vier Jahrhunderten, Petersberg 2014.
- Heimatstube Ober-Erlenbach (Hrsg.): Michael Julius Weil: Ober-Erlenbach im Wandel der Zeiten; eine Chronik aus dem 19. Jahrhundert, Usingen 2014.
- Lingens, Peter: Die erste numismatische Sammlung des Städtischen historischen Museums (ca. 1916 bis 1936), Bad Homburg 2015.
- Schmied, Evelin: Mit Künstlerblick durch die Kurstadt. Vater und Tochter als künstlerische Zeitzeugen, Bad Homburg 2014.
- Werner Reimers Stiftung (Hrsg.): Wegmarken. Werner Reimers und seine Stiftung in Briefen und Dokumenten, Frankfurt am Main 2015.

NEUERSCHEINUNGEN

Friedrichsdorf
- Dittrich, Erika: Deutschtum oder Franzosenliebe? Friedrichsdorf im Ersten Weltkrieg 1914–1918, Friedrichsdorf 2015.
- Scherf, Dagmar: Veilchenbluten: Was der Krieg aus mir machte und ich aus ihm, Frankfurt am Main 2013.

Glashütten
- Steppuhn, Peter: Produktions-Verzeichnis und archäologische Funde der Jahre 1617 und 1618 von „… der glaßhutten bei Obernembs im Hochtaunus". In: Eva Černá/ Peter Steppuhn: Glasarchäologie in Europa. Regionen – Produkte – Analysen, Most 2014.

Grävenwiesbach
- Loew, Werner: Wir glaubten zu viel und dachten zu wenig: Meine Jugend im Dritten Reich. Ein autobiographischer Bericht, Norderstedt 2014.

Königstein im Taunus
- Herbert, Otto: Hajeks Farbbad. Kurbad Königstein, Königstein 2014.

Kronberg im Taunus
- „die hannemanns" theatergruppe Kronberg (Hrsg.): 50 Jahre Leidenschaft & Lampenfieber: Ein bunter Streifzug durch die Vereinsgeschichte, Kelkheim 2014.

Neu-Anspach
- Ernst, Eugen: Anregen – Gestalten – Erinnern. 40 Jahre Förderkreis Freilichtmuseum Hessenpark e.V., Neu-Anspach 2015.
- Löw, Helmut: Ein Vermächtnis in Gedichten, hrsg. von Eugen Ernst, Usingen 2014.

Oberursel (Taunus)
- Evangelische Christuskirchengemeinde (Hrsg.): Die Evangelische Christuskirche in Oberursel (Taunus). Festschrift zum 100-jährigen Bestehen, Oberursel 2014.
- Freiwillige Feuerwehr Oberursel-Mitte (Hrsg.): 150 Jahre Freiwillige Feuerwehr Oberursel 1865–2015. Die 570-jährige Geschichte des Feuerlöschwesens, Oberursel 2015.
- Klempert, Gabriele/Köster, Hans-Curt: Die evangelische Christuskirche in Oberursel 1913/14. Ein programmatischer Aufbruch in Geist und Stil, Königstein 2014.

Usingen
- Volk, Friedebert (Hrsg.): Usinger Geschichtshefte 9: Fünf Usinger, die Geschichte schrieben, Usingen 2014.

Autorinnen und Autoren dieses Buches

Dr. Carsten Amrhein
Römerkastell Saalburg, Am Römerkastell 1, 61350 Bad Homburg

Dr. Carsten Amrhein, Jahrgang 1964, studierte Klassische Archäologie, Kunstgeschichte und Griechische Philologie. Nach seiner Promotion 1995 erhielt er das Reisestipendium des Deutschen Archäologischen Instituts und war bis 1996 im Rahmen einer wissenschaftlichen Studienreise im Mittelmeergebiet unterwegs. Bis 1997 arbeitete er als Grabungsassistent für die Ausgrabung des antiken Milet (Türkei) an der Ruhr-Universität Bochum. Von 1997 bis 2003 war er als wissenschaftlicher Hochschulassistent am Institut für Klassische Archäologie der Johann Wolfgang Goethe-Universität in Frankfurt am Main tätig. Dort betreute er auch die Ausgrabung des antiken Priene (Türkei). Er absolvierte ein berufsbegleitendes Studium der Betriebswirtschaftslehre, das er mit einer Diplomarbeit zum Museumsmarketing abschloss. Nach Tätigkeiten im Deutschen Museum München, dem Philipp von Zabern Verlag und einer Galerie für zeitgenössische Kunst war er von 2004 bis 2013 als wissenschaftlicher Mitarbeiter und stellvertretender Museumsleiter am Römerkastell Saalburg beschäftigt. Seit 2013 leitet er das Museum als Direktor.

Kurt Baumann
Euckenstraße 13 A, 65929 Frankfurt am Main

Kurt Baumann wurde 1929 in Frankfurt am Main geboren. Nach dem Abitur folgte in den Jahren von 1948 bis 1953 ein Studium der Biologie, Chemie und Physik für das Lehramt an Höheren Schulen. Nach der Referendarzeit erhielt Kurt Baumann eine Anstellung am Goethe-Gymnasium in Frankfurt, wo er zuletzt Fachbereichsleiter für Mathematik und Naturwissenschaften war. Nach seiner Pensionierung 1991 war er ehrenamtlicher Mitarbeiter in der Abteilung Botanik des Forschungsinstituts und Naturmuseums Senckenberg, wo sein Interesse an Pflanzen bei botanischen Exkursionen in den ersten Nachkriegsjahren geweckt worden war. Kurt Baumann ist im Juni 2015 verstorben.

Thomas Becker M.A.
hessenArchäologie am Landesamt für Denkmalpflege Hessen, Schloss Biebrich/Ostflügel, 65203 Wiesbaden

Thomas Becker, Archäologe, wurde 1971 in Münster/Westf. geboren. Von 1990 bis 1998 studierte er Provinzialrömische Archäologie, Klassische Archäologie, Frühgeschichte, Alte Geschichte und Anthropologie an den Universitäten Freiburg, Münster und Basel. Seine Magisterarbeit verfasste er über die Wachttürme am Taunuslimes zwischen den Kastellen Zugmantel und Saalburg. 2000–2002 war er wissenschaftlicher Referent beim Landesamt für Denkmalpflege Baden-Württemberg zur Aufnahme des Limes als UNESCO-Welterbe. 2002–2004 absolvierte er ein Volontariat beim Rheinischen Amt für Bodendenkmalpflege in der Außenstelle Overath, danach war er bei der Zentrale des gleichen Hauses in Bonn bis 2008 wissenschaftlicher Referent im Inventarisationsprojekt Niedergermanischer Limes. Seit 2008 ist er Sachgebietsleiter Limes und Bezirksarchäologe bei der hessenArchäologie im Landesamt für Denkmalpflege Hessen. Außerdem ist er Beiratsmitglied des Naturparkes Rhein-Taunus und der Limeserlebnispfad Hochtaunus GmbH.

Ingrid Berg
Nachtigallenweg 3, 61479 Glashütten

Ingrid Berg, geboren 1936 in Ostholstein, lebt seit 1971 in Glashütten. Nach Elternarbeit und politischem Engagement war sie 20 Jahre lang Vorsitzende des Kulturkreises Glashütten e.V. und ließ in dieser Zeit auch die Heimatgeschichte des Ortes und der Region aufarbeiten. Im Mittelpunkt stand die Erforschung der Waldglashütten, die zu insgesamt vier archäologischen Grabungen und zu etlichen Publikationen führte. Inzwischen ist zu ihrem Hauptthema „Glas" auch die Beschäftigung mit den historischen Mühlenstandorten im Hochtaunuskreis gekommen. Zusammen mit Alexander Wächtershäuser erstellte sie eine dreibändige Dokumentation, die in den nächsten Jahren fortgeschrieben werden soll. Innerhalb einer Gruppe Ehrenamtlicher erschließt sie derzeit die Gemeindearchive von Glashütten, Oberems und Schloßborn.

Ingrid Berg ist verheiratet, hat vier erwachsene Söhne und 13 Enkelkinder. Im Jahre 2001 wurde ihr der Saalburgpreis verliehen.

Volker André Bouffier M.A.
Büdinger Straße 47, 57647 Nistertal/Ww.

Volker André Bouffier wurde 1967 in Bad Marienberg/Ww. geboren. Er ist freischaffender Kulturwissenschaftler und Fachautor und unterhält einen dendrologischen Versuchsgarten im Westerwald.

Seit 2006 ist er Schriftleiter der Beiträge zur Gehölzkunde und seit 2012 Vizepräsident der Gesellschaft Deutsches Arboretum e.V. Auch als langjähriges Ratsmitglied der Deutschen Dendrologischen Gesellschaft gilt sein Interesse der Kulturgeschichte von Gehölzen und der Pflanzenverwendung in historischen Gärten.

Gemeinsam mit Martin Westenberger von der Revierförsterei Kronberg hat er 2005 die IG Edelkastanie auf Burg Kronberg ins Leben gerufen.

Zoe Branke und Uwe Hartmann
Zweckverband Naturpark Taunus, Hohemarkstraße 192, 61440 Oberursel

Zoe Branke, 1996 geboren, absolviert im Jahr 2014/15 ein freiwilliges ökologisches Jahr beim Naturpark Taunus als Orientierungsjahr zwischen Abitur und Studium.

Uwe Hartmann, 1964 geboren, arbeitet seit 1993 im Naturpark Taunus in leitender Funktion und übernahm 2011 die Geschäftsführung.

Wolfgang Breese
Reifenberger Weg 4, 61389 Schmitten

Wolfgang Breese, geboren 1958, studierte Architektur und Städtebau mit einer Spezialisierung im Bereich der Sanierung historischer Altstädte.

Seit 1983 als Stadtplaner bei der Stadt Oberursel (Taunus) tätig, wurde ihm 1989 die Leitung der Denkmalschutzbehörde Oberursel übertragen. Neben der Betreuung des Denkmälerbestandes gehörte u.a. in den 1990er Jahren auch die Restaurierung stadteigener historischer Gebäude, darunter barocke Sakralgebäude, und danach die Revitalisierung der Denkmälergruppe im ehemals amerikanischen Militärgelände „Camp King" zu seinen Aufgaben. Seit 2002 ist er zudem stellvertretender Leiter der Stadtentwicklung in Oberursel.

Mit Geschichte im Allgemeinen wie auch mit der Lokalgeschichte von Schmitten beschäftigt sich Wolfgang Breese seit seiner Jugendzeit. Dem Vorstand des Schmittener Geschichtsvereins Hochtaunus (Bearbeitungsgebiet ist die Feldbergregion und das obere Weiltal) gehört er seit 1989 an und ist langjähriger Erster bzw. Zweiter Vorsitzender. Zu seinen lokalgeschichtlichen Tätigkeiten gehören Vorträge, Führungen und Veröffentlichungen zu unterschiedlichen geschichtlichen Themen des Hohen Taunus.

Dr. Wolfgang Bühnemann
Landwehrweg 30, 61350 Bad Homburg

Wolfgang Bühnemann, geboren 1933 in Halle/Saale, war nach einer landwirtschaftlichen Lehre mehrere Jahre in landwirtschaftlichen Betrieben im In- und Ausland beschäftigt. Nach dem Studium der Landwirtschaft in Gießen war er bundesweit tätig als Berater, Planer und Gutachter im landwirtschaftlichen und kommunalen Bereich. Seit 1960 lebt Dr. Wolfgang Bühnemann in Bad Homburg. 2004 trat er dem Geschichtskreis Dornholzhausen bei.

Prof. Dr. Barbara Dölemeyer
Am Seeberg 7a, 61352 Bad Homburg v.d. Höhe

Frau Prof. Dr. Dölemeyer war bis 2011 Referentin am Max-Planck-Institut für europäische

Rechtsgeschichte in Frankfurt am Main. Sie ist Honorarprofessorin für Rechtsgeschichte an der Justus-Liebig-Universität Gießen. Forschungsschwerpunkte sind u. a. die Gesetzgebungsgeschichte Europas im 18. bis 20. Jahrhundert, die Rechtsgeschichte der Hugenottenaufnahme, Universitätsgeschichte und Hessische Landesgeschichte.

Sie ist seit 1997 Vorsitzende des Vereins für Geschichte und Landeskunde Bad Homburg v. d. Höhe, außerdem Mitglied der Hessischen Historischen Kommission, Darmstadt (seit 2009 stellv. Vorsitzende), des wissenschaftlichen Beirats der Hessischen Kirchengeschichtlichen Vereinigung, der Historischen Kommission für Nassau, der Frankfurter Historischen Kommission und der Historischen Kommission für Hessen, Marburg. Sie ist seit 2006 Mitglied des wissenschaftlichen Beirats der Hölderlin-Gesellschaft, seit 2009 Mitglied des Kuratoriums der Gemeinnützige Kulturfonds FrankfurtRheinMain GmbH.

Sie ist Verfasserin von Publikationen zur Rechtsgeschichte der Landgrafschaft Hessen-Homburg, zur Homburger Stadtgeschichte sowie zur Geschichte des Hochtaunuskreises. 1998 wurde ihr der Saalburgpreis verliehen, 2009 erhielt sie das Bundesverdienstkreuz 1. Klasse, 2010 das Österreichische Ehrenkreuz für Wissenschaft und Kunst 1. Klasse.

Prof. Dr. Eugen Ernst
An der Erzkaut 4, 61267 Neu-Anspach

Prof. Dr. Eugen Ernst, 1931 in Neu-Anspach geboren, absolvierte sein Abitur an der Christian-Wirth-Schule in Usingen, bevor er in den fünfziger Jahren die Fächer Geographie, Geologie, Evangelische Theologie, Germanistik, Volkskunde, Soziologie und Philosophie studierte. Nach seiner Promotion 1957 unterrichtete er für ein Jahrzehnt am Goethe-Gymnasium in Frankfurt am Main, wo er auch fachleitende Funktion hatte. Von 1969 bis 1993 hatte er eine Professur an der Justus-Liebig-Universität in Gießen inne, leistete in den Jahren von 1960 bis 1990 aber auch engagierte parlamentarische Arbeit in seiner Gemeinde, dem Kreis und dem Umlandverband Frankfurt. Zwischen 1985 und 1990 war er außerdem Mitglied der Kirchenleitung der Evangelischen Landeskirche Hessen-Nassau (Darmstadt).

Bereits ab 1968 war er beteiligt an den Planungen für das Hessische Freilichtmuseum, dessen Leitung er von 1974 an für mehr als zwei Jahrzehnte bis zu seiner Pensionierung übernahm. Prof. Dr. Eugen Ernst ist Autor zahlreicher Fachaufsätze, Vorträge und Buchpublikationen zu geographischen, pädagogischen und kulturhistorischen Themen, insbesondere zu Fragen der hessischen Landeskunde, der Luftbildauswertung, der Regionalplanung, der Wissenschaftstheorie und Curriculumforschung wie auch der Museumsdidaktik.

Cornelia Geratsch
Hochtaunuskreis, Amt für den Ländlichen Raum, Ludwig-Erhard-Anlage 1–5, 61352 Bad Homburg v. d. Höhe

Cornelia Geratsch, geboren 1959 in Bad Homburg, begann 1974 ihre Ausbildung bei der Kreisverwaltung und war danach über 25 Jahre für den Taunus Touristik Service tätig. 2008 wechselte sie zum Amt für den Ländlichen Raum und ist dort zuständig für die Regionalentwicklung und den Bereich Landwirtschaft und Gesellschaft.

Cornelia Geratsch ist verheiratet und lebt in Laubuseschbach – aus Liebe zum Land im historischen Haus des ehemaligen Feldschützen.

Beate Großmann-Hofmann
Stadtarchiv Königstein, Burgweg 5, 61462 Königstein (Postadresse)

Beate Großmann-Hofmann studierte Geschichte und Romanistik mit Abschluss des 1. und 2. Staatsexamens. Nach mehrjähriger Tätigkeit in Hochheim am Main, wo sie sich dem Aufbau des Stadtarchivs und der Neueinrichtung des Heimatmuseums widmete, wechselte sie 1989 nach Königstein. Hier leitet sie seitdem das Stadtarchiv und seit September 2014 den Fachbereich Kultur. Sie konzipiert Ausstellungen, hält Vorträge und veröffentlicht immer wieder Beiträge zur Königsteiner Geschichte. Ehrenamtlich ist sie seit vielen Jahren Schriftführerin des „Historischen Vereins Rhein-Main-Taunus e.V."

Marc-Pawel Halatsch M.A.
Bund der Vertriebenen, Pressestelle, Dienstsitz Berlin, Haus der Bundespressekonferenz, Schiffbauerdamm 40, Raum 4204, 10117 Berlin

Marc-Pawel Halatsch, Jahrgang 1979, studierte Theaterwissenschaft/Kulturelle Kommunikation, Musikwissenschaft und Philosophie an der Humboldt-Universität zu Berlin. Er leitet den Bereich Presse- und Öffentlichkeitsarbeit des Bundes der Vertriebenen und setzt sich hier besonders dafür ein, Schicksal, Kultur und Geschichte sowie die berechtigten Anliegen und das vielfältige gesellschaftliche Engagement der deutschen Heimatvertriebenen, Flüchtlinge, Aussiedler und Spätaussiedler im Bund der Vertriebenen angemessen in die öffentliche Wahrnehmung zu bringen.

Bodo Hechelhammer
Leiter Forschungs- und Arbeitsgruppe „Geschichte des BND", Gardeschützenweg 71–101, 12203 Berlin

Bodo Hechelhammer wurde 1968 in Darmstadt geboren. Er studierte Geographie, Mittelalterliche und Neue Geschichte sowie Kunstgeschichte an der TU Darmstadt und promovierte an der Justus-Liebig-Universität Gießen bzw. Darmstadt. Von 2000 bis 2002 war er dort Wissenschaftlicher Mitarbeiter am Institut für Geschichte. 2002 wurde er hauptamtlicher Mitarbeiter des Bundesnachrichtendienstes (BND), seit 2010 ist er dortiger Leiter der Forschungs- und Arbeitsgruppe „Geschichte des BND" und verantwortlich für das Geschichtsprojekt des BND.

Hermann Hofmann
Weiherstraße 30, 61479 Glashütten-Schloßborn

Hermann Hofmann lebt seit seiner Geburt (1946) in Schloßborn. Sein Arbeitsleben verbrachte er überwiegend als EDV-Systementwickler in einem Frankfurter Betrieb. Im Ruhestand arbeitet er mit einer Gruppe Gleichgesinnter unter fachlicher Begleitung durch das Kreisarchiv an der Erschließung der im Historischen Archiv der Gemeinde Glashütten lagernden Schloßborner Akten. Außerdem ist er im Naturschutz tätig. Er ist verheiratet und hat einen Sohn.

Helmut Hujer
Am Diedenborn 1, 61250 Usingen

Helmut Hujer hat sein 1961 begonnenes Berufsleben in der Motorenfabrik Oberursel verbracht, die damals das KHD-Werk Oberursel war und die heute ein Standort von Rolls-Royce Deutschland ist. Anschließend hat er an der Erweiterung des 2002 eröffneten Werksmuseums um einige neue Großexponate mitgewirkt. Er ist Initiator und Vorstandsmitglied des 2010 gegründeten Geschichtskreises Motorenfabrik Oberursel, vor allem aber recherchiert er die lange und wechselhafte Geschichte dieses alten Oberurseler Industriebetriebs mit dem Ziel einer umfassenden Publikation im Jubiläumsjahr 2017.

Ulrich Hummel
Untere Brendelstraße 4, 61348 Bad Homburg

Ulrich Hummel wurde in Bad Homburg geboren. Er studierte Latein und Geschichte für das Lehramt an Gymnasien. Bis 2004 unterrichtete er 38 Jahre lang, davon 33 Jahre an der Humboldtschule in Bad Homburg. Seit 1973 betreute er Schülergruppen für den bundesweiten Geschichtswettbewerb des Bundespräsidenten. Von den über 40 eingereichten Arbeiten wurden viele preisgekrönt, 1987 sogar mit dem ersten Preis. Hummel leitete darüber hinaus weitere heimatgeschichtliche Schülerprojekte, von denen einige zur Veröffentlichung führten. Für diese Aktivitäten erhielt er als betreuender Tutor mit seiner damaligen Schülergruppe 1992 den ersten Saalburgpreis des Hochtaunuskreises und in den Folgejahren mehrfach Förderpreise zum Saalburgpreis. 2001 wurde er im Rahmen der Aktion Ehrenamt in Berlin von Bundespräsident Rau geehrt. Ulrich Hummel veröffentlichte eine Reihe von Aufsätzen zur Geschichte Bad Homburgs, der Saalburg und des Limes. Über diese Themenkreise hält er auch Vorträge.

Cornelia Kalinowski M.A.
Hochtaunuskreis, Fachbereich Kultur, Ludwig-Erhard-Anlage 1–5, 61352 Bad Homburg

Cornelia Kalinowski wurde in Wittlich geboren. Dem Abitur in Mainz folgte ein Studium der Germanistik, Publizistik und Romanistik an den Universitäten von Mainz und Münster in Westfalen, das mit dem Magisterexamen abgeschlossen wurde. Seit 1998 ist sie in der Kreisverwaltung des Hochtaunuskreises beschäftigt, zunächst im Fachbereich Presse- und Öffentlichkeitsarbeit, seit 2003 im Fachbereich Kultur, wo sie die stellvertretende Leitung wahrnimmt. Zu ihren Aufgaben gehören die Redaktion für das „Jahrbuch Hochtaunuskreis" sowie das Kuratieren und die Organisation von Ausstellungen in der Taunus-Galerie. Cornelia Kalinowski ist Mitglied im künstlerischen Beirat des Kunstvereins Bad Homburg Artlantis e.V.

Manfred Kopp
St.-Ursula-Gasse 11, 61440 Oberursel

Manfred Kopp, Jahrgang 1933, unterrichtete nach Abschluss seiner Theologen-Ausbildung zunächst im Gestellungsvertrag für Religionsunterricht an berufsbildenden Schulen. Von 1969 an war er Landesjugendpfarrer und Leiter des Amtes für Jugendarbeit in der Ev. Kirche in Hessen und Nassau. 1980 wechselte er als Dozent für Religionspädagogik an das Studienzentrum der Ev. Kirche in Kronberg/Schönberg.

Die Stadtgeschichte von Oberursel, und hier die Geschichte der Urseler Druckerei und ihrer Erzeugnisse, beschäftigte ihn seit 1962. In zwei Buchveröffentlichungen legte er 1964 und 1991 seine Forschungsergebnisse vor. 2003 wurde Manfred Kopp zum Vorsitzenden des Kuratoriums Vortaunusmuseum gewählt. Vertiefende Forschungen zur Stadtgeschichte und insbesondere die Vermittlung an Kinder und Jugendliche sind sein Anliegen. Seit Frühjahr 2007 arbeitet er am „Erinnerungsort der Zeitgeschichte – Das Gelände Camp King, 1933–1993". Im Jahre 2008 wurde Manfred Kopp der Saalburgpreis des Hochtaunuskreises verliehen.

Dr. Johanna Koppenhöfer
Egerlandstraße 8, 61273 Wehrheim

Dr. Johanna Koppenhöfer, Jahrgang 1940, studierte nach dem Abitur in Frankfurt Germanistik, Geschichte und Romanistik und promovierte über die Geschichte der Hexenverfolgungen in Nassau. Dr. Johanna Koppenhöfer war von 1990 bis zum Jahr 2000 Stadtarchivarin in Friedrichsdorf. Von 1978 bis 2010 war sie Vorstandsmitglied des Wehrheimer Geschichtsvereins, zu dessen Gründungsmitgliedern sie zählt. Die engagierte Lokalhistorikerin, die sich besonders auch durch ihre Bemühungen um die Geschichte Wehrheims verdient gemacht hat, erhielt 1996 den Saalburgpreis.

Gregor Maier M.A.
Hochtaunuskreis, Fachbereich Kultur, Ludwig-Erhard-Anlage 1–5, 61352 Bad Homburg v.d. Höhe

Gregor Maier, Jahrgang 1977, Historiker, leitet den Fachbereich Kultur und das Kreisarchiv des Hochtaunuskreises. Die Förderung von Kunst, Kultur und Geschichte im Taunus sind seine zentralen Anliegen. Er ist Mitglied im Beirat des Vereins für Geschichte und Landeskunde Bad Homburg v.d. Höhe, in den Historischen Kommissionen für Nassau sowie für Hessen-Darmstadt sowie u.a. in den Vorständen des Historischen Vereins Rhein-Main-Taunus, des Taunusklub-Gesamtvereins, des Förderkreises Freilichtmuseum Hessenpark und der Kulturloge Hochtaunus.

Peter Maresch M.A.
Hochtaunuskreis, Fachbereich Kultur, Ludwig-Erhard-Anlage 1–5, 61352 Bad Homburg v.d. Höhe

Peter Maresch, geboren 1978, arbeitet seit November 2010 im Kreisarchiv des Hochtaunuskreises. Nach Abschluss seines Studiums der Mittleren und Neueren Geschichte sowie Fachjournalistik an der Justus-Liebig-Universität Gießen 2006 absolvierte er von 2007 bis 2010 die Archivarsausbildung beim Staatsarchiv Marburg.

Sein derzeitiges Arbeitsziel ist vor allem, den Erschließungsgrad der Bestände des Kreisarchivs zu erhöhen.

Waldemar Müller
Wiesenau 11, 61389 Schmitten

Waldemar Müller, Jahrgang 1941, ist Diplomverwaltungswirt und stammt aus dem Schmittener Ortsteil Brombach. Er war 40 Jahre lang Schiedsmann der Gemeinde Schmitten sowie jahrzehntelang Hauptschöffe beim Landgericht und Jugendschöffe beim Amtsgericht Frankfurt. Im Landratsamt des Hochtaunuskreises hat er bis 2000 die Liegenschaftsabteilung geleitet, danach war er als Oberamtsrat Personalratsvorsitzender der Kreisverwaltung. Parallel gehörte er auch dem Kreistag an sowie der Gemeindevertretung und dem Gemeindevorstand Schmitten.

Seine aktuellen ehrenamtlichen Tätigkeiten umfassen den Vorsitz des Ökumenischen Förderkreises für Familien- und Seniorenhilfe Neu-Anspach, er widmet sich aber auch der „Heimat- und Brauchtumsgruppe Hunoldstal", die er mitgegründet hat. Außerdem arbeitet er für die Arbeitsgemeinschaft der Geschichts- und Heimatvereine des Hochtaunuskreises, Kontaktgruppe Brauchtum. Sein Schwerpunkt liegt seit einigen Jahren auf der Arbeit als Trauerseelsorger.

Waldemar Müller lebt mit seiner Ehefrau in Schmitten-Hunoldstal; das Ehepaar hat einen erwachsenen Sohn und zwei Enkelkinder.

Stefan Ohmeis
Pfarrer-Keutner-Straße 24, 61350 Bad Homburg v. d. Höhe

Stefan Ohmeis wurde 1956 in Bad Homburg v. d. H. geboren, ist Bankkaufmann und Direktor beim ältesten Privatbankhaus Deutschlands – dem Bankhaus Metzler. Als „echter Kirdorfer" hat er sich von Jugend an für die Geschichte seiner Heimat interessiert und engagiert. Seit 1980 ist er Mitglied der Arbeitsgemeinschaft „UNSER KIRDORF", deren Leitung er 1985 übernahm. Er organisierte mehrere Ausstellungen und die Herausgabe verschiedener und trug maßgeblich zum Aufbau des Kirdorfer Heimatmuseums bei. Der aktive Heimatforscher ist Verfasser einer ansehnlichen Anzahl von Publikationen unterschiedlichster Themen, zu denen er auch Vorträge hält und Führungen anbietet. Außerdem schrieb er mehrere Drehbücher für Filme über Kirdorf, deren Realisierung und Veröffentlichung er ebenfalls organisierte. Seit Anfang 2001 stellt er im Internet umfangreiche historische und aktuelle Informationen über den Bad Homburger Stadtteil Kirdorf zur Verfügung. Seit 2004 ist er stellv. Vorsitzender beim Kirdorfer Heimatmuseum e.V. Auch für das Museum hat er einen weiteren Internetauftritt erstellt. Anfang 2015 gab die Arbeitsgemeinschaft „UNSER KIRDORF" auf seine Initiative ihre Selbständigkeit auf und lebt nun unter seiner Leitung als Forschungseinrichtung des Kirdorfer Heimatmuseums fort. Beide Homepages wurden von ihm unter www.museum-kirdorf.de vereinigt, umgestaltet und erweitert. Stefan Ohmeis gehört seit 1998 dem Denkmalbeirat der Stadt Bad Homburg v. d. Höhe und seit 2012 dem Kuratorium des Historischen Museums Frankfurt an.

Gerhard Raiss M.A.
Stadtarchiv/Museum Eschborn, Eschenplatz 1, 65760 Eschborn

Gerhard Raiss wurde 1944 in Groß-Gerau geboren. Er studierte nach dem Abitur an der Johann Wolfgang Goethe-Universität in Frankfurt Mittlere und Neuere Geschichte, Rechtsgeschichte und Provinzialrömische Archäologie. Er schloss das Studium mit dem M.A. ab. Seit 1979 leitet er das Stadtarchiv und seit 1989 das neu eröffnete Museum der Stadt Eschborn, das er auch konzipiert und aufgebaut hat. Er veröffentlichte zahlreiche wissenschaftliche Abhandlungen zur Geschichte Eschborns. Einer seiner Forschungsschwerpunkte ist das Luftkriegsgeschehen (Bombenkrieg) im Zweiten Weltkrieg im Rhein-Main-Taunus-Gebiet. Auch darüber hat er eine Vielzahl von Publikationen verfasst.

Dr. Walter A. Ried
Höhenstraße 48 b, 61476 Kronberg

Dr. Walter A. Ried, 1958 in Frankfurt am Main geboren, ist von Berufs wegen Apotheker und Journalist. In seiner Freizeit interessiert er sich u. a. für die Lokalgeschichte des Rhein-Main-Gebietes, insbesondere für Kronberg. Von dort stammen die Vorfahren seines Vaters. Ried ist Mitte der 90er Jahre des letzten Jahrhunderts mit seiner Frau in die Burgstadt unterhalb des Altkönigs gezogen. Beide sind seitdem im Kronberger Burgverein sehr aktiv.

Gerd-Helmut Schäfer
Rosenweg 28, 61381 Friedrichsdorf

Gerd-Helmut Schäfer wurde 1948 in Skrodeln/Ostpreußen geboren. Im Jahr 1949 wurden seine Eltern und er als Kleinkind nach Sibirien deportiert. 1958 Heimkehr nach Deutschland. Nach der Lehre zum Bankkaufmann erfolgte ein BWL-Studium an der Fachhochschule in Bochum. Bis zu seiner Pensionierung im Jahr 2011 arbeitete er bei einem Finanzinstitut in Frankfurt am Main. Die Geschichte der Stadt Friedrichsdorf (wo er seit 1984 wohnt) ist ein neues Arbeitsfeld. So ist er seit 2011 Gästeführer bei der Stadtverwaltung Friedrichsdorf. Aber auch die alte Heimat Ostpreußen hat er nicht aus den Augen verloren und hat in den vergangenen Jahren diverse Studienreisen in diese Region unternommen. Beim Bund der Vertriebenen (BdV) Kreisverband Hochtaunus e.V. ist er als Vorstandsmitglied engagiert.

Dr. Dagmar Scherf
Römerstr. 44, 61381 Friedrichsdorf

Dagmar Scherf, 1942 in Danzig geboren, wuchs nach der Flucht 1945 in Wettelsheim/Mittelfranken auf. Sie absolvierte ein Volksschullehrerstudium an der PH München, promovierte nach einem Zweitstudium der Germanistik, Anglistik und Publizistik 1973 in Mainz zum Dr. phil., unterrichtete ein Jahr lang an der Universität Bristol/GB und arbeitete anschließend acht Jahre lang als Lektorin in einem Schulbuchverlag in Frankfurt/Main.

Seit 1982 ist sie freie Schriftstellerin. Sie hat eine Reihe von Lyrik- und Erzählbänden, Romanen, Theaterstücken, Sach- und Kinderbüchern und zahlreiche Hörspiele verfasst. In den letzten zehn Jahren entstanden außerdem viele Kinder-Musical-Libretti, die mit der Musik von Jochen Schimmelschmidt (Burgholzhausen) und unter dessen Leitung in Bürgerhäusern und Schulen des Hochtaunuskreises aufgeführt wurden. Ein wesentlicher Schwerpunkt von Dagmar Scherfs schriftstellerischer Arbeit lag jahrzehntelang auf der historischen Erforschung und literarischen Verarbeitung der Hexenverfolgung in der Landgrafschaft Hessen-Homburg. (Siehe Dagmar Scherf: Homburger Hexenjagd oder Wann ist morgen? VAS Verlag Bad Homburg, 2. Auflage 2012. Und: Requiem für eine Hexe. Musik Laurie Reviol. Uraufführung mit der Musikschule Friedrichsdorf 2013 in der Englischen Kirche Bad Homburg.) Homepage: www.dagmar-scherf.de

Dr. Klaus Schurian
Am Mannstein 13, 65779 Kelkheim

Dr. Klaus Schurian wurde 1941 in Frankfurt/Main geboren und lebt seit 1987 in Kelkheim-Fischbach. Nach einer Lehre als Werkzeugmacher begann er ein Studium der Biologie und Geographie in Frankfurt und wurde 1977 Lehrer an der Sankt Angela-Schule in Königstein. Während dieser Zeit schrieb er neben der Unterrichtstätigkeit eine Dissertation über Schmetterlinge. Klaus Schurian hatte in der Schule eine Reihe von Funktionsstellen inne und wirkte aktiv am Schulleben mit.

Seine Forschungen an Schmetterlingen betreibt er bis zum heutigen Tag, hat inzwischen mehr als 150 Publikationen über Schmetterlinge verfasst, zahllose Vorträge gehalten und war mehrmals Gast bei der hr-Sendung „alle wetter". Im Jahre 1958 wurde er Mitglied des entomologischen Vereins Apollo, dessen Vorsitz er 1976 übernahm und 36 Jahre innehatte, 2012 wurde er zum Ehrenvorsitzenden ernannt.

Gerta Walsh
Schwalbacher Straße 2 b, 61350 Bad Homburg

Gerta Walsh lebt seit mehr als 35 Jahren in Bad Homburg und beschäftigt sich ebenso lange mit der Geschichte des Vordertaunus, ein Interesse, das aus einem Geschichtsstudium in frühen Jahren wuchs. Beruflich war sie zunächst als Journalistin bei der Wochenschau „Welt im Film" tätig, später arbeitete sie als Sekretärin der Landgraf-Ludwig-Schule und als Bibliothekarin im Landgräflichen Schloss Bad Homburg. Die anscheinend unermüdliche ältere Dame gilt als die „Stadthistorikerin" Bad Homburgs und veröffentlicht in Vorträgen, Tageszeitungen, Büchern und in Kursen der Volkshochschule die Ergebnisse ihrer Studien. Für ihr Engagement wurden ihr der Saalburgpreis des Hochtaunuskreises, die Ehrenplakette der Stadt Bad Homburg vor der Höhe und das Bundesverdienstkreuz verliehen.

Martin Westenberger, Dipl.-Ing.
(FH) Forstwirtschaft
Oberer Aufstieg 8, 61476 Kronberg im Taunus

Martin Westenberger, geboren 1956 in Frankfurt, ist nach Lehr- und Wanderjahren mit Stationen in Göttingen, Hessischer Bergstraße, Regierungspräsidium Darmstadt und Hessischem Spessart seit 1997 wieder im heimatlichen Taunus tätig. Als Förster ist ihm das Engagement in der Waldpädagogik ein besonderes Anliegen. Diese Form forstlicher Öffentlichkeitsarbeit stellt ihm in der Revierförsterei Kronberg durch die Nähe zum Ballungsraum Rhein-Main zahlreiche, interessante Aufgaben. Seit 2005 gehört das Arboretum Main-Taunus zu seinem Dienstbezirk. Hierüber erschien 2009 sein Fachartikel in den „Beiträgen zur Gehölzkunde". Zur weiteren Erforschung der „Keste" hat er zusammen mit Volker André Bouffier im Jahre 2005 die Interessengemeinschaft Edelkastanie gegründet.

Dr. Joachim Ziegler
Bleichstraße 7, 61352 Bad Homburg

Dr. Joachim Ziegler studierte in Frankfurt Geschichte, Kunstgeschichte, Numismatik, Politik, Philosophie, Latein und promovierte in Alter Geschichte. Er war bis zu seinem Ruhestand Studiendirektor und Fachbereichsleiter für Gesellschaftswissenschaften am Gymnasium Oberursel. Durch den Umzug nach Ober-Erlenbach 1988 begann er sich mit der Lokalgeschichte seines neuen Heimatortes zu beschäftigen. In den folgenden Jahren veröffentlichte er eine Reihe von Aufsätzen zur Geschichte Ober-Erlenbachs im Jahrbuch Hochtaunuskreis und in der Zeitschrift Alt-Homburg. Dr. Joachim Ziegler ist Verfasser einer Geschichte des Bad Homburger Stadtteils und Mitbegründer des Vereins Heimatstube Ober-Erlenbach e.V. Zusammen mit Hermann Groß wurde ihm der Saalburgpreis 2011 zuerkannt.